Hubert Ermisch

Neues Archiv für Sächsische Geschichte und Altertumskunde

Königlich Sächsischer Altertumsverein. Erster Band

Hubert Ermisch

Neues Archiv für Sächsische Geschichte und Altertumskunde
Königlich Sächsischer Altertumsverein. Erster Band

ISBN/EAN: 9783741110801

Hergestellt in Europa, USA, Kanada, Australien, Japan

Cover: Foto ©ninafisch / pixelio.de

Manufactured and distributed by brebook publishing software
(www.brebook.com)

Hubert Ermisch

Neues Archiv für Sächsische Geschichte und Altertumskunde

Neues Archiv

für

Sächsische Geschichte

und

Alterthumskunde.

Herausgegeben

von

Dr. Hubert Ermisch,

K. Staatsarchivar.

Erster Band.

Dresden 1880.

Wilhelm Baensch Verlagshandlung.

Inhalt.

IV

Besprochene Schriften.

Vorwort.

Das Unternehmen, dessen erstes Heft hier in die
Oeffentlichkeit tritt, bedarf eigentlich keiner Vorrede. Was
es beabsichtigt, besagt sein Titel. Dass ein wirkliches Bedürfnis vorlag, einen neuen Mittelpunkt für die heimische
Geschichtsforschung zu schaffen, seit der inzwischen ver-
ewigte Begründer und Herausgeber des Archivs für die
Sächsische Geschichte, der hochverdiente langjährige Director des Königlichen Hauptstaatsarchivs, Geheimer Rath Dr.
Karl v. Weber, sich durch Krankheit genöthigt sah, seine
redactionelle Thätigkeit aufzugeben, konnte niemand verkennen, der Interesse an dem weiteren Ausbau der sächsischen Geschichte nimmt. Schon die gewaltige Masse neuen
Stoffes, die jeder Band des sächsischen Urkundenwerks zu
Tage fördert, macht eine Zeitschrift nothwendig, die für die
wissenschaftliche Verarbeitung des Materials Raum gewährt. Nicht weniger Aufgaben bietet der Forschung
Sachsens neuere Geschichte seit der Reformation. Die
Archive, die einheimischen wie die auswärtigen, sind noch
nicht entfernt ausgebeutet. Bevor man an abschliessende
Arbeiten denken kann, ist noch so manche Einzelunter-
suchung erforderlich. Auf welches Gebiet der politischen,
der Rechts-, der Wirthschafts-, der Kirchen-, der Kunst-
und Literaturgeschichte, der Culturgeschichte im weitesten
Sinne des Wortes wir blicken mögen, überall bemerken
wir empfindliche Lücken. Ein Organ, das an der Ausfüllung dieser Lücken zu arbeiten berufen ist, ist unum-

gänglich nothwendig, wenn Stillstand und Rückgang ver-
mieden werden sollen. Es wäre eine abnorme und
unerfreuliche Erscheinung, wenn ein Land von einer so
bedeutenden historischen Vergangenheit, wie Sachsen, eines
solchen Organs entbehren müsste, in einer Zeit, in der
weit kleinere Kreise, oft unter erheblichen Opfern, für die
Erforschung und Darstellung ihrer Geschichte Sorge tragen.

Mit Genugthuung und Dank muss anerkannt werden,
dass dieses Bedürfnis allseitig zugegeben worden ist. Die
Königliche Staatsregierung erklärte sich gern bereit, eine
Fortsetzung des v. Weber'schen Archivs in ähnlicher
Weise wie dieses aus ihren Mitteln zu unterstützen. Der
Königlich Sächsische Alterthumsverein beschloss auf Antrag
des Unterzeichneten, die seit einigen Jahren von ihm in Gemeinschaft mit Dr. A. v. Eye redigirten „Mittheilungen", das
bisherige Vereinsorgan, eingehen zu lassen und die vom
Vereine dafür verwendeten Mittel zur Förderung einer
grössern, die Interessen der gesammten sächsischen Geschichte und Alterthumskunde vertretenden Zeitschrift
zu verwenden, unter der Voraussetzung, dass diese
neue Zeitschrift zugleich die Rolle eines Vereinsorgans
übernehmen, regelmässig als Beilage zum ersten Hefte
jeden Bandes die statutengemässen Jahresberichte bringen
und den Mitgliedern unentgeltlich zugehen würde. Der
Verein ging dabei von der Ansicht aus, dass ein Neben-
einanderbestehen von zwei im Wesentlichen dieselben
Zwecke verfolgenden Organen der Sache selbst nicht förderlich, dass aber die Begründung einer grössern Zeitschrift aus den eignen Mitteln nicht durchführbar sei;
auch verhehlte er sich nicht, dass die Interessen des
Vereins, auch soweit sie sich nicht mit den allgemeinen
Interessen der sächsischen Geschichts- und Alterthums-
forschung decken, durch eine sich an ihn anlehnende
grössere Zeitschrift nach innen wie nach aussen erheb-
lich gefördert würden. Der Herausgeber persönlich ist
hiervon so überzeugt, dass er gern an dieser Stelle der
Hoffnung Ausdruck giebt, auch die übrigen im König-

reich Sachsen bestehenden Vereine möchten allmählich einen Anschluss an das „Neue Archiv" suchen; es würde dadurch einer Zersplitterung der materiellen und geistigen Mittel in erfolgreicher Weise entgegengearbeitet.

Die Herausgabe und Redaction des Neuen Archivs wurde durch die Königliche Staatsregierung und den Königlichen Alterthumsverein dem Unterzeichneten, der Verlag der Firma Wilhelm Baensch hierselbst, deren Entgegenkommen die vollste Anerkennung verdient, übertragen.

Mögen echte Vaterlandsliebe und unbestechliche Wahrheitsliebe, die Fundamente, auf denen sich jede historische Forschung erheben sollte, der Geist sein, in dem das Neue Archiv für Sächsische Geschichte und Alterthumskunde wirkt, und möge seine Thätigkeit in diesem Geiste sich zu einer langen und segensreichen gestalten!

Der Herausgeber.

I.

Der Alterthumsverein
und das neue Archiv für sächsische Geschichte
und Alterthumskunde.

Ein Dankeswort an die Vergangenheit und ein
Hoffnungsblick in die Zukunft.

Von

Johann Paul von Falkenstein.

Bei dem Beginn eines neuen literarischen Unternehmens ist es gewiss in hohem Grade ermuthigend, sich auf das Urtheil erfahrener Männer stützen zu können und sagen zu dürfen, dass man in ihrem Sinne handele. In dieser glücklichen Lage ist das Unternehmen, welches jetzt an die Stelle des Archivs für die sächsische Geschichte und der Mittheilungen des sächsischen Alterthumsvereins unter dem Titel: „Neues Archiv für sächsische Geschichte und Alterthumskunde“ treten und das Publikum zu lebendiger Theilnahme auffordern soll. Es ist keine geringere Autorität als die der beiden edlen sächsischen Fürsten Friedrich August und Johann, welche beide, wie männiglich bekannt, ihre Freude und ihren Stolz darin fanden, für das Wohl des ihnen von Gott anvertrauten Landes und Volkes zu sorgen und eben von diesem Bestreben geleitet auch speciell sich für die Zwecke interessirten, welche diese neue Zeitschrift verfolgt, für die Förderung des Studiums der sächsischen Geschichte und für die Erforschung der sächsischen Alterthümer. Waren doch beide Fürsten geraume Zeit hindurch die Protectoren des sächsischen Alterthumsvereins und verdankt derselbe ihnen die Gewährung von Mitteln und namentlich auch die Füglichkeit, seine Sammlungen in angemessener Weise unterzubringen, und hat insbesondere später der König Johann auch die Gewährung materieller Hilfe für das Archiv für die sächsische Geschichte ermöglicht, damit es überhaupt ins Leben treten und unter der umsichtigen Leitung der leider dahingeschiedenen Wachsmuth und von Weber und durch die nicht gewöhnliche buchhändlerische Thätigkeit und Liberalität des Verlegers fortbestehen konnte. Mit Freuden begrüsste König Johann die Idee, auf solche Weise das Studium der sächsischen Geschichte fördern zu wollen und sprach die Hoffnung aus, es werde dadurch unmittelbar und mittelbar auch neues Leben in den sächsischen Alterthumsverein kommen, „wenn nicht etwa durch ein enges Aneinanderschliessen der vom Alterthumsvereine herausgegebenen Mittheilungen an das Archiv für die sächsische Geschichte sicherer noch der Zweck, den beide literarische Unternehmungen vor Augen hätten, zu erreichen sein sollte".

Aus dieser Aeusserung, welche bei Besprechung der Frage, ob und in welcher Weise das Unternehmen Seitens der Regierung unterstützt werden solle, gethan wurde, ersicht man, dass, obwohl es nicht thunlich war, derselben damals weitere Folge zu geben, schon bei Begründung des Archivs dem Könige das vorgeschwebt hat, was jetzt zur Ausführung kommen soll; und in der That! wenn es richtig ist, dass man zuvörderst gründlich erörtern muss, wie das geworden, was ist, um daraus zu lernen, was noch zu thun übrig bleibt, dass man ebenso die Vergangenheit kennen muss, um an der Hand der Forschung eine womöglich bessere und schönere Zukunft herbeizuführen, so ist es klar, dass nur ein inniges Bündnis zwischen den auf Ermittelung und Erhaltung der noch vorhandenen Alterthümer eines Landes gerichteten Bestrebungen und den höheren und allgemeineren die Erforschung und Darstellung des gesammten geschichtlichen und Culturlebens bezweckenden Studien dem Endziel, die Geschichte des Landes und Volkes in möglichst objectiver Treue dem Publikum vorzuführen, zur Kenntnis, zur Erlernung, zur Beherzigung, zur Nachfolge, förderlich sein kann. Das Zusammengehen solcher Bestrebungen und Studien auch nach aussen hin lässt sich nicht deutlicher zeigen, als dadurch, dass man eine Zeitschrift gründet, in welcher gemeinsam alle die Arbeiten Platz finden können, die, wenn auch auf verschiedenen Wegen, demselben Ziele zusteuern.

Schon bei den ersten Verhandlungen über die Constituirung des Alterthumsvereins fühlte man recht gut, dass das Ziel aller Geschichtsschreibung sein müsse, eine Zeit gewissermassen einzuleiten, in der jedermann aus dem Volke, welcher Klasse er auch angehöre, das wirkliche Bedürfnis fühle, mit den grossen Schöpfungen in allen Zweigen der Kunst und Wissenschaft bekannt und vertraut zu werden, und darin seinen wahren Genuss, seine volle Befriedigung finde, zu erfahren, wie es ehedem gewesen und wie der Standpunkt, auf dem wir uns jetzt befinden, nach und nach durch die verschiedensten, oft scheinbar rückwärts gehenden, aber doch zum rechten Fortschritt führenden Phasen erlangt worden sei, und man erkannte daher sehr bald, dass hierzu die Erforschung und Erhaltung der Alterthümer zwar nothwendig sei. aber in keinem Falle genüge, um ein gesammtes Bild des Landes darzustellen. Man kam daher gleich anfangs auf den insonderheit auch von den damaligen Protectoren des Vereins, den obgenannten beiden Prinzen, stark betonten und befürworteten Gedanken, im Alterthumsverein zwei Hauptsectionen zu bilden, eine sogenannte historische und eine artistische, und es war lebhaft zu beklagen, dass namentlich die historische Section es zu keinen nennenswerthen Leistungen bringen konnte, weil die Eigenthümlichkeiten einzelner Personen Reibungen erzeugten, an denen der ursprüngliche Gedanke, wenn man so sagen darf, zu Grunde ging. Dass aber auch die artistische Section, abgesehen von einzelnen kunstgeschichtlich wichtigen Restaurationen, wenn näher beleuchtet, keine wirklich eingreifende Wirkung hatte, lag vielleicht theils in den Zeitverhältnissen des Jahres 1830 u. flgde., die nicht günstig waren für derartige literarische Bestrebungen; theils aber auch darin, dass der Zusammenhang der in die artistische Section gehörigen Angelegenheiten mit der gesammten Culturgeschichte des Landes und ihrer Wichtigkeit für dieselbe nicht immer und nicht nach allen Seiten hin klar erkannt wurde. Man beschränkte sich vielmehr darauf, den schon früher bestandenen Verein sächsischer Alterthumsfreunde mit in sich aufzunehmen und immer wieder den an sich gewiss schönen, aber doch

1*

sehr beschränkten Zweck der Erhaltung und Erforschung
sächsischer Alterthümer an die Spitze zu stellen, und liess
das eigentlich historische Princip bei Seite.

Es dürfte sachlich und persönlich von Interesse sein,
bei dieser Gelegenheit auf einen Aufsatz aufmerksam zu
machen, welchen der damalige Prinz Johann, der, nachdem der Prinz Friedrich August als Regent seine unmittelbare Mitwirkung aufgegeben hatte, der eigentliche
und alleinige Präses des Vereins geworden war (er unter-
zeichnete sich selbst „Vicedirector des Alterthumsvereins"),
im Jahre 1830 in Folge der an ihn ergangenen Veranlassung: Vorschläge zu einem Gesetze gegen die willkür-
liche Zerstörung und Entfernung vorhandener Alterthümer
zu machen, dem Alterthumsvereine zur weiteren Prüfung
vorgelegt, ¹) ferner auf die Reden, deren eine er bei Gelegenheit einer Hauptversammlung am 24. August 1844 ²)
und die andere bei dem 25jährigen Stiftungsfeste des
Vereins am 16. Juli 1850 ³) gehalten hat, sowie endlich auf
einige im Alterthumsverein vorgetragene Abhandlungen. ⁴)
Alles dies wird zugleich Zeugnis geben von der einflussreichen Thätigkeit des Prinzen, sowie namentlich auch
davon, dass fort und fort der Wunsch von ihm festge-
halten worden ist, die Wirksamkeit des Vereins ausgiebi-
ger für die Geschichte des Landes zu machen, und wird
es rechtfertigen, wenn dieses erste Heft des Neuen Archivs
mit dem Bildnis des Königs Johann eröffnet wird, dessen
Name mit den Bestrebungen des Alterthumsvereins, auch
wie sich dieselben in der neuen Zeitschrift darstellen sollen,
im engsten Zusammenhange steht.

Nach einer kurzen Einleitung führt der Prinz in dem
oben erwähnten Aufsatze vom Jahre 1830 fort:

---

¹) Acta des K. S. Alterthumsvereins betr. einen Gesetzentwurf
zur Erhaltung vaterländischer Alterthümer. 1829. 30.

²) Abgedruckt in Heft 3 der Mittheilungen des K. Sächs. Alterthumsvereins.

³) Abgedruckt in Heft 6 derselben Mittheilungen.

⁴) Vergl. insbesondere den im 6. Hefte der Mittheilungen des
K. S. Alterthumsvereins abgedruckten Vortrag über die historische
Colonisationskarte des Professor Jacobi. Andere Vorträge des Prinzen betrafen das Vorkommen der Slaven in Franken (ebendaselbst
7, 12), die Germania des Tacitus und die Geographie des Claudius
Ptolemaeus (ebendaselbst 7, 14) und eine in der Königl. Secundo-
genitur-Bibliothek zu Dresden befindliche Bulle des Papstes Gregor X.
für die Nonnen zu Grimma über das Patronatrecht der Kirchen zu
Belgern und Torgau (ebendaselbst 7, 20).

„Dass die Alterthümer und Kunstschätze eines Landes ein Gesammteigenthum der gebildeten Menschheit, ein anvertrautes Gut sind, das der Staat nicht den Launen der Besitzer überlassen kann, leuchtet jedem, der Sinn für das Schöne und Ehrwürdige hat, ein. Oder wer würde es einer Regierung nicht verargen, wenn sie dem Besitzer der medicäischen Venus gestattete, sie zu marmornen Papierhaltern zu verarbeiten? Freilich ist die Grenzlinie dieses Aufsichtsrechtes nicht leicht zu bestimmen. Die Ehrfurcht für das Eigenthum gebietet, sie nicht weiter auszudehnen, als die Wichtigkeit und Unwiederbringlichkeit des Schadens es erheischt. Eine weitere Rücksicht auf die besonderen Verhältnisse eines jeden Landes und ein echter uneigennütziger Sinn für das Schöne und Hohe, der sich durch keine Nebenrücksichten aus seiner Bahn bringen lässt, werden hier am Besten leiten. Leider hat die Eitelkeit, durch aufgehäufte Kunstschätze zu glänzen, die monopolistische Ansicht alles Schöne im Lande zu behalten, ja wohl gar Fremde damit anzuziehen, um den Geldumlauf zu befördern, auf einen falschen Standpunkt geführt. Der echte Kunstfreund wird das Kunstwerk, so viel es seine Erhaltung erlaubt, am Liebsten an dem Orte seiner Bestimmung, der echte Alterthumsfreund das Denkmal unter gleicher Bedingung am Liebsten an seinem ursprünglichen Standorte wissen und der Ueberzeugung leben, dass dieses oder jenes, einmal gleichsam entwurzelt, ziemlich gleichviel gilt, ob es in diesem oder jenem Lande, in dieser oder jener Galerie aufgestellt wird, wenn es auch nicht zu leugnen ist, dass selbst Kunst- und Alterthumssammlungen in der Stadt oder dem Lande, wo die Kunstwerke entstanden, wo die Alterthümer gefunden wurden, den schönsten und würdigsten Platz finden.“

Um nun nachzuweisen, wie sich nach und nach die Gesetzgebung über diese Angelegenheit in den verschiedenen wichtigeren Ländern ausgebildet und welche Mittel zur Erreichung des Zwecks, die Alterthümer zu erforschen und zu erhalten, angewendet worden sind, giebt der Prinz eine kurze historische Skizze, indem er fortfährt:

„Das älteste mir bekannte Gesetz dieser Art ist das des Kaisers Majorian, der in den Jahren 457—461 im weströmischen Reiche herrschte. Er untersagte allen Obrigkeiten ohne ausdrückliche Erlaubniss des Kaisers und Senates die Steine alter Bauwerke zu neuen Bauten zu bewilligen und zwar bei harten Strafen, die bei den untergeordneten Contravenienten sogar bis zu Abhauung beider Hände steigen konnten. Von einem anderen Standpunkte geht das der Zeit nach zunächst folgende Breve Leo X. aus; es verordnet, dass von allen Marmorn, die in einem Umkreise von 10 Meilen um Rom ausgegraben würden, an Raphael zum Behuf des Gebrauchs beim Bau der Peterskirche Meldung gethan werde; doch giebt es ihm zugleich die Aufsicht darüber, dass von den Steinmetzen keine Steine mit alten Inschriften verarbeitet werden möchten. Dass die Gesetzgebung über diesen Gegenstand im Laufe der Jahrhunderte im Kirchenstaate fortgeschritten sei, davon liefert das auf frühere mir nicht vorliegende Gesetze sich beziehende Chirographo Pius VII. vom Jahre 1802 nebst dessen Editto von 1820 den Beweis, die wohl die umfassendsten Gesetze in diesem Bezuge sind, wie es sich für die Stadt ziemt, der sie das Dasein verdanken."

Der Verfasser behandelt nun auf das Eingehendste diese Gesetze, sowie verschiedene andere denselben Gegenstand betreffende, die in italienischen und deutschen Staaten erlassen worden sind, wobei er besonders die grossherzoglich hessische Verordnung vom 22. Januar 1808 als wichtig hervorhebt und einerseits es bedauert, dass gerade Deutschland nur dürftige Ausbeute sowohl an Alterthümern als an Gesetzen über deren Erhaltung biete, andererseits aber um so entschiedener die hohe Wichtigkeit der Alterthumsvereine der verschiedensten Art für die Geschichte der betreffenden Staaten betont. Sodann motivirt der Verfasser die einzelnen Paragraphen des von ihm ausgearbeiteten Gesetzentwurfes. Im Wesentlichen und mit wenigen Modificationen ist eben jener Entwurf auch die Basis der heutigen Gesetzgebung über diesen Gegenstand. Die ganze Abhandlung zeigt gewiss deutlich, welches lebhafte Interesse, aber auch welches sorgfältige Studium der Prinz der ganzen Vergangenheit gewidmet hat und welchen Dank auch heute noch jeder Freund des Alterthums und der sächsischen Geschichte ihm schuldet.

Noch entschiedener spricht der Prinz über die nothwendige Verbindung der Alterthums-Erforschung mit dem geschichtlichen Studium und über den Mangel einer solchen in dem damaligen Alterthumsvereine sich in der Rede aus, welche er 1844, also nach langjähriger

Erfahrung über das Wirken des Alterthumsvereins, gehalten hat:

„Schon der Name unseres Vereins", beginnt er, „deutet auf einen doppelten Zweck, den der Erforschung und den der Erhaltung; beide müssen jedoch Hand in Hand gehen. Nur was erstere entdeckt und nach seinem historischen oder artistischen Werthe geschätzt hat, verdient der erhaltenden Vorsorge, und diese Vorsorge bewahrt wieder für viele eigentliche historische Forschungen ein wichtiges und inhaltreiches Material. Beide aber verfolgen gemeinschaftlich ein höheres Ziel, Erweckung und Belebung der Liebe des Volkes zu seiner Vorzeit, aus welcher jede Nation, wie Antäus aus der Berührung mit der Mutter Erde, stets neue Kraft und Begeisterung schöpft."

„Nichtsdestoweniger ist ein Vorwalten eines jener beiden Zwecke in den verschiedenen Alterthumsvereinen Deutschlands nicht zu verkennen. Während nämlich die meisten anderen ähnlichen Vereine sich vorzugsweise mit eigentlichen historischen Forschungen beschäftigen und dieses Streben in zahlreichen, oft werthvollen Druckschriften bethätigt haben, hat unser Verein sich mit besonderer Vorliebe der conservatorischen Richtung angenommen und in dieser, wie er sich schmeicheln darf, nicht Unwichtiges geleistet. Die Ursache dieser Erscheinung wird sich aus folgender kurzen Geschichte seiner Wirksamkeit erweisen."

„Jedem Institut wird bei seiner Entstehung eine Idee gleichsam als belebendes Princip mitgegeben, welches fortan die Richtung seines Lebens bestimmt. So auch bei unserem Vereine. Die betrübende Erfahrung, dass aus der herrlichen St. Marienkirche zu Zwickau mehrere Glasgemälde veräussert worden waren, führte zunächst mehrere Freunde des Alterthums und der Kunst zu der Idee, durch Gründung eines Vereins dergleichen Unbilden künftig vorzubeugen. In Folge dieser Vereinigung trat im Jahre 1824 der Verein unter der Leitung des Prinzen Friedrich ins Leben. Die Geschichte des Vereins theilt sich in zwei Perioden, deren Grenzen durch die Errichtung und Bestätigung der Statuten vom 8. März 1837 bestimmt ward. Während der ersten Periode waren es hauptsächlich nur die Mitglieder des Vereinsausschusses, welche für die Zwecke desselben thätig waren. Unter diesem Ausschusse arbeiteten anfangs zwei besondere

Sectionen, eine historische und eine artistische. Erstere
hielt Besprechungen über vaterländisch-historische Gegenstände, bei welchen manches interessante Thema zur Sprache
kam. Persönliche Verhältnisse brachten indess jene Vereinigungen ziemlich bald wieder ins Stocken und führten
sie zuletzt ihrer Auflösung entgegen."

Der Redner schildert nun die theils trüben, theils
günstigen Verhältnisse des Vereins in den späteren Jahren,
erwähnt besonders die mit Erfolg gekrönten Bestrebungen
desselben, Alterthümer, namentlich auch kirchliche, aufzufinden und zu sammeln, rühmt die Gnade des Königs
Friedrich August, der auf die Gewährung eines Locals
zu Aufstellung der Alterthümer und einiger, wenn auch
nach jetzigen Begriffen sehr geringer Mittel gewirkt habe,
und fährt dann fort:

„Neben dieser erhaltenden Thätigkeit hat sich freilich
die eigentlich historisch-forschende nur eines geringen
Gedeihens zu erfreuen. Ausser manchem, was in diesem
Bezug eben durch die auf Erhaltung gerichtete Bestre-
bung gefördert wurde, hat der Verein in den Jahren
1835 und 1842 jedesmal ein Heft Mittheilungen drucken
lassen, deren ersteres grösstentheils aus den Arbeiten der
vormaligen historischen Section seinen Stoff geschöpft hat.
Freilich ward auch im Jahre 1841 beschlossen, nebst den
Sitzungen für die laufenden Geschäfte auch Vereinigungen
zu halten, in welchen Entwicklung historischer Momente
den Gegenstand der Vorträge ausmachte. Solcher Sitzungen hat indes nur eine einzige stattgefunden, da es
an Personen gefehlt hat, welche Vorträge angemeldet
hatten, so dass dieser Theil der Vereinsthätigkeit allerdings noch weiterer Entwicklung bedarf."

In den handschriftlichen Bemerkungen, die gewissermassen als Nachträge zu der vorstehenden Rede zu betrachten sind, heisst es unter anderem: „Es liegt auf der
Hand, dass, so lange unser Alterthumsverein und die von
ihm herausgegebenen Mittheilungen sich auf einen so
engen Kreis beschränken und besonders das historische
Princip nicht so, wie es ursprünglich die Absicht gewesen
ist, zur Entwickelung bringen, ein recht lebendiges Interesse im Publikum dafür nicht zu erlangen sein wird. Der
Verein wird kränkeln, und man wird seiner sonstigen
Thätigkeit nicht die Anerkennung zollen, die sie doch
verdient."

In der andern oben erwähnten, am 16. Juli 1850

gehaltenen Rede spricht sich der Prinz folgender-
massen aus:

„Der eine Zweck unseres Vereins ist die Erhaltung
der vaterländischen Alterthümer, und dieser Zweck ist gewiss schon in wissenschaftlicher Beziehung ein sehr wichtiger. Die Zeit vernichtet mit unerbittlicher Hand Tag
für Tag eine Menge Denkmäler der Zeitgeschichte aus
der nächsten und entfernteren Vergangenheit, so dass es
zu Erhaltung dieser reichen Materialien für die Geschichtsforschung jedenfalls ein dringendes Bedürfnis ist, dieser
Zerstörung einen Damm entgegenzustellen. Aber auch
für das Gemüthsleben eines Volkes ist die Erhaltung der
Denkmale seiner Vorzeit von Wichtigkeit. Wie das Gemüth des einzelnen Menschen seine reichsten Schätze aus
den Erinnerungen seiner Vergangenheit, namentlich aus
den Jugenderinnerungen schöpft, so beruht das Gemüthsleben der Völker grösstentheils auf dem Andenken an die
Vorzeit. Und wo tritt dieses Andenken dem Auge deutlicher entgegen als in den Denkmälern der Vergangenheit, die gleichsam eine lebendige Geschichte sind. Ein
Volk darum, welches keine solchen Denkmäler aufzuweisen hat, wird stets eine grosse Anregung zum höheren
Leben entbehren. Ein Volk aber, welches sie vernachlässigt oder gar zerstört, zeigt sich selbst als für die
edleren Regungen des Gemüths nicht oder weniger em-
pfänglich. Es ist daher gewiss keine unwichtige Aufgabe,
diese Denkmäler selbst vor Zerstörung zu schützen und die
Liebe der Nation zu denselben zu bilden und anzuregen.“

Es kommt sodann der Redner auf den zweiten Zweck
des Vereins, den eigentlich historischen, und sagt darüber
folgendes:

„Dass dieser zweite Zweck ebenfalls von Wichtigkeit
sei, wird Jeder anerkennen, der überhaupt von der Wichtigkeit der historischen Wissenschaften in unserer Zeit
durchdrungen ist. Zwar möchte man hiergegen den Einwurf hören, dass der Geist der Zeit sich eher den Naturwissenschaften und denjenigen Wissenschaften zuwende,
welche unmittelbar praktisch wirken, aber vielleicht dürfte
es gerade deshalb nöthig sein, den historischen Wissenschaften, die doch gewiss auch ein hohes geistiges Interesse darbieten, Sorgfalt und Anregung angedeihen zu
lassen. Nächstdem ist die Behauptung, auf die sich jener
Einwurf stützt, nicht einmal durchaus wahr, denn wenn
auch das Interesse für die Erforschung des classischen

Alterthums, welches früher fast ausschliesslich blieb, wieder
abgenommen hat, so hat doch gerade in dem letztver-
flossenen Zeitraume das Studium der Vorzeit unseres
Volkes, die Erforschung des Mittelalters und sein Verständnis einen erfreulichen Aufschwung gewonnen, so
dass auch unsere hierauf gerichteten Bestrebungen gewiss
als zeitgemässe zu betrachten sind. Allerdings hat der
Verein in diesem Bezug seine Thätigkeit bisher grösstentheils nur auf Ansammlung von Material gerichtet, welches theils in dem schon erwähnten Museum, theils in
zahlreichen nicht unwichtigen Notizen in unseren Akten
niedergelegt ist. Zu wünschen ist es indess gewiss, dass
durch Benutzung dieses Materials bald gediegene wissenschaftliche Arbeiten unsere Mittheilungen, die wir bis
jetzt nur sparsam herausgeben konnten, zieren möchten, dass
häufige wissenschaftliche Vorträge in den Vereinssitzungen
und Discussionen darüber dieselben zu der Höhe einer
historisch-wissenschaftlichen Gesellschaft erheben möchten."

Hier finden wir also alles das ausgedrückt, was wir
im Begriff sind, jetzt zu thun, und die Berufung darauf,
dass die beschlossene Massregel im Sinne und Geiste des
Königs Johann sei, dürfte sich vollkommen rechtfertigen.
Es mag aber gestattet sein, auch aus der ersten Zeit
des Bestehens des Alterthumsvereins die Auslassungen
eines Mitgliedes aufzuführen, die dasselbe Ziel vor Augen
haben, wie die obgedachte Rede des damaligen Prinzen
Johann, wir meinen die Worte des damaligen Oberbibliothekar Ebert, der, wie man leider, unbeschadet übrigens
der grossen literarischen Verdienste des Mannes, sagen
muss, durch seine Eigenthümlichkeiten nicht ohne Schuld
daran war, dass die historische Section, wie oben bemerkt
ward, so wenig den Erwartungen entsprach, mit denen
er selbst am 7. März 1829 die erste Versammlung derselben eröffnete.[*)] Er sagt:

„Auch für die Wissenschaft gilt das alte Wort: Es
ist nicht gut, dass der Mensch allein sei, — vor Allem
aber für die Geschichte, wo die Masse ununterbrochen
ins Ungeheuere wächst und wo doch zu gleicher Zeit
noch so vieler Stoff aus der Vorzeit zu sichten, zu ordnen
und zum Theil noch ausfindig zu machen ist. Hier kann
nur vereinten Kräften etwas Tüchtiges und Grosses ge-

____

[*)] Acta des K. S. Alterthumsvereins Fasc. IV b. Acta der
histor. Section Fasc. II. Fol. 18.

lingen. Für unsere vaterländische Geschichte ist so Vieles geschehen, dass wir darauf stolz sein können. Wir besitzen Quellenschriftsteller in mehreren grösseren Sammlungen wie in einzelnen verdienstvollen Ausgaben, wir haben bändereiche Reihen von unsern Urkunden u. s. w., aber eine Geschichte unseres Vaterlandes, die diesen Namen verdiente, haben wir noch nicht, und wir können sie nicht erhalten, so lange nicht mit vereintem Bemühen die vielen Lücken ausgefüllt werden, die noch vorhanden sind. . . . . Es muss also noch vieles vorbereitet, vieles gesammelt, vieles gesichtet und schärfer erforscht werden. . . . . Die Hauptaufgabe aber ist, alle einzelnen Forschungen, wie Kleines sie auch betreffen mögen, in einen inneren Zusammenhang und in eine Beziehung zu einem grösseren Ganzen zu bringen."

Nun, die Vereinigung der bisher getrennt erschienenen Zeitschriften ist als Anfang zur Erfüllung der Wünsche zu betrachten, die in Vorstehendem von dem ehrwürdigen Fürsten und gleich anfänglich von Mitgliedern des Alterthumsvereins theils angedeutet, theils ausgesprochen worden sind. Wenigstens ist nun die Füglichkeit gegeben, die Sammlungen antiquarischer Mittheilungen fortzusetzen, aber auch zugleich die historisch-wissenschaftliche Behandlung und Verwerthung anzuknüpfen. Gewiss wird es dann dem sächsischen Volke immer klarer werden, dass die Erforschung und Erhaltung der Alterthümer nicht etwa blos zum Vergnügen einzelner geschieht, die aus irgend welchem Grunde dafür Interesse haben, sondern dass man damit den allgemeinen höheren Zweck verbindet, endlich dem Volke und der Wissenschaft wirklich eine Geschichte des Landes geben zu können. Unleugbar ist es ja, dass die Mittheilungen des Alterthumsvereins, dass das Archiv für sächsische Geschichte, dass der nunmehr rasch vorrückende Codex diplomaticus Saxoniae regiae und dass endlich eine nicht geringe Zahl von Monographien schon jetzt wesentliches Material darbieten zur Bearbeitung einer Geschichte des sächsischen Landes und Volkes; aber ebenso unleugbar ist es, dass darin weit mehr noch wird geschehen müssen, wenn das Ziel erreicht werden soll. Man muss ja zugeben, dass die Darstellung der speciellen sächsischen Geschichte wegen ihres engen Zusammenhanges mit der allgemeinen deutschen Geschichte ihre besonderen Schwierigkeiten haben mag. Aber man wird auch zugeben müssen, dass diese Schwierigkeiten zu über-

winden, dass sich gewisse Perioden und das sächsische
Volk besonders treffende Ereignisse vortrefflich verwerthen
lassen, den echten Patriotismus im Gegensatze zum klein-
lichen Particularismus zu heben und schon die Jugend
in der Schule wie für das deutsche Reich, so auch für
das engere sächsische Vaterland zu interessiren, und wir
haben es nur zu beklagen, dass die Entwürfe, welche
seinerzeit der Prinz Johann zum Behuf des Unterrichts seiner
Töchter in der sächsischen Geschichte gemacht hat, nicht
weiter ausgeführt sind, denn schon aus jenen doch nur
flüchtig hingeworfenen Skizzen, denen natürlich das lebendige Wort die weitere Ergänzung gegeben haben mag,
lässt sich erkennen, wie sich der tiefe Geschichtskenner
die Abfassung einer sächsischen Geschichte gedacht haben
mochte. Man denke nur, wie unendlich viel in dieser
Hinsicht in anderen Ländern, vor allem in Preussen, geschieht, während in Sachsen vielleicht in einigen höheren
Schulanstalten, aber sicherlich in keiner gewöhnlichen
Volksschule die eigentliche sächsische Geschichte ge-
lehrt, sondern höchstens bei der allgemeinen Geschichte,
etwa bei Gelegenheit der Reformation, Sachsens gedacht
wird; daher die ganz unglaubliche Ignoranz der Jugend
und des Alters, ja selbst einer nicht geringen Anzahl
sonst tüchtig gebildeter Lehrer in fast allen speciell Sachsen
betreffenden Dingen, daher die Indolenz und die so oft un-
richtige Auffassung sächsischer Einrichtungen. Wenn das
Neue Archiv, welches den Zweck hat die Erinnerungen an
längst vergangene Zeiten uns lebendig vor die Seele zu
führen und uns auf die eigentliche Bedeutung vorhandener
Alterthümer aufmerksam zu machen, aber auch zugleich
durch Aufsätze die allmählige Entwickelung des gesammten Culturlebens in Sachsen, die einflussreiche Thätigkeit
der Regenten u. s. w. darzustellen und zu zeigen, wie
gar oft scheinbar neues nichts ist, als längst bestandene
Ideen in verbesserter Form vorgebracht, und wie allenthalben der eigentliche und daher wohl zu beachtende
Charakter des sächsischen Volkes hervortritt, so sollte man
meinen, dass es bald nicht mehr an den erforderlichen
Vorarbeiten fehlen könnte, eine wirklich im edlen Sinne
des Wortes populäre Geschichte Sachsens zu schreiben,
und sicherlich würde dann von selbst das Bedürfnis sich
zeigen, dafür zu sorgen, dass die Jugend mehr im Vater-
lande als wie jetzt in fremden Welttheilen sich heimisch
und bewandert zeigt. Möchte daher die neue Zeitschrift

die Theilnahme finden, ohne die freilich alle Bestrebungen
vergeblich sind, möchten sich namentlich auch tüchtige
Kräfte finden, die mit Eifer und mit der rechten Freudig-
keit für wahre Förderung der Geschichte unseres engeren
Vaterlandes wirken, möchten auch die übrigen im Lande
bestehenden Vereine in dieser Zeitschrift, die nicht den
Interessen einer einzelnen Genossenschaft, sondern denen
der gesammten vaterländischen Geschichtsforschung dienen
will, einen Mittelpunkt für ihre Bestrebungen finden; es
würde sie dies vor der Isolirung, der sonst locale
Vereine so leicht verfallen, zu bewahren vermögen und
ihnen das Bewusstsein geben, dass ihre Verhandlungen
und Arbeiten doppelten Werth haben, wenn sie unter-
einander und mit den auf die allgemeine Landesgeschichte gerichteten Studien stets Fühlung behalten.
Wenn z. B. ein Verein, wie die altehrwürdige deutsche
Gesellschaft in Leipzig, deren Thätigkeit und schöne
Sammlungen auch für die sächsische Geschichte leider
wenig bekannt sind, wenn die Vereine für die Geschichte
von Dresden, Leipzig, Freiberg, Chemnitz u. s. w. mit
unserem Vereine gemeinschaftliche Sache machen und
durch Mittheilungen aller Art die Zeitschrift unterstützen
wollten, so würde man in kurzer Zeit sagen können, dass
wir uns dem schönen Ziele nahen, welches uns bei Begründung der Zeitschrift vor Augen schwebt, und würden mit
Goethe ausrufen können:

> Zwischen dem Alten,
> Zwischen dem Neuen
> Hier uns zu freuen
> Schenkt uns das Glück,
> Und das Vergangne
> Heisst mit Vertrauen
> Vorwärts zu schauen,
> Schauen zurück.

II.

Holcks Einfall in Sachsen im Jahre 1633.

Von

G. Droysen.

I.

Der strategische Erfolg der Schlacht bei Lützen war der Rückzug der Kaiserlichen nach Böhmen und ihr Verzicht auf die Initiative im Feld. Wallenstein erkannte es als erste und dringendste Aufgabe, seinem Heere in sicheren Positionen die nöthige Ruhe und Kräftigung zu geben und es durch Rekrutirung zu verstärken; was dann freilich hiess, sich dem Feinde gegenüber durchaus auf die Defensive, d. h. auf die Deckung der kaiserlichen Länder, zu beschränken. Die mächtige böhmische Bastion, diese natürliche Citadelle der habsburgischen Ländermasse, war die vortrefflichste Position zur Ausführung dieses Entschlusses, der — wie das rasche Aufgeben des Vogtlandes und Meissens in den letzten Wochen des Jahres 1632 beweist — sofort nach der Lützener Schlacht gefasst wurde.

Während Wallenstein selbst nach Prag ging, um von hier aus die Truppenaushebung und das Verpflegungswesen zu leiten, wurde der grösste Theil der Armee an die Nordgrenze Böhmens verlegt, die vor allem gefährdet war. Denn die von Hans Georg von Arnim als Generallieutenant, von Herzog Franz Albrecht von Sachsen-Lauenburg als Generalfeldmarschall befehligte kursächsische Armee stand in Schlesien, hatte sich in Besitz eines grossen

Theils der dortigen Plätze gesetzt und schien nicht übel Lust zu haben, gegen die Pässe des Riesengebirges vorzugehen. Auf der andern Seite war die nach Gustaf Adolfs Tod vom Herzog Bernhard von Weimar geführte schwedische Armee zu fürchten, die, nachdem sie Sachsen vom Feinde gereinigt hatte, ohne weiteres in die Defileen des Erzgebirges eindringen konnte.

Den Sachsen gegenüber stand in sehr ausgedehnter Position zwischen Oder und Elbe Feldmarschall Gallas, der sein Hauptquartier meist zu Neisse hatte; den Schweden gegenüber, westwärts von der Elbe, scheint Feldmarschall Holck den Oberbefehl geführt, Generalwachtmeister Reinach, der im egerischen Kreise commandirte, unter ihm gestanden zu haben. [1])

Ausser dieser in Böhmen stehenden, eigentlich wallensteinischen Armee, gab es eine ganze Reihe detachirter kaiserlicher Corps; von besonderer Bedeutung namentlich das eine unter General Gronsfeld in Nordwest-Deutschland, das andere unter Feldmarschall Aldringer in Schwaben; jenes zugleich zum Schutz der geistlichen Kurfürsten bestimmt, dieses zum Schutz des Kurfürsten von Bayern, dessen Truppen gleichfalls unter Aldringers Commando standen.

Es ist nun bekannt, dass Sachsens Vorschlag eines grossen combinirten Stosses beider evangelischer Armeen — der schwedischen und der sächsischen — gegen Böhmen und Mähren von dem in des schwedischen Reichskanzlers Axel Oxenstiern Beisein Anfang 1633 zu Altenburg gehaltenen Kriegsrath nicht acceptirt, von ihm vielmehr beschlossen wurde, die disponiblen schwedischen Streitkräfte zu theilen und die eine Abtheilung derselben unter Herzog Georg von Braunschweig-Lüneburg nordwärts gegen Gronsfeld, die andere unter Herzog Bernhard von Weimar südwärts zu schicken, und zwar mit der zweifachen Aufgabe, sich an den Kämpfen des schwedischen Feldmarschall Horn gegen das combinirte kaiserlich-ligistische Corps unter Aldringer zu betheiligen, und durch Annäherung gegen die böhmische Westgrenze die dort stehenden kaiserlichen Truppen von aggressiven Unternehmungen gegen Sachsen abzuhalten.

Herzog Bernhard führte seine Aufgabe derart aus,

---

[1]) Wallenstein an Holck d. d. Prag 9. Januar 1633 (n. St.), Hallwich, Wallensteins Ende. I, Nr. 34.

dass er sich zunächst des bambergischen Gebietes bemächtigte, dann in die Oberpfalz einrückte, in der offenbaren Absicht, sich in Besitz von Regensburg zu setzen, und damit zugleich die aldringerische Armee zu isoliren, zugleich von der Donau aus Böhmen, Oesterreich ob und unter der Enns und somit Wien selbst zu bedrohen. Es war der Gedanke, auf den er dann immer von neuem zurückkam, und den er ja noch vor Schluss des Jahres 1633, allen Schwierigkeiten zum Trotz, zur Ausführung brachte.

Die Ende März 1633 an der bayerischen Grenze (bei Donauwörth) erfolgte Vereinigung seiner Armee mit der des Feldmarschall Horn, die den Winter über in Schwaben eine Reihe glücklicher Operationen ausgeführt hatte, und ihr gemeinsamer Einfall ins Bayerische versetzten den Kurfürsten Maximilian von Bayern in höchste Aufregung, und immer von Neuem ging er in dringendsten Worten Wallenstein an, dem General Aldringer, der sich gleichfalls ins Bayerische zurückgewandt hatte, Unterstützung zu senden. Und Wallenstein ordnete sofort den Zuzug einer grösseren Heeresabtheilung zu Aldringer an, versprach ausserdem „in Kurzem die Armee bei Eger zusammenzuführen, und wohin es die Nothdurft erfordern werde, sich damit zu wenden". [2])

Dann aber ging die combinirte schwedische Armee, nachdem sie siegreich bis München gelangt war, an die Donau zurück, nach Neuburg, wo dann jene Bewegung unter den Offizieren ausbrach, die zwar keine offene Rebellion war, doch aber die Unternehmungen im Felde in empfindlichster Weise lähmte. Immerhin jedoch bedrohte sie durch ihre Streifzüge donauabwärts und in die Oberpfalz die böhmische Westgrenze, und Wallenstein war keinen Moment darüber in Zweifel, dass sie sich „gegen dem Königreich Böhmen zu incaminiren vorhabens". [3]) Geschah das, so sollte sich auch Aldringer an die Donau begeben und — „etwa bei Eger" — mit Holck vereinigen. Jedenfalls sollte er „nichts hazardiren", sondern sich möglichst in der Defensive halten.

Es war in den Tagen, da Wallenstein endlich gegen

---

[2]) Wallenstein an Maximilian d. d. Prag 16. April 1633 (n. St.). Aretin, Bayerns auswärtige Verhältnisse. Urk. Nr. 73.

[3]) Wallenstein an Aldringer d. d. Gitschin 5. Mai 1633 (n. St.). Hallwich I, Nr. 371. Vergl. seinen Brief an ihn vom 2. Mai (n. St.). Nr. 359, und an Holck vom 5. Mai (n. St.). Nr. 372.

den Feind aufbrach. Dass er sich von Prag aus nicht
westwärts, gegen die Oberpfalz und die Schweden, sondern
ostwärts, gegen Schlesien und die Sachsen wandte, hatte
nicht zum Wenigsten politische Gründe: galt es ihm doch,
den Kurfürst Johann Georg durch Güte oder Gewalt zum
Abfall von Schweden zu bewegen. Die häufige Annahme,
dass hauptsächlich alter Hass gegen den bayerischen Kurfürsten ihn veranlasst habe, demselben den Rücken zu
kehren, hat sich bisher nicht bestätigt gefunden: er ist
ihm und seinen Wünschen im Gegentheil damals so weit
als irgend thunlich entgegengekommen.

Freilich überstiegen die Wünsche dieses engherzig
nur für sich und sein Land bedachten Fürsten [1]) alles
Mass und wären in vollem Umfange nur auf Kosten des
Ganzen zu erfüllen gewesen. Wallenstein hielt sehr genau
die Grenze zu verantwortender Nachgiebigkeit inne. War
ihm seit der Lützener Schlacht der Schutz der kaiserlichen Lande, also zunächst und vornämlich der Schutz
der böhmischen Vormauer, als seine nächste und wichtigste Aufgabe erschienen, so konnte er in einem Moment,
in welchem er selbst an der Spitze des grösseren Theiles
seiner Truppen Böhmen zu verlassen im Begriff stand,
nicht daran denken, von dieser Aufgabe abzugehen. Vielmehr befahl er Holck ausdrücklich: „es habe der Enden
eine Beschaffenheit, wie es immer wolle, sich keinerlei
Weise mit der Armee aus Böhmen zu begeben.“[2]) Das
that um so mehr noth, als Eger gegenüber, namentlich im
Culmbachischen, feindliche Truppen standen, die zu wiederholten Malen auch die böhmische Grenze bedrohten.[3])

Aldringer wie Holck waren voll Eifers, den Befehlen
des Generalissimus nachzukommen. Freilich machte ihnen
die anmassliche Eigenwilligkeit Kurfürst Maximilians viel
zu schaffen, der wiederholt forderte, dass Aldringer an
ihn gewiesen werde, Holck Befehl erhalte, ihm zu Hülfe

---

[1]) Das erkannten schon Zeitgenossen vollauf. So urtheilte
Wallenstein, dass „bemeldtes Herrn Churfürstens Liebden ihre Sachen
mehr als andere in Obacht nehmen, wir aber auf Alles ein wach-
sames Auge haben müssen“. Wallenstein an Holck d. d. Feldlager
bei Schweidnitz 29. Juli 1633 (n. St.). Hallwich I, Nr. 574.

[2]) Wallenstein an Holck d. d. Gitschin 7. Mai 1633 (n. St.).
Hallwich I, Nr. 381.

[3]) Holck an Wallenstein d. d. Neumark 13. u. 16. Mai 1633
(n. St.). Hallwich I, Nr. 413 u. 418. Neumark ist natürlich Neumark in Böhmen, unfern Töpl. Vergl. Chemnitz II, 111 u. 131.

zu kommen. Aldringer beklagte sich auf das Bitterste über die „vielen ungleichen, beschwerlichen Nachreden am kurfürstlichen Hof" und bat alles Ernstes um Versetzung auf einen anderen Posten; und Holck wusste, dass er nur mit „Ihr Kurfürstlichen Durchlaucht in Bayern disgusto" Wallensteins Weisungen erfüllen könne. Gleichwohl war er es aufs Prompteste zu thun entschlossen. „Ohne expresse Ihrer Fürstlichen Gnaden gnädigste Anordnung movire ich mich nicht aus Böhmen."

Diese Anordnung erfolgte dann auf Holcks Meldung von Herzog Wilhelm von Weimars Anschlag auf die Feste Kronach. Der Feind sei „nicht über 6 oder 8000 Mann, darunter viel Lumpengesindel". Er bat deshalb um die Erlaubniss, „weil mit wenigem nichts ohne Hazard zu richten, Ich durfte mit der Cavallerie und 2 oder 3000 commandirten Mann zu Fuss, wofern ich mein Vortheil sähe, dem Feind einen Abbruch zu thun, auf ein Ritt auf ein acht oder zehn Tag Zeit, suchen den Ort zu secundiren, und mit der Nothdurft zu versehen, wo er angegriffen sollt werden; insonderheit weil die hornische und Herzog Bernhard von Weimars Armada gegen Donauwörth zurück und daher nicht so bald etwas zu besorgen".[1]

Da, wie aus Chemnitz bekannt ist, Herzog Wilhelm nach einem ersten Versuche den Anschlag auf Kronach aufgab und sich wieder zurückwandte, kehrte auch Holck, nachdem er Truppen und Schiessmaterial in die Festung gebracht, „straks den graden Weg um, auf dass unterdessen hiesiger Oerter nichts versäumt sollte werden".

Denn die Wahrung Böhmens war nun eben seine Aufgabe. Und wie er sich innerhalb der böhmischen Grenzen halten sollte,[2] ohne sich auf grössere Unternehmungen einzulassen, so hatte sein Corps die Bedeutung einer Reservearmee, auf deren eventuelle Unterstützung Wallenstein sich bei seinem Feldzuge gegen die Sachsen, der ihm als das weitaus wichtigste Unternehmen der Kaiser-

---

[1] Ueber die Kronacher Affaire handelt ausführlich Chemnitz II, 131. Vergleiche Holck an Wallenstein d. d. Neumark 16. Juni und 1. Juli 1633 (n. St.). Hallwich I, Nr. 477 u. 497.

[2] Holck an Wallenstein vom 1. Juli (n. St.): „Weilen Euer Fürstl. Gnaden mir verbieten, aus Böhmen die Armada zu führen etc." In demselben Schreiben berichtet er dem Generalissimus, dass „die Grenzen von Eger aus bis Leitmeritz und Sitta" wohl besetzt seien. Er hatte eben die West- und Nordgrenze Böhmens von der Pilsener Gegend bis Zittau zu verwahren.

lichen in diesem Jahre galt, grosse Rechnung machte.
Er befahl ihm geradezu, sich bereit zu halten, mit 10000
Mann in Schlesien zu ihm zu stossen.

Da war es nun von Wichtigkeit, dass sich (in der
zweiten Hälfte des Juni) die schwedische Armee von der
Donau erhob und auf Neumarkt (in der Oberpfalz), d. h.
in der Richtung auf Eger, marschirte. Aldringer, voller
Furcht, dass es gelte, ihm die Verbindung mit dem
holckischen Corps zu nehmen, beeilte sich, das mit „vielfältigen Motiven" an Holck und Wallenstein zu melden,[9]
der sofort an Holck die Erlaubniss gab, „mit ein 8 oder
10 Tausend Mann (natürlich eben jenen 10000 Mann,
die er zur Entsendung auf den schlesischen Kriegsschauplatz bereit halten sollte), doch ohne Bagagi und allein
mit etlichen Regimentstückeln sich mit Feldmarschall von
Aldringer zu conjungiren".[10]   Doch fügte er ausdrücklich
hinzu: „Der Herr wird in dem, ob es rathsam ist, seiner
selbst mehr als anderer Meinung folgen, damit er sich
durchaus auf keinerlei Weis impegnirt noch lang aus-
bleibt, denn der Feind ziemlich stark dahier, sonderlich
an der Reuterei. Auf den Herzog Wilhelm und das sächsische Volk in Meissen muss der Herr wol Achtung geben;
in Summa: kann der Herr die impresa ohne Gefahr in
etlich gar wenig Tagen verrichten und sich in puncto
wieder nach Böhmen wenden, bin ichs zufrieden; sollte
aber solches längere Zeit bedürfen, so ist es besser, dass
wir uns mehr als andere in Acht nehmen."

Schon vor Eintreffen dieser Ordre hatte Holck, —
überzeugt, dass Wallenstein, „sollte die Gelegenheit sich
geben, ein Glück ohne Hazard zu versuchen, es ja gerne
sehen, dass wir, was möglich in der Eil zu thun, versuchen" — seine Truppen an der pfälzischen Grenze zusammengezogen; Hatzfeld avancirte mit der Avantgarde
— 40 Compagnien Reiter und 6 Compagnien Dragoner —
auf Waidhausen, einem pfälzischen Grenzstädtchen;[11] er

---

[9] Aldringer an Holck d. d. Regensburg 29. Juni 1633 (n. St.).
Hallwich I, Nr. 498. Vergl. Holck an Wallenstein vom 1. Juli
(n. St.). Aldringer an Wallenstein d. d. Burglengenfeld 1. Juli
(n. St.). Nr. 406.

[10] Wallenstein an Aldringer d. d. Feldlager bei Schweidnitz
6. Juli 1633 (n. St.) und an Holck von demselben Datum. Hallwich I,
Nr. 510. 511.

[11] Das ist zweifelsohne „Wathausen".

selbst „formirte" sich nebst Graf Colloredo mit der übrigen
Cavallerie und 64 Compagnien zu Fuss — dem Gros seines
Corps — bei Hayd und Tachau, bereit, sich eventuell mit
Aldringer weiter südlich an der Grenze, zu Waldmünchen,
zu vereinigen. [12])

Nun ging die Gefahr über Erwarten rasch vorüber.
Denn die Schweden wandten sich, nachdem sie Neumarkt
eingenommen, wieder auf Donauwörth zurück. [13]) Damit
schien für Holck die genügende Veranlassung zum Vormarsch in die Oberpfalz geschwunden, mochte gleich der
Kurfürst von Bayern ihn „täglich mit Schreibung um
Succurs tormentiren", und nicht weniger auch Aldringer,
der, wie Holck sagte, „nunmehr von Ihre Kurfürstl.
Durchl. Ordinanz dependirt", ihn in Schriften und in
einer persönlichen Zusammenkunft zu Pfreimt in der
Pfalz (am 26. Juni a. St.) zu gemeinsamen Operationen
auffordern. [14]) „Mir hat man angemuthet, ich sollte aus
Böhmen!" [15]) „Ich aber [habe] Herrn Aldringer zu ver-
stehen geben, dass es nit thunlich wäre, Böhmen und
die kaiserliche Artillerie blos zu lassen, auch über ihr
Fürstl. Gnaden ordre zu schreiten und zu weit mich mit
ihm zu impegniren, dass Ich auf allen Nothfall nit bei
Zeiten bei Ihr Fürstl. Gnaden in Schlesien sein könnte."
Er rechnete ihm vor, dass er, wenn er selbst „die ganze
Anzahl von 10000 Mann" nach Schlesien abführte, dem

---

[12]) Es ist zu beachten, wie streng sich Holck an die Instructionen
und Weisungen seines Generalissimus hielt. Indem er ihm (1. Juli
n. St.) diese Dispositionen mittheilt, fügt er nochmals ausdrücklich
hinzu, dass „Ich an meinem Ort nichts soll hazardiren und kann auf
allen Fall laut meine vorige ordre mit zehntausend Mann zu Euer
Fürstlichen Gnaden kommen und den übrigen Rest mit Herrn Graf
Colloredo auf den Herrn Graf Aldringer anweisen".

[13]) Darüber Holck an Wallenstein d. d. Frauenberg (Pfraum-
berg ist Verballhornisirung) 6. Juli 1633 (n. St.). Hallwich I, Nr. 513:
„Weilen dann der Feind intentionirt gewesen, sich in die neue Pfalz
zu logiren und Herrn Aldringer von mir abzuschneiden, nachdem
aber solches nit hat geschehen können, und er besorgt, wir möchten
beide auf ihn gehen, hat er nach Eroberung Neumark ... sich zurückbegeben, vielleicht Ihr Churfürstl. Durchl. wieder gegen München
ein allarme zu machen." Vergl. Aldringer an Wallenstein d. d.
Regensburg 10. Juli 1633 (n. St.). Nr. 526.

[14]) Ueber die Zusammenkunft in Pfreimt handelt vornämlich
obiger Brief von Holck an Wallenstein d. d. Frauenberg 6. Juli
(n. St.).

[15]) Holck an Wallenstein d. d. Pilsen 9. Juli 1633 (n. St.).
Hallwich I, Nr. 524.

Grafen Colloredo nicht mehr lassen würde, als 21 Compagnien zu Fuss, ungefähr 2000 Mann stark, 2000 Croaten und „vielleicht" 1500 Mann zu Pferd; „auf weiteren Succurs hat er (Aldringer) sich nichts künftig zu verlassen". Er war entschlossen, sich sofort nach der Conferenz in Pfreimt, gleich am 27. Juni (a. St.), mit der Infanterie und Reiterei in Böhmen um Tachau und Hayd zu elargiren und so zu logiren, dass er in einem Tage zu Eger oder Waidhausen sein und Wallensteins Ordre nachleben könne.

Dass eben damals die Truppen Herzog Wilhelms von Neuem von Schleitz aus auf Hof und weiter bis gegen Eger streiften, — was eine Verstärkung der Posten an der dortigen Grenze nöthig machte, — musste ihn natürlich um so mehr veranlassen, jene Aufforderungen Maximilians und Aldringers bestimmt abzuweisen.

Am 29. Juni (a. St.) hatte Holck bereits „die Regimenter von der böhmischen Grenze wieder zurück und also elargirt, dass sie zu leben und nicht gar ruinirt, auch in ein paar Tagen bei einander sein können". Sein Hauptquartier hatte er von Frauenberg nach Pilsen zurückverlegt und meldete von hier an Wallenstein, dass die anbefohlenen 10 000 Mann in Bereitschaft stünden, und dass er täglich seine weiteren Befehle erwarte. Er fügte hinzu: „Was über die anbefohlenen 10 000 Mann an Volk übrig vorhanden, will Ich nicht mit feiern, wo nur etwas sich thun lässet; denn dieses Volk, so stündlich alart muss sein, kann Ich mich nicht unterstehen, anderwärts weit zu impegniren."

Aldringer aber war nicht gewillt, auf Holcks nachdrückliche Mitwirkung zu seinen Plänen zu verzichten, mochte derselbe gleich mit Berufung auf Wallensteins Befehle jene Erklärungen abgeben, die wahrlich an Deutlichkeit nichts zu wünschen übrig liessen. Was es aber ihm — und auch Kurfürst Maximilian — zunächst galt, war die Reinigung der Oberpfalz vom Feinde, und deshalb hauptsächlich die „Recuperation" Neumarkts, dieses strategisch so wichtigen Punktes, welcher „im Centro zwischen Regensburg und Nürnberg auch Ingolstadt und Amberg gelegen", und mit dessen Wiedergewinn „auch das Königreich Böhmen mehrers bedeckt und in Sicherheit gesetzt sein würde". Holck sollte, so proponirte ihm Aldringer (d. d. Regensburg 10. Juli n. St.), „mit so vielem Volk, als immer zu entrathen, gegen Amberg avanciren", [16]) damit er (Aldringer) „durch seine Ankunft in so viel gestärkt, den Rücken sicher haben, Neumarkt mit Sicherheit in Eil recuperiren, Wülzburg und Lichtenau succuriren", und dem Feinde, falls er auf ihn zöge, „mit beiderseitigem Volk" resistiren könne. Es war ausdrücklich betont, dass Holck „jedesmal und in wenigen Tagen wiederum in Böhmen sein könnte". Die ganze Expedition war nur „auf ein 9 oder 10 Tage Zeit" veranschlagt. [17])

Aber dieser Plan Aldringers entsprach durchaus nicht den Wünschen Kurfürst Maximilians, der in seiner engherzigen Sorge für sich und sein Land fürchtete, [18]) dass, wenn Aldringer und Holck sich „dermalen mit einander in der oberen Pfalz conjungiren und conjunctis viribus Neumarkt angreifen wollten, der Feind solchen Platz in die Schanze schlagen, aber inzwischen auf München oder Regensburg oder vielleicht gar hinaus nach Memmingen gehen, und dieser Plätz einen mit seiner gewöhnlichen Eile und furi attaquiren und überwältigen und dadurch vielmehr gewinnen als in Neumarkt verlieren möchte." Er hielt es vielmehr für das Beste, wenn Holck die Wiedereroberung Neumarkts übernähme und dann gleich des Weiteren sehe, „was mit den nürnbergischen Städtlein sich zeigen und die occasion zulassen wird"; während Aldringer selbst sich mit seiner ganzen Armee in der Gegend von Kelheim oder Neustadt an die Donau legen und eine Schiffbrücke über den Fluss schlagen sollte, so dass er, im Fall der Feind Neumarkt zu besetzen suchte, Holck zu Hülfe kommen, im Fall er München oder Regensburg angriffe, auch da sofort zur Stelle sein könnte.

---

[16]) Wie Aldringer ein andermal an Holck schrieb: „nur mit 50 Compagnien unarmiret Reuterei und 5000 Mann zu Fuss und ohne pagage". Holck an Wallenstein d. d. Pilsen 13. Juli 1633 (n. St.). Hallwich I, Nr. 531.

[17]) All dies Detail des Plans erfahren wir von Aldringer selbst, der es von Regensburg aus gleichzeitig — am 10. Juli (n. St.) — an Holck und an Wallenstein mittheilte. Hallwich I, Nr. 532 u. 526. Wenn Aldringer in seinem Briefe an Holck nach Aufzählung der Gefahren fortführt: „Welches alles durch meines hochgeehrten Herrn Anzug und recuperation der Stadt Neumarkt verhindert werden kann", so ergiebt die entsprechende im Text mitgetheilte Stelle aus Aldringers Brief an Wallenstein, dass seine Meinung nicht war, dass Holck Neumarkt recuperiren, vielmehr nur war, dass er zur Recuperirung mitwirken solle.

[18]) Das Folgende nach dem Brief Maximilians an Aldringer d. d. Braunau 12. Juli 1633 (n. St.). Hallwich I, Nr. 559.

Feldmarschall Holck war schon auf die ersten Eröffnungen des Grafen von Aldringer nichts weniger als eifrig eingegangen. Zwar entschloss er sich sofort, sich baldigst von Pilsen nach Waidhausen,[19] also in grössere Nähe Aldringers zu begeben, — schon am 6. Juli (n. St.) wollte er dort sein; doch machte er seinem Generalissimus Anzeige von diesem seinem Vorhaben,[20] und zwar, nicht ohne ausdrücklich hinzuzufügen, er habe „inmittelst alles so bestellt, dass er alsobald hinmarschiren könne, wo es Ihre Fürstliche Gnaden gnädigst befehlen"; und dass er „inmittelst, was die zwei Courier, so noch aussen bei Euer Fürstlichen Gnaden, bringen werden", erwarte. Das aldringerische Schreiben vom 10. Juli (n. St.) legte er im Original bei.

Zehn Tage später (am 13./23. Juli) schrieb er ihm gleichfalls aus Pilsen einen zweiten Brief,[21] dessen Inhalt offenbart, dass Aldringer dem Feldmarschall in Folge jenes Schreibens von Maximilian neue Vorschläge gemacht hatte. Wallenstein werde (nunmehr) erfahren haben, „was Motiven Herr Graf Aldringer gebraucht, mich zu bewegen, mit etzlich tausend Mann zu Ross und Fuss ohne Pagage zu ihm in die Pfalz zu stossen, Neumarkt wieder zu recuperiren und Wülzburg und Lichtenau zu entsetzen". Wie er sich nun auf des Kurfürsten und Aldringers „Schreibungen" „nicht mit wenig Ungelegenheiten der Soldateska bis an Amberg begeben, nicht anders vermeinend, als die aldringerische Armada daselbsten auch zu finden und ihnen den Rücken zu halten, . . . wie billich Euer Fürstl. Gnaden Befehl in Obacht nehmend, dass ich Böhmen nicht in Gefahr sollte setzen, mich impeguiren oder so weit von Ihre Fürstl. Gnaden begeben, insonderheit weil Herzog Wilhelm von Weimar Volk im Voigtland mir in flanco und Herzog Bernhard um Bamberg da auch allerlei Regimenter sammeln thut", — so hätten Graf Aldringer und Obrist Ruep auf des Kurfürsten Befehl „mir überreden wollen, Ich sollte Neumarkt angreifen, . . . und wollten unterdessen die Herrn

---

[19] So muss das unverständliche „Walthausen" bei Hallwich I, Nr. 531 gelesen werden.

[20] Holck an Wallenstein d. d. Pilsen 13. Juli (n. St.). Hallwich I, Nr. 531. Zum Ueberfluss hebe ich hier nochmals ausdrücklich hervor, dass Holck zu diesem Brief nur durch die „Schreibung Herrn Graf Aldringers" veranlasst wurde.

[21] Hallwich I, Nr. 557.

Kurfürstlichen still liegen und ruhen und mich machen
Euer Fürstl. Gnaden Befehl mit billig Gefahr meines
Kopfs überschreiten, mit der hornschen Armada, so an
der Hand, inpegniren, und vielleicht Böhmen und mehr
Länder in Gefahr setzen. Deswegen habe solches auf
das höflichste ausgeschlagen und nicht der Ehre so be-
gierig mich erzeigt, dass Ich solche Narretei begehen
sollte; sondern, weil itzo die schlimmste Zeit für die Reiterei in diesen Oertern, habe Ich das Volk wiederum
zurück gewendet, gegen Eger und Waidhausen, wir vor
diesem, logiret, erwartend was Ihre Fürstl. Gnaden hie-
ferner befehlen wollen“.

Es ergiebt sich also aus diesem Brief, dass Holck
dem Vorschlage Aldringers zu folgen geneigt war und
seine Truppen bis nach Amberg führte, um Aldringer
den Angriff auf Neumarkt zu erleichtern; dass er aber
nicht daran dachte, sich auf den so viel weitergehenden
Plan des Kurfürsten einzulassen. Da er Aldringer —
eben in Folge von Maximilians Plan — „daselbst nicht
fand“, [22]) kehrte er wieder zur böhmischen Grenze zurück.
An weiteres Vorgehen in der Pfalz, vollends an die Belagerung Neumarkts, dachte er keinen Moment; das war
ihm „Narretei“.

Um so unbilliger war es, wenn Wallenstein diesem
ihm unbedingt ergebenen und gehorsamen Officier völlig
aus der Luft gegriffene Vorwürfe machte. Auf den ersten
der beiden Briefe — den vom 3./13. Juli — schrieb er
ihm aus dem Feldlager bei Schweidnitz den 20. Juli (n.
St.) [23]) in schroffsten Worten: er habe aus demselben „mit
mehreren verstanden, was gestalt er sich durch den Feldmarschall Grafen von Aldringer gegen Amberg zu incaminiren persuadiren lassen.“ Er hätte sich „nun zwar, wenn
gehlinge etwas entsetzet werden können, dass sich der Herr
moviret, nicht zuwider sein lassen; aber dass er sich um
Recuperirung Neumarkt oder einige Belägerung annehmen
wolle, solches, zumalen Ihr Kayserl. Majestät Dienst
dadurch verhindert und unsere so vielfältige Ordinanzen,
welches uns, so lange wir höchst ermeldter Ihr Majestät
Armaden commandiren, noch nie begegnet, zurückgestellt,
und mehr dem Grafen von Aldringer, welcher ihm doch

---

[22]) Es ist übrigens doch zu bemerken, dass Aldringer am
20. Juli (n. St.) aus Amberg datirt. Hallwich I, Nr. 546.
[23]) Hallwich I, Nr. 545.

nichts zu commandiren, Zumuthungen nachgesetzet worden,
gar hoch zu empfinden Ursach haben, der Herr auch alle
die dannenhero erfolgende praejudiz zu verantworten haben
wird: als haben wir dem Herrn solches zu seiner Nachrichtung hiermit in Antwort nicht verhalten und ihm benebenst nochmals erinnern wollen, unsern und keines andern
ordinanzen fürters nachzuleben".

Dazu ein eigenhändiges Postscript: „Viel eines andern häte ich mich versehen, als dass der Herr durch
etlicher per indirectum expracticirte instanzien sich auf
solche Weiss solle impegniren und meinen so unterschiedlichen expressen ordinanzen zuwider thun."

Und doch hatte Holck in seinem Briefe vom 3./13.
Juli kein Wort von Neumarkt geschrieben, und es
war einfach unberechtigte Willkühr, wenn Wallenstein
einmal die Worte Aldringers in dessen Brief vom 1./10.
Juli dahin deutete, als wolle er die Recuperirung Neumarkts durch Holck, und wenn er sodann überhaupt
aldringerische Anträge mit holckischen Zusagen identificirte.
Die beste Kritik dieser aufbrausenden Heftigkeit Wallensteins ist der zweite Brief Holcks an ihn, geschrieben, da
er seinen Tadel noch nicht in Händen hatte; jener Brief,
in welchem er mit ausdrücklichem Berufe auf die Ordinanzen des Generalissimus das an ihn gestellte Ansinnen
der Recuperation Neumarkts als Narretei rundweg abwies.

Erst als er diesen Brief abgeschickt, [14]) erhielt er
Wallensteins verletzendes Schreiben; und natürlich, dass er
sich beeilte, es zu beantworten. „Ich habe nie die Gedanken
gehabt, Euer Fürstlichen Gnaden order zuwider zu sein,
dazu ich gar so (zu) gering, und würde billig die höchste
Straf untergeben sein, wenn ich so ein Narretei sollte begehen. Bitte deswegen unterthänigst, Euer Fürstlichen Gnaden wollen lassen Ihre gefasste Zorn und böse opinion von
mir fallen, denn ich bin unschuldig und habe nur allein, dieweil Ihre Fürstliche Gnaden befohlen, mit etwas Volk zu
dem Graf Aldringer zu stossen, wollen den Leuten, so mich
öffentlich für ein poltron oder gar ein Verräther ausrufen,
das Maul stopfen, bin auch nicht weiter gangen, als dass ich
alle Stund könnte zurückkommen, viel weniger Gedanken

---

[14]) „E. Fürstl. Gn. schreibung habe ich empfangen heute,
nachdem ich allbereit E. Fürstl. Gn. geschrieben und wegen allem
unterthänigst Bericht gethan." Holck an Wallenstein (undatirt).
Hallwich I, Nr. 559.

'gehabt, mich zu impegniren, sondern so bald die Kurfürstliche mir weiters angemuth, als zu verantworten gewest, bin ich wieder in Böhmen gerückt, daselbst ich mit allen schuldigen Gehorsam erwarte unterthänigst Euer Fürstlichen Gnaden Befehl etc."

Wallenstein unterliess es nicht, sobald er Holcks Schreiben vom 23. Juli (n. St.) in Händen hatte, in optima forma zu revociren. Zwei Briefe schrieb er ihm an einem Tage (den 29. Juli n. St.)[23]): seine Intention in seinem ihm zugeschickten Schreiben sei nur dahin gegangen, dass er sich in keine Belagerung einlassen solle, und da er seine Ordinanz in Acht genommen, sei er „wohl mit dem Herrn zufrieden". „Soviel die Attaquirung Neumarkt belanget, hat der Herr, dass er sich diesfalls in keinerlei Weise impegniren, besondern vielmehr unserer ordinanzen nachleben wollen, gar recht und weislich gethan."

Wallenstein hatte allerdings die dringendste Veranlassung, gerade jetzt Holck bei guter Laune zu erhalten, denn am 28. Juni/8. Juli waren die Kaiserlichen unter Gronsfeld bei Oldendorf an der Weser in offnem Felde geschlagen worden. Bereits am 13./23. Juli hatte der Herzog gerüchtweise Kunde davon[26]) und war sich sofort klar, dass die Folge eines Sieges der Feinde in Hessen die Verstärkung der Feinde in Schlesien sein würde. Freilich hatte er zunächst guten Muth. „Es sei damit bewandt, wie es wolle — schrieb er dem Kaiser — so giebt solches, indem ich den Feind dahier eher, als ihm einiger Succurs von unten herauf zukommen könne, zu consumiren verhoffe, nichts zu schaffen." Doch bemerkte er schon um wenige Tage später,[27]) mit Rücksicht auf die lange geplanten Friedensverhandlungen, deren Eröffnung in Breslau demnächst bevorstand: wie die beiden Kurfürsten zu Sachsen und Brandenburg, nachdem der Graf von Gronsfeld den Schaden erlitten, zu diesem Werk intentionirt sein möchten, könne er nicht wissen. Jedenfalls fand er es doch gerathen, Holck Ordre zu geben, „auf den böhmischen Grenzen, damit auf allen

---

[23]) Hallwich I, Nr. 573 u. 574.

[26]) Vergl. Wallenstein an den Kaiser d. d. Feldlager bei Schweidnitz 23. Juli (n. St.). Hallwich I, Nr. 555.

[27]) Wallenstein an den Kaiser vom 25. Juli (n. St.). Hallwich I, Nr. 562.

erheischenden Fall, wenn ja dem Feind ein starker Succurs zukommen sollte, er sich mit mir conjungiren könne, zu verbleiben, auf welche erfolgende Begebenheit dann ich dem Feind genugsam gewachsen zu sein gedenke“. [28]) Als sich dann das Gerücht jener Niederlage in vollstem Umfang bestätigte, folgte Wallensteins nachdrückliche Erklärung an Holck selbst, [29]) dass er es „ein für alle mal bei seiner vorigen Ordinanz verbleiben lasse“, und dass Holck deshalb „aller einkommenden, widrigen persuasionen ungeachtet derselben unfehlbar nachzuleben wissen werde“.

Nicht minder bestimmt äusserte er sich gegen Aldringer [30]): mit Rücksicht auf die den Grafen Gronsfeld betreffenden Avisen wolle er „keines Weges, dass Graf Holcka sich in einigerlei Weise, zumalen der Feind, wenn der Feldmarschall Kniphausen sich heraufwärts wenden sollte, uns allein überlegen sein möchte, impegniren, besondern auf den böhmischen Grenzen, um auf allen erheischenden Fall sich mit uns zu conjungiren, in Bereitschaft halten solle“. Aldringer möge sich deshalb „fürters der Enden defensive zu halten wissen“, da „an allen Orten offensive zu gehen unmöglich“.

Doch blieb es Holck nach wie vor erlaubt, [31]) sich „da der Feind auf den Grafen von Aldringer dringen thäte, eilends in der Nähe ohn pagagi mit demselben zu conjungiren und jählings wider den Feind etwas zu richten;“ „doch dass er sich in nichts impegnire, noch zu weit von Böhmen discostire, zumal sich zu weit zu begeben oder in Belagerung einzulassen gar nicht de tempore ist.“

Genau in diesen Tagen erlitt Wallenstein eine diplomatische Niederlage, die kaum geringer war, als Gronsfelds Niederlage in offnem Felde. Seit den Tagen, da

---

[28]) Worte aus obigem Brief Wallensteins an den Kaiser vom 23. Juli (n. St.).

[29]) Wallenstein an Holck d. d. Feldlager bei Schweidnitz 24. Juli (n. St.). Hallwich I, Nr. 561.

[30]) Wallenstein an Aldringer d. d. Feldlager bei Schweidnitz 24. Juli (n. St.). Hallwich I, Nr. 560. Vergleiche seinen Brief an ihn, gleichfalls aus dem schweidnitzer Lager vom 27. Juli (n. St.) Nr. 567, und an den Kaiser von demselben Datum Nr. 566.

[31]) Wallensteins beide Schreiben an Holck vom 29. Juli (n. St.).

Gustaf Adolf sein Hauptquartier am Rhein aufgeschlagen
hatte, wurden die vorderösterreichischen und elsässischen
Lande von den schwedischen Waffen aufs Aergste heimgesucht, und namentlich befand sich die so wichtige
Festung Breisach in grosser Gefahr. Ihr Fall wäre für
die ganze Landschaft verhängnissvoll gewesen, als deren
Citadelle sie mit Recht galt. Noch im April 1633 war
die Festung „von Neuem auf drei Monat proviantirt worden"; [32]) aber das genügte nicht, sie vor Feindesgefahr
zu sichern.

Hier nun setzte die spanische Politik den Hebel an,
um Wallenstein zu verdrängen und den Kaiser von sich
abhängig zu machen. Es galt die Aufstellung eines beträchtlichen spanischen Heeres unter dem Herzog von
Feria im Elsass. Wallenstein durchschaute die Absicht
von Anfang an und bekämpfte deshalb mit grösstem Nachdruck dieses „des Duca de Feria praetendirtes Directorium
über einen sonderlichen exercitum im Reich," das den
Bedingungen seines Generalats direct ins Gesicht schlug. [33])

Der Kaiser hatte ihm die „Proviantir- und Conservirung" Breisachs zu wiederholten Malen ans Herz gelegt. [34]) Am 11./22. Juli schrieb er ihm von Wien aus
darüber: [35]) er hätte sich überlegt, ob es am Besten wäre,
wenn Oberst Ossa von Wallenstein beordert würde, Breisach aus Schwaben zu proviantiren, „und zu Versicher-
und Begleitung derselben entweder königlich spanische
von dem in Italien beisammen habenden Volke oder
lothringische Hülf ersucht", — oder wenn von Aldringers
Truppen „irgend 4000 Pferde und 1000 Dragoner" durch
Schwaben zum Rhein gesandt würden, die dann sofort
(voraussichtlich nach 14 Tagen) zu Aldringers Armee
zurückkehren könnten. Jedenfalls würde dieser vorübergehende Abgang von 5000 Mann derselben wenig schaden, weil (wie er, der Kaiser, bereits wisse) Holck sich
auf Wallensteins Verordnung mit einer starken Anzahl

---

[32]) Aldringer an Wallenstein d. d. Isareck 30. April (n. St.),
im P. S. Hallwich I, Nr. 355.

[33]) Zum Beispiel in seinem Brief an den Kaiser d. d. Münsterberg 1. Juni 1633 (n. St.). Hallwich I, Nr. 465 und sonst vielfach.
Das Nähere bei Hallwich II, Einleitung CXXI ff.

[34]) Wallenstein an den Kaiser vom 27. Juli (n. St.). Hallwich I,
Nr. 566; auf dessen Schreiben vom 22., worin er ihm die „Proviantir-
und Conservirung der Festung Breisach" „abermals" aufgetragen.

[35]) Hallwich I, Nr. 549.

Volks mit Aldringer vereinigt habe; und da die weimarischen Herzöge, Wilhelm und Bernhard, sowie Horn, wenn sie ihre Truppen zusammenführten, doch schwerlich über 22000 Mann stark sein würden, so würde man ihnen auch „ohne diesen abgeschickten breisachischen Succurs genugsam gewachsen sein". Deshalb schickte der Kaiser einen eignen Courier zu Wallenstein, ihn zu erinnern, an Aldringer „auf einen oder andern gutbefindenden Weg nothwendige Ordre zu geben, diesen Succurs unverlängt (weil die äusserste Gefahr vor Augen) anziehen zu lassen"; wie auch, dass Wallenstein, wenn ihm die angegebenen beiden andern Mittel „irgend gut zu sein bedünken wollten", an Ossa Befehl geben sollte, mit dem Cardinal-Infanten und dem Herzog von Feria, wie auch dem Herzog von Lothringen, deswegen zu tractiren; — wiewohl er besorge, dass diese beiden Mittel nicht so leicht, wie es nöthig wäre, auszuführen sein würden, weil das in Italien sich formirende königlich spanische Heer noch nicht beisammen wäre, und der Herzog von Lothringen sein geworbenes Volk selber zur Landesdefension bedürfte.

Schon auf eine frühere Aufforderung des Kaisers hatte Wallenstein dem Feldmarschall Aldringer „befohlen", „etwas Reiterei" nach Breisach zu schicken; nach Empfang jenes kaiserlichen Schreibens vom 11./22. Juli beeilte er sich, ihm am 17./27. durch einen eigenen Courier „Ordinanz" zu ertheilen, [36]) „den Feldmarschall-Lieutenant von Scherffenberg mit 20 Compagnien Reiterei (2000 Pferden) und allen Dragonern, so der Herr bei sich hat, doch ohne Pagage, alsbald ins Elsass abzuordnen", „damit er sich gegen berührter Festung begeben und, wie er in dieselbe kommen, und sie der Nothdurft nach proviantiren könne, sehen, auch, nachdem solches beschehen, sich alsbald wiederum zurück zu dem Herrn wenden solle". Ausdrücklich und wiederholt war die unverweilte Rückkehr Scherffenbergs zu Aldringer betont, der seinerseits, — weil Holck nicht bei ihm bleiben könne, sondern sich auf den böhmischen Grenzen zum Zuzug zu Wallenstein nach Schlesien in Bereitschaft halten müsse, — „devensive zu gehen wissen werde."

Am 22. Juli/1. August meldete darauf Aldringer

---

[36]) Wallenstein an Aldringer d. d. Feldlager bei Schweidnitz 27. Juli (n. St.). Hallwich I, Nr. 567.

(aus Regensburg) au Wallenstein,[37]) dass er Scherffenberg mit den von ihm bezeichneten Truppen habe aufbrechen lassen.

Indessen war es den Intriguen der kleinen aber mächtigen Partei auf der Hofburg, an ihrer Spitze Castañedas, des spanischen Gesandten in Wien, gelungen, den Kaiser, der bis dahin zu Wallenstein gestanden hatte, für sich und ihren Plan zu gewinnen. An demselben 17./27. Juli, an welchem Wallenstein dem Kaiser jene oben erwähnten Mittheilungen wegen Aldringers und Scherffenbergs machte, und mit Hinblick auf den Herzog von Feria ausdrücklich betonte, dass, wenn Scherffenberg komme, und wenn Ossa sich mit den im Tyrol'schen und an der schwäbischen Grenze befindlichen Truppen näher gegen Breisach ziehe, „mit solchem und anderem der Orten bereits hin und wieder sich befindenden Volk etwas nützliches wird gerichtet werden können“, d. h. also, dass es des Erscheinens von Feria und den Spaniern auf dem Boden des Reichs nicht bedürfe —: an demselben 27. Juli n. St. theilte von Wien aus Bischof Anton an Wallenstein im Auftrage des Kaisers mit,[38]) dass derselbe „endlich weniger nit thun können, als dem Cardinal infanten für den Duca de Feria und das spanische und italienische Volk den Pass durch das Reich nach Niederland zu bewilligen“, und dass er (was zu thun Wallenstein als Generalissimus laut seiner Bestallung allein zustand) dem Obrist Ossa befohlen habe, mit Feria zu correspondiren und ihm mit seinen Regimentern „den Dienst zu thun“.

Das war vollständige Desavouirung Wallensteins, offne Begünstigung der spanischen Interessen von Seiten des Kaisers. Wie musste den Herzog das erbittern!

Sofort schrieb er an Aldringer:[39]) da der Kaiser bewilligt habe, „dass der Duca de Feria seinen Herauszug in Deutschland fortstellen und der Obrist Ossa mit 6000 Mann in der Grafschaft Tyrol sich mit demselben conjungiren solle“, so befinde er die Absendung des Feldmarschalllieutenants von Scherffenberg nicht mehr für

---

[37]) Hallwich I, Nr. 586.
[38]) Hallwich I, Nr. 569.
[39]) D. d. Feldlager bei Schweidnitz 1. August 1633 (n. St.). Hallwich I, Nr. 584. Aldringers Antwort d. d. Regensburg 6. August (n. St.) Nr. 598.

nöthig, „zumalen im Durchkommen sich allerhand impedimenta ereignen, Kur-Baiern auch zu weit an Volk entblösst und dadurch dem allgemeinen Wesen viel Schaden zugefügt werden möchte". Er solle deshalb „bei so gestalten Sachen mit Fortschickung desselben, weil verhoffentlich berührte Festung Breisach durch das anziehende spanische Volk ohne das entsetzet werden wird, innen halten". Im Uebrigen lasse er „gedachten Herauszug des spanischen Volks an seinen Ort gestellet sein, und ob derselbe den Frieden im römischen Reich, zumalen nicht zu zweifeln, dass Frankreich und andere aemuli sich auch darein mischen werden, facilitiren werde, jedermann erkennen". —

In diesem Zusammenhange erhält nun auch Wallensteins neuer Befehl für Holck sein Verständnis.

Kurfürt Maximilian hatte den Obristen Ruep ins friedländische Hauptquartier gesandt, [40]) hauptsächlich um auf „Relaxirung des Grafen von Aldringer ordinanzen, damit derselbe auf Ihre Ld. (von Bayern) gewiesen werde", zu dringen, so wie darauf, dass Holck „wo nit mehrers zum wenigsten 4000 Mann unter dem Colloredo zu Defendirung der oberpfälzischen Posten hinterlasse". Denn sonst würde mit dem aldringerischen Volk seinen Landen und Leuten sehr wenig gedient sein, denselben vielmehr nur grössere Ungelegenheit und Beschwerlichkeiten zuwachsen. Obschon Rueps Creditiv schon vom 9./19. Juli datirt, so scheint er doch nicht vor Ende Juli (n. St.) im friedländischen Hauptquartier eingetroffen zu sein, denn Wallenstein erwähnt seiner erst in seinen Briefen von Anfang August (n. St.).

Hatte der Herzog noch vor kurzem, ehe er jene verhängnisvollen „Avisen" aus Wien in Betreff des vom Kaiser bewilligten Herauszuges von Feria erhalten, dem Feldmarschall Holck gestattet, zu rasch ausführbaren Operationen des durch Scherffenbergs Entsendung geschwächten aldringerischen Corps mitzuwirken, so gab er ihm

---

[40]) Wallenstein an Maximilian d. d. im Feldlager bei Schweidnitz 2. August (n St.). Hallwich I, Nr. 592; an Aldringer vom 1. August (n. St.) Nr. 584. Die besten Aufschlüsse über Rueps Sendung erhalten wir aus dem Schreiben des Kaisers an Wallenstein d. d. Wien 1. August (n. St.) Nr. 585. Wallenstein an Holck vom 2. August (n. St.) Nr. 593: Ruep habe „abermals um mehreres Volk gebeten, auf dass Sie (d. i. Kurfürstl. Durchlaucht von Bayern) damit Ihres Beliebens disponiren möchten".

jetzt — 23. Juli/2. August — angesichts jener Avisen, in Folge deren er auch die scherffenbergische Expedition sistirte, in sehr bestimmten Worten Contreordre. Er hätte dem Kurfürsten auf Rueps Anbringen gerne gewillfahrt, aber seine Armeen seien durch den zeitigen Feldżug in ziemliche Abnahme gerathen und nähmen noch je länger je mehr ab; Graf Gronsfeld sei geschlagen, und der Feind werde seine Kräfte vermuthlich entweder gegen Böhmen oder Schlesien wenden, um sie mit denen der Sachsen zu vereinigen. „Dahero wir weder auf den einen noch den andern sich also begebenden Fall einiges Volk entrathen, sondern es zu nothwendiger Defension Ihrer Kaiserl. Majestät Landen brauchen müssen". Und deshalb erinnere er ihn, „dafern ihm dergleichen etwas wegen Zuschickung Volks, es sei auch, von wem es immer wolle, zugemuthet würde, sich auf keinerlei Weise dahin persuadiren zu lassen, sondern unserer vorigen, zum öftern wiederholten Ordinanz zu inhaeriren und nachzuleben. Gestalt ein solches Ihrer Kaiserl. Majestät Dienst und die ragion des Kriegs erfordert, Wir uns auch festiglich darauf verlassen thun".

Und gleich am folgenden Tage 24. Juli 3. August befahl er ihm [1]) „alsbald nach Empfahung dieses" den Obristen Přichowsky mit seinen Croaten ohne Bagage auf kurze Zeit nach Zittau und weiter ins Schweidnitzische zu schicken, zur Verwendung gegen den Feind. Und wieder einen Tag später gab er ihm dann den entscheidenden Befehl —; den Befehl zum Einfall ins Vogtland und Meissen. [2])

Da der Zustand Böhmens den Aufbruch der holckischen Armee nothwendig mache, aber nicht rathsam sei, „sich damit dahin, wo es des Herrn Kurfürstens in Baiern Liebden begehret, zu impegniren, zumalen deroselben intention dahin gerichtet, dass sich der Herr mit dem Grafen von Aldringer conjungiren, Belagerungen anfangen, den Feind von ihrem Land bringen, hingegen Ihrer Kaiserl. Majestät Königreich und Lande entblösset lassen solle, auf welchen so erfolgenden Fall, wenn sich der Feind vom Weserstrome auch heraufwärts wenden

---

[1]) Hallwich I, Nr. 594. Wiederholt am 4. August (n. St.) Nr. 596.

[2]) Wallenstein an Holck d. d. Feldlager bei Schweidnitz 4. August (n. St.). Hallwich I, Nr. 596.

thäte, er entweder in der Schlesien sich so bestärken,
dass wir ihm nachmals wenig anhaben, oder, da er nach
Böhmen ginge, das Land ohne Volk und resistenz finden
würde; — als erinnern wir den Herrn, sich mit dem
unterhabenden Volke, ausser den nothwendigen Guarnisonen gegen Voigtland und Meissen, allda er dem Feind
eine diversion machen wird, zu begeben, und weil Ihm
alles der Orten bekannt, so viel als sich thun lässt, fortzusetzen; doch in allem sicher zu gehen und das Königreich Böhmen zu decken, den Rekruten und Bagage aber
zu ihren Regimentern (gestalt wir demselben durch den
Grafen Gallas auch dergleichen Ordinanz ertheilen lassen)
zu ziehen anzubefehlen".

Dazu ein eigenhändiges Postscript: „In Böhmen darf
der Herr keine grosse praesidia lassen, dieweil ers mit
der Armee bedecken wird. Bitt, der Herr thue aufs
ehiste dazu, damit er etwas richte, ehe dem Feinde mehr
Volks zukommen wird. Mit dem von Aldringer corre-
spondire der Herr fleissig, damit er an seinem Ort auch
das seinige thue".

Mochte nun auch der Kaiser, den Maximilian von
der Sendung Rueps ins friedländische Hauptquartier
„durch eigene Absendung" benachrichtigt hatte, den
Generalissimus auffordern,[43]) um den Kurfürsten von
Bayern „bei noch ferner angebotener, treubeständiger Assistenz und gutem Willen" zu erhalten, an Aldringer die
„so hoch verlangte relaxirung" seiner Ordinanz zu schicken,
und ihn an den Kurfürsten zu weisen, — eine Zumuthung,
sehr ähnlich dem Erscheinen des selbstständigen Heeres
unter Feria auf Reichsboden und der Ueberweisung Ossas
an ihn —; mochte er gleich auf die von Maximilian für
Aldringer erbetene Unterstützung mit einem Theil des
holckischen Corps hinweisen —: so war es damit jetzt
zu spät. Wallenstein hatte an Holck bereits den Befehl
zum Einfall ins Vogtland gegeben, als er den kaiserlichen Brief erhielt, — einen Befehl, den er jetzt in
dringendsten Worten wiederholte —, und beantwortete ihn
erst, als er von seinem General Nachricht hatte, dass er

---

[43]) Des Kaisers Brief an Wallenstein datirt Wien 1. August
(n. St.). Hallwich I, Nr. 583; Wallensteins Antwort erst 12. August
(n. St.), während er schon am 9. August (n. St.) eine Copie jenes
Kaiserlichen Schreibens an Holck schickt (Hallwich I, Nr. 605).
Ein Brief von Wien bis Schweidnitz war nur 5 Tage unterwegs.

sich „dahin incaminire". Und zwar wieder in der alten Weise: es sei absolut unmöglich, dem Kurfürsten beizustehen, wenn nicht der Kaiser und die kaiserlichen Länder in äusserste Gefahr gesetzt werden sollten; vollends weil Kniphausen nach seinem Siege über Gronsfeld „sonder Zweifel, da er anders seiner Sinnen nicht beraubet", sich heraufwärts wenden werde. Er bitte ihn deshalb, zu verzeihen, wenn er dem Kurfürsten von Bayern in diesem seinem Verlangen nicht zu willen sei. Damit demselben aber „durch andere, vorträglichere Wege" geholfen werde, habe er dem Feldmarschall Holck einen Einfall ins Vogtland und Meissen mit allen seinen Truppen befohlen. „Vermittelst dessen dann ein Theil des Volks, so der Herzog Bernhard von Weimar und Gustaf Horn bei sich haben, sich auch in Meissen wenden und gegen gedachten Grafen Holcken gehen, dergestalt durch solche Diversion des Feindes vires von mehrgedachtes Kurfürsten Liebden Lande distrahiret auch Euer Majestät Erb-Königreich und Lande, zumal sonst gedachter Graf Holcka, wenn gleich dem Grafen von Aldringer noch etliches Volk zugeschickt werden sollen, mit dem meisten in Böhmen hätte verbleiben müssen, von weiterer Beschwerde befreiet, und verhoffentlich also die Ungelegenheit des Kriegs in Meissen transferiret, auch der Kurfürst zu Sachsen desto ehender den Frieden zu suchen verursacht werden wird."

Nach den bisherigen Mittheilungen, denke ich, kann es nicht zweifelhaft sein, dass das eigentliche Motiv für den holckischen Einfall in Meissen nicht, wie es wohl geschehen, bei Sachsen zu suchen ist. Dass der Kaiser sich auf die Seite Spaniens und Bayerns stellte, in deren Interesse, ohne Rücksicht auf seinen Generalissimus, vielmehr ihm entgegen, militärische Dispositionen traf, — das war es, was diesen veranlasste, seinerseits über die Heeresmacht in einer Weise zu verfügen, welche zeigen sollte, dass in militärischen Dingen ihm die Entscheidung zustehe. Wenn er auch den vom Kaiser bewilligten Zug Ferias ins Reich nicht verhindern konnte, so war er doch nicht gewillt, weiter nachzugeben; am wenigsten in Bezug auf die vom Kaiser befürwortete Unterstützung Maximilians von Bayern durch einen Theil des holckischen Corps. Um Holck nur nicht in die Oberpfalz zu schicken, liess er ihn — nicht etwa zu sich nach Schlesien kommen, denn dort, wo man eben damals mit dem feindlichen Hauptquartier in Verhandlungen stand, bedurfte man keiner Truppenhülfe; wohl aber ins Sächsische einbrechen. Wenn er dem Kaiser dieses Unternehmen als eine Diversion zu Gunsten Maximilians darstellte, so war das eben nur eine immerhin leidlich plausible Wendung, bei welcher der Kaiser sich beruhigen mochte. Dass der holckische Einfall in Wahrheit die grosse schwedische Armee nicht zum Verlassen der Donau und zum Aufbruch nach Meissen veranlassen würde, wusste Niemand besser als Wallenstein.

Ueberhaupt machte sich Wallenstein von dieser Expedition für die allgemeine Kriegführung schwerlich allzugrosse Versprechungen, und wenn er gleichfalls gegen den Kaiser äusserte, dass sie Johann Georg veranlassen werde, desto eher den Frieden zu suchen, so war auch das jedenfalls sehr stark ausgedrückt. Von der Einwirkung des holckischen Einfalls auf die militärisch-diplomatischen Verhältnisse in Schlesien, die Wallenstein nach der neuesten Auffassung mit ihm beabsichtigt haben soll, sagt Wallenstein selber nichts; wie denn auch beides kaum in einem Zusammenhang mit einander steht. Es ist ja bekannt,[44] wie Wallenstein, fast unmittelbar nach Beendigung seines Aufmarsches in Schlesien, mit Arnim zu unterhandeln begann, und wie es schon am 28. Mai/7. Juni zum Abschluss eines Stillstandes auf zwei Wochen kam, der dann um mehrere Tage verlängert wurde.[45] Aber auch nach diesem Termin wurde die Correspondenz zwischen den beiden Höchstcommandirenden eifrig fortgesetzt.[46] Und mochte gleich ein Moment eintreten, in welchem — wie Wallenstein in seinem Brief an Obrist Goltz vom 25. Juni/5. Juli sagte — „der vorhin bewilligte Stillstand der Waffen gegen den Feind aufgehebt" war, und — wie er Tags darauf dem Kaiser schrieb — „nunmehr mit den Waffen fortzugehen beschlossen

---

[44] Namentlich auch aus dem sehr eingehenden Aufsatz von Hallwich in v. Webers Archiv f. d. Sächs. Gesch. N. F. III, 289 ff.

[45] Den von Franz Albrecht in seinem Brief an Johann Georg (d. d. Brieg 11./21. Juni, Hallwich II, Nr. 1115) angegebenen 4 Tagen steht die von Wallenstein selbst mitgetheilte Prorogation von 6 Tagen gegenüber. (Wallenstein an den Kaiser vom 6. Juli u. St. Hallwich I, Nr. 509).

[46] Briefe Arnims an Wallenstein vom 13./23. u. 19./29. Juni, 21. Juni/1. Juli; Wallensteins an Arnim vom 16./26. und 19./29. Juni, 22. Juni/2. Juli.

worden", so blieb es eben bei dem Beschlusse. Die Kette
der diplomatischen Beziehungen zwischen beiden feindlichen Lagern war eben nur gelockert, nicht durchrissen,
und allgemach reihte sich an jene erste Gruppe von Stillstandsverhandlungen eine weitere an, [47]) denn auf die von
Dänemark so eifrig betriebenen Friedenstractate, die
demnächst in Breslau eröffnet werden sollten, hätte es
natürlich den hemmendsten Einfluss ausüben müssen,
wenn die Heere der miteinander zu versöhnenden Parteien sich die Köpfe blutig schlugen. Es wurde zwischen
Wallenstein und Arnim schriftlich abgemacht, dass Obrist
Burgsdorf, sobald er von einer Sendung ins sächsische
Lager zurückgekehrt sein würde, hinüber ins friedländische Hauptquartier gehen sollte. Darüber wurden am
18., 19., 20. Juli n. St. Briefe gewechselt, [48]) und zwar
in durchaus sachlicher, nichts weniger als gereizter Form.
Da sich die burgsdorfische Legation zerschlug, proponirte
dann Wallenstein eine mündliche Unterredung mit Arnim
selbst. Und zwar geschah diese Proposition indirect, indem nämlich Graf Trčka darüber an Herzog Franz
Albrecht Mittheilung machte, dieser es dann an Arnim
berichtete, der natürlich darauf einzugehen geneigt war.
Erwähnt wird dieser Vorschlag zuerst in Arnims Brief
an Wallenstein d. d. Schweidnitz 31. Juli/10. August, [49])
und es ist sicher, dass er erst um diese Zeit, d. h. mehrere Tage später als Wallensteins Befehl an Holck zum
Aufbruch ins Sächsische, erfolgte. Von irgend welcher
Pression, die der über das Hinauszögern von ihm ge-
wünschter neuer Stillstandsverhandlungen ungeduldige
und ungehaltene Wallenstein auf Arnim durch das holckische Unternehmen habe ausüben wollen, kann somit nicht
die Rede sein. [50])

---

[47]) Sie beginnt mit Wallensteins Brief an Arnim vom 7./17.
Juli. Hallwich I, Nr. 537.

[48]) Hallwich I, Nr. 571, 572, 575 und 576. Ich werde demnächst
Gelegenheit haben, auf diese Stillstandsverhandlungen eingehend
zurückzukommen.

[49]) Hallwich I, Nr. 608.

[50]) Das beweist auch der Brief Wallensteins an Holck d. d. bei
Schweidnitz 10. August 1633 (n. St.). Hallwich I, Nr. 610. Wallenstein theilt in ihm mit, dass die zur Friedenshandlung nach Breslau bestimmten dänischen Gesandten von Frankfurt aus bereits um
einen Pass gebeten hätten und führt dann fort: „Alldieweiln nun zu
besorgen, dass bei angehender Friedenshandlung vor allen Dingen
wegen Bewilligung eines armistitii (wie ich denn insonderheit in

Doch war es auch nicht lediglich die Rücksicht auf sein Verhältniss zu Bayern und Aldringer, zum Kaiser und zu Feria, was ihn veranlasete, Holck jene Invasionsordre zu ertheilen. Die sehr prosaische Sorge für den Lebensunterhalt der Truppen gestattete nicht, sie länger in diesen böhmischen Quartieren zu lassen, in denen sie sich nun bereits über ein halbes Jahr befanden. Wäre es noch Feindesland gewesen, das man so andauernd in Anspruch nahm! Aber dass die eigenen Truppen Monate lang so gut wie unthätig in den eigenen Ländern lagen, widersprach doch der Natur der Dinge und aller Kriegsraison.

Der Herzog hatte den im Winter 1632/33 in Böhmen und andern kaiserlichen Erbländern einquartirten Regimentern durch ein „gedrucktes Verpflegspatent" „die Unterhaltung in den Quartieren bis ultimo Juli" (neuen Stils) prolongirt und bestimmt, dass diejenigen Regimenter, die mit ihm und sonst bereits zu Feld waren, „zu Erlangung sothaner Verpflegung bis auf gesetzte Zeit ihre Bagagia und commandirte Officier hinterlassen" sollten.

Nun ging der Juli zu Ende und die Lage des Landes wie der Truppen machte neue Anordnungen dringendst nöthig. Denn von Seiten der Einwohner war jenem Patent durchaus nicht in vollem Umfang nachgekommen worden, und es war wohl zu besorgen, dass die „restirende Verpflegung" zu „Destruction der Armada" führen möchte; um so mehr, als sich auch die sämmt-

---

denen Gedanken, dass der chursächsische Generallieutenant von Arnim, weil er dahier sehr bedrängt, darauf gehen werde, begriffen) vom Gegentheil werde tractiret werden, auf welchen Fall er dahier im Vortheil liegen bleiben würde: als erinnern wir den Herrn unserer vorigen Instruction gemäss keinen Augenblick zu versäumen, besondern seinen Zug im Voigtland und Meissen ohne einige dilation fortzustellen etc." D. h. Wallenstein setzt voraus, dass der in Schlesien sehr bedrängte Arnim auf ein armistitium ausgeben werde. Da dessen Bewilligung unter gegenwärtigen Verhältnissen für denselben vortheilhaft sein würde (d. h. da der in vortheilhaften Positionen von Wallenstein hart bedrängte Arnim im Fall des Stillstandabschlusses in diesen vortheilhaften Positionen bleiben würde), so gelte es, dem Feinde vor dem Stillstandsabschluss noch rasch möglichsten Abbruch zu thun. Deshalb die Beschleunigung von Holcks Invasion; deshalb Wallensteins in dringenden Worten wiederholte Forderung an ihn, ihm den Obrist Přichowski mit den Croaten „unverzüglich" zu schicken, „ohne Verlierung einiger Minuten". S. Hallwich in v. Webers Archiv f. d. Sächs. Gesch. N. F. III, 324 und Wallensteins Ende II, Einleitung LXVII.

lichen bei der Armee befindlichen Officiere „wegen nicht erfolgender derer ihnen versprochenen Contentirung" bei ihm beschwert und ihm inständigst gebeten hatten, dass „ihnen gebührende Satisfaction wiederfahren möchte". Er wandte sich deshalb an den Hofkriegsrath von Questenberg und an den Kaiser selbst:[31]) Er habe ihm nun schon mehrfach vorgestellt, „was für Gefahr dero Lande und das allgemeine Wesen von dem in die Länge so gar unbefriedigten Volk zu gewarten, insonderheit, wenn anjetzo, da ich solcherwegen meinen Credit und Zusage, hat anders das Volk aus den Quartieren ins Feld gebracht werden sollen, interponiren müssen, keine Wirklichkeit erfolgen thäte, ein allgemeiner Zweifel und Misstrauen, folgends besorglich gar eine gefährliche Ruptur und durchgehende Desperation und dann daraus dero hochlöblichstem Erzhaus angehörigen Landen und dem allgemeinen Wesen unwiderbringliches Unheil entstehen würde". Er bat ihn deshalb, „den restirenden Ländern ernstlich anzubefehlen, dass weitere vergebliche Verzögerung hintangesetzt und die so höchst nothwendige Befriedigung des Volks auf Mass und Weise, wie es die jetztgemachte Austheilung mitbringet, und die äusserste Noth und eines jeden Conservation erfordert, zumal anstatt der versprochenen dreien completten Monatsold sie sich nur auf so viel, als effective zu Feld gezogen, persuadiren lassen, zu Werk gerichtet werden".[32])

Nicht zum wenigsten hatte Holck unter den Schwierigkeiten der Verpflegung zu leiden, und er wandte sich deshalb von Pilsen aus wiederholt an Wallenstein.[33] Es sei „unmöglich, mit Fleisch und Brod aufzukommen", und vom Feinde etwas zu erobern habe er weder Gelegenheit noch Ordre; deshalb „müsse nothwendig entweder das Volk ruinirt werden, oder aber, wie bis dato geschehen, die Länder·den Unterhalt verschaffen". Er habe seit Wallensteins Abreise „das Volk mit blossem Commiss-

---

[31]) D. d. Feldlager bei Schweidnitz 31. Juli (n. St.). Hallwich I, Nr. 580.

[32]) Diese „Austheilung" der Verpflegung liegt für Mähren vor (Hallwich I, Nr. 581) und hat zweifelsohne auch für die andern kaiserlichen Territorien gegolten; wie denn das Actenstück u. A. auch Wrtby, dem Generalcommissär für Böhmen, zugestellt wurde.

[33]) D. d. 31. Juli und 1. August (n. St.). Hallwich I, Nr. 582 und 587.

brod, weil ein jedweder aus seinem Quartier noch ein
Hülf gehabt, in esse erhalten und versehen lassen". Auch
habe es „an scharfen Befehlen, gute Ordre zu halten,
wie dann nit weniger an unterschiedlichen exemplarischen
Executionen nit ermangelt", so dass er verhoffe, er werde
an seinem beständigen Fleiss nichts haben erwinden lassen.
Aber das Land sei nunmehr „aller Orten aufs äusserste
ruiniret,") die Stände und Unterthanen nicht allein ganz
widerwillig, sondern auch bei Ihrer Kaiserl. Majestät
diesfalls sich zum Höchsten beschwert". Und dieses
„Calumniren" sei so arg gewesen, dass Graf Wrtby (der
kaiserliche Generalcommissär in Böhmen) von Hof aus
den Befehl erhalten habe, „eine Inquisition anzustellen". **)
Er bat deshalb Wallenstein um einen schriftlichen Befehl:
„ob die Einquartierung, wie sie bis ultimo Juli gewesen,
noch ferners soll continuiren," oder ob „zu Verleichterung
des Königreichs, und dass man der Erndten um so viel
besser abwarten und einbringen können, der Regimenter,
so bei Ihrer Fürstl. Gnaden, bagagio und recrouten überall hinein in die Schlesien zu ihren Regimentern marschiren sollten", und wie es mit denen, die hier bei ihm
verblieben, gehalten werden sollte. Er habe interimistisch
— weil ihm bis dato von Wallenstein kein Befehl zugekommen sei, jene mit dem Juli (n. St.) ablaufende Ver-
pflegungsordre zu continuiren, — den sich in Schlesien
befindlichen Obristen Ordonnanz ertheilt, ihre Bagage,
Officiere und hinterstelligen Recruten zu sich zu erfordern;
für die hier bei ihm befindlichen Regimenter habe er die
Quartiere aufs Neue ausgetheilt ¹⁶) und „der Unterhaltung
halber eine gewisse Moderation mit Zuthun des Herrn
Grafen Wrtby und anderer Commissarien pro interim
und auf Euer Fürstl. Gnaden ferneren Befehl, damit es

---

^{¹⁴}) In seinem Briefe vom 31. Juli (n. St.) schreibt er gradezu,
dass „um Eger nit zu leben".

^{¹⁵}) Kaiser Ferdinand an Wrtby d. d. Wien 28. Juli (n. St.).
Hallwich I, Nr. 588. „Wir wollen dir in Gnaden nicht verhalten,
was gestalt uns die vielfältigen Beschwerden, damit unsere getreue
Inwohner und Unterthanen des Königreichs Böhmen überhäufig be-
legt, ganz beweglich fürgetragen worden" etc.

^{¹⁶}) Das ist das Quartierverzeichniss vom 1. August (n. St.).
Hallwich I, Nr. 589; weil doch die seinem Commando untergebene
Armee „auf vorgedachten Ihrer Fürstl. Gnaden gnädigen Befehl da-
hin in Böhmen annoch ein Zeitlang verbleiben wird".

dem Lande nicht zu schwer fallen möge, gemacht". [57])
Nach dieser interimistischen Verpflegungsordonnanz sollte
die Zahl der Portionen dieselbe wie in dem wallensteinischen Verpflegungspatent bleiben; die Moderation sollte
darin bestehen, „dass auf eine Portion von dato an nicht
mehr als

Brod = 2 Pfd. oder das Geld dafür, jedes Pfd. = $\frac{1}{2}$ kr.,
Fleisch = 1 $\frac{1}{2}$ Pfd. oder das Geld dafür, jedes Pfd. = 3 kr.,
Bier = 1 $\frac{1}{2}$ Maass oder das Geld dafür, jede Maass = 3 kr.,
Hafer = 2 Viertel oder das Geld dafür, jeder Strich = 36 kr.,
und solches allein auf die effective Vorhandene soll gerechnet werden". Es sollte „bei den Unterthanen bestehen, ob sie Geld oder die Portionen liefern wollen,
und soll von denjenigen, so die Portionen am liebsten
liefern wollen, das Fleisch, damit es den Soldaten zu
Nutz kommen kann, lebendig geliefert werden". Für die
„Servitien" und für Heu und Stroh sollte keiner, da es
jeder aus seinen Quartieren würde haben können, etwas
zu fordern befugt sein.

Solchem Zustande, der das Land wie die Armee
gleichmässig ruiniren musste, schleunigste Abhülfe zu
schaffen, erkannte Wallenstein als unabweisliche Pflicht.
Und daher war seine Antwort gleich auf die erste Eröffnung Holcks — jene vom 21./31. Juli — eben der
Befehl zum Aufbruch ins Sächsische:

„Allermassen nun, wenn das Volk länger also liegen und nichts
vornehmen sollte, solches dem Land beschwerlich fallen und die
Winterquartiere dadurch ruiniret werden würden, . . . Als erinnern
wir den Herrn, sich mit dem unterhabenden Volk, ausser den nothwendigen Guarnisonen, gegen Voigtland und Meissen, allda an Brod
und Fourage, weil der Schnitt bereits vorüber, kein Mangel erscheinen wird, zu begeben" u. s. w.

Alles Gesagte zusammengenommen ergiebt demnach,
dass ganz bestimmte politische Motive und dazu das
praktische Bedürfniss die holckische Invasion veranlassten.
Mit dem Gang der allgemeinen Politik hat sie so wenig

---

[57]) So schreibt Holck in seinem Brief vom 1. August (n. St.)
Nr. 587. In dem vom 31. Juli (n. St.) Nr. 582 schreibt er im Postscriptum:
bei Schliessung des Briefs erhalte er ein Schreiben von Wrtby „dass
er in seinem Namen nit kann befehlen, weiter das Volk hier in
Böhmen ohne fernere ordre unterhalten zu lassen". Er habe deshalb „per interim, bis ordre von Euer Fürstl. Gnaden werde kommen,
eine Linderung an den portiones und Unterhalt gesetzet, sonst
werden grosse disorder entstehen". Die „Verpflegungsordonanz" bei
Hallwich I, Nr. 590.

zu thun, wie mit dem Verlauf des grossen Krieges. Sie
war kein nothwendiges Glied in der Kette von Wallensteins strategischem Plan: es war vielmehr vorauszusehen, dass sie sich zu einem einfachen Beutezuge ge-
staltet würde.

II.

Holck beeilte sich, jenen rasch auf einander folgenden Befehlen Wallensteins vom 2., 3., 4. August (n. St.)
nachzukommen.[38]) Ohne auf die Marschbereitschaft der
Artillerie zu warten, wollte er „zueilen und unversehener
Weise etwas tentiren, Chemnitz, Freiberg und Zwickau
berennen lassen, dass wir zu leben können haben, und,
ehe Volk dahin einkommt, sie überraschen; dann ausser
der Stadt (d. i. den Städten) ist wenig vorhanden in
Meissen, und Voigtland ist mit dem Markgrafthum in
Grund verdorben".

Bereits am 1./10. August hatte er über die Truppen
disponirt.[39])

. Zur Expedition war bestimmt:
„Die ganze Artillerie: 2000 Pferde.
Generalstab.
Reiterei: Feldmarschallische Rennfahne 1 Compagnie, Holcki-
sche 9 Comp., Hatzfeldische 10 Comp., Picolominische 10 Comp.,
Alt-Sächsische 10 Comp., Breda 10 Comp., Lambergs 8 Comp.,
Ulfeld 10 Comp., Summa 68 Compagnien.
Croaten: Horatio (Orosi) Paul 8 Compagnien, Keuchlowitz
8 Comp., Beygott 6 Comp., Summa 22 Compagnien.
Dragoner: Holckische 6 Compagnien.
Infanterie: Colloredo 12 Compagnien, Wangler 9 Comp.,
Suis 11 Comp., Jung Breuner 9 Comp., Majorame 10 Comp., La Foss
10 Comp., Adelshofen 9 Comp., Summa 70 Compagnien.
Summarum: 166 Compagnien."

---

[38]) Holck an Wallenstein d. d. Kralowitz 8. August 1633 (n. St.).
Hallwich I, Nr. 603.

[39]) Beilage zu Holcks Brief an Wallenstein d. d. Pilsen
12. August 1633 (n. St) Hallwich I, Nr. 624. Die Liste entspricht
dem „Quartierverzeichniss" Wrtbys vom 1. August (n St.), Hallwich I, Nr. 588, nur dass sie durchgehend die Compagniezahlen
angiebt, leider ohne diesen weitere Angaben über die Kopfzahl der

Directe Angaben über die Stärke dieses Corps fehlen, doch darf man sie wohl auf 10 000 Köpfe — eben die 10 000, die Holck zur Verwendung im Feld bereit halten sollte — ansetzen. In dem Postscript seines Briefs an Wallenstein vom 22. August (n. St.) giebt er die Effectiv-stärke aller sieben Regimenter zu Fuss, „ohne Officir und Recruten, die in Böhmen und in Besatzungen", auf „nur" 4500 Mann, die der Reiterei auf 4800 an. Und man muss bei diesen Angaben berücksichtigen, dass damals seit mehreren Tagen die Pest unter seinen Truppen wüthete.

In Böhmen bleiben sollten folgende Truppen:

Zu Eger: Obrist-Lieutenant Gordon mit 5 Compagnien Terzky-sche zu Fuss, 3 Comp. Terzkysche zu Ross „Schloss Hoburg": 1 Comp. Terzkysche zu Fuss. Falkenau: ½ Comp. Thunische zu Fuss. Elbogen: 2 Fähnlein zu Fuss (Marazini?), 1½ Comp. Thuni-sche. Joachimsthal: 1 Comp. Marazinische zu Fuss. Kaaden: 1 Comp. Marazinische zu Fuss. Rothenhaus: 2 Comp. Marazinische zu Fuss („welche besetzen Kommotau und dreizehen Schanz"). Kom-motau und Jerichau: 2 Comp. Terzky zu Ross Schloss Brüx: 1 Comp. Jung Breuner zu Fuss. Dux: 1 Comp. Terzky zu Ross. Eisen-berg: 30 commandirte Knechte von Marazin. „Neuschloss" bei Tep-litz: 1 Comp. Terzky zu Fuss. Aussig: 3 Comp. Marazinische zu Fuss, 2 Comp. Terzky zu Ross. Laun: „Alle Fähnlein" und 1 Comp. Marazinische zu Fuss. Pilsen: „Die übrige Artiglerie und munition neben 150 Artigleriepferden", 5 Comp Thunische zu Fuss, 2 Comp. Terzkysche zu Ross. Böhmisch Kamnitz: 2 Comp. Thunische zu Fuss, 1 Comp. Ulfeldische zu Ross. Ausche und Beusen: 1 Comp. Thunische zu Fuss, 1 Comp. Ulfeld zu Ross.

Es ergiebt sich aus dieser Liste einmal, dass die zurückbleibenden Truppen in einem grossen Kreissegment um Pilsen längs der böhmischen Grenze von Eger bis über die Elbe postirt wurden. An Kamnitz, den nach Nordosten am weitesten vorgeschobenen Punkt dieser Auf-stellung holckischer Truppen, schloss sich die Position Zittau an, die Wallensteins Befehl gemäss Holck durch Obrist Přichowsky mit seinen Croaten zu verstärken hatte.

Es ergiebt sich aus ihr ferner, dass von der Caval-lerie das ganze terzkysche Regiment (10 Compagnien), dazu 2 Compagnien vom ulfeldischen zurückblieben; von der Infanterie gleichfalls das ganze terzkysche (7 Com-

einzelnen Compagnien zuzufügen. Er schreibt: „Die Mannschaft, ehe ich das Volk selbsten sehe, kann ich nit vor gewiss überschrei-ben." Nach der im Text mitgetheilten Liste sind die sonst sich findenden Angaben (in Flugschriften und bei Geschichtsschreibern) zu rectificiren.

pagnien), das ganze thunische (10 Compagnien), das
ganze marazinische (10 [?] Compagnien) und von dem
jung breunerischen 1 Compagnie. [60])

In Bezug auf die Artillerie widerspricht sich die
Liste, indem einmal „die ganze Artillerie" (2000 Pferde)
mitgenommen werden, dann aber „die übrige Artillerie
und Munition neben 150 Artilleriepferden" in Pilsen zu-
rückbleiben soll, wo sie sich bereits, als im Centrum der
holckischen Aufstellung, den ganzen Sommer über befunden hatte.

Zur Aufklärung dient, was Holck in diesen Tagen
über sie schreibt. Am 8. August (n. St.) berichtet er an
Wallenstein, er habe „Herrn Grafen Colloredo mitgenommen mit alles Feuerwerk, Mörser, Petarden und kleine
Stücke aber nur 6 halbe Canonen; die andern Stücke mit
den übrigen und unnöthigen Sachen zu Pilsen hinterlassen".
Und eben „wegen der Munition und Artiglerie, so man
dort lässet bleiben und nit nöthig mitzuführen," müsse
Pilsen (wie er in diesem Brief schreibt) nothwendig ein
paar Compagnien zu Fuss und eine zu Ross haben. [61])
Doch bemerkt er in demselben Brief, dass die zur Artillerie gehörigen Pferde vor dem 12. oder 13. August
(n. St.) „zu Pilsen aus ihren Quartieren nicht kommen
können". Am 12. August (n. St.) schreibt er: „Was von
Artiglerie Ich mit mir nehme, wie gleichfalls, was hier
zu Pilsen zurück verbleibet, haben Euer Fürstl. Gnaden
aus den Beilagen (obiger Liste) gnädig zu ersehen; und
weil die Pferd noch weit abgelegen, hab Ich nit mehr,
als was nur in der Eil nöthig, straks mit mir genommen und werde Herr⁂ Generalfeldzeugmeister Herrn
Grafen Colloredo sobald nur möglich mit dem Rest nach-
folgen lassen; hab auch bei der Artiglerie so allhier verbleibet einen Commandanten und Zeugwarter hinterlassen".

Also: Holck bestimmte nur einen Theil der Artillerie
für die Expedition, und Colloredo zu ihrem Befehlshaber.
Doch wartete er mit seinem Aufbruch nicht, bis sie

---

[60]) Das stimmt mit der Wrtbyschen Quartierliste wesentlich
überein. Vergl. Holck an Wallenstein vom 8. August (n. St): „Die
Besatzung versehen das Terzkysche, Marazinische und Thunische
zu Fuss, und zu Ross Terzky 10 Compagnien und meine die elfte
neue, so ich geworben und gemustert habe."

[61]) Falsche Interpunktion macht das Schriftstück bei Hallwich
mehrfach unverständlich.

marschbereit war, sondern nahm mit, was sofort marschiren konnte; den Rest sollte Colloredo nachführen. [62])

Den Oberbefehl über die Zurückbleibenden übertrug Holck dem Grafen Strozzi, den er von Saatz nach Eger berief; „dann alle Gefahr ist allein von Donauwörth oder Bamberg bis dato sich zu besorgen, es möchte dann von der Weser herauf auf Dresden etwas ankommen". [63])

„Weil auch es sich also schicken möchte, dass Ich mich müsste hin ins Reich zurückbegeben, aus allerlei Zufäll, so sich täglich zutragen könnten, es dieser Zeit nicht rathsam etwas weiter zu hazardiren", so sei von ihm angeordnet, zu Pilsen, Eger und Saatz „die angefangene Provianthäuser zu conserviren und zu vermehren". Auch hinterliess er zu dem Ende an jedem dieser Orte „gewisse Leut", „denn die hiesige Landcommissarien würden selbst alles liegen lassen, sofern sie von andern nit angetrieben werden". Schon am 2./12. August konnte Holck von Pilsen aus an Wallenstein melden, [64]) dass er alles Volk, das man in den Garnisonen entbehren könne, habe zusammenrücken lassen; und dass es morgen Abend (3./13.) „weil es unmöglich, dass es ehe hat können bei einander kommen", auf dem Rendezvous zu Joachimsthal erscheinen werde. Sonntag den 4./14. August sollte dann der Aufbruch von Joachimsthal erfolgen, so dass er „unfehlbar Montag gegen Abend Zwickau angreifen kann".

Und an eben diesem Sonntag schrieb er von Joachimsthal aus an Wallenstein (in Antwort auf dessen Brief vom 1./10. August, in welchem er ihn ermahnt hatte, „keinen Augenblick zu versäumen, sonderen seinen Zug im Voigtland und Meissen ohne einige Dilation festzustellen") kurz und bündig: „Ich marschire mit der mir anvertrauten Armada in aller Eil; werde auch annoch heut, geliebts Gott, an dreien Orten in Meissen einfallen."

In einem eigenhändigen Postscript fügte er hinzu: „Um nichts zu versäumen habe ich alle pagasche ganz zurück, wie auch die artolleria im Nachzuge, welche doch Dienstag (6./16.) wird zu Zwickau anlangen; ich aber

---

[62]) Etwas Verzögerung veranlasste die Artillerie dann gleichwohl. S. Holck an Wallenstein d. d. Leipzig 22. August 1633 (n. St.). Hallwich I, Nr. 637.

[63]) Holck an Wallenstein vom 8. August (n. St.).

[64]) Hallwich I, Nr. 624.

mit der Infanterie morgen Abend (5./15.) da voran sein
werde."

Zwar hiess es, dass dem Feinde „von Hameln auf
Dresden Succurs ankommen", zwar berichtete Generalwachtmeister Wahl aus Amberg von feindlichen Truppen-
bewegungen von Bamberg und der Nürnberger Gegend
aus gegen Auerbach und Villsack: „werden also auf allen
Ecken suchen mein Intention zu verhindern und aus
Meissen zu avociren; werde mich aber daran nichts kehren,
so lange mir Ihr Fürstl. Gnaden nit anders befehlen."
Er wollte „solche kleine geringschätzige Einfälle" (wie
von Dresden aus, oder durch die Pfalz nach Böhmen)
lieber leiden, als um ihretwillen, — was er, „weil sie so
weit von einander abgelegen", sonst thun müsse — „die
Armada separiren, welches nit ohne Gefahr geschehen
könnte. Zumal da die vornehmsten Plätze (von ihm) also
besetzt seien, dass sie ohne Kanonen und Zeit nicht zu
nehmen".

Holcks Disposition für die Invasion ins Sächsische,
wie er sie am 12. August (n. St.) selber Wallenstein mittheilt, war so. Der Einbruch erfolgt an drei Orten. Das
Hauptcorps, von ihm selber geführt, geht von zwei anderen
kleineren Corps flankirt, in der Mitte auf Zwickau, beginnt schon am 5./15. August den Angriff.

Obrist Ulfeld führt — rechter Hand — 24 Compagnien Reiter und Dragoner und das peygottische Regiment Croaten auf Freiberg und Dresden,[63]) „um den
Feind zu divertiren und den alarme grösser zu machen";
und um ihn, „welcher bis dato in Meissen nit über 3
schlechte Regimenter zusammen hat, aufzuhalten, damit
er in die Städte keine Besatzung oder Succurs hinein-
schicken könne, und mich also länger aufhalten. Jedoch
kann gemeldter Herr Obrister allzeit durch das Land oder
auch neben den böhmischen Grenzen sicher zu mir kommen".

Feldmarschalllieutenant Hatzfeld endlich marschirt —
linker Hand — „mit der unarmirten Reiterei und Croaten
auf Hof und Plauen". Am 4./14. August stösst er zu
Holck, „damit, weil die Pässe eng, der marche so viel
schleuniger fortgehe und mich bedecke die linke Hand

---

[63]) Was Dresden betrifft, so war die Meinung Holcks nur die,
dass es durch den ulfeldischen Marsch auf Freiberg bedroht wäre,
nicht, wie wir sehen werden, dass Ulfeld von Freiberg auf Dresden
rücken sollte.

gegen Bamberg; dadurch dann der Feind und Einwohner nit wissen können, wo es hinaus gemeinet".

„Ich werde — fügt Holck diesen Angaben hinzu — etlich Tag Zeit haben können, bis der Feind (welcher doch mir nit bestant, es wäre denn, dass von dem Weser- strom oder Donauwörth etwas anmarchiren möchte)' gegen mir erscheinen könne. Unterdessen hoffe ich die be- quemsten Oerter gegen Voigtland und Meissen zu occu- piren und also posta zu nehmen, dass ich laut Euer Fürstl. Gnaden gnädigster Ordre mich nit von Böhmen weiters decostere, als dass ich geschwind wieder darein sein könne."

Die Absicht also ging darauf, gleichzeitig von ver- schiedenen Punkten aus in das Kurfürstenthum einzu- brechen, ohne dann allzuweit vorzudringen. Die in einer der böhmischen Grenze parallel laufenden Bogenlinie ge- legenen Städte Hof, Plauen, Zwickau (Chemnitz), Freiberg bezeichneten die Grenze, über die man zunächst nicht hinauszugehen dachte. Von all diesen Punkten aus konnte man sich rasch und leicht ins Böhmische zurückziehen.

Eine Darstellung der holckischen Invasion wird mit der Beschreibung eines Feldzuges wenig Aehnlichkeit haben. War doch von einem genauen Plan, von stra- tegischen Combinationen, von tactischen Schwierigkeiten bei ihr nicht die Rede. Man kam, überfluthete das Land, setzte die Ortschaften in Contribution, plünderte und ver- wüstete, raubte und mordete nebenher. Wenn man die im Dresdener Archiv in sehr grosser Zahl vorliegenden Be- richte aus den vom Feinde mitgenommenen Gegenden liest, so bekommt man einen lebhaften Eindruck davon, wie sie hausten. Und ich denke, es wird sein Interesse haben, aus diesen Berichten die eine und andere Metthei- lung zu machen. Den freilich nur sehr summarischen Schilderungen der gleichzeitigen Geschichtsschreibung (Theatrum Europaeum u. a.) entsprachen sie doch nicht so ganz. Denn eines solchen Uebermasses der Bestialität wie sie beschuldigten selbst die durch die Invasion am härtesten Betroffenen die holckischen Schaaren nicht. Im Gegentheil sind es auffallend häufig nur Klagen über wahre Bagatellen, wie aufgebrochene Thür- und Kistenschlösser, ausgeschüttete Betten, in denen die Berichte sich ergehen.⁶⁶)

---

⁶⁶) So schreibt Hallwich sehr übertreibend in v. Webers Archiv f. d. Sächs. Gesch. N. F. III, 331: „Die rauchenden Trümmer in

Und es darf nicht ausser Acht gelassen werden, dass es
fast immer nur einzelne lose Haufen oder die Croaten
waren, die mit widerlicher Rohheit und gierigem Frevel-
muth handelten. Am wenigsten Holck selber billigte oder
beförderte gar solche Excesse, und es liegt daran, endlich
sein Bild von den denn doch übertriebenen Entstellungen
zu reinigen, mit denen sehr begreifliche Erbitterung sich
zu rächen bemüht gewesen ist. Dass in zwei einander
folgenden Sommern derselbe Heerführer den beutelustigen
Feind in dieselben Gegenden führte, hat für diese Gegenden
seinem Namen natürlich einen entsetzlichen Klang gegeben.
Und doch war, was seine Schaaren thaten, nur zu häufig
nichts weniger als die Folge seines Befehles, und jedenfalls
nicht schlimmer, als was sich damals überall der Soldat
in Feindesland erlaubte. Denn in allen Heeren fehlte es
an Geld, und alle waren darauf gestellt, sich ihren Unterhalt zu nehmen, wo sie ihn fanden. Das Machtwort auch
nicht eines Heerführers — auch Gustaf Adolfs und Wallensteins nicht — reichte bis in die entfernteren Aufstellungen
seiner Truppen, und gerade von Gustaf Adolf, der Excesse
seiner Soldaten, so weit er es vermochte, aufs Strengste
bestrafte, stammt das Wort: Soldaten sind keine Kloster-
jungfrauen. Es ist für die holckische Invasion festzuhalten,
dass man eben als erklärter Feind kam und durchaus
keine Rücksicht walten zu lassen hatte, als die auf sich
selber. Erfahren wir doch über die sächsischen Truppen
selbst, die sich in den vom Feinde überschwemmten Gegenden befanden, dass sie es nicht eben viel besser machten
als dieser. [6])

Eines Umstandes muss noch im Voraus gedacht
werden, der die ganze Invasion in ein sehr düsteres Licht
hüllt. Sie fand statt in Gebiete, welche von der Pest
inficirt waren. Mit dem lauten Jammer über den herein-

---

den Städten Hof, Oelsnitz, Reichenbach, Schneeberg, Annaberg,
Marienberg, Zwickau, Ronneburg, Gera, Altenburg und vielen andern;
die Leichen Tausender von Erschlagenen, Männern, Weibern und Kindern, bezeichneten die grauenvolle Fährte seiner zügellosen Rotten."
Das überbietet noch Christian Lehmann, auf den Hallwich verweist.

[7]) Valentin Reichenbach (Schösser zu Plauen) an Johann Georg
d. d. Greitz 8. August 1633 (n. St.) berichtet, dass „gestern unterschied-
liche Klagen einkommen, dass die taubischen Reuter und Dragoner,
als sie geflohen (vor den holckischen) vielen Leuten unterwegens
dasjeinge, was sie vorm Feinde wegfliehen wollen, ihrer alten Gewohnheit nach, alles abgenommen". (Folgt Detail). Dresdener Archiv.

brechenden Feind vermischte sich die dumpfe Verzweiflung über die verheerende Seuche, welche die streifenden Rotten von Ort zu Ort trugen. Es hat etwas Grauenhaftes, dieser Einmarsch in verpestete Gebiete. dieses Beutemachen auf einem Pestheerd; und wenn der Soldat sich nun hier und da wirklich zu rohesten und frevelhaftesten Excessen hinreissen liess, so wird man sich ähnlicher Fälle zu erinnern wissen, wo die Schauder der verheerenden Seuche auch unter ehrsameren Menschen, als Croatenhorden sind, alle Bande der Ordnung lösten, alle Achtung vor Besitz und Leben zerstörten. Gegen das Elend, das die Pest in jenen Augusttagen über das Land brachte, war aller Soldatenfrevel ein Kinderspiel. Aber die Pest war ein Verhängnis Gottes, und gegen holckische Brandschatzungen und gegen Croatenfrevel konnte man mit Verwünschungen auftreten. Und so mischten sich denn in den Berichten die Lamentationen über das Auftreten der holckischen Schaaren und die Verwüstungen der Pest. Die Schauder der um sich greifenden Seuche vermehrten die Wuth über die feindliche Invasion, die an sich um nichts schrecklicher war, als hundert andere Einfälle in Feindesland. —

Den Dispositionen des Generals entsprechend erfolgte am Sonntag 4. August (a. St.) auf der ganzen Linie der Aufbruch gegen das Kurfürstenthum, das hier militärischen Schutzes so gut wie völlig entbehrte.

Obrist Ulfeld führte seine Schaar aus der Duxer und Brüxer Gegend durch den „Graben-Pass" in Feindesland. [66]) Noch am 4. August (a. St.) erschienen ein paar Compagnien vor „dem Frauenstein" und fielen ihn an.

---

[66]) Ueber die Stärke des ulfeldischen Corps liegt im Dresdner Archiv eine Anzahl von Gefangenenaussagen vor. Der gefangene Trompeterjunge Johann Simon Hack sagte aus (Freiberg 5. August a. St.): Ulfeld habe „etwa 2 Regimenter als 11 Compagnien zu Ross des Obristen Ulfelds ungefähr zu 20 oder 40 Pferden, 5 Compagnien Croaten, 2 Compagnien Dragoner .... Achte dieses Volk alles kaum 2 Regimenter". Der am 6. August (a. St.) gefangen genommene Johann Siemenbacke sagte am folgenden Tage aus, das Obrist Ulfeld geführt hätte „sein eigen ganzes Regiment zu Ross, 11 Compagnien, jede zu 30, 40, 50 Pferden stark; dann von Holckens Leibregiment 5 Compagnien in gleichmässiger Stärke zu 30, 40, 50 Pferden; weiter 2 Compagnien Dragoner etwa beide sammt von 100 Pferden und 2 Compagnien Crobaten zusammen etwa 60 Pferde stark. Sonst wäre hierüber kein Fussvolk mehr dabei. Auch ihre Gewehr gar schlecht gewesen, weil viel neugeworben Volk dazu wäre geworben und viel darunter zu Fuss gewesen". Ein Blatt mit (handschriftlichen)

Es gab einen grossen Schrecken, als noch Abends
zwischen sieben und acht Uhr „der Landknecht zum
Frauenstein mit grossem Geschrei reitend nach Freiberg
kam" und meldete, „wie das kaiserliche Kriegsvolk in das
Städtlein eingefallen sei, die Thore hinter sich verrammelt,
und das Schloss umrannt hätte, mit Begehren, man sollte
sagen, wo der Edelmann hinkommen. Als Bericht gethan,
dass er vor zwei Stunden von dannen nach Freiberg geritten, und sie solchem nicht Glauben geben wollen, wären
sie ins Pfarrhaus gefallen und den Grund von dem Pfarrer
wissen wollen, welcher aber schon nebst seinem Weib an
der Pest krank gelegen. Dennoch von ihnen ergriffen
und gemartert worden, also dass man ihn heraussen vor
dem Städtlein schreien und brüllen hören".[69]

Tags darauf, den 5. August (a. St.), Morgens ungefähr um acht Uhr, zeigte sich ein feindlicher Reitertrupp
(„mit 3 Standarten") vor Freiberg, bei „den Münzbacher
Schmelzhütten".[70] Freiberg befand sich in wenig ver-
theidigungsfähigem Zustand. Denn es fehlte nicht nur
an „Kraut und Loth" sondern auch an „commandirtem
Volk"; die Bürgerschaft aber „wusste der Musqueten und
sonst mit Schiessen keinen rechten Bescheid". Auch war
„ein solcher Mangel an Brod in der Stadt, dass bei einigen
Bäckern nicht für einen Gr. zu bekommen". Gleichwohl
dachte man an Widerstand. Als von Seiten der Bürgerschaft etwa 30 Pferde und etliche Musquetiere zur Recognoscirung ausrückten, erschien der ganze Schwall des
Feindes „ungefähr 18 gezählte Truppen, so etzliche auf

Schreibensextracten vom 10. August (a. St.) im Dr. A. enthält interessante Mittheilungen. Georg Weckbrodt, Fuhrmann von Neudorf,
sei heut (10. August) mit Berich auher gekommen: der Wirth zu
Brüx hätte von einem kaiserlichen Rittmeister vernommen, „dass
man zwar sie (die aus Böhmen kommenden Truppen) gross und
mächtig schätzte; aber es wäre bei weitem nicht so sehr als mans
machte, und wären in Allem, so viel der Wirth auch von anderen
durchmarschirenden Officieren und Soldaten gehört, kaum ein zehntausend Mann. Das beim Frauenstein herausgegangene Volk, so vor
Freiberg kommen, soll in Allem kaum zweitausend Mann stark gewesen sein".

[69]) Friedrich Lingk an Tobias Hübner, kurfürstlich sächsischen
„Kammerverwalter" zu Dresden, d. d. Freiberg 5. August 1633
(a. St.). Dr. A.

[70]) Ueber den Anfall auf Freiberg namentlich die Berichte des
Freiberger Raths an Johann Georg; unter ihnen vor allen die zu-
sammenfassende Relation vom 6. August (a. St.). Dazu die Schreiben
von Friedrich Lingk an Tobias Hübner u. A. im Dr. A.

1500, etzliche aber 2000 geschätzet".[1]) Die Freiberger
sahen sich von der Uebermacht angegriffen und hatten
Mühe, sich, freilich nicht ohne Verlust, in die Stadt zurückzuziehen. Obrist Ulfeld stellte seine Truppen unter den
Lerchenberg in Schlachtordnung und schickte (um 11 Uhr)
einen Trommelschläger, um die Stadt im Namen Holcks
zur Uebergabe aufzufordern. Bevor er noch vom Rath
wieder abgefertigt war, erschien noch ein Trompeter, der
auf definitive Resolution drang: die Stadt in der Güte
aufzugeben; hinzufügend, „dass, da solches nicht geschehe,
der Obrist Ulfeld von dem General Holcken befehligt
wäre, die Stadt mit Feuer zu verderben". Die Antwort
des Raths war: man wäre dem Kurfürsten von Sachsen
mit Eid und Pflicht verwandt, ohne dessen Vorbewusst
und Einwilligung man deshalb die Stadt nicht aufgeben
dürfe. Man bitte um drei Tage Frist und Bedenkzeit,
sich inmittelst bei dem Kurfürsten Bescheid zu erholen".[2])

Mit ihrer wackeren Erklärung erreichte die Stadt,
was sie wünschte. Ulfeld, der sich vor ihr nicht lange
aufhalten durfte, brach, fünf Bürger gefangen mit sich

----

[1]) Friedrich Lingk, der an der Recognoscirung Theil nahm,
nennt: 16 Compagnien wie auch 3 Fähnlein Dragoner.

[2]) So der Bericht des Raths. Friedrich Lingk erzählt etwas
abweichend: „Und begehrt der Feind durch einen Trommelschläger
1000 Pferde einzunehmen und Quartier zu verschaffen; wo nicht,
solle die Stadt mit Schwert und Feuer verfolgt und kein Mensch
verschont werden. Worauf die Stadt erklärt: Nein, das könnte nicht
sein, man wollte sich wehren, weil man könnte .... Jetzt zu Mittag
tractirt man, und geben Posten vom Feind herein und aus der Stadt
wiederum hinaus. Gott schicke Mittel, dass nicht vollends der
Garaus mit uns gemacht werde." Die „warhafftige Beschreibung"
(s. hernach) erzählt: „Den 5./15. ejusdem frühe nach 7 Uhre haben
die Kayserlichen gedachte Stadt Freyberg urplötzlichen, und ehe
sie hiervon fast einige Nachrichtung erlanget, feindlichen angefallen,
zu vier unterschiedenen malen Trommelschläger und Trompeter
hinein geschicket, und die Stadt im Namen des General Holcken
aufgefordert. Es hat aber der Rath daselbst allemal die Trommelschläger und Trompeter mit einerley beständiger Antwort abgefertiget,
und auf 3 Tage Stillstand und Bedenkzeit begehret, und weil so viel
Nachrichtung einkommen, dass die Kayserlichen von Artollerey und
grossen Stücken nichts bei sich gehabt, ist gedachter Rath neben
der Bürgerschaft ganz resolviret gewesen, vor sich selbsten den
Stillstand zu nehmen, und mit Göttlicher Hülfe und Beistand sich
wider den Feind zu schützen und aufzuhalten. Als nun Obrist
Ulefeld .... weil er kein Fussvolk, auch von Artollerey nichts bey
sich gehabt, gesehen, dass er wenig ausrichten würde, hat er sich
gewendet und die Stadt verlassen" etc.

führend,[73]) noch am Nachmittage auf. Der Marsch ging auf der Chemnitzer Strasse durch den Spittelwald zunächst auf Oederan. Voran die Croaten unter Obrist Daniel Beygott, „eine fast längliche Person mit einem rothgülbligten Barte, so doch gut Deutsch geredet hätte“.

Ulfelds nächstes Ziel war das von der Pest schon inficirte Chemnitz. [74]) Noch um Mitternacht (5./6. August) kamen die Croaten bis nahe vor die Stadt; am folgenden Morgen (Dienstag 6. August a. St.) erschienen „etliche kaiserliche Standarten Kriegsvolk in Reiterei“ unter den Wallen und haben die Stadt „feindlich angeblasen und aufgefordert“.

Der ganze Rath bestand nur noch aus sechs Personen (die übrigen hatten sich, gleich vielen der vornehmsten Bürger, aus Furcht vor dem feindlichen Einfall flüchtig von dannen gemacht), die sich, da sie „die Stadt nicht gar vollend wollten einäschern und mit Feuer und Schwert vertilgen lassen“,[75]) an das Stadtthor begaben, es öffneten, dem Feinde auf sein Begehren die Thorschlüssel überantworteten und den Obrist Ulfeld, Obristwachtmeister Lorusen nebst etlichen anderen Officieren und 3 Compagnien zu Ross einliessen und ihnen Quartier gaben. „Worauf gedachte Soldatesca diesen Abend und folgende Nacht in der Stadt logirt und die meisten Häuser geplündert.“

Kurz vor Mitternacht wurde dem Rathe von dem

---

[73]) Nach Freiberg zurückgekehrt, erzählten diese Gefangenen dann, dass die Croaten bei der Gefangennahme alsbald von jedem von ihnen erst 50, hernach 30 Thlr. gefordert hätten, „und dabei wäre es auch verblieben“. Als sie dann unter den Croaten in Chemnitz allein gewesen, hätten sie um ihre Erledigung weiter tractirt und endlich geschlossen, dass jeder nochmals 30 Thlr. geben und binnen 3 Tagen zu Chemnitz auszahlen sollte. Einen von ihnen aber hätten sie „zum Pfandschilling“ behalten. Zugleich war Heinrich Heydenreich von Waltersdorff gefangen worden, den haben sie nur gegen 200 Thlr. Ranzion loslassen wollen; „hat auch bei ihnen in Verhaftung bleiben müssen“. Chemnitz II, 211 fügt der Angabe des ulfeldischen Marsches auf Oederan (Oedern) hinzu: „nahm unterwegs viel Leute gefangen, liess sie theils niederhauen und alles ausrauben“. In den vorliegenden Aufzeichnungen erster Hand ist davon nirgends die Rede.

[74]) Ueber das Folgende namentlich der Bericht des Chemnitzer Rathes an Johann Georg d. d. 28. August 1633 (a. St.). Dr. A.

[75]) Denn es war „aus allerhand Mangel an bewehrter Mannschaft, Munition, Victualien und anderm die Stadt vor Feindes Gewalt zu erhalten unmöglich“.

Obristwachtmeister mitgetheilt, dass von Holck Befehl
gekommen wäre, schleunigst fortzumarschiren und eine
Garnison von 20 Mann in der Stadt zu lassen. Zum
Pfande, dass man derselben die nöthige Verpflegung geben
und sie nicht beleidigen würde, habe er Befehl, den ältesten
und jüngsten aus dem Rath als Geisel nach Kriegsmanier
gefangen mit hinweg zu führen. Man fügte sich, und so
wurden denn Cornelius Hörnig und Matthes Heinrich
alsbald „in fleissige Wache genommen" und am folgenden 7. August (a. St.) früh nebst dem Stadtschreiber
M. Matthes Ströern, obschon dann doch keine Garnison
in die Stadt gelegt wurde, hinweggeführt. „Dass also zu
diesem Mal unser noch viere im Regiment und Rathstuhl
verblieben."

Bald nach dem Aufbruch der ulfeldischen Mannschaft
— am 7. August (a. St.) zwischen 9 und 10 Uhr — erschien Obrist Beygott mit seinen Croaten. Wie er während
eines längeren Aufenthaltes der Stadt zusetzte, verdient
ausführlicher erzählt zu werden. Die ersten paar Tage
lagerte er, weil es in der Stadt der Sterbensgefahr wegen
gar zu unsicher war, vor dem Johannisthor, dann rückte
er „wegen der Infection" „ferner herum" vor das Nicolaus-
thor, „da man der gesammten Soldatesca zu leben aus
der Stadt, was noch vorhanden, anschaffen und hinaus-
bringen musste". Nachdem das eine Reihe von Tagen
gedauert hatte, erschien Sonntag, den 11. August (a. St.),
Vormittag zwischen 9 und 10 Uhr, ein Oberlieutenant
mit einem Cornet Croaten in der Stadt auf dem Markte,
und machte dem Rathe und der zusammengeforderten
Bürgerschaft Anzeige, dass Obrist Beygott mit seiner
ganzen Soldatesca in der Stadt bei den Bürgern Quartier
machen wolle. „Und sollten wir uns allerseits nur gütlich
dazu bequemen und keine Entschuldigung und nichtige
Ausrede vorwenden; wollte aber die Einquartierung abgeschlagen und versaget werden, so sollte man eilend eine
Contribution unter der Bürgerschaft anlegen und für die
Einquartierung 2000 Thaler semel pro semper geben."
„Worauf wir — lautet der Rathsbericht — nach kurzem
Abtritt und Berathung mit der Bürgerschaft, so nicht wohl
an hundert Mann gewesen, kürzlich in schuldiger Reverenz
geantwortet und gebeten, gnädigste Verschonung einzu-
wenden, weil wir nunmehr eine ausgebrannte, verheerte,
ausgezehrte, verwüstete, geplünderte, ausgestorbene und
ruinirte Stadt, und wenige Wohnungen hätten, und also

nichts mehr übrig, denn das blosse, elende, kümmerliche
und geängstete Leben, derowegen die Einquartierung aufzunehmen und auszustehen unmöglich. Baten demnach
um Gottes willen, uns mit erbarmenden Augen anzusehen
und bei einer leidlichen, erträglichen Contribution zu
lassen."

Der Oberlieutenant ging darauf ein und erklärte,
„er verhoffe bei dem Herrn Obristen es bei 1000 Thlr.
zu erhalten, so er folgenden Morgen früh um 7 Uhr auch
von uns wollte gewärtig sein".

Aber trotz alles Bemühens gelang es doch nicht, mehr
als 300 Thlr. unter der Bürgerschaft zusammen zu bringen,
„weil der meiste Hauf schon geplündert gewesen, auch
ihrer viel die Sterbensnoth im Hause gehabt". Als daher
am 13. August (a. St.) die Kaiserlichen „mit höchster Be-
drohung" forderten, die 1000 Thlr. binnen zwei Stunden
zu zahlen „oder schleuniger Einquartierung und mili-
tärischer Execution zu erwarten", eilten die Rathsherren
und die Bürgerschaft „in höchstem Schrecken" aufs Rathhaus und haben „den übrigen Mangel zu solchen 1000 Thlr.
aus der Unmündigen Laden, was an Baarschaft gerichtlich
deponirt und noch vorhanden gewesen, alles herausge-
nommen, und also an Gold, Silberwerk und Münze solche
Summa aufgebracht, ausgezahlet und überantwortet".

Damit noch nicht genug! Am 15. August (a. St.)
zu Mittag kam „auf eilender reitender Post" ein kaiserlicher Quartiermeister von Rittmeister Trost von Zwickau
an, mit Schreiben: sie sollten ihre beiden gefangenen
Rathspersonen sammt dem Stadtschreiber mit 600 Thlr.
ranzioniren. Die Bürgerschaft schützte wieder die Unmöglichkeit vor, doch der Rath schoss etwas vor, das
übrige trieben die Frauen und Freunde der Gefangenen
auf, so dass am Abend um 6 Uhr der Quartiermeister mit
der verlangten Summe abzog. Doch waren dann gleichwohl
die Geiseln noch am 28. August (a. St.) nicht wieder in
Freiheit gesetzt.

Endlich am Dienstag den 20. August (a. St.) schien
die Stadt von dem lästigen Feinde erlöst werden zu sollen.
Beygott liess am Abend dieses Tages die drei Rathsmit-
glieder (der vierte, Hans Rüdel, war krank) und zwei
Bürger (Paul Nefen den Aelteren und Georg Engelmann)
vor sich fordern und eröffnete ihnen, dass er von Holck
Ordre erhalten habe, mit Hinterlassung einer Garnison von
20 Mann abzuziehen und statt der restirenden 1000 Thlr.

Contribution zwei oder drei Personen aus dem Rathe und
der Bürgerschaft mitzunehmen; „wählet hierauf, ungeachtet des flehentlichen Bittens und ander wichtigen Entschuldigung Zacharias Nefen, den Stadtrichter, und Georg
Engelmann aus der Bürgerschaft, lässt sie beide zu Pferde
sitzen und nimmt sie in Mitternacht zusammt der Soldatesca schleunig mit hinweg".

Wenig später, am 22. August (a. St.) Vormittag,
kam Obristlieutenant Michael Novachvo mit 100 Pferden
wieder an und wies Befehl „zur Commiss' der Soldaten
und absonderlich für seine Tafel" vor; „so man auch an-
geschafft". Wieder ein paar Tage darauf (Sonntag den
25. August [a. St.], abends um 9 Uhr) forderte derselbe von
dem Vicebürgermeister Friedrich Ströern, ihm zum Abzuge noch 200 Dukaten zu zahlen, „oder sollte abermahn
aus dem Rathe oder Bürgerschaft einer mit hinweg genommen werden". Die beiden noch übrigen Rathspersonen, Friedrich Ströer und Michael Richter, nebst drei
Bürgern eilten um Mitternacht aufs Rathhaus, brachten
„an allerhand kleiner Münzen und anderen Sorten 100
Thlr. zusammen, dass also nunmehr in diesen dreien Malen
1700 Thlr. ausgezahlet und hinweggenommen worden sind".

Nun seien sie — klagt der zusammengeschmolzene
Rath am 28. August dem Kurfürsten — der kaiserlichen
Soldatesca zwar wohl erledigt; „gleichwohl aber wills bei
der bisher gezahlten Summe zur Contribution und Ranzion
nicht verbleiben, sondern ist gestern der gefangene Georg
Engelmann aus dem Quartier Klein Rimersdorf anheim
kommen und bringet uns diese Zeitung mit, dass wir für
den Stadtrichter Zacharias Nefen und seine Person 800
Rchsthlr. innerhalb 8 Tagen nach Kaaden in Böhmen unfehlbar anschicken, oder ferner gewarten sollten, dass sie
beide in Arrest und als Gefangene verbleiben." Diese
Summe aber sei ihnen aufzubringen unmöglich, „alldieweil übers Jahr, ausgenommen wenig Wochen, die Kriegs-
noth und nahe an die 20. Einquartierung wir ausgestanden, dadurch alles verheeret, verzehret, ausgesogen
und geplündert worden; so ist auch die Stadt ausgebrannt
und bis auf wenig Leute ausgestorben; die Infection hält
noch täglich an und schleichet immer fort; alle Hand-
werke, Handlungen und Gewerbe liegen zu Boden, der
meiste Hauf unter uns leidet Hunger und Kummer, Angst,
Noth und Jammer; das Getreide im Feld verdirbet und
kann wegen Mangelung der Arbeiter und Pferde nicht

eingebracht werden. Und hat also leider, Gott erbarm
es, die Stadt Chemnitz nicht mehr, denn noch ihren alten
Namen, die Bürgerschaft ist bis auf wenige noch halb
lebende Leute dahin, der Vicebürgermeister hat sich
gestern in gleichen krank niedergelegt; im Regiment und
Rathstuhl ist (es) bis auf eine Person als Michael Richtern
kommen, so anjetzo diese schwere Last allein tragen und
verrichten soll. Es ist weder Wein, Bier noch Salz mehr
vorhanden, wird auch der Unsicherheit halben nichts zu-
geführet, viel kranke Leute müssen wegen Mangelung
eines Trunkes aufm Todtenbette verschmachten und elendiglich dahin sterben; und ist leider, Gott erbarm es, die
Noth noch nie so gross und die Saiten so hoch gespannet
gewesen". [16]) —

Wie die Stadt Chemnitz selbst, so wurde auch die
Umgegend in weitem Umkreis von Beygott in Contribution
gesetzt. [17]) Eine darauf bezügliche Verordnung für Amt
Augustusburg lautet:

---

[16]) Ich will damit von dieser Episode (in der sich von Männer-
morden und Weiberschänden nichts findet, in der es sich vielmehr
nur um das Herausschlagen einer möglichst hohen Summe Geldes
handelte, wie bei allen Heeren in Feindesland) abbrechen und nur
noch anmerkungsweise hinzufügen, dass die Pressuren noch nicht
zu Ende waren. Am 3. September (a. St) theilte der Rath an Johann
Georg mit, dass heute Matthes Heinrich aus dem kaiserlichen (ulfeldischen) Quartier Schlackenwerth in Chemnitz angelangt sei und
berichtet habe, „wie er nebst seinen beiden Mitgefangenen über die
vorigen ausgeantworteten 600 Thlr. noch mit 2450 Thlr. sich ranzioniren, auch solche unsäumlich von gemeiner Stadt helfen colligiren
und mit ehestem einschicken sollte", worauf dann seine und der
beiden anderen Gefangenen Befreiung sofort erfolgen würde. Sie
könnten die Summe nicht aufbringen, um so weniger, „als der Stadtrichter Zacharias Nefen hierneben auch noch mit 800 Thlr. zu lösen
in Arrest liegt". Sie baten deshalb den Kurfürsten, sich der Gefangenen anzunehmen. Und am 15. September (a. St.) berichtet der
Rath dem Kurfürsten, dass Cornelius Hörnig und Matthes Ströer zu
Schlackenwerth lägen und täglich in beweglichen Schriften bei ihnen
anhielten, „welcher Massen sie ihres geschlossenen Accords halben,
den sie aus grosser Noth und Drangsal schliessen und handeln
müssen, sich ehesten mit den versprochenen 2000 Thlr. beim Herrn
Obristen Ulfeld und dann absonderlich mit 450 Thlr. gegen den
‚Cormeter' ablösen sollten; hätten auch nunmehr in die dritte
Wochen die Kaiserlichen im Wirthshause mit 15 Personen und 13
Pferden frisch darauf gezehrt und da die Auszahlung solcher
Summe Geldes nicht schleunig erfolgen und von uns verlängert
werden sollte, wollten sie mit unsern Gefangenen weiter gehen
und schärfer denn bishero geschehen, procediren".

[17]) Es verdient jedoch wiederum bemerkt zu werden, dass in
den vorliegenden Berichten aus den kleinen Ortschaften des platten

„Denen Amtsunterthanen Augustusburg wird angedeutet, dass
sie sich zur Contribution gefasst machen; nämlich von einem Hofe
2 Thlr., sonsten werden sie mit andern Mitteln gleichfalls wie vorm
Jahr mit dem Corpes [17]) heimgesucht werden. Welches ich zur Nachrichtung habe vermelden wollen. Datum im Quartier zu Chemnitz
den 28. August 1633 (n. St.).

Der röm. Kaiserl. Maj. Obrister zu Pferd

(L. S.)   Daniel Beygott
Obrister."

Während die Stadt Chemnitz und das Land rings
umher der Discretion eines Croatenführers überliefert
wurde, hatte Obrist Ulfeld seine Truppen am 7. August
(a. St.) früh mit Sonnenaufgang weiter auf Zwickau geführt, um sie mit Holck zu vereinigen.

Zur Linken hatte indess Hatzfeld mit seinen Truppen
seinen Zug von Eger aus über Adorf und Hof nach
Oelsnitz, Plauen und Weida ausgeführt. [19])

„Zum Hof, Wunsiedel und der Orten haben sie alle
Thor zerhauen und zerbrochen, dass keine Stadt mehr
versperret sein soll." [20])

Am 5. August (a. St.) zu Mittag rückten die Hatz-

Landes über das Auftreten der Kaiserlichen weit mehr von lästigen
Insolentien derselben als von eigentlichen Greuelthaten die Rede
ist. Als Beispiel folge Einzelnes aus der zusammenfassenden „De-
signation was seithero den 5. Augusti anno 1633 allhier zu Augustusburg mit dem feindlich eingefallenen kaiserlichen Kriegsvolk sich
begeben d. d. 17. August 1633" (a. St.) Dr. A. „6. August, Nachmittags um 4, sind etwa 25 kaiserliche Soldaten anher ins Städtlein
und aufs Schloss kommen, sich fast 3 Stunden dort aufgehalten,
erstlich die Pforte mit einer Axt aufgehauen, alsdann das Vorlege-
schloss vom Thore zerschlagen und dasselbe aufgemacht, dann die
Amtsstubenthür erbrochen und die Dinten umgeschmissen, sonsten
aber nicht viel Schaden allda gethan." „9. August circa 20 Soldaten
sind mit etwa 100 Stück Vieh über die wezdorfische Brücke unter
das Städtlein weg nach Chemnitz marschirt." „11. August hat das
Städtlein 50 Thlr. und Heinrich Nitzsche, welchen sie am Montag
zuvor gefangen, und er wieder ausgerissen, auch 50 Thlr. Ranzion
geben müssen. Darauf haben sie eine salva quardia erlangt und
sind seitdem nicht sonderlich mehr molestirt worden."

[17]) Obrist Corpus.

[19]) Auch über die Stärke Hatzfelds fehlen genaue Angaben.
In einer handschriftlichen Nachricht „Ferner Bericht vom 9. Augusti
1633" (a. St) Dr. A. heist es, Joseph Mittlacher theile mit, „dass
er 3 Stunden lang vor Adorf gestanden und viel Volk zu Ross und
Fuss hinein und da herum marchiren sehen. Der Bagagewagen hat
er kein Ende erwarten können. Sollen 2000 Mann sein".

[20]) (Handschriftlicher) Schreibensextract aus Gresslitz (Pressnitz?) vom 10. August 1633 (a. St.). Dr. A.

feldischen von Adorf gegen Oelsnitz an, legten sich unmittelbar bei der Stadt hinter den Pfaffenberg, während
etzliche Reiter sich sofort in die Stadt einquartierten.
Auch um das Haus Voigtsberg lagerten sie sich. Nach
sehr langen Verhandlungen, bei denen erbitterte Reden
fielen, capitulirte die Besatzung auf freien Abzug mit
allen militärischen Ehren (6. August a. St.).[61]) Hatzfeld
rief, einziehend, aus: „Was man doch in diesem Ratten-
nest so lange gemacht? Nichts als die Croaten herein
gelocket; er wollte es nicht so würdig achten, dass er
einen einzigen Mann darinnen liesse", — und steckte
das Schloss in Brand.

Dann gings nach Plauen. Virgilius Ebardt, Organist
daselbst, berichtet:[62])

„Die ganze Armee wurde in die Stadt geführet, das aller ver-
borgenste gefunden; im Amthause haben sie sehr übel gehauset,
alle Betten fast, so in der Amtstuben und im Gewölbe gelegen,
aufgeschnitten und ausgeschüttt; es liegt in der Stuben und Gewölbe,
dass es eine Schande ist. In Summa: jederman muss sagen, es
ist Krieg, und das hat der Feind gethan. Die Leute sind sehr beschädiget und theils gar todt. Herr Martinus Schwanberger, infimus
Diaconus, so ohne das etwas übel auf gewesen, und von ihnen übel
gehalten, ist gestern auch gestorben. Es hat (wo Gott nicht hilft)
in allem ein übel Ansehen. Heute befahl der Obrist Adelshoffen
ganz ernstlich, dass die Stadt hinfüro ganz ohne Thor sein sollte,
und hat er selbsten durch die Soldaten die Pallisaden von dem
Nenndorfer und Brückerthor, so anjetzo mit grossen Unkosten ge-
bauet und kaum fertig gewesen, einhauen und verbrennen lassen;
die andern sollten durch die Bürger wie auch das Schlossthor weiter
gemacht, abgehauen und niedergeworfen werden, da aber die Stadt
wieder zugehalten würde, wollte er sie in Brand stecken, und sollten
alle Einwohner niedergehauen werden; sonsten sollten sie sich
weiter ganz nichts böses befahren, sondern in Gottes Namen schneiden,
einernten und ausdreschen, auch von ihm von Zwickau aus Be-
scheids erwarten, was die Stadt sammt denen von Adel und den
Landen wöchentlich an Getreide einschicken sollten; und sollte
jederman ihm (sich) keine andere Rechnung machen, dann dass es
alles eine Strafe von Gott dem Allmächtigen um unser Sünde willen

---

[61]) Paulus Stembler (Landrichter zu Voigtsberg) an Valentin
Reichenbach (Amtsschösser zu Plauen) „in Fil den 6. Juli (muss
heissen August) 1633 (a. St.). Dr. A. Er erzählt als Augen- und
Ohrenzeuge die Einnahme von Voigtsberg.

[62]) Der Organist Virgilius Ebardt an Michael Donaten (kurfürstlichen Amtsschreiber zu Plauen) d. d. „Plauen 7. Augusti an
welchem wir in grosser Angst wegen Schwerts und Feuers gewesen
anno 1633" (a. St.). Dr. A. Valentin Reichenbach (Schösser zu
Plauen) an Caspar Christiani (kurfürstlichen Steuer- und Rentsecre-
tarius zu Dresden) d. d. Greitz (wohin er geflohen war) 8. August
1633 (a. St.). Dr. A. Auf Grundlage jenes ebardt'schen Briefes.

sei. Drei Mal ist auch Feuer auskommen als zu Mitternacht in des
Obersten Quartier und als er heut aus der Stadt zog, beim alten
Sommer und seinem Nachbar".

Dazu ein anderer anonymer Bericht vom 7. August
1633 (a. St.):

„Dem Herrn berichte ich hiermit, dass ich, als ich gegen
Plauen kommen, niemand gesehen noch gehöret, so bin ich an
die Stadt gangen, die Thoren offen befunden, welche alle ausgebrannt gewesen; die Schanzen, so vor der Stadt gemacht, sind
ruinirt, und die gesetzte Stacketen alle verbrannt; ein Thor ist vor
diesem von den Unserigen verschüttet worden, das hat der Commandant den Plauischen befohlen zu öffnen, und weg zu thun, und
der andern Thoren keines wieder zuzumachen noch zu bauen; da
sie es anders befänden, sollten sie sehen, wie mit ihnen gehauset
werden sollte. Einen Pfarr haben sie niedergehauen und einen Bürger
dermassen gerättelt, dass er sterben müssen, sonst etzliche Personen
beschädigt. Heut früh ist alles Volk, so in der Stadt und ausserhalb gelegen, fort nach Reichenbach marchiret. Als sie aber fort-
gezogen, sind sie der Intention gewesen, die Stadt in die Aschen zu
legen, auch die Garküchen und noch ein Haus schon niedergebrannt.
Weil aber das Volk mit einander zugleich bald aufgebrochen, ist es
von den Bürgern (derer zwar wenig vorhanden gewesen) wieder ge-
löschet. Auf Seiten sind keine Truppen ausgeritten, sondern alle
in ein einigen March gangen, aber wo sie zu kommen, haben sie
desto übeler gehauset". [**])

Der Marsch ging über Mylau, Reichenbach, Neumark auf Werdau und Zwickau; unterwegs wurde „übel
an Menschen gehauset, viel Vieh mitgenommen, das Getreide verderbet, wie auch in Ober-Mylau die sämmtlichen
Bauershöfe sammt dem Vorwerk, dann im Dorf Schönberg etzliche Häuser, so wohl das Schloss und Kirche zu
Neumark in Brand gesteckt". [***])

Eine Abtheilung Reiterei von 200 Mann kam am
9. August (a. St.) Nachmittags nach Weida; [****]) sie wusste
sich Einlass zu verschaffen und begab sich sofort auf
das kurfürstliche Schloss, das sie an 6 Enden in Brand
gesteckt „und alle die schönen Gebäude desselbigen, bis
auf wenige Gemach so auf der rechten Hand im Ein-

[**]) Hinzugefügt wird: „Auf Plaue zu sind ein 6000 Mann,
mehr zu Fuss als zu Ross gangen, die haben in 250 Wagen bei
sich gehabt, etzliche Stück Geschütz, aber nit gross." Die Truppenzahl ist natürlich sehr übertrieben.

[***]) Valentin Reichenbach an Johann Georg d. d. Greitz
8. August 1633.

[****]) Nicolaus Wittich (Schösser zu Weida) an Johann Georg
d. d. Weida 12. August 1633 (a. St.) Dr. A. Nicht minder kläglich
lautet der Bericht von Bürgermeister und Räthen von Weida an
Johann Georg „Datum in Euer Kurfürstlichen Durchlaucht abge-
brannten Stadt Weida den 10. Augusti 1633". (a. St.) Dr. A.

gange des Hofes über den Pferdeställen und neuen
Küchen stehen, ganz abgebrannt und eingeäschert". Darauf haben sie sich wieder hinab in die Stadt gemacht,
„und allda erst die magdeburgische tragediam recht angefangen, indem sie etzliche Manns- und Weibspersonen
darnieder gehauen, viel übel beschädiget und theils gefangen mit weggeführet, alle Häuser und Gemächer ausgeplündert und darnach an vielen Orten die Stadt mit
Feuer angestecket. [86]) . . . Nach verbrachter solcher teufli-
schen und tyrannischen That haben sie sich wiederum
auf ihre Pferde gesetzet, vor der Stadt aufgewartet und
Aufsicht gehabt, dass niemand dem Feuer wehren und
löschen möchte. Da dann die neue und alte Stadt zugleich in heller Gluth aufgegangen, und in solcher Kirchen
und Schulen, Rath-, Brau- und alle andern Wohnhäuser
bis auf etzliche wenige Tagelöhnerhäuslein, so ausserhalb
und in Winkeln gestanden, benebenst zweien Freihäusern,
so nicht in die Stadt gehören, verzehret und in Grund
eingeäschert worden. „Da sie nun gesehen, dass ihr teuf-
lisch Vorhaben nach ihrem Wunsch fortgangen, haben sie
sich wieder nach Crimitzschau, daher sie zuvor kommen,
gewendet. Und weil sie von der Bürgerschaft vor dem
Anzünden ganz nichts von Gelde oder sonst etwas begehret, als ist zu vermuthen, dass sie nur anhero das Schloss
und Stadt in Brand zu stecken und ihre Tyrannei an der
armen Bürgerschaft zu verüben, commandiret worden sind."

Gleichzeitig mit Ulfeld und Hatzfeld war am 4. August
(a. St.) Holck selbst von Joachimsthal aufgebrochen und
hatte den Weg auf Schwarzenberg „durch den engen
und bösen Pass heraus in Meissen genommen".[87]) Es war
der „Rittersgrüner Pass", der einen Bach entlang vom
Gebirge auf Schwarzenberg führt. Christian Lehmann,
damals Pfarrsubstitut in dem benachbarten Annaberg,
schrieb in seiner Kriegschronik: „Er ist enge, bergicht,
theils morastig und wild, 4 Stunden lang über rauhen

[86]) „unter welchen mein Wohnhaus, darin ich Zeithero Euer
churfürstl. Durchl. Amtssachen verrichtet, und in demselben des
Amts Weida briefliche Urkunden, Register, Acten und dergleichen".

[87]) Peter Burgkhardt (Schösser zu Annaberg) an Johann Georg
d. d. Annaberg 9. September 1633 (a. St.) Dr. A. Deutsche Kriegschronik von Christian Lehmann (Königliche Bibliothek in Dresden).
S. K. G. Helbig in Neue Jahrb. d. Gesch. u. Pol. herausgegeben
von Fr. Bülau. I, 135 ff.

Wald zu passiren und durch die Rittersgrün wegen der
Felsen und unebenen Strasse von Krümmen und Steinen
so schwer zu fahren, dass sie an Stücken und Munition-
wägen viel zerbrochen und in Crandorf einen ganzen
Tag daran bauen und schmieden müssen. Woher nichts
unmögliches gewesen, mit 3000 Mann in solcher Enge die
ganze Armee aufzuhalten und mit 100 Mann den ver-
hauenen Pass zu defendiren, wo Gott nicht mit Blindheit
und Sicherheit gestraft hätte. Den Abend zuvor haben
die Leute in Rittersgrün und Bohnfeld auf zwei Hoch-
zeiten getanzt und gesprungen, die Grundtner Gäste in
Wirthshäusern gezecht und gesungen und die Bohnfelder
vom Feind nichts eher erfahren, bis den 4. August schon
etzliche 1000 zu Ross vorbei marschirt gewesen, da doch
sie kaum eine halbe Stunde von der Strasse liegen. [88])
Stadt und Amt Schwarzenberg wurde vollständig
ausgeplündert, „auch im Amthause an den Rechnungen,
Amtsbüchern und Acten alles zu Schanden gemacht und
also gehauset, dass es der Türke nicht ärger machen
könnte“. So der Schösser zu Annaberg; und der dortige
Pfarrsubstitut: Auf ihrem Marsch „wütheten die Kaiserlichen ärger denn die reissenden Wölfe, die doch grimmig
genug sind in diesem Gebirge. Da wurden alle Kirchen
aufgehauen und geplündert, die Weibsbilder geschändet,
die Männer gerädelt, die Häuser niedergebrannt, die
Betten ausgeschüttet und alles zernichtet, dass es mit der
Feder nicht grausam genug kann beschrieben werden“. [89])

---

[88]) Interessant ist ein handschriftlicher Schreibensextract „vom
9. Augusti aus Gresslitz“ (Pressnitz?) (a. St.) Dr. A. „Von Schlackenwerth habe ich von einem guten Mann, dass allda 9 Regiment
hinaus sind, 5 zu Fuss und 4 zu Ross, deren keines über 500 Mann
stark, haben gehabt 2 Stück Geschütz, da vor jedem 16 Pferd gezogen, 2 Stück, da vor jedem 10 Pferd gezogen, 12 Stück vor jedem
4 Pferde, und hat ein jedes Regiment ein Stück gehabt vor jedem
2 Pferde, und einen ‚Morschell‘ (Mörser), da einer so gross als zwei
Kandel Töpf; dies wäre in Alles 34 Stück und 9 Mörscher. In
1000 schwere beladene Wagen haben sie gehabt, wobei wohl 6000
Pferde; des Huren- und Bubengesindels ist mehr gewesen als der
Soldaten, da doch unter den Soldaten auch sehr schlecht Volk. Bei
jedem Regiment sind auch zwei Handmühlen“.

[89]) Christian Lehmann ist einer der Wenigen, der mit den an
den Einwohnern verübten Grausamkeiten nur so um sich wirft. Er
schrieb (sein bis 1677 reichendes Werk), wie es scheint, erst eine
Reihe Jahre später, und dem entsprechend in dem Bestreben, seiner
Erzählung Relief zu geben. Wie zahm hingegen müssen nach des
Schössers Auffassung die Türken hausen!

Von Schwarzenberg, wo zur Bewachung des Passes auf dem Schloss eine ziemlich starke Besatzung zurückgelassen wurde, ging der Marsch auf Aue, Schneeberg und Zwickau.

Auch über ihn liegt (im Dresdner Archiv) eine ganze Reihe einzelner Berichte aus den von ihm berührten Ortschaften vor. Ich greife folgende heraus.

„Zum Schneeberg haben sie übel gehauset, in den Häusern wohl zehen Mal geplündert, alles Volk, so gestern da kommen, haben sich keine Rotte über 2 Stunden aufhalten dürfen, sein von dem Commandeur immer fortgetrieben nach Zwickau, da sie dann nicht in die Stadt, sondern immer vorbei ziehen sollen. Heut bis zum Mittag ist zum Schneeberg niemand kommen, zu Mittag aber hat sichs angefangen, etwas abgestiegen, ein Trunk gethan und immer fort, da es dann gewehret bis Abends ½7 Uhr, als man gewiss meint ein 2000 Mann durchgangen. Wo sie zukommen, plündern sie, aber den Leuten am Leben thun sie nichts".

Dazu ein anderer Bericht „vom Neidhardsthal den 10. August" (a. St):

„Gestern ist niemand sicher gewest, die Kayserischen haben allenthalben die Wälder ausgejaget .... das Vieh weggetrieben; hat sich kein Mensch dürfen erwischen lassen, haben sie gehauen und zugericht, dass es zu erbarmen. Alles Volk sammt viel Pagagiwagen und Tross ist gestern fort, sind bis in die Mitternacht gezogen; heut früh ist kein einziger Soldat zu Schneeberg mehr gewest; zum Mittag aber viel Volk wieder ankommen, so hoffentlich auch fortziehen wird. In der Aue haben sie die Kirche, Pfarr und Schulhaus auch des Rachhalsen stattliches Haus, zu Neustadt 6, zu Geyssbach eines weggebrannt."

Die meisten Städte zwischen Zwickau, Chemnitz und dem Gebirge wurden von Soldatenabtheilungen heimgesucht: [90]) Werdau, das die Kaiserlichen ganz ausplünderten, und wo sie „die Rathspersonen und sonderlich Bürgermeister Sausen mit Rädeln heftig marterten"; [91]) Stolberg, das von einem Reiterhaufen erst gebrandschatzt, dann doch in Brand gesteckt wurde. Mehrere Rathsherrn, die kurz zuvor das Geld geschafft hatten, wurden mit Stroh verbrannt (?). Aehnlich gings in den Städten und Aemtern Marienberg, Wolkenstein, Annaberg; [92]) ähnlich ringsumher.

---

[90]) Wie weit von Truppen Ulfelds und von Truppen des holckischen Hauptcorps ist nicht zu erkennen.

[91]) Salomon Gerhardt an Johann Georg d. d. Leipzig 27. August 1633 (a. St.). Dr. A.

[92]) Darüber viele Berichte von eben diesen Orten an den Kurfürsten im Dr. A.

Der Eintritt in das von der sächsischen Besatzung verlassene, von der Pest bereits stark mitgenommene Zwickau[93]) wurde Holck nicht erschwert. Auch hier kam es zu Räubereien, Plünderungen, auch ein paar Brandstiftungen, wie es der Krieg mit sich brachte. Wir lesen manche Klage von Zwickauer Bürgern über den Verlust ihrer Habe, aber nicht eine über blutige Gewaltsamkeiten der Kaiserlichen. Von langem Aufenthalt in der Stadt konnte der Pest wegen nicht die Rede sein. Die Cornets und Standarten, welche die Besatzung zurückgelassen hatte, nahm Holck in Beschlag und sandte sie an Wallenstein, seine ganze Bagage verlegte er in die Dörfer um die Stadt, und liess zu ihrem Schutz eine Abtheilung von 500 Pferden zurück; „denen leicht wäre abzubrechen gewest," meint der Schösser Salomon Gerhardt.[94])

Ueber das Schicksal Zwickaus besitzen wir von einem gewissen Wolfgang Ferber ein langes Poëm (8 Bl. 4°.). Wie aber vom Erhabenen zum Lächerlichen nur ein Schritt ist, so führt dieses Werk den Titel:

Der berupffte Schwan | Oder | Andern Theil von Verzwickten Zwickaw, | In welchem erzehlet wird, wie Anno 1633. Die Pestilentz doselbst so hefftig | grassiret, dass nicht genug davon zu sagen oder zuschrei | ben ist, vnd wie, als die Seuche am hefftigsten angehalten vnd das Sterben | am grösten gewesen, der Kayserliche General Heinrich Holcke die Stadt Feindlicher | weise eingenommen, ... | Beschrieben durch | Wolffgang Ferbern. | Gedruckt zu Zwickaw, bei Melchior Göpnern. | Anno 1642. |

Aus der Widmung an den Kurfürsten, „gegeben in den sehr Verzwickten und Bezwackten Zwickaw" erfahren wir, dass der Poet schon 1633 einen ersten Theil des „verzwickten Zwickau" dem Kurfürsten dedicirte.

Gleich zu Anfang erzählt er

Dass, wie die Pestilentz am hefftigsten grassiret,
Der Holck ein Krieges Heer hat in dies Land geführet.
Und Zwickau gleichfalls, wie sonst mehr Ort, angerannt
Welch' in geringsten nicht thun können Widerstand,
Weil aber dreissig Mann nicht mehr gesund am Leben
Gewesen in der Stadt, ohn was sich naus begeben,

---

[93]) „Welche Stadt, weil sie fast ausgestorben und keine Gegenwehr vorhanden, sie bald eingenommen." Handschriftliche Beschreibung der dritten Ploquirung der Stadt Leipzig. Dr. A. Danach Heydenreich S. 567: „Die nach Zwickau kommen, haben selbiger Stadt, weil die Einwohner wegen grassirender Seuche der Pestilenz, meistentheils daraus entwichen gewesen, ohne Widerstand sich impatroniret, die Häuser aufgeschlagen und geplündert."

[94]) In seinem Brief an Johann Georg vom 27. August (a. St.)

Des Sterbens halben, sonst viel stunden auf der Baar,
Die andern waren krank, gebäuft war die Gefahr:
Nachdem der Feind den Ort ohn Schwertschlag eingenommen,
Hat er gesperrt die Thor, so bald er nein ist kommen,
Dass keine Leiche mehr auf den Gottesacker naus
Geschaffet werden kunt, so dass in manchem Haus
Zwey, drey und auch wol mehr der Todten sind gewesen,
Viel Kranke, derer doch gar wenig sind genesen,
Da auf der Gasse ists gelegen aller voll,
Der Soldat aber hat gethan als wär er toll.
In Häusern hin und her, die Kranken aus den Betten,
Die Todten aus dem Sarg, sie wüthend werfen thäten,
Zu suchen ob man Geld versteckt bei solchen hätt,
Ein Landsknecht plündert mit den andern um die Wett.
Es hatte zwar den Schein als wär es nicht erlaubet
Jedoch wurd' überall gestohlen und geraubet
Ja manches fromme Herz gequälet und geängst,
Dass es im Tod zu sein gewünschet hätt vorlängst,
Der ihm doch an dem Hals war, leider, allzunahe,
Denn alle Tage man mehr Menschen sterben sahe,
Dass daher sich erhub von Leichen ein Gestank,
Weil unbegraben sie gelegen gar zu lang,
Und ohne Särg ihr viel, in ziemlich grosser Hitze
Die Hund und Katzen auch genommen ihre Sitze
Beim todten Körpern (ach des Herzeleids) dass man sagt
Dass mancher Leichen ist die Nasen abgenagt
Geworden, dass des Feinds Volk auch mit angestecket
Und ihrer viel davon, gleich wie das Vieh verrecket,
Welchs auch den Feind bewegt, die Thor zu sperren auf.
Alsdann hat man gesehn von Leuten ein Gelauf
Zum Todtengräbern zu, mit bitten und mit flehen:
Last meine Leiche mir im Haus nicht länger stehen,
Sie stinkt schon gar zu sehr, nehmt sie zur ersten Fuhr,
Ich geb euch, was ich soll, begrabet sie doch nur —".

Und wie dann diese Cadaverpoesie weiter geht. Es ist hervorzuheben, dass von Excessen und Schandthaten des Feindes, die doch der Muse dieses Poeten ein nicht minder lohnender Vorwurf als die Gräuel der Pest sein mussten, nichts in der langen Reimerei sich findet. —

Was es Holck nunmehr galt, war die Occupation der Stadt Leipzig, unter deren Thoren sich alle drei Colonnen vereinigen sollten. Dass es Leipzig gelte, war bald bekannt; sehr früh schon wird in den Briefen und Schreibensextracten davon geredet.

Holck schrieb später über diese Erweiterung seines Plans an Wallenstein:[9]) „Nachdem ich etwas wegen der Artilleria aufgehalten worden, habe ich, weil der Feind

<hr>

[9]) In dem wichtigen Brief d. d. Leipzig 22. August 1633 (n. St.).

noch nit zusammen, um ihn mehr so viel (zu) divertiren und vorzukommen, dass ich entweder im Gebirge nicht Noth leide oder um Zwickau und die Oerter wegen der Pest, so allgemach angefangen unter der Soldatesca einzureissen, mit der Armada Schaden litte, weiter avanciret, und durch Altenburg auf Leipzig meinen Marsch genommen."

Aus Altenburg haben wir über das Erscheinen der Kaiserlichen auf ihrem Marsch nach Leipzig sehr lebhafte Klagen. **)

„Mit Wahrheit berichte ich aus hochbetrübtem Gemüthe, dass wir allhier in Altenburg nunmehro ganz elende, verlassene und betrübte Leute sind. Wir leiden Mangel an Brod, Salz, Wasser, Apothek und Licht etc., und muss das Getreide auf dem Felde verderben. Wir wurden an der Mittwoch gegen Abend überfallen, des Holken Volk kam ausm Joachimsthal, Breda aber von Eger, Plauen, Reichenbach, Krimitsch, ingesammt 4000 Pferde; da ging alsobalden die schreckliche Plünderung an allenthalben. In welchen Häusern niemand vorhanden, denen haben sie zehn Mal so arg mitgefahren; wo Bier in Keller gewesen, ist dasselbe weggelassen worden; der Hausrath zerstümmelt auf die Gassen geworfen und zertreten. Die andern Obristen sind gewesen Piccolomini, Hatzfeld, Orosins, ein Bischof von Bamberg oder Würzburg und dessen Bruder, General Proviantmeister Lippoldt. In der Bartholomäikirchen ist grosser Schaden geschehen; die Kelche und silbernen Kannen sind weg, die Orgel zerstümmelt; aus des Kirchners Hause ist auch ein Kelch, zur Brüderkirchen gehörig, weg; das Schloss, Canzlei, Renterei, Consistorium, Amtshaus ist gestern wieder aufs Neue erbrochen und alles heraus genommen und verworfen worden. Die schöne Tafel aufm Altar in der Schlosskirchen ist auch weg. Das Rathhaus ist noch unangetastet, dafür und dem Kloster salva quardia, welche zu halten nicht ein geringes kostet, und sind keine Mittel. Gewiss ist, dass der ganze Marsch auf Leipzig gangen, daraus man zwar gestern und vorgestern hat hören stark schiessen; und sagen die Soldaten ohne Scheu, sie wollten mit ihnen ärger, als mit Magdeburg umgehen; man würde auch allda anfangen, die Stadt mit Feuer anzugreifen und in Grund zu verderben. Sie geben vor, als wann sie 25000 stark; einer aber sagte mir gestern in Vertrauen, er wüsste gewiss, dass nur 15000. Vergangen Nacht ist nach Truppen viel Volk hierdurch gangen, und sonderlich Marketender. Heut früh zogen 2 Compagnien zu Ross in Eil durch, ungefähr 100 Mann mag noch etwas zurück sein, ob und wie viel kann man nicht wissen. Was für Schaden hin und wieder ergangen, ist nicht zu beschreiben; man kann auch nicht sicher über zwei oder drei Häuser auf der Gassen gehen, man wird gefangen mit weggeführet und angetastet; sitzen also noch in äusserster Gefahr. Gott helfe uns! Diejenigen, so uns schützen sollen, sind ausgerissen; Herr D. Hunnius (so an fünf Orten geplündert) hat viel gethan. Ein Jesuit, so bei Herr

---

**) Vertraulich Schreiben aus Altenburg den 16. August 1633 (a. St.). Dr. A.

D. Mercken unserm Syndico einquartirt, hat nicht anders sich wollen
bereden lassen, als sei er der Superintendens; deswegen er ihn, so
ohne das unpass, von etzlichen Soldaten übel tractiret, dahero der
Sohn des Nachts entspringen müssen. Gestern frühe hat man ihn,
dass er ganz todt geschlagen, gefunden. Es ist auch gestern gestorben Herr B. Johann, Andreß Nicolai Weib, Jochim Löber und
viel ander mehr. Wohl in die hundert Leichen sind anitzo zu begraben, weil gestern und vorgestern niemand hat begraben werden
können. Vorgestern ist auch dem Lazaristen das Pferd, so die
Leichen hinaus geschafft, auch gestohlen und dessen Wärter entlaufen. Jetzo hat man mit grosser Mühe ein anderes geschafft.
Gestern vor Mittage sind vier Feuer in der Stadt aufgangen, aber
alle, Gott lob, bald gelöscht worden, nur ein Häuslein zu Unter-
Periz ist ganz abgebrannt, und müssen wir uns dergleichen noch
mehr besorgen, dann die Soldaten uns öffentlich Rebellen und ihre
Feinde nennen; haben auch etzliche vorgeben, dem Holcken sei
unser Fürstenthum verehret, dess er sich bald bemächtigen wollen.
Gott sei uns gnädig. Wo Leipzig nicht Entsatzung bekommt, dürfte
es auch mit ihr aus sein; zwar man sagt, haben sie viel' Handwerksgesellen angenommen und jedem 10 Thaler auf die Hand geben."

(Fortsetzung folgt.)

III.

Das Corps des Fürsten von Anhalt im ersten schlesischen Kriege.

Von

C. Grünhagen.

Die folgenden Blätter sollen einen kurzen Abriss der Geschichte jenes Corps geben, das im ersten schlesischen Kriege König Friedrich unter dem Commando des alten Fürsten von Anhalt in der Mark aufstellte in der Absicht, Sachsen und Hannover im Schach zu halten.

Dasselbe hat allerdings keinen Feind zu sehen bekommen, keinen Schuss abzufeuern, kein Blut zu vergiessen Gelegenheit gehabt. Nichtsdestoweniger hat es seine Rolle gespielt und seine Bedeutung gehabt; sein blosses Dasein hat eine nicht geringe Wirkung geübt und dazu beigetragen, die politische Haltung der Nachbarn Preussens zu bestimmen.

Als der alte Fürst Leopold von Dessau, untröstlich darüber, dass er an dem schlesischen Feldzuge nicht Theil nehmen solle, wiederholte Beschwerden darüber dem Könige vortrug, antwortete dieser ihm den 2. December 1740, er verehre in dem Fürsten den erfahrenen General viel zu sehr, um eine Gelegenheit vorübergehen zu lassen sich seines Rathes zu bedienen, aber die Expedition, die er jetzt vorhabe, sei eigentlich nur eine Bagatelle, eine blosse Besitzergreifung. „Künftig Frühjahr aber“, fährt er fort, „möchte es zum Ernste kommen und alsdann mehr auf sich haben, und da ich überdem an Sachsen einen Nachbar habe, vor dessen Intentionen ich nicht sicher bin, so kann ich in meiner Abwesenheit solche importante Aufsicht und in allem Fall darauffolgende serieusere Expedition wie die jetzige keinem Besseren als Ihrer Durchlaucht anvertrauen, allein diese Expedition reservire ich nur alleine, auf dass die Welt nicht glaube, der König in Preussen marschire mit einem Hofmeister zu Felde."[1])

Der Fürst liess sich dadurch einigermassen beruhigen, und seine Antwort liess durchblicken, er erwartete nun, während der König im Felde sei, als dessen *alter ego* in militärischen Dingen wenigstens fungiren zu dürfen, doch belehrt ihn der König eines andern mit den Worten: „Dass ich meine übrige im Lande bleibende Regimenter an Ew. Liebden verweisen sollte, solches werden Dieselben leicht ermessen, dass es sich nicht thun lassen werde, immassen es die Natur und Art der Regierung zu erfordern scheint, dass alle Regimenter Mir allein angewiesen sind und bleiben."[2])

Der Fürst machte seinem Missvergnügen durch eine heftige Kritik des ganzen Unternehmens Luft, und der König hat in seinen Memoiren in scharfen Ausdrücken das damalige Verhalten des alten Herrschers charakterisirt. „Der Fürst von Anhalt," schreibt er, „war wüthend darüber, dass er weder von dem Könige zu Rathe noch bei der Ausführung zugezogen worden war. Seine Eigenliebe, darüber empört, bewog ihn, alle Unglücksfälle, die ein Misanthrop und Hypochonder sich erdenken kann, vorherzuverkündigen. Er betrachtete die kaiserliche Armee als seine Wiege und fürchtete meine Machtvergrösserung, er warf Schrecken und Kleinmuth in alle Gemüther, er hätte mich selbst eingeschüchtert, wäre mein Entschluss nicht mit der vollsten Entschiedenheit gefasst gewesen."[3])

---

[1]) Politische Correspondenz Friedrichs d. Gr. ed. Koser I, 117. Die Briefe des Königs an den alten Fürsten von Dessau aus der hier in Frage kommenden Zeit sind bis auf einen (hier als Beilage mitgetheilten) im Anhange zu Orlichs Gesch. der schles. Kriege I, und zum Theil auch in der erw. polit. Correspondenz abgedruckt. Wenn Droysen (preuss. Pol. V. 1, 299 Anm. 1) noch einen andern vom 1. August bei Orlich vermisst, so erledigt sich das dadurch, dass dieser (nach einer freundlichen Mittheilung des Herrn Geheimrath Siebigk in Zerbst) kein Brief des Königs an den Fürsten ist, sondern nur Abschrift eines jener vom Könige selbst verfassten Kriegsberichte, welche Droysen im Militär-Wochenblatte von 1878 selbst mitgetheilt hat.

[2]) Den 11. Dec. Ebendas. 135.

[3]) So in der Bearbeitung von 1746 ed. Posner 217. Die spätere Redaction Oeuvres II, 58 detaillirt dann noch näher die Verpflichtungen, welche der Fürst gegen den kaiserlichen Hof gehabt.

Als der Fürst einmal dem König selbst seine Besorg-
nisse aussprach, antwortete er ihm: „Ich habe Ew.
Durchlaucht ihren Brief gekriegt und gesehen, mit was
vor Inquietude Sie den bevorstehenden Marsch meiner
Truppen ansehn, ich hoffe, dass Sie sich darüber beruhigen
werden und erwarten mit Geduld, zu was ich sie aestimire,
ich habe meine Dispositions alle gemacht und werden Ew.
Durchlaucht schon zeitig genug erfahren, was ich befohlen habe, ohne sich weiter darum zu inquietiren, indeme
Nichts vergessen noch versäumt ist."[4])

Indessen gehören diese Misshelligkeiten doch nur
der allerersten Zeit des Krieges an.[5]) Der alte Fürst
erhielt bald Gelegenheit zu erfahren, dass der König im
Ernste geschrieben hatte, er werde sich allzeit gerne seines
Rathes bedienen,[6]) vom ersten Anfange des Feldzuges an
schreibt Friedrich dem Fürsten, unterrichtet ihn eingehend
von dem Stande der Kriegsereignisse, frägt ihn direkt
um Rath und zeigt bei verschiedenen Gelegenheiten, dass
er der Ansicht des erfahrenen Feldherrn Einfluss auf
seine Entschliessungen einräumt. Auch erfuhr der Fürst
sehr bald, für welchen besonderen Zweck der König den
bewährtesten seiner Generale aufgespart hatte. Gegen
Ende des Jahres 1740 berichteten die preusischen Gesandten
in Wien, wie man von sächsischer Seite dort gegen jede
Verständigung mit Preussen arbeitete, und dass zwischen
dem Wiener und Dresdener Hofe bereits ein Bund geschlossen sei. Darauf hin schreibt der König, der schon
vorher unter dem 23. Dec. dem Fürsten von Anhalt aufgetragen hatte · über die angeblichen Rüstungen der
Sachsen Erkundigungen einzuziehen,[7]) dem · letzteren
unter dem 9. Januar, er werde jetzt erkennen, welches
die wahre Ursache gewesen, dass er den Fürsten für
diesmal noch zurückgehalten. „Ich will zwar noch zur
Zeit nicht glauben, dass der Tractat zwischen dem wiener-
ischen und sächsischen Hofe in dermassen zur Consistenz
gediehen als in obermeldtem Berichte[8]) angeführt werden

---

[4]) Den 24. November 1740 Pol. Corr. I, 111.

[5]) Der König giebt in der angef. Stelle seiner Memoiren die
schlechten Prophezeihungen des Fürsten als ein Motiv an, weshalb
er es für nöthig gehalten habe, an seine Officiere beim Ausmarsch
einige ermuthigende Worte zu richten.

[6]) In den Schreiben vom 11. Dec. Polit. Corr. I, 135.

[7]) Polit. Corr. I, 155.

[8]) Gotters aus Wien vom 3. Januar.

wollen. Da es aber doch nöthig ist, bei so delicaten Conjuncturen seine Mesures in Zeiten zu nehmen, als habe Ew. Liebden hierdurch ersuchen wollen, einen Plan zu formiren, welchergestalt man allenfalls ein Corps von 24000 Mann aufbringen und nöthigen Falls damit in Sachsen gehen könne, bevor solcher Hof seine bösen Intentiones in das Werk zu setzen zu Stande kommet." Der Fürst soll überlegen, wie man den Sachsen wehe thun und verhindern könne, dass sie Remontepferde bekommen, doch alles in tiefstem Geheimnis.[9])

Der Fürst sandte eine ausführliche Disposition für ein Unternehmen gegen Sachsen ein, aber der König zweifelte immer noch, ob das österreichisch-sächsische Bündnis wirklich bereits fertig, und ob nicht das Gerücht davon nur von dem Wiener Hof ausgesprengt worden sei, und erklärte deshalb, Bedenken zu tragen, „wider solches Kurhaus wirkliche Mesures zu nehmen", behielt sich aber vor, zum Frühjahr bei Berlin ein Beobachtungscorps zu versammeln, ansehnlich genug, um dem sächsischen Heere, das er auf höchstens 17 Bataillone und 26 Schwadronen anschlug, gewachsen zu sein. Die dazu ausersehenen Regimenter hatte er bereits bestimmt.[10]) Der Gesandte in Dresden erhielt Befehl, sorgfältig aufzupassen und über etwaige Rüstungen und namentlich das Anlegen von Magazinen sofort zu berichten.[11])

Der Fürst war beordert worden, in der Zeit, wo der König aus dem Felde nach Berlin zurückkehren wollte, zum 4. Februar von Magdeburg herüber zu kommen,[12]) und in Conferenzen mit ihm und seinem königlichen Herrn ward Näheres über die eventuelle Zusammenziehung des Corps verabredet. Dasselbe gewann jetzt noch nach einer andern Seite hin Bedeutung. Die Nachricht von der Mobilmachung der dänischen und hessischen Soldtruppen Englands hatte König Friedrich beunruhigt, und er hatte dem englischen Gesandten deshalb Vorhaltungen gemacht. Um so mehr glaubte dieser die schnell verbreitete Nachricht von der beabsichtigten Aufstellung eines Observationscorps damit in Zusammenhang bringen und als eine gegen Hannover gerichtete Massregel ansehen zu

---

[9]) Polit. Corr. I, 174.

[10]) Den 22. Jan. 1741. Polit. Corr. I, 184.

[11]) Ebendas. 185.

[12]) Brief vom 18. Juni bei Orlich, Gesch. des schles. Kriegs I, 301.

müssen. Er beeilte sich, die Regentschaft in Hannover zu warnen.[13]) Hier war man sehr ängstlich, um so mehr, als man erfuhr, Podewils habe zu dem dänischen Gesandten Practorius geäussert, wenn man gleich England nicht selbst zu erreichen vermöge, könne man doch dessen kurfürstliche Besitzungen für eine feindliche Haltung Englands büssen lassen.[14]) Vor Allem aber ängstigte das eigene böse Gewissen und der Gedanke, dass der König von Preussen von den englischen Bemühungen um eine Theilung Preussens erfahren und in Hannover einbrechen könnte, wo man so gut wie nichts für eine Vertheidigung des Landes gethan hatte.

Indessen. blieben ja dem König von Preussen die englischen Intriguen lange verborgen, und wenn auch vorbereitende Schritte für die Zusammenziehung des Corps erfolgten, so war doch für den sorgfältigst aufmerkenden hannoverschen Gesandten das fortdauernde Verweilen des alten Fürsten in Berlin eine Bürgschaft dafür, dass noch nicht sogleich das Schlimmste zu fürchten sei. Allerdings machte der Fürst kein Hehl daraus, dass er gegen Ende des März' zu seinem Corps abgehen zu können hoffe.[15]) Doch war das eben nur seine Vermuthung; die Zeit und den Ort genauer erst im letzten Augenblicke zu bestimmen, hatte sich der König ausdrücklich vorbehalten.[16])

Inzwischen hatte Friedrich aus Russland von Münnich Näheres über das gegen ihn angesponnene Komplot erfahren und zwar in einer Fassung, welche, was thatsächlich nicht zutraf, Sachsen als den Hauptschuldigen erscheinen liess. Daraufhin sendet er dem Fürsten Befehl „in das Lager“[17]) zu rücken, um auf den ersten Wink den Sachsen zu Leibe zu gehen und diese zu desarmiren, dann, wenn inzwischen die Hannoveraner, die allerdings bis jetzt keine sonderlichen Anstalten gemacht zu haben schienen, sich regten, auch gegen diese vorzugehen. 2 Dragonerregimenter und 2 Regimenter Husaren, die bisher

---

[13]) Den 7. Febr. Staatsarch. zu Hannover. Nach London hatte derselbe bereits unter dem 31. Jan. von des Königs Absicht, ein Observationscorps bei Magdeburg zu versammeln, geschrieben. Londoner Record Office, Prussia.

[14]) Bericht von Guy Dickens vom 28. Febr. Londoner Rec. Office.

[15]) Bericht von Guy Dickens vom 14. März. Londoner Record Office.

[16]) Der König an den Fürsten, den 18. Februar. Orlich I, 304.

[17]) In den letzten Wochen muss also doch der König hier den Ort genauer bestimmt haben.

noch in Preussen geblieben, will er dem Fürsten zur
Verstärkung senden. Selbst wenn dann wirklich die
Russen gegen ihn feindlich auftreten würden, hofft er
den Kampf siegreich bestehen zu können. Zunächst gedenkt er diesen Preussen preiszugeben, dann aber will
er, da, wie zu erwarten stände, Oesterreich, durch Bayern,
Frankreich und Spanien angegriffen, ihm nicht seine gesammte Macht entgegenstellen könnte, in Schlesien, nachdem
er sich Briegs und Neisses bemächtigt, nur ein kleineres
Corps zur Defensive stehen lassen und selbst mit dem Haupt-
heer durch die Lausitz dem Fürsten entgegen marschiren,
und, vereint mit diesem, dann gegen die Russen ziehen. [18])

Es sind Entwürfe in grossem Stile, die bereits den
kühnen Geist athmen, der dann im siebenjährigen Kriege
die Bewunderung der Welt hervorgerufen hat.

Mit Freuden vernahm der alte Heerführer von der
Aussicht, nun wirklich ins Feuer zu kommen Man wird
sehen, hörte man ihn sagen, dass ich mir nicht den ersten
Schlag geben lassen werde. — Anhalts Truppen sind in
vollem Marsche (nämlich nach dem Lager), schrieb am
28. März der englische Gesandte. [19]) Sein Plan war, den
Feldzug mit einem Handstreich auf die Festung Wittenberg zu beginnen, damit nicht bei einem Vorrücken gegen
die Saale hin die Landeshauptstadt allzu exponirt er-
scheine. Mit 14 Bataillonen [20]) rückte er am 2. April in
das Lager von Göttin ein, südlich von Brandenburg, die
Vorposten nahe der sächsischen Grenze. In wenigen Tagen
wuchs das Heer auf 33 Bataillone und 43 Schwadronen.

Im Uebrigen aber hatten die letzten Weisungen vom
Könige die Aussichten, wirklich zum Kampfe zu kommen,
wieder weiter hinausgeschoben. Einmal wollte der König
erst abwarten, bis alle zu dem Anhalt'schen Corps gehörigen Regimenter beisammen wären, dann aber auch
sich erst überzeugen, ob denn wirklich Russland mit ihm
brechen und auch Hannover, das sich bis jetzt noch stille
verhalte, gegen ihn marschiren wolle. Der Fürst, hofft
der König, werde unter allen Umständen Wittenberg haben

---

[18]) Briefe des Königs vom 17. und 20. März. Pol. Corr. I,
208 und 211.

[19]) Londoner Record Office.

[20]) Schöning, Die 5 ersten Jahre Friedrich des Grossen, 72.
Friedrich giebt in der älteren Bearbeitung seiner hist. de mon temps
221 die Stärke des Corps in runder Summe auf 30 Bataillone und
40 Schwadronen an.

und mit den Sachsen fertig sein, ehe die Hannoveraner
heran seien. [21])

Auf den sächsischen Hof machte es natürlich einen
nicht geringen Eindruck, das Heer des Fürsten so nahe
der Grenze sich aufstellen zu sehen. Unmittelbar nach
dem 18. April, erzählte man sich, werde der Fürst in
Sachsen einrücken und die Leipziger Messe ruiniren; [22])
man wollte wissen, bereits Friedrich Wilhelm I. habe
diese Stadt vom Erdboden vertilgen wollen, weil sie dem
preussischen Handelsplatze Frankfurt a. O. so sehr Schaden zufüge. [23]) Mit den eignen Rüstungen, den drei Lagern,
welche man zwischen Leipzig und Torgau zu errichten
gedachte, [24]) den Anstalten zur Vertheidigung des Elb-
überganges kam man nur langsam vorwärts, und der
6000 Mann, welche man auf Grund der alten Bundesver-
träge von Hannover reklamirte, fühlte man sich wenig
sicher. [25]) Natürlich war man eifrig bemüht, die besten
Gesinnungen gegen Preussen zu versichern, die Armee
habe man nur deshalb ergänzt, weil der König nach der
Leipziger Messe eine grosse Revue halten wolle. [26]) Auch
richtete König August ein Handschreiben an Friedrich,
in welchem er darauf aufmerksam machte, dass die preussischen Husaren so gar nahe der sächsischen Grenze lägen,
dass Verletzungen derselben leicht vorkommen könnten,
gegen welche er Vorkehrungen zu treffen hat, [27]) worauf
der König in der That dem Fürsten es einschärfte, strenge
Disciplin zu halten und jeder „Violation der Territorii“
vorzubeugen. [28])

Die sächsischen Rüstungen gegen Preussen wurden
im Uebrigen durch das Vorrücken des Anhalt'schen Corps
an die Grenze nicht aufgehalten. [29]) Gerade damals, An-

---

[21]) An den Fürsten den 26. März. Polit. Corr. I, 325.

[22]) Bericht des hannöverschen Gesandten von dem Busche aus
Dresden vom 13. April. St.-A. zu Hannover.

[23]) Bericht des englischen Gesandten Villiers aus Dresden vom
19. März. Londoner Record Office, Poland.

[24]) Derselbe, den 5. April.

[25]) Vom 15. April datirt die officielle Requisition. St.-A. zu
Hannover.

[26]) Angef. bei Droysen V. 1, 231.

[27]) Anführungen aus Podewils Bericht vom 16. April. Polit.
Corr. I, 229.

[28]) Den 17. April. Polit. Corr. I, 229.

[29]) Es entspricht deshalb nicht ganz den wirklichen Verhältnissen, wenn Droysen (V. 1, 230) sagt, die Nachricht von dem Göttiner
Lager habe den Dresdner Hof ungefähr so getroffen, „wie den Nacht-

fang April, wurde ja die letzte Hand gelegt an jenen sächsisch-österreichischen Vertrag, mit dessen Abschlusse (den 11. April) das Haupthindernis zu schwinden schien, das der grossen Coalition gegen Preussen noch entgegenstand.

Von den Dresdener Gesandten dieser Coalitionsmächte war auch damals ein förmlicher Kriegsplan bei dem sächsischen General Renard bestellt worden; Mitte April ist der Plan fertig, am 18. kann eine Abschrift nach Petersburg gesandt werden, und am 25. wird eine zweite nach London expedirt, um dort geprüft zu werden, nachdem Villiers sich als Nichtmilitär für inkompetent erklärt hatte. [30])

Es war sehr natürlich, dass dieser Plan sich ganz besonders auch mit dem Corps des Fürsten von Anhalt beschäftigte, von welchem Renard urtheilte, derselbe habe eine äusserst vortheilhafte Stellung gewählt, in der er Berlin gegen jeden Angriff decke, in gleichem Masse Sachsen wie Hannover bedrohe und die Vereinigung von deren Truppen hindere. Der General ging davon aus, dass Sachsen wegen seiner preussischen Angriffe in so ganz besonders exponirter Lage in keinem Falle die ersten Schritte thun könne, sondern diese, was das Heer des Fürsten von Anhalt beträfe, Hannover überlassen müsse. Wenn dann das hannöversche Heer, durch die holländischen Hülfstruppen und die dänischen Söldner Englands vermehrt, gegen Anhalt vorrücke, müsse man von dessen Massregeln das Weitere abhängig machen. Rücke derselbe, was wohl das Wahrscheinlichste sei, ihnen entgegen ins Hannöversche ein, so empfehle es sich für die hannöverschen Truppen, ihm gegenüber eine feste Stellung einzunehmen. Wenn dann die sächsischen Truppen im Rücken Anhalts vorgingen, seine Magazine und Berlin bedrohten, sei es wahrscheinlich, dass er zurückgehen werde, um die Hauptstadt zu retten, wo dann die hannöverschen Truppen ihm auf dem Fusse folgen müssten. Wende er sich umgekehrt gleich von vorn herein gegen die Sachsen, so müssten jene schleunigst zu deren Hülfe herbei eilen.

---

wandler die Stimme, die ihn mit Namen ruft." Davon konnte schon deswegen nicht die Rede sein, weil in den Dresdner Calcülen das Corps des Fürsten Anhalt bereits seit Monaten mit escomtirt war.

[30]) Akten, den Vergleich mit der Königin von Ungarn 1741 betr. Im Dresdner Hauptstaatsarchive.

Die grösste Gefahr sei die, dass der Fürst sich auf
die Sachsen werfe, ehe die hannöverschen Truppen heran
seien. Um dies zu verhüten, müssten die Hannoveraner
ihre Rüstungen beschleunigen, und auch die hessischen
Soldtruppen sich in deren Heimath concentriren lassen,
damit diese den Sachsen näher wären. Die letzteren
müssten sich ihrerseits auf das äusserste bemühen, Preussen nicht vorzeitig Ombrage zu geben; sie müssten deswegen von eigentlichen Concentrationen von Truppen Abstand nehmen, vielmehr sich begnügen, diese so einzu-
quartiren, dass sie in 5 bis 6 Tagen zusammengezogen
werden könnten, auch das schwere Geschütz sollte vorläufig noch nicht mitgenommen werden." [31])

Renard hatte mit Recht die grösste Gefahr in der
Möglichkeit erblickt, dass sich der Fürst auf die Sachsen
werfen und diese vernichten könnte, ehe die Hannoveraner
ihnen Hülfe bringen könnten. Dies war in der That auch
die Meinung des Königs; ehe er aber den Befehl dazu
gäbe, wollte er einerseits abwarten, welche Wirkung die
Nachricht von seinem Siege bei Mollwitz üben würde,
andernfalls, was der ausserordentliche Gesandte Englands,
Lord Hyndford, der längst erwartet, jetzt endlich eintreffen sollte, ihm bringen werde. Brächte derselbe gute
und acceptable Propositionen, urtheilt der König, „so ist
es gut und wird man gegen jene Nachbarn piano gehn
müssen; sollte aber das Gegentheil sein und er sich
hautain bezeugen, und ich daraus sehen, dass Engelland
im Ernst wider mich mit meinen Feinden im Concert
stehe, so wird das Beste sein, das Praeveniro zu spielen
und auf Sachsen loszubrechen, ehe es sich mit denen
Hannoveranern conjungiren könne." [32])

Hyndford hat nun zwar, wie wir wissen, acceptable
Propositionen nicht mitgebracht, aber hautain ist er auch
nicht gewesen — andererseits ist der ganze Kriegsplan der
grossen Coalition ebenso wie die ganze Coalition selbst
ins Wasser gefallen. Und wenn die Dresdener Verhandlungen vollkommen resultatlos geblieben sind und keine
Hand sich gegen Preussen aufgehoben hat, so hat diese
Wirkung nicht so sehr der Schrecken vor dem Heere
Anhalts geübt, ja nicht einmal die Nachricht von Moll-

---

[31]) Mir hat eine Abschrift des Kriegsplanes im Londoner Record
Office vorgelegen.

[32]) An Fürst Anhalt den 12. April. Polit. Corr. I, 221.

witz; vielmehr hat unabhängig von dem Einen wie dem
Andern England von dem Augenblicke an; wo es kriegerische Massnahmen gegen Preussen mindestens aufge-
schoben wissen wollte, die Coalition lahm gelegt. Sachsen
hatte ja immer behauptet, erst in letzter Linie hervortreten zu können, und in Russland war man im Grunde
recht froh des unerwünschten Kampfes durch Englands
Rücktritt überhoben zu sein.

· Namentlich bemühte sich Sachsen, alles zu vermeiden,
was den kriegsmächtigen Nachbar reizen könnte; man
beschwor die Hannoveraner, von der Requisition der
Hülfstruppen nichts verlauten zu lassen, und war sehr
glücklich, dass die Leipziger Messe leidlich gut verlaufen war. Siebenbürger und Ungarn waren allerdings weniger gekommen als sonst; die aber kamen, berichteten, dass sie durch die preussischen Truppen ganz
sicher durchgekommen seien, ungleich mehr Noth hätten
ihnen die Soldaten ihrer eignen Königin, die österreichischen Husaren, gemacht.[33])

Von dem König, ja selbst von dem alten Fürsten
empfing man in Dresden beruhigende Versicherungen,
und auch in Hannover liess Friedrich Ende April bestimmt erklären, es liege ihm sehr fern, gegen Sachsen
oder einen andern seiner Nachbarn Feindseligkeiten zu beginnen.[34]) Und wenn daher auch der alte Fürst wohl
noch einmal von kriegerischen Vorbereitungen in Leipzig
und Umgegend zu berichten hatte,[35]) so nahm das der
König dankbar auf, ohne allzuviel darauf zu geben.
Und thatsächlich musste der Fürst sich damit begnügen,
mit seinen Regimentern tüchtig zu exerciren und an der
Neuorganisation der Cavallerie, welche der König seit
Mollwitz betrieb, sich eifrig zu betheiligen, eine Beschäf-
tigung, deren Eintönigkeit einmal durch den mehrtägigen
Besuch der beiden Brüder des Königs, der Prinzen Heinrich und Ferdinand, unterbrochen ward. Die Besichtigung des Lagers musste ihnen Ersatz bieten für den
schlesischen Feldzug, von dem ihr Bruder sie zu ihrem
grossen Bedauern fernhielt. Der alte Fürst bemühte

---

[33]) Berichte des von dem Busche aus Dresden vom 16. u. 22. April.
[34]) Das hannöversche Ministerium theilt das an seinen Dresdner
Gesandten unter dem 7. Mai mit. St.-A. zu Hannover.
[35]) Der König an den Fürst von Anhalt den 4. Juni 1741. Polit.
Corr. I, 257.

sich, durch Manöver und Revuen ihnen Unterhaltung zu
bereiten und erregte ihre aufrichtige Bewunderung."[36])
Von sächsischer Seite zeigte man sich so freundlich,
dass, als z. B. in jener Zeit der König von Polen einmal eine
Truppenrevue unweit Torgau abhielt, auf seine Einladung
28 Officiere vom Anhalt'schen Heere derselben beiwohnen
durften, welche natürlich in hohem Auftrage die Gelegenheit eifrig wahrnahmen, sich unter den fremden
Truppen möglichst umzusehen.[37])

Die Gefahr eines Angriffes von Seiten Hannovers
oder Sachsens schien damals so fern zu liegen, dass
Podewils in der Zeit, wo König Friedrich sich entschlossen
hatte, mit Frankreich abzuschliessen und England-Han-
nover durch verdoppelte Freundlichkeit möglichst lange
darüber zu täuschen sich bemühte, die Meinung aussprach,
„durch nichts könnten ‚die Argusse‘ wirksamer getäuscht
werden, als wenn man das Heer Anhalts cantoniren liesse,
d. h. in Quartiere auseinander legte, weil man dann
glauben wird, dass wir friedfertig sein werden wie die
Lämmer". Darauf entscheidet der König unter dem 3. Juni:
„gut, die Ordre ist schon ergangen, dass die dortige Cavallerie cantoniren soll".[38])

Erfreut berichten die Gesandten von der Absicht des
Königs, das Göttiner Lager aufzulössen, nach Hause, der
hannöversche am 4 Juni, der sächsische am 10.[39])

Bald aber mussten die guten Nachrichten revooirt
werden. Von der Auflösung des Anhalt'schen Corps sei
keine Rede mehr, berichten Ende Juni die hannöverschen
Gesandten aus Dresden und Breslau.[40]) Auf das Drängen
des österreichischen Gesandten, und nachdem das Bündniss
Frankreichs und Preussens bekannt geworden war, glaubte
man doch wieder englischerseits einige kriegerische Massregeln vornehmen zu müssen, um so mehr, da von den
durch das Parlament der Königin von Ungarn bewilligten
Subsidien König Georg einen ansehnlichen Theil sich an-
zueignen beabsichtigte. Georg liess es dem preussischen
Hofe anzeigen, er beabsichtige einen Theil seiner Truppen

---

[36]) Agf. bei Schöning, die ersten Jahre Friedrich d. Gr. 83.
[37]) Agf. bei Schöning a. a. O. 84.
[38]) Polit. Corr. I, 255.
[39]) Archive zu Hannover und Dresden.
[40]) von dem Busche den 25. Juni, Schwichelt den 28. St.-A. zu
Hannover.

zusammenzuziehen, auch die in englischem Solde stehenden Dänen heranzuziehen, ohne damit jedoch irgend etwas Feindseliges gegen Preussen zu beabsichtigen. Auch nach Dresden wurde Anfang Juli ein höherer Officier, Ilten, gesandt, um zu gemeinsamem Handeln einzuladen. Der Prinz von Oranien, König Georgs Schwiegersohn, schrieb damals an einen holländischen General, es würden sich 18000 Hannoveraner, 6000 Dänen, 6000 Hessen und vielleicht 15 000 Sachsen vereinigen, um dem Fürsten von Anhalt eine Visite abzustatten.[41])

Der alte Fürst wartete nicht besondere Verhaltungsbefehle ab, um sich in Positur zu setzen; aber nach seiner einmal gefassten Meinung sah er in Sachsen wiederum den Hauptschuldigen und machte nach dieser Seite hin Demonstrationen. In Dresden wollte man wissen, es sei bereits ein Lager bei Treuenbrietzen dicht an der sächsischen Grenze, unweit Wittenbergs, abgesteckt. Anhalt habe geäussert: „Nun, die Sachsen wollen auch böse thun? Es schadet nichts — wenn es nur erst losginge".[42])

Aber bald erhielten seine Dispositionen eine andere Richtung. Eine vom König unter dem 6. Juli abgesendete Staffette zeigt ihm die hannoversche Truppenzusammenziehung an, und, obwohl der König zur Zeit noch nicht glauben wollte, dass dies in der Absicht, gegen seine Lande etwas zu tentiren, geschehe, so möge doch der Fürst aufmerken und einige „vernünftige Officiers" zur Erkundung der Sache ausschicken, auch in Hamburg über die etwaigen Mouvements der Dänen nachfragen lassen.[43])

Einige Tage später lauten die Weisungen schon positiver, der König habe unzweifelhafte Nachricht, dass die Hannoveraner mit den dänischen und hessischen Soldtruppen sowie mit 6000 Sachsen sich vereinigen wollten. Sollte es zum Ernste kommen, so sollte das Braunschweigische Regiment von Stettin nach Berlin gehen und das Dohna'sche ablösen; das zum Fürsten stossen werde, desgleichen das Heurich'sche aus Magdeburg, denn nach dieser Gegend möchte wohl der Marsch des Fürsten gehen.[44]) Eine Woche später instruirt er sogar den Fürsten, obwohl er noch immer eine kriegerische

---

[41]) Agf. bei Droysen, Preuss. Polit. V. 1, 295 Anm. 2.
[42]) Berichte Iltens im hannöverschen Archiv.
[43]) Polit. Corr. I, 272.
[44]) Den 9. Juli. Polit. Corr. I, 274.

Operation der Hannoveraner für nicht recht wahrscheinlich
hielte, doch für alle Fälle in der Stille Vorkehrungen zu
treffen, dass der Tresor in Berlin auf die erste Ordre
des Königs nach dem Stettiner Schlosse transportirt werden
könne.[44])

Als um dieselbe Zeit Hyndford Podewils interpellirt
wegen eines in Breslau verbreiteten Gerüchtes, es sei am
11. Juli ein Officier eilig durchgekommen, der den Befehl an Anhalt zu überbringen hätte, in Hannover einzu-
rücken,[45]) diktirt der König ärgerlich auf den Rand des
von seinem Minister eingesendeten Berichtes folgende
Entscheidung:

„Ihr sollt ihm sagen, ich wäre sehr surprenirt, wie
Mylord Hyndford, den ich allemal vor einen vernünftigen
Mann estimirt hätte, sich über dergleichen Bruits inquie-
tirte, und könnte ich nicht begreifen, wie es möglich ist,
dass er dergleichen ganz abgeschmackten Zeitung einigen
Glauben beimässe. Wenn ich dergleichen intendirte, so
würde es der Fischmarkt zu Breslau gewiss nicht zum
ersten erfahren, und wäre solche Entreprise schon eher
geschehen. Ich müsste aber daraus das urtheilen, dass
man mit Zusammenziehung der hannövetschen Truppen
etwas intendire, so dergleichen Zeitung ähnlich, und nun
besorgete, es wäre decouvriret worden, mithin befürchtete,
ich würde ein rechtmässiges Prävenir spielen. Man sucht
keinen hinter der Thüre, man habe denn dahinter ge-
stecket. Man handle aber nur redlich, als ich es zu thun
intentioniret bin, so wird keiner was zu besorgen haben.
Dieu et mon droit. Dieses sollet ihr ihm sagen“.[47])

Der Fürst hatte auf des Königs Wunsch einen Ope-
rationsplan für einen eventuellen Feldzug gegen Hannover
entworfen, auch den König dringend zu einer Besichtigung
des Lagers eingeladen. Friedrich bedauert unter dem
23. Juli, zu dem Letzteren für jetzt keine Zeit finden zu
können, und findet bezüglich des Ersteren, „dass die Sachen
ihre Form verändert hätten und der hannöversche Hof
noch wohl Bedenken haben dürfte, gegen mich öffentlich
etwas Feindseliges zu tentiren“.[48])

---

[44]) Den 15. Juli. Ebendaselbst 280.
[45]) Unter dem 12. Juli berichtet Hyndford darüber nach Hause.
Londoner Record Office.
[47]) Den 12. Juli. Polit. Corr. I, 268.
[48]) Polit. Corr. I, 283.

Der König hatte ganz Recht. Generalmajor Ilten hatte am 1. August ganz unverrichteter Sache aus Dresden abreisen müssen; wohl hatte man zwischen ihm und sächsischen Officieren einen Kriegsplan verabredet, bei welchem Quedlinburg als Vereinigungspunkt der beiderseitigen Heere in Aussicht genommen war, doch täuschte er sich selbst nicht darüber, dass derselbe wohl nie zur Ausführung kommen werde.[19])

Das Heer Anhalts blieb aber als Warnung vornehmlich für Hannover stehen, und es mag an jene stolze Aeusserung erinnert werden, mit welcher König Friedrich am 7. August den dreisten Robinson abfertigte, als dieser von einem möglichen feindlichen Auftreten Englands sprach: „Herr, keine Drohung, der König von England ist mein Freund, wäre er es aber nicht, so würde der Fürst von Anhalt für das Weitere sorgen.“

Mitte August hatte der Fürst einen Wechsel seiner Quartiere für nothwendig erklärt, da verschiedene Krankheiten, vornehmlich hitziges und Fleckfieber, immer mehr um sich griffen und so zunahmen, dass in einem Monate 2648 Kranke gezählt wurden, von denen 209 in jenem Monate starben; über seine Aerzte, die Regiments- Feldscheerer, hat der Fürst sehr zu klagen, bis auf zwei taugten sie insgesammt nichts.[20]) Er hatte sich für das neue Lager die Gegend um Gröningen im Fürstenthume Halberstadt ausersehen; doch findet nur die Massregel selbst, nicht aber der gewählte Ort die Billigung des Königs, da die Bewegung der Armee sonst bei den Nachbarn neuen Allarm erregen und Gelegenheit geben würde, „sich allerhand intendirende Absichten dadurch in die Köpfe zu setzen. Dass selbige vor Ew. Liebden und Dero unterhabenden Armee in allerhand fürchterlichen Gedanken stehen, ist mir bekannt; meine Wohlfart und mein Interesse erfordert, auch dieselben de bonne manière darunter zu unterhalten, nur allein ist es noch nicht an der Zeit, dieses Wespennest zu regen“, er wünsche deshalb, dass der Fürst sein Lager in der Nähe von Brandenburg, wenn auch auf einer andern Seite dieser Stadt, behalte. Wenn das Haus Hannover in seiner bisherigen Jalousie und Duplicität fortfahre, so könne es leicht geschehen,

---

[19]) Berichte Iltens im Hannöverschen Archiv.
[20]) Agf. bei Schöning, die ersten J. d. Regierung Friedrichs d. Gr. (Volksausgabe) 83.

dass der Fürst noch in diesem Jahre zur Operation käme. Bis dahin. käme es darauf an, Hannover und Sachsen zwar keine befugte Ursache zur Ombrage zu geben, solche aber dennoch durch die dortige Armee in Respekt zu erhalten.[51])

Nachmals hat der König doch sich mit den Quartieren in und um Gröningen einverstanden erklärt, und in dem neu hier bezogenen Lager ist dann wiederum sehr fleissig exercirt worden; den grösseren Uebungen sah zuweilen auch des Fürsten Gemahlin zu, die, mit Kindern und Enkeln dem Gemahl nachgereist, in dem Dorfe Gröben bei Gröningen Quartier genommen hatte. Der grosse Kriegsmeister formirte auch hier den Stamm von 4 neuen Husarenregimentern, und die bei ihnen beliebten Farbenunterschiede zwischen schwarzen, weissen, blauen und grünen Husaren sind von dieser Zeit an in der preusischen Armee zur durchgehenden Norm geworden.

Aus dem Briefwechsel des Königs mit dem alten Fürsten geht deutlich hervor, dass der Letztere es ganz besonders auf die Sachsen abgesehen hatte und am liebsten gerade denen zu Leibe gegangen wäre, und dass der König derartige Ideen zu bekämpfen für nöthig findet. Schon in den Briefe vom 23. Juli hebt der König dem Fürsten gegenüber hervor, in wie obligeanter Weise die sächsischen Behörden einige Husaren, die man in Torgau gefangen genommen, zurückgeschickt hätten, und beauftragt denselben zu versichern, dass der König in allen Fällen gleiche Attention für gedachten Hof haben werde.[52]) Unter dem 6. August schreibt er dann, was die von den Fürsten in Erfahrung gebrachte beschleunigte Anfertigung von Stiefeln für die sächsische Armee anlange, so glaube er nicht, dass die Sachsen dadurch mehr intendirten, „als ihre Cavallerie zu Stande zu bringen“.[53])

Bald darauf setzt er in einem weiteren Briefe im grössten Geheimnisse auseinander, dass man Aussicht habe, Sachsen werde sich doch auf Seiten der Gegner Oesterreichs rangiren,[54]) und versichert einige Tage später dem Fürsten positiv: „mit den Sachsen werden und können

<hr>

[51]) Den 24. Aug. Polit. Corr. I, 307.
[52]) Ebendaselbst 284.
[53]) Ebendaselbst 296.
[54]) Den 24. Aug. Ebendaselbst 308.

Sie nichts zu thun kriegen, es könnte aber wohl kommen, dass die Franzosen auf die Hannoveraner anrückten und dass Ihre Durchlaucht von unsrerseits alsdann nach Hannover zu marschiren müssten, aldann sie sich wohl darwärts meistentheils zu schicken haben, und würde wohl solchen Falls das Hannöversche Tresor zu occupiren vor die Franzosen das grösste Objekt sein".[55])

Dieser eigenhändig geschriebene Brief war im Ganzen in so herzlich freundlichem Tone abgefasst, dass der alte Fürst, gerührt, sich zu Etwas entschloss, was er selten und ungern that. Er ergriff nämlich selbst die Feder und schrieb eigenhändig acht ganze Seiten nieder, mit deren Entzifferung des Königs Cabinetsrath Eichel, der Einzige, der den absonderlichen Schriftzeichen des alten Herrn gewachsen war, mehr Noth hatte, als je mit einer chiffrirten Depesche.[56])

Der Fürst schlug vor, der König möge, nachdem er Neipperg hinreichend gedemüthigt habe, jetzt die Operationen gegen Sachsen oder Hannover selbst in die Hände nehmen; etwas, worauf einzugehen allerdings dem Könige in dem damaligen Augenblicke sehr fern gelegen haben würde.

Uebrigens fuhr der alte Feldherr, der so leicht nicht von einer einmal gefassten Idee abzubringen war, fort, ganz besonders die Sachsen scharf auf dem Korne zu behalten und sandte gegen Ende August einen seiner Officiere, den Rittmeister von Borck, an den preussischen Gesandten in Dresden, von Ammon, um über die politische Haltung Sachsens Erkundigungen einzuziehen. Ammon, in sichtlicher Verlegenheit durch eine so wenig diplomatische mündliche Anfrage in so heikler Angelegenheit, schrieb dem Fürsten einige wohlabgewogene Worte, vermied es aber, mit dem Rittmeister irgendwie über die Sache zu sprechen. Als der König nachmals von der Sache erfuhr, entschied er ganz kurz: „Hat recht gethan, soll sich aber nicht weiter damit meliren."[57])

Als dann im September der Fürst eine neue Veränderung seines Lagers vornahm, wählte er dazu die Gegend von Ziesar, südwestlich von Brandenburg, wo-

---

[55]) Den 28. Aug. Ebendaselbst 312.
[56]) Schöning a. a. O. 86.
[57]) Bericht Ammons vom 2. September und Marginale des Königs dazu. Berlin. St.-A.

durch er wiederum der sächsischen Grenze nahe kam
und neuen Schrecken in Dresden hervorrief, und wenn
er gleich von dieser Veränderung des Lagers der preussischen Gesandtschaft am sächsischen Hofe Mittheilung
machte, und diese wiederum alles that „um keine Ombrage
zu geben“,[58]) so half das doch um so weniger, als indessen
Aeusserungen des Fürsten über die Eventualität eines
Einrückens in Sachsen colportirt wurden, an welche er
die drastische Bemerkung geknüpft haben sollte, wenn
es zum Einmarschiren in Sachsen käme, werde er dort
einen solchen Gestank machen, dass man es noch nach
seinem Tode riechen solle.[59])

Gewiss ist, dass man in Dresden gerade damals ein
lebhaftes Interesse daran hatte, sich als schwerbedroht
ansehen zu lassen. Seit ein französisches Corps unter
Maillebois am Niederrhein vorrückte, wuchs die Angst
in Hannover von Tage zu Tage, und in der ersten Hälfte
des September stellte sich Graf Münchhausen, der Bruder
des leitenden hannöverschen Ministers, in Dresden ein, um
die tractatmässige Hülfe zu verlangen, worauf man ihm
hier den Einwand der eigenen bedrohten Lage machte
und auf jene gefährlichen Aeusserungen des alten Des-
sauers hinwies. Wohl erklärte darauf Münchhausen, es
sei doch kaum glaublich, dass man um einiger drohenden
Worte Anhalts willen seinen Bundespflichten untreu werden
wolle, wenigstens werde dann niemand mehr Lust haben,
ein Bündnis zu schliessen.[60]) Doch Graf Brühl hatte ein
noch schwerer wiegendes Argument im Rückhalte, er versicherte, Belleisle habe in Frankfurt dem sächsischen Gesandten erklärt, wenn Sachsen einen Mann Hannover zu
Hülfe sende, werde Fürst Anhalt sofort in Sachsen einrücken. Das sah ernst aus; natürlich beeilte man sich, in
Breslau interpelliren zu lassen; Podewils meinte vorsichtig,
er zweifle, dass der König dem Marschall sollte geschrieben
haben, was er in einem künftigen möglichen Falle zu thun
gedenke.[61])

Auf das Heer des Fürsten von Anhalt speculirten
damals beide Theile. König Georg hatte auf Grund des

[58]) Bericht Ammons vom 16. September. Berl. Geh. St.-A.

[59]) Der sächs. Geheimrath Hennicke berichtet das an Münchhausen den 10. September. St.-A. zu Hannover.

[60]) Bericht Münchhausens vom 13. September. St.-A. zu Hannover.

[61]) Bühlow an Graf Brühl den 13. Sept. Dresdner St.-A.

ewigen Bündnisses von 1693 preussische Hülfe reclamirt und vorgeschlagen, das Corps des Fürsten möge nach Westphalen vorrücken, wo sich die Hannoveraner und Hessen anschliessen würden. Der König liess antworten, es ginge dies nicht an, 1) weil jenes Corps den König gegen Sachsen decken müsste, 2) weil das Geld, das dessen Unterhaltung kostete, im Lande verzehrt werden müsste, 3) weil er sonst das gerechte Ressentiment der Franzosen auf sich ziehen würde.[62]

Umgekehrt hatte man französischerseits die Erwartung ausgesprochen, Friedrich werde, um die Erblande König Georgs von zwei Seiten zu bedrohen, jenes Corps gegen die hannöverschen Grenzen vorschieben. Auch dieses hatte der König abgelehnt, er müsse fürchten, sich dadurch die Russen auf den Hals zu ziehen.[63]

Indessen musste doch die Thatsache, dass er mit einer der beiden Partheien, und zwar eben mit Frankreich, einen Bundesvertrag geschlossen hatte, sich geltend machen, und die Forderung der Franzosen, einen sächsischen Zuzug nach Hannover zu verhindern, konnte er in der That nicht wohl abweisen.

Auf der andern Seite aber ist es höchst zweifelhaft, ob, auch wenn das Corps des Fürsten von Anhalt damals gar nicht existirt hätte, Graf Brühl die mindeste Neigung verspürt haben würde, den Hannoveranern Hülfe zu senden; zu tief war er doch bereits in Verhandlungen mit Frankreich engagirt und hatte schon in der ersten Hälfte des September sich dieser Macht gegenüber verpflichtet der hannöverschen Requisition keine Folge zu geben,[64] auch hatte er doch wohl bereits soviel von den Bemühungen Hannovers um Erlangung einer Neutralität erfahren, dass er nicht mehr recht daran glaubte, dass es dort zu einem feindlichen Zusammenstosse kommen werde. Als ihm der hannöversche Gesandte einst davon sprach, dass nächstens die dänischen Soldtruppen zu den Hannoveranern stossen würden, verstieg sich Brühl zu der Aeusserung; „an dem Nagel da oben will ich mich aufhängen, wenn die wirklich marschiren“.[65]

---

[62] An Podewils den 29. August. Polit. Corr. I, 316.

[63] Den 21. September. Polit. Corr. I, 346.

[64] Der Geheimrath Hennicke hat das in des hannöverschen Gesandten Münchhausen Gegenwart erzählt. Bericht vom 14. September. St.-A. zu Hannover.

[65] Bericht des von dem Busche vom 29. Sept. St.-A. zu Hannover.

Er hatte übrigens so unrecht nicht; gerade um die Zeit, wo jene Unterhaltung stattfand, brachte der französische Gesandte in Hannover dem dortigen Hofe die ersehnte Kunde der bewilligten Neutralität, zur grossen und nicht gerade freudigen Ueberraschung für König Friedrich, dem Frankreich früher diese Angelegenheit hatte überlassen wollen, und der aus der Verlegenheit der Hannoveraner seinen Vortheil ziehen zu können gehofft hatte.

Der König war entschlossen, diesen Streich seinen Bundesgenossen nicht ungestraft hingehen zu lassen, und um sie, wie er schreibt, „von einer andern Seite zu treffen", beschloss er, das Heer des Fürsten von Anhalt aufzulösen.⁶⁶)

Am 2. Oktober zeigt er diesen Entschluss dem Könige von England an mit dem Bemerken, dass das Motiv dafür sein Wunsch gewesen sei, diesem jeden Grund zur Beunruhigung zu nehmen, und gleichzeitig schickte er den betreffenden Befehl an den alten Fürsten. Die Regimenter sollten ihre Quartiere beziehen, der Fürst solle zu ihm nach Schlesien kommen.⁶⁷)

Am 10. Oktober ward das Lager aufgelöst, die Truppen gingen zuerst in enge Cantonnements und dann in die Winterquartiere, bezüglich deren der König einen Dispositionsplan seinem Briefe vom 2. Oktober beigelegt hatte. Die Quartiere erstreckten sich ostwärts bis Küstrin.

Unzweifelhaft war der König in der Lage, seine Massregel auch den Bundesgenossen gegenüber zu rechtfertigen. Nachdem Sachsen so gut wie gewonnen war und nunmehr Frankreich selbst den Hannoveranern Neutralität gewährt hatte, konnte der König wohl glauben, seine Truppen anderswo zweckmässiger verwenden zu können. Nichtsdestoweniger empfanden die Franzosen die Anordnung recht wohl als einen gegen sie geführten Streich; das Heer des Fürsten war ihnen als dauernde Drohung und Einschüchterung für Hannover doch sehr willkommen

---

⁶⁶) Marginal auf einen Bericht Podewils vom 1. Oktober. Polit. Corr. I, 365.

⁶⁷) Da dieser Brief, der die Episode des so viel besprochenen Anhalt'schen Corps zum Abschluss bringt, in der Reihe der von Orlich mitgetheilten Schreiben Friedrichs an den Fürsten fehlt, so lasse ich den vollständigen Text desselben, nach einer Abschrift, die ich der Güte des Herrn Geheimen Archivrath Siebigk zu Zerbst verdanke, als Beilage folgen, um so lieber, da das Schreiben auch nach anderer Seite hin seine Bedeutung hat.

gewesen, und Belleisle hat nachmals schwer über seine Auflösung geklagt.

Die Regimenter, welche das Anhalt'sche Corps bildeten, sind 1742 mit zu der Hauptarmee gezogen worden und haben zum Theil bei Chotusitz mitgefochten, und auch der Fürst ist in dem mährisch-böhmischen Feldzuge von 1742 noch weiter verwendet worden; zu einer selbständigen Action ist er nicht gekommen und nicht einmal hartem Tadel entgangen. Erst im Jahre 1745 hat er Gelegenheit gefunden in selbständiger Führung eines Heeres seinen Feldherrnruhm zu bewähren.

(Beilage.)

Durchlauchtigster Fürst,
Freundlich geliebter Vetter.

Nachdem Ich bewegender Ursachen halber vor nöthig finde und resolviret habe, dass das unter Ew. Liebden Commando stehende Corps d'armée gegen den 12ten dieses ohngefähr auseinander gehen und die Regimenter in ihre Winter-Quartiere marschiren sollen: So habe Ew. Liebden solches hierdurch bekandt machen, Deroselben auch zugleich anliegende Liste zusenden wollen, welchergestalt die Regimenter ihre Winter-Quartiere bekommen sollen. Und da Ich ein besonderes Verlangen trage, Ew. Liebden vor Meiner abreyse aus der Schlesie und ehe die hiesige Armee noch auseinander geht, noch selbst zu sehen und zu sprechen; So würde es Mir ein wahres Vergnügen seyn, wenn Deroselben sich anhero bemühen, Dero abreyse und überkunft aber auf das allermöglichste beschleunigen wolten, indem Ich selbst nicht wissen kan, wie lange die Umstände nebst der Saison Mir annoch Lager zu halten vergönnen wollen. Zu Glogau und Breslau werden Ew. Liebden wegen Sicherheit der Wege anhero die nöthigen Nachrichten bekommen, und wird es zu Dero Gefalle stehen, was Dieselbe wegen der Escortes vor mesures zu nehmen alsdann belieben wollen.

Bevor Ew. Liebden die dortigen Regimenter nach ihren Winter-Quartieren auseinander gehen lassen, haben Dieselben allen Regimentern daselbst bey der Parole bekandt zu machen, das solche in abwesenheit Ew. Liebden, alle Dero Rapports vor Mich an den General-Major Einsiedel adressiren, und ihm zugleich was bey den Regimentern passirt melden solten, dahergegen ich durch ihm Meine Ordres an die Regimenter adressiren würde; Wie denn Ew. Liebden vor Dero abreyse auch die gantze correspondence deshalb, an gedachten General-Major v. Einsiedel zu übergeben haben. Ich gewärtige Mich sobald als es möglich ist das Vergnügen zu haben Ew. Liebden hier zu embrassiren und bleibe

Ew. Liebden

Im Lager bey Halteck   freundwilliger Vetter
d. 2. October 1741.   (gez.) Fr.

An des Feldt Marschall Fürsten v. Anhalt
    Durchl.

IV.

Eigenhändiger Bericht
Christophs von Carlowitz an Landgraf Philipp
über den Tod des Kurfürsten Moritz.

Aus dem Marburger Archiv mitgetheilt

von

Max Lenz.

Der nachstehend abgedruckte Bericht bildet die Beilage eines Briefes, der selbst wieder Fragment einer umfassenden Correspondenz zwischen Christoph von Carlowitz, dem vertrautesten Minister des Kurfürsten Moritz, und dem Landgrafen Philipp von Hessen ist. Da deren Inhalt in gar keinem innerlichen Zusammenhang damit steht, so wird es gestattet sein, auch den äussern zu lösen und dies Fragment, das auch im Marburger Archiv ganz getrennt von den andern Briefen lag, [1]) gesondert mitzutheilen. Nur über die Veranlassung und den Zweck des Briefwechsels mögen hier einige Bemerkungen vorausgeschickt werden.

. Derselbe diente zur Beilegung des alten Haders zwischen Herzog Heinrich von Braunschweig und Landgraf

---

[1]) Schon vor Jahren einmal von mir entdeckt, ward es von Herrn Dr. Wyss von neuem aufgefunden und mir zur Publication freundlich überlassen.

Philipp, der vor Jahren in das Schicksal beider Fürsten
aufs Tiefste eingegriffen und für die deutsche Reformation
sich so verhängnisvoll erwiesen hatte; und die endliche,
volle Versöhnung beider Fürsten ist wirklich durch ihn
herbeigeführt worden. Doch brachte Christoph von Carlowitz damit nur zu gutem Ende, was von seinem Herrn
begonnen war.

Analog der vermittelnden Richtung, welche er schon
zur Zeit des schmalkaldischen Bundes einzuhalten bestrebt
gewesen war, hatte Moritz auch nach der Wiederherstellung des Landgrafen es sich angelegen sein lassen, die
alten Gegner zu versöhnen. Angebahnt waren diese Verhandlungen schon im Jahre 1547, unter dem Druck der
Siege des Kaisers; beendet wurden sie gerade im Gegensatz zu diesem, im Sinn und Zusammenhange der politischen Gedanken, welche Moritz in Passau zum Siege geführt und zu denen er sich noch im Angesichte des Todes
bekannt hat. Doch waren es nicht die tiefgreifenden
politischen oder religiösen Gegensätze der Epoche, welche
der Kurfürst hier noch auszugleichen hatte. Diese würden
überhaupt niemals vermocht haben, die Todfeindschaft
zwischen den beiden Fürsten zu erwecken. Um ihretwillen hätte der Landgraf mit Herzog Heinrich ebenso
cordial verkehren können, wie er es mit dem Cardinal
von Mainz oder dem Kurfürsten von der Pfalz zu thun
pflegte, und wie jener zu seinem eifrig protestantischen
Schwiegersohn Markgraf Johann von Küstrin stand. Es
hatten persönliche Reizungen hinzutreten müssen, um beide
Fürsten in jenen blindwüthenden Hass zu treiben, mit
dem sie sich in Briefen und Flugschriften, auf den Reichstagen und dem Schlachtfelde verfolgten. Gerade der Hader
zwischen Landgraf Philipp und Herzog Heinrich ist ein
typisches Beispiel für den Einfluss, welchen persönliche
und oft recht platte Leidenschaften, Beleidigungen eines
rohen Ehrgefühles oder Begehrlichkeit eines niedrig gerichteten Ehrgeizes, dürftige locale Streitigkeiten, ein
Zechgezänke, Erbschaftszwist oder die Zügellosigkeit der
Sinnenlust auf die Entschliessungen der deutschen Fürsten
von damals auszuüben pflegten. Als der Rausch der
Leidenschaften in leidensvollen Jahren verflogen war, als
die Sinnlosigkeit der Feindschaft durch die Tücke, mit
der die habsburgische Politik sie für sich ausgenutzt hatte,
sonnenklar zu Tage getreten war, als auch die religiösen
und politischen Gegensätze, welche allerdings in Verbin-

dung mit den persönlichen Leidenschaften getreten waren
und dadurch die allgemeine Katastrophe mit bedingt
hatten, ausgeglichen und andern Constellationen gewichen
waren, da blieb als einzige Hemmung neuer Freundschaft
ein kümmerlicher Rest localer Differenzen, für deren Beilegung es keiner hohen staatsmännischen Weisheit bedurfte, sondern nur williger Geneigtheit der Dissidenten
und eines gefälligen und geschickten Vermittlers, einer
umständlichen Correspondenz und mehrmaliger Unter-
redungen auf der Jagd oder beim Gelage, längeren Feil-
schens und Marktens, Ueberforderns und Unterbietens
bis zur Begleichung einer Durchschnittssumme, welche
beide Theile von Anfang an ins Auge gefasst hatten.

Die Fordernden waren diesmal die Braunschweiger:
nicht sowohl Heinrich der Jüngere selbst als einige seiner
Edelleute, welche während der schmalkaldischen Occupation des Herzogthums von hessischen Nachbaren ge-
schädigt waren. Der Landgraf, welcher die Gerechtigkeit
ihrer Klagen anerkannte, versuchte Anfangs doch, sich
mit einem „Reiterdienst" loszukaufen. Im Fall der Ab-
lehnung liess er dem Herzoge zehn- und als die höchste
Summe zwölftausend Gulden bieten. Nach vielem Hin-
und Herschreiben und mehrfachen Conferenzen zwischen
Moritz und Heinrich war man so weit gekommen,
dass dieser mit 20000 Gulden sich zufrieden erklärte, als
der verwegene Zug des Markgrafen Albrecht nach dem
braunschweigischen Herzogthum alle Gedanken in eine
andere Richtung drängte. In dem Waffenlärm der nächsten Wochen verstummten jene Verhandlungen. Die
Schlacht bei Sievershausen, der Tod des Kurfürsten drohte
sie vollends aufzulösen. Da erwarb sich Carlowitz das
Verdienst, die dem Zerreissen nahen Fäden wieder aufzunehmen. Noch im Abreiten vom Schlachtfelde sprach er
mit Herzog Heinrich. Der erklärte seine Bereitwilligkeit
zum Vertrage unter den Bedingungen, welche er im Mai
gestellt hatte. Carlowitz schrieb dies an Philipp (es ist
der unsere Correspondenz eröffnende Brief) am fünften
Tage nach der Schlacht. Er legte einen Entwurf des
Vertrages bei, den noch der Kurfürst selbst aufgezeichnet
hatte. Und diesen nahm nun der Landgraf an (Immen-
hausen 18. Juli). Damit verstand er sich zur Zahlung
von 20000 Gulden, die aber den beschädigten Edelleuten
unmittelbar in drei Terminen bis Weihnachten 1554 ein-
gehändigt werden sollten. Eben die Erwiderung auf diese

Entscheidung des Fürsten ist der Brief des Ministers vom
24. Juli, zu dem der Bericht über die letzten Stunden
des Kurfürsten gehört. Die Ratification des Vertrages
verzögerte sich noch um einige Wochen, da Herzog
August, der offiziell in die Vermittlerrolle seines Bruders
treten sollte, ausser Landes in Dänemark war. Erst im
October ist sie ausgefertigt worden.

Ueber den Werth der nachstehenden Urkunde werden
wir nicht viele Worte zu verlieren brauchen. Ein besserer
Gewährsmann als der langjährige Minister, der vertrau-
teste Freund des Kurfürsten, den dieser als den Nächst-
stehenden am Sterbebette gehabt, dem er seinen letzten
Willen in die Feder dictirt hat, ist überhaupt nicht denkbar. Der Bericht ist allerdings erst einige Zeit nach der
Katastrophe aufgezeichnet worden, aber an einem Tage,
wo die Erinnerung an die letzten Augenblicke des Fürsten in Carlowitz ganz besonders lebhaft sein musste.
Denn wenige Stunden vorher hatte er zum letzten Mal
in das Antlitz des Toten blicken können, in eben
jener Stadt, wo er den Brief geschrieben, im Dome zu
Freiberg: am 23. Juli war dort der Kurfürst in der Gruft
seiner Ahnen zur letzten Ruhe gebettet worden. Die
Worte sind wie ein letzter Nachruf des treuen Dieners in
das Grab seines Herrn.

Noch andere haben die letzten Reden des Fürsten
aufgezeichnet. Ein Feldschreiber, der sehr viel später,
erst am 29. August eine „Zeitung“ von der Schlacht
niederschrieb, kann sich doch auf einen sehr glaubwür-
digen Zeugen berufen, den Hofprediger Johann Albinus
selbst, der dem Sterbenden mit den Tröstungen der Religion beigestanden hat. Ein Amtsbruder des letzteren,
der Prediger Johann Pollicarius in Weissenfels schickte
schon am 17. Juli, noch vor Carlowitz, einen „Sendbrief“
aus über die Schlacht und den Tod des Herzogs. Auch
er kennt den „Herrn Johann“, obschon er ihn nicht ausdrücklich als Gewährsmann nennt. Er spricht die Hoffnung aus, dass dieser selbst die ganze Begebenheit „in
Druck“ geben werde. Bis dahin soll seine Zeitung die
„Calumnien“, die schon über die letzten Augenblicke des
Herzogs ausgebreitet waren und auf welche auch Carlowitz in seinem Schlusssatze hindeuten mag, widerlegen.[2]

---

[2] Beide bei Hortleder II, 1126 ff. (Ausgabe von 1618).

Ohne Frage steht Carlowitz viel höher als jene beiden. Da, wo wir das Testament von seiner Hand controliren können, bemerken wir Wort für Wort die Uebereinstimmung.[3]) Die von dem Feldschreiber aus dem Munde des Albinus mitgetheilten Worte sind inhaltlich gleich;[4]) doch klingt die Fassung bei Carlowitz sehr viel einfacher und ungesuchter. Indem dieser verbessert, ausstreicht, überschreibt, am Rande nachträgt, documentirt er das sorgfältige Bestreben, genau die Gedanken seines Herrn wiederzugeben: sehr erklärlich bei der Stellung des Fürsten, an den er schreibt, zu dem Verstorbenen. Trotzdem soll nicht behauptet werden, das Herzog Moritz gerade so, nicht anders und nicht mehr vor seinem Ende gesprochen; sehr möglich, dass er noch andere Worte gebraucht hat. Carlowitz selbst deutet es an, und sogar die längeren Trostsprüche, die der Feldschreiber aus Albinus' Munde mittheilt, kann man unter dem letzten „beständigen Anrufen und Bekennen des Glaubens an Christus“ noch eine Stelle finden lassen. Aber für möglichst nah wiedergegeben werden wir den Wortlaut seiner letzten Reden in unserem Bericht halten dürfen.

Das Bild des Herzogs erhält dadurch im Grunde keinen neuen Zug. Denn die Versicherung, dass er den letzten Kampf zur Rettung Deutschlands vor weiterer Verwüstung gewagt habe, finden wir in allen seinen Ausschreiben vor und während des Krieges; noch in seinem letzten Brief, dem Siegesbericht an den Bischof von Würzburg, wiederholt er es mit ähnlichem Nachdruck; und dass sich seine letzten Gedanken auf Gott und das Jenseits gerichtet haben, lehren uns auch die anderen Berichte über seinen Ausgang. Freilich pflegt man nicht häufig auf diesen weichen Zug an dem Fürsten zu achten. Und sehr erklärlich, wenn Stimmungen übersehen werden, zu denen die Handlungen dieses Lebens das gerade Widerspiel bilden. Denn was würde man in der Natur des Fürsten weniger suchen, als das Gefühl der Verantwort-

---

*) Veröffentlicht von Distel in von Weber's Archiv für die Sächsische Geschichte. N. F. VI, 108 ff. S. u. S. 92 Anm. 2.

*) Auf die Frage, ob er gerne sterben wolle: „Ei, ist doch Christus, der unser aller Heiland, und ohne Sünde gewesen, gerne gestorben, warum wollte ich armer, elender, sündiger Mensch dann nicht auch gerne sterben?“ Dazu noch andere „schöne Trostsprüche“, die ihm aber Albinus wohl alle, wie der Erzähler selbst sich ausdrückt, „fürgesagt“ hat.

lichkeit für sein Thun und Lassen, den Gedanken, dass alle Herrlichkeit einmal ein Ende haben werde, die Empfindung, dass alle Erfolge des Lebens das Leben nicht werth seien! Wo das ganze Dasein auf Erfolg und Herrlichkeit gerichtet war: nie und nirgends eine Spur von Rücksicht, wo es diese Ziele galt: dreifach die Treue gebrochen, gegen die Verwandten, die Religion und des Kaisers Majestät: aber dieselbe Nichtachtung der eigenen wie anderer Personen: Freude am Kampf um des Kampfes willen: als ob der Tod gar nicht kommen könne: niemals rastendes, alles vor sich niederwerfendes Vorwärtsdringen und Machtgewinnen. Todwund dictirt er noch den Schlachtbericht an den Freund, den Bischof von Würzburg. Wie athmet da noch jede Zeile die Freude am Kampf, den Stolz des Siegers! Dann aber die Gewissheit des nahenden Todes. Und alsbald ist aller Lebenstrotz wie weggewischt. Kein Laut der Klage, dass er nun hinweg muss, in voller Manneskraft, dass eine Zukunft von Ehre, Macht und Glanz dahingenommen wird. Im Testament einige Aufträge und Bitten an den Nachfolger, liebevoll sorgende Bestimmungen für die Gemahlin und die Tochter, ein frommer Gruss an jene, gnädige Verwilligungen an die Diener, von dem treuen Geführten aller Züge Carlowitz bis zum Stubenheizer Peter Kolbe herab, auch ein Geschenk für die Armen, die Bitte an den Bruder, mit dem Jagen dieselben nicht so sehr zu beschweren, eine letzte Verfügung noch über das Kriegsvolk, und die Versicherung, dass dieser Feldzug nur zur Rettung des deutschen Vaterlandes und der eigenen Herrschaft vor „endlichem Verderben" unternommen sei. Sonst aber alle weltlichen Gedanken und Sorgen gänzlich abgestreift, den eigenen Willen in Gottes Willen gestellt, die Sünden gebeichtet, den Feinden vergeben, den Glauben bekannt, und inbrünstige Sehnsucht nach Erlösung aus dieser „elenden, untreuen und trübseligen Welt, auf der Niemand begehren solle zu leben".

Gerade aber indem Herzog Moritz sich auf dem Todbette zu den religiösen Impulsen der Epoche bekennt, zeigt sich uns, wie fest er in dem Boden wurzelt, auf dem er erwachsen ist. Das Schicksal des deutschen Protestantismus lag in seiner Hand, und er gab es preis: aber der protestantischen Kirche gehört er mit Ueberzeugung an. Für ihre nationale Bedeutung, für die Pflichten, die ihm als evangelischem Fürsten obliegen, hat er keinen Sinn;

oder wenn sich ihm etwa das Gewissen regt, so erstickt
es sein Ehrgeiz: aber sterbend greift er mit herzlicher
Begierde nach den Tröstungen, die sie ihm darbietet; und
indem er sich bereitet vor Gott zu treten, erscheint ihm
die Welt, der er eben noch mit allen Sinnen angehörte,
als eine Stätte der Untreue und Trübsal, der ein jeder
mit Freuden Valet sagen müsse.

Der Minister denkt nicht anders als der Fürst. Wenn
wir irgendwo eine Betrachtung der politischen Ziele des
Kurfürsten erwarten sollten und einen Ausdruck der
Trauer, dass seine hohen Gedanken so jäh durchschnitten
wurden, so ist es in diesem Nachruf aus der Feder eines
Mannes, der sein geheimstes Vertrauen besass, alle Erfolge mit ihm vorbereitet und durchgeführt hat, und in
einem Verhältniss zu ihm stand, dass wir noch nicht
sagen können, wem der grössere Antheil an denselben
gebührt. Carlowitz ist fern davon. Was er selbst hinzufügt, ist ganz im Sinne seines Herrn; sein letztes Wort
der Dank gegen Gott, dass er ihm nach einem so löb-
lichen Siege ein so seliges und christliches Ende verliehen habe.

(Freiburg 1553 Juli 24.)

Gnediger furst und her. Als auch e. f. g. cammersecretari
Johan Megbach von wegen e f. g mit mir geredet, ab m. gn. h.
der verstorbne churfurst seliger und loblicher gedechtnus ein testament gemacht und ab s. ch. g. auch ir gemalh und ire tochter darin
bedacht hab, dornff sol e. f. g. ich aus underthenigem vertrauen nicht
bergen, das ich von keinem andern testament weiss, dan das s. ch.
g. mir (*ausgestrichen:* befolhen hat) etliche stunden vor irem ende
befolhen hat, etliche artickel, iren brudern, ire landschaft, ir gemalh,
ire tochter, ire diener und arme leute belangend, aufzuzeichnen und
hochgemeltem irem brudern und irem gemalh nach s. ch. g. absterben
dieselbigen als vor iren letzten willen und letzte bitte underthenig-
lich (*ausgestrichen:* zu berichten) furzutragen, welche alle s. ch. g.
auch mit eigner hand unterschrieben, das es also fast vor ein kriegstestament oder testamentum militare zu halten ist.[1] S. ch. g. hat
auch unter andern ir gemalh, m. g. fraue, uber irem widthumb noch
weiter gantz freuntlich und dan ire tochter auch etlicher maszen bedacht, wie e. f. g. mit der zeit weiter derhalben bericht sol werden.
Und s. ch. g. hat mir unter anderm befolhen, s. ch. g. gemalh vol-
gende wort zu sagen: das s. ch. g. sie freuntlich gesegnen lassen,
in trostlicher hoffnung, das sie mit der zeit nach gottes gnediger
verleibung in jener welt wider einander sehen wollen.[2]

---

[1] Vergleiche die Ausführungen Distels über den Charakter als Kriegstestament
a. a. O. 118 und 122 f.

[2] Wörtlich wie im Testament (a. a. O. 119).

Aber sonst hat sich s. ch. g. aller weltlichen gedancken und sorgen gentzlich entschlagen gehabt und von nichts andern geredet, dan das sie iren willen in gottes willen gestellet hette, (*ausgestr.:* dass) item das niemand begern solde, auff dieser elenden (*ausgestr.:* und nutreue), trübseligen und untreuen welt zu leben. Und als s. ch. g. (*am Rande:* des andern abeuts[a]) gebeten wurde, (*ausgestr.:* sie solde) die schmertzen mit gedult zu tragen, dan wan der neu monat (*ausgestr.:* vorüber) und die nacht vorüber, so wurde es, ab got wil, besser werden, daruff hat s. ch. g. geantwortet: ich wil es, ab got wil, nicht (*ausgestr.:* erleben) erwarten.

Nachdem auch s. ch. g. durch den pfarher[b] gefragt, ab s. ch. g. auch einige anfechtung hette und ob sie auch auff (*ausgestrichen:* jemand anders als uff, *dafür übergeschrieben:*) den einigen Christum (*am Rande:* und seine verdienst) ire zuversicht setzte, hat s. ch g. geantwortet: auf wen solde ich sonst meine zuversicht setzen?

Als auch s. ch. g. ire sunde bekennet und got umb vergebung derselbigen gebeten, hat der pfarher gefragt, ob s. ch. g. auch iren feinden vergebe; hat daruff s. ch. g. geantwortet: ja, von hertzen. Wie man auch des feltzuges (*ausgestr.:* berichtet[?]) zu rede wurden, hat s. ch. g. gesagt: got wisse, das sie denselbigen nicht aus einigem sonderlichen widerwillen gegen marg: Albrechten, auch nicht umb eigner ehre oder nutzes willen furgenommen, sonder allein, weil sie gesehen, das sonst iderman stille gesessen und zugesehen, das das arme Deutschland so jemmerlich (*übergeschrieben:* verhert und) verterbt und der krieg aus einem lande in das ander (*ausgestr.:* gewendet, *dafür am Rande:*) gefuret, also das schir kein land desselbigen uberig oder sicher, so hette(n) sie nicht konnen unterlassen, zum wenigsten ires teils dazu zu thun, damit weitere verherung und verterbung des gemeinen vaterlandes verbleiben, s. ch. g., auch ire lande und leute, an die es gewislich sonst auch geraichen wurde, beschutzen mochte, und das s. ch. g. keiner andern meinung dazu gekommen, daruff wolde s. ch. g. sterben.

Und als sich die schmertzen letzlich gemheret, hat s. ch. g. so gantz andechtiglich gesagt: ach lieber got, wilstu nicht schir kommen?[c] Und ist bald darnach mit solcher gedult und sanftmütikeit, auch in so bestendiger anruffung und glauben an unsern hern Jhesum Christum in got verscheiden, das wir arme verlassene diener und underthanen got nimmermher genugsam vor dancken konnen, das seine gotliche barmhertzigkeit s. ch. g. (*ausgestr.:* ein so christlich) nach eroberung eines solchen (*ausgestr.:* seligen) loblichen sieges ein so seliges und christliches ende verlihen hat. Dem sei darumb lob und danck in ewikeit, amen.

Und ich hab solchs e. f. g. zu warhaftigem bericht underthenigiich nit wollen verhalden, der ich mich hiemit in aller demut thue befelhen. Datum ut in litteris.

---

[a] Am 10. Juli.

[b] Es war sein Hofprediger Johannes Albinus. Distel a. a. O. 114.

[c] Eine andere Ueberlieferung giebt als letztes Wort an: „Gott wird kommen" (von Langenn, Herzog Moritz I, 580). Eine Wendung, die etwas Mystisch-Prophetisches hat und so auch von Ranke, der sie übernahm, gedeutet ist: „Man sagt, sein letztes Wort sei gewesen: ,Gott wird kommen'. Ob zur Strafe oder zur Belohnung oder zur Lösung dieser wirren irdischen Händel: man hat ihn nicht weiter verstanden". Die Differenz ist im Sinne grösser, als in der Form. Die Frage streift das Fremdartige ab und wird der sehnsüchtige Seufzer nach der Erlösung von den Schmerzen und nach der Vereinigung mit Gott, ganz im Sinne der letzten Gedanken des Fürsten und seines Bekenntnisses, „so ganz andächtiglich".

V.

Zur Erinnerung an Johann Karl Seidemann.

Von

Franz Schnorr von Carolsfeld.

Bei dem Hinscheiden Johann Karl Seidemanns waren
es zunächst nur wenige Freunde und Fachgenossen, in
deren Kreise sich die Trauer um seinen Tod verbreitete und
die Bedeutung seines Verlustes ganz und voll empfunden
ward. Denn der Verstorbene war nicht ein Historiker,
der, gleich ausgezeichnet als Geschichtschreiber wie als
Forscher, ebensowohl die Anerkennung auch weiterer Kreise
des gebildeten Publikums sich verdient als die Aufmerksamkeit mitstrebender Berufsgenossen auf sich gelenkt
hätte; seine Lebensstellung war nicht von der Art gewesen,
dass er Schule bildend hätte wirken und Nachfolger
hinterlassen können, die seiner Lehre, seines Vorbildes im
Augenblicke seines Abscheidens dankbar gedacht hätten;
die geschichtlichen Arbeiten, welchen er seines Lebens
Tage gewidmet hatte, waren endlich nicht solche gewesen,
welche durch die universelle Bedeutung ihres Stoffes und
den weiten Umfang der gelösten Aufgaben für längere
oder kürzere Zeit das allgemeine Interesse auf sich hätten
ziehen können. Vielmehr war es ein nach Raum und
Zeit eng begrenztes Gebiet gewesen, auf welches sich
seine hervorbringende Thätigkeit beinahe ausschliesslich
beschränkt hatte; die Strenge und Gewissenhaftigkeit
seiner Forschung hatte niemals einer Nachgiebigkeit gegen

den Geschmack des grösseren Publikums Raum vergönnt;
und die ländliche Abgeschiedenheit, in welcher er den
grössten Theil seines Lebens verbrachte, war seinen Studien
zwar insofern zu gute gekommen, als sie störende Ansprüche
mancher Art von ihm abwehrte, hatte aber auch fast jeden
persönlichen Verkehr mit nahestehenden Fachgenossen und
jede persönliche Einwirkung auf jüngere Gelehrte verhindert. Nichtsdestoweniger ist die Meisterschaft, welche
er auf dem von ihm erwählten wissenschaftlichen Gebiete
sich angeeignet, oftmals und von berufenster Seite anerkannt worden: lag es doch zu Tage, welche reiche Früchte
diese mit hingebungsvollem Eifer erworbene und durch
rastlosen Fleiss fortdauernd auf ihrer Höhe erhaltene
Meisterschaft zur Reife gebracht hatte; hatte doch die
reformationsgeschichtliche Forschung fortgesetzt so vielfältigen Nutzen aus seinen mustergiltigen, das echteste
Quellenmaterial erschliessenden Arbeiten gezogen.

Aber bei der Anerkennung, welche dieser Meisterschaft zu Theil ward, blieb doch wohl ein Factor meistens
ausser Berechnung: die grossen nicht bloss in der Sache
selbst enthaltenen, sondern auch durch äussere Umstände
verursachten Schwierigkeiten, welche er zu überwinden
hatte um dieselbe zu erreichen und zu behaupten.

Seidemann ward am 10. April 1807 zu Dresden als
das Kind armer Eltern geboren. Sein Vater, Johann
George Seidemann, war als Mousquetier bei dem In-
fanterieregimente von Rechten am 4. November 1804 mit
Maria Sophia Höfler in der Kirche zu Neustadt-
Dresden getraut worden; er hatte also nach dem gewöhnlichen Laufe der Dinge, da er jeder Schulbildung er-
mangelte und in ganz dürftigen Lebensverhältnissen blieb,
auch nachdem er Krankenwärter am Dresdner Kadetten-
hause geworden war, wenig Anrecht auf das Glück, der
Vater eines angesehenen Gelehrten zu werden. Ebensowenig durfte die Mutter, die als Köchin bei dem Ober-
hofprediger Reinhard in Dienst gestanden hatte, hoffen
einem Sohne das Leben zu geben, welcher dereinst ein
ausgezeichneter Standesgenosse dieses berühmten Theologen
werden sollte. Dennoch blieben die glücklichen Fügungen
nicht aus, welche eine solche Entwickelung des Knaben
ermöglichten.

Derjenige, der diesen zuerst auf den Weg brachte,
welchen er später aus eigener Kraft so rühmlich zurück-
legte, war ein Freund seines Vaters, dessen in folgender

Aufzeichnung gedacht ist: „Dass ich einiges gelernt und
geleistet habe, verdanke ich dem Cand. theol. M. Rothe,
dem dankbaren Freunde meines Vaters, der sein Commiss-
brod mit ihm getheilt hatte, da Rothe sehr arm gewesen
war. Mein Vater, gewesener Soldat, konnte weder lesen
noch schreiben. Rothe hatte eine Privatschule in Neustadt-Dresden, Breitegasse, jetzt Casernenstrasse. Er gab
zu seinem Vergnügen einigen Schülern Unterricht im Latein,
gratis, mir auch, mit dem er Cornelius Nepos las und
auch Griechisch anfing, bis τύπτω." Seidemann selbst
ist es, wie man sieht, der solche Worte dankbarer Erinnerung seinem ersten Wohlthäter widmete; ¹) bis an
sein Lebensende verwahrte er auch ein sichtbares Andenken
an diesen Mann, welches merkwürdiger Weise in einer
zur Erinnerung an das Jubelfest der Reformation von
1817 geprägten Luther-Medaille besteht, welche in einen
Papierumschlag gehüllt ist, der mit der gedruckten Auf-
schrift: „Der Schul-Jugend der Kirche zu Neustadt-
Dresden gewidmet" und von Seidemanns Hand mit den
geschriebenen Worten: „J. K. Seidemann 1817. M. Rothes
Schule" versehen ist.

An die mitgetheilten Sätze der eben erwähnten Aufzeichnung schliesst sich der folgende unmittelbar an:
„Schmaltz, Pastor in Neustadt-Dresden, wurde beim
Confirmandenunterricht aufmerksam auf mich und bestimmte mich zum Studiren." Der Knabe ward am 18. April
1821 Schüler des Kreuzgymnasiums zu Dresden. Aber
schon im darauffolgenden Juni starb sein Vater, und seine
kaum begonnene Laufbahn ward durch diesen Todesfall
ernstlich gefährdet, wie ein vom 21. desselben Monats
datirtes Zeugniss beweist, welches ihm der genannte
Pastor Schmaltz zum Zwecke der Erlangung eines Stipen-
diums ausstellte. „Es wäre tief zu beklagen", heisst es
darin, „wenn so viele schöne, durch Kopf und Herz des
jungen Seidemann gleich begründete Hoffnungen durch
Armuth und Hülflosigkeit untergehen oder doch wenigstens in die niedern Kreise des Lebens herabgezogen
werden sollten." Diese warme Fürsprache blieb indessen
nicht ohne Erfolg, und im Jahre 1834, dreizehn Jahre

---

¹) Ich finde die Niederschrift in Seidemanns Handexemplar
seiner „Ueberlieferungen zur Geschichte von Eschdorf, Dittersbach
und Umgegend", welches jetzt die Königliche öffentliche Bibliothek
zu Dresden besitzt.

später, konnte Schmaltz, der inzwischen Hauptpastor in Hamburg geworden war, an seinen ehemaligen Schützling schreiben: „O wie freue ich mich, Sie, der einst als Knabe vertrauend mir nahete, nun als meinen lieben Amtsbruder begrüssen zu können! Gott hat Ihnen in Ihrem Jugendleben so viele wohlwollende Herzen erwecket, die Sie dem Ziele entgegen führen halfen, zu welchem Sie eine schöne Sehnsucht empor zog." Als ein „omnino et prae ceteris dignus" ward Seidemann im März 1826 von der Kreuzschule zur Universität entlassen; in der Zeit bis zum December 1828 vollendete er auf der Universität Leipzig das Studium der Theologie. — Ich entnehme diese Daten Zeugnissen, welche, wie nebenbei erwähnt werden möge, auch beweisen, dass er in seiner Jugend die Vornamen **Karl August** führte, während er sich später **Johann Karl** nannte, weil ihm letztere Vornamen in seinem Geburtsscheine, obschon wahrscheinlich irrthümlicher Weise, beigelegt waren.

Von der Universität in die Heimat zurückgekehrt, versah der junge Theolog in den Jahren 1831 und 1832 die Stelle eines Hauslehrers bei dem Hofmarschall Grafen **August Karl Bose**; auch ertheilte er Unterricht an dem Kaden'schen Knabeninstitut, dem v. Loucqueyssic'schen Fräuleininstitut und der Annenschule zu Dresden. Dann berief ihn mittels einer vom 2. Februar 1834 datirten Vocation der als Kunstfreund bekannte **Johann Gottlob von Quandt** zu dem Pfarramt in Eschdorf bei Schönfeld unweit Pillnitz, und dieses Amt behielt er inne, bis er zu Michaelis 1871 in den Ruhestand trat und sich in seiner Vaterstadt Dresden niederliess, um hier sein Leben zu beschliessen.

Mit diesen wenigen Worten ist erschöpft, was über den äusseren Gang seines Lebens zu berichten ist, und nur folgendes ist noch hinzuzufügen, was seine Familienverhältnisse betrifft. Am 9. Februar 1834 ward er in der Hofkirche zu Dresden mit **Hanna Margarethe Eleonore Malsch** getraut, welche den 15. Juli 1800 in Linden bei Hannover als Tochter des königlich grossbritannischen Hof- und Kammer-Musicus Johann August Ludwig Malsch geboren war. Sie ward ihm am 13. December 1868 durch den Tod entrissen. Im Tode vorangegangen war der Gattin sein Sohn **Maximin Edgar**. Dieser starb am 26. Juli 1863 noch nicht 26 Jahre alt als Doktor der Philosophie und Lehrer der Naturwissenschaften an dem Institut des

Dr. Krause in Dresden. Als er selbst am 5. August 1879 die Augen schloss, hinterliess er eine einzige Tochter, die ihm während einer langen Reihe von Jahren die alleinige treue Pflegerin seines Alters gewesen war.

Indem ich dazu übergehe, von seiner wissenschaftlichen Thätigkeit zu sprechen, wiederhole ich, was bereits oben angedeutet worden ist und überdies als bekannt vorausgesetzt werden darf, dass sich dieselbe während seines ganzen Lebens im Wesentlichen auf ein bestimmt umgrenztes Gebiet geschichtlicher Forschung beschränkte: die Lebensgeschichte Luthers und die Geschichte der Einführung der Reformation in Sachsen. Wenn jedoch die unzweifelhaft richtige Bemerkung, dass Seidemann ein Specialforscher war, zu der Vorstellung Anlass geben sollte, dass sein wissenschaftliches Streben in einer an das Wesen eines undisciplinirten Dilettantismus nahe angrenzenden Einseitigkeit sich verloren hätte, so müsste diese Vorstellung als eine vollkommen irrige zurückgewiesen werden. Der Liebhabereifer, der ihm als Specialisten eigen war, war nicht von der Art, dass er den für die Geschichtswissenschaft insgesammt giltigen Forderungen einer strengen Methodik fremd gegenüber gestanden hätte, und eine nähere Kenntnis seiner Persönlichkeit zeigt, dass seine Gelehrsamkeit sogar eine sehr vielseitige, der Umfang seiner geistigen Interessen ein sehr grosser gewesen ist. In der spanischen Literatur besass er eine nicht gewöhnliche Kennerschaft, die Entwickelung der modernen Philosophie verfolgte er mit lebhafter Theilnahme, und auch auf die Gegenstände der Natur richtete sich sein für jede Art scharfer Beobachtung geübter Blick mit Liebe und gründlichem Verständniss. Als Beweis für die letzte Angabe will ich nur anführen, dass er 1840 in der Blumenzeitung unter Nennung seines Wohnortes und seines Amtstitels bekannt machte, dass er gern Lieblinge eines von ihm selbst gezogenen Nelkenflors mitzutheilen bereit sein würde, wenn er gewiss sein könnte, sie in gute Hand und Pflege zu bringen, und dass fünf Jahre später wirklich ein Nelkenfreund in Muskau, dessen Sammlung durch eine Ueberschwemmung zerstört worden war, unter Berufung auf seine herzlichen Worte bei ihm sich die versprochene Hülfe erbeten hat.

Seine historischen Publikationen eröffnete das Schriftchen „Eschdorf und Dittersbach. Beiträge zur sächsischen Dörfer-, Adels-, Kirchen- und Sittengeschichte", welches

er 1840 herausgab. Aber schon 1846, als die Leipziger
Universität eine Gedächtnissfeier zur Erinnerung an Luthers
dreihundertjährigen Todestag veranstaltete, war er durch
verdienstvolle Forschungen über die Reformationszeit in
Sachsen so bekannt geworden, dass ihm die dortige theologische Facultät den Licentiatengrad honoris causa ertheilte. In rascher Folge erschienen „Thomas Münzer"
(1842), „Die Leipziger Disputation im Jahre 1519" (1843),
„Karl von Miltitz" (1844), „Erläuterungen zur Reformationsgeschichte durch bisher unbekannte Urkunden" (1844),
„Beiträge zur Reformationsgeschichte". Heft 1 (a. u. d. T.
„Die Reformationszeit in Sachsen von 1517 bis 1539" 1846)
und Heft 2 (1848). In dieselben und die unmittelbar
darauf folgenden Jahre fielen Studien über den Bauernkrieg in Sachsen und den Herzog Georg, welche jedoch
entweder gar nicht oder nur bruchstückweise, wie das
am Schlusse beizufügende Verzeichnis von Seidemanns
Beiträgen zu Zeitschriften nachweisen wird, zur Veröffentlichung gelangten.

Wenig später entstand dasjenige Buch, welchem Seidemann seine Berühmtheit wohl vorzugsweise verdankte.
Im August 1854 hatte ihm die Reimersche Verlagsbuch-
handlung angetragen, die Vollendung von de Wettes Ausgabe der „Briefe, Sendschreiben und Bedenken Martin
Luthers" zu übernehmen, und vor Ablauf von zwei Jahren
lag der von ihm bearbeitete sechste Band dieser Ausgabe
gedruckt vor, eine den hingebendsten Fleiss und die höchste
kritische Sorgfalt bekundende Arbeit, welche den wissenschaftlichen Werth und die Brauchbarkeit, sowie das Ansehen jener Ausgabe bekanntlich ganz wesentlich erhöhte.
Der im Jahre 1849 verstorbene de Wette hatte für den
Abschluss seines Werkes nur ganz unbedeutende Vorarbeiten hinterlassen können, aber er hatte den jüngeren
und rüstigeren Nachfolger, welcher für ihn eintreten sollte,
selber noch gewissermassen willkommen geheissen in einem
vom 13. Juli 1843 datirten Briefe, in welchem er an ihn
schrieb: „Die mitgetheilten Bemerkungen werde ich bestens
benutzen, sobald ich zur Ausarbeitung des sechsten Bandes
komme, was aber erst nach Vollendung meines exegetischen
Handbuchs, etwa in zwei Jahren, so Gott will, geschehen
wird. Vorher wäre es mir unmöglich, mich wieder in
die ziemlich fremd gewordene Sache hineinzuwerfen, in
der ich leider niemals so zu Hause gewesen bin, wie es
von einem Herausgeber der Briefe Luthers gefordert

werden muss. Aber ich that, was ich konnte, und glaubte,
wenn ich es nicht thäte, so würde ein Anderer es nicht
thun . . . . . Ich kann nicht sagen, wie sehr es mich freut,
in Ihnen einen so begeisterten Freund der Luther'schen
Literatur kennen gelernt zu haben."[2]) Eine 41 Nummern
umfassende Nachlese zu dem von ihm bearbeiteten Schluss-
bande der de Wette'schen Ausgabe brachten Seidemanns
„Lutherbriefe" (1859); an einer später erschienenen Sammlung Luther'scher Briefe hatte er, seinen mündlichen und
schriftlichen Aeusserungen zufolge, einen so weit gehenden
Antheil, dass er denselben auf den dritten Theil des Ganzen
berechnen zu dürfen glaubte. Der Luther-Literatur gehörten dann von seinen später entstandenen Werken auch
noch an „M. Anton Lauterbachs Tagebuch auf das Jahr
1538, die Hauptquelle der Tischreden Luthers" (1872) und
„Luthers erste und älteste Vorlesungen über die Psalmen
aus den Jahren 1513—1516. Nach der eigenhändigen lateinischen Handschrift Luthers auf der Königlichen öffentlichen Bibliothek zu Dresden herausgegeben" (2 Bde. 1876).
Ausser diesen beiden Büchern, in Betreff deren ich noch
einige Worte hinzuzufügen haben werde, sind hier schliesslich
zur Vervollständigung des Verzeichnisses seiner Schriften
nur noch kurz zu nennen: „Ueberlieferungen zur Geschichte von Eschdorf, Dittersbach und Umgegend" (1860),
„Geschichte der Familie Gutbier. Bd. 1." (1867) und
„Dr. Jacob Schenk, der vermeintliche Antinomer, Freibergs
Reformator etc." (1875). Dabei ist aber noch auf die
nachfolgende Zusammenstellung seiner in Zeitschriften und
Sammelwerken abgedruckten Aufsätze zu verweisen, in
deren Zahl, wie man sehen wird, viele wichtige und werth-
volle Arbeiten enthalten sind.

Als der erste Band der bis dahin unbekannt gebliebenen ältesten Psaltervorlesungen Luthers an das Licht
trat, verlieh die theologische Facultät der Universität Halle-
Wittenberg Seidemann die theologische Doctorwürde. „Der
Doppelname unserer Universität Halle-Wittenberg", so

---

*) Für Diejenigen, welchen Neudeckers Recension des Seide-
mann'schen Buches in dem Theologischen Literaturblatt zur Allgem.
Kirchenzeitung (Jahrg. 34. 1857. Darmstadt. Nr. 27. Sp. 609—620) zu
Gesicht gekommen ist, bemerke ich, dass Seidemann unter der Ueberschrift „Zur Abwehr" eine gegen dieselbe gerichtete, zahlreiche
thatsächliche Berichtigungen enthaltende Erklärung verfasst hat,
welche in dem Literaturblatte zwar keine Aufnahme fand, aber hand-
schriftlich erhalten ist.

schrieb ihm damals der Decan der Facultät, „weist auf
die Gründe hin, aus welchen gerade wir, vor anderen
Facultäten, befugt und berufen zu sein glaubten, allgemein anerkannte Verdienste um die deutsche Reformationsgeschichte durch die höchste akademische Würde zu ehren.
Die Mitglieder der Facultät legten besonderen Werth
darauf, dass wir den Mann, dem das Wittenberg des
sechzehnten Jahrhunderts mehr als irgend einem anderen
Zeitgenossen zur wohlbekannten geistigen Heimat geworden ist, als Doctor theologiae den Unseren nennen
dürften." Der wissenschaftliche Werth dieser umfang-
reichen Publikation, durch welche in so willkommener
Weise das Dunkel aufgehellt ward, welches vorher die
Zeit zwischen Luthers sogenannten Initia und seinen ersten
Predigten umhüllt hatte, ist gebührend anerkannt worden;
jedoch wenige waren damals im Stande, als das Werk
erschien, wenige werden künftig im Stande sein, an der
Leistung des Herausgebers auch das persönliche Verdienst
im Hinblick einerseits auf dessen vorgeschrittenes Lebens-
alter, andererseits auf die Beschaffenheit der Original-
handschrift, welche ihm vorlag, mit voller Gerechtigkeit
zu würdigen.

Allein auch dann noch, als die Arbeit an diesem
letzten Werke, welches er zur Vollendung brachte, gethan
war, ruhte seine fleissige Hand nicht. Mit dem alten
Eifer und mit Anspannung seiner letzten Kräfte beschäftigte er sich mit den Vorbereitungen zu einer auf den
handschriftlichen Quellen beruhenden Ausgabe der echten
unüberarbeiteten Tischreden Luthers, und auch diese Arbeit,
welche sich an das oben angeführte Lauterbach'sche Tagebuch als eine wichtige Fortsetzung und Ergänzung angeschlossen haben würde, war, als ihn der Tod von seinem
Tagewerke abrief, ihrem Abschlusse ganz nahe, so nahe,
dass sie nun wohl ein anderer an seiner Stelle wird dem
Drucke übergeben können.

„Wirke gut, so wirkst Du länger, Als es Menschen
sonst vermögen": dieses Goethe'sche Wort gilt auch für
seine verdienstvolle und erfolgreiche Wirksamkeit. Der
Ausspruch eines angesehenen Theologen der Gegenwart
wird, ich zweifele nicht, sich erfüllen: „So lange man Reformationsgeschichte treiben wird, wird man der gewissen-
haften, exakten, wahrhaft gelehrten Studien gedenken,
welche Seidemann dem Reformationszeitalter zugewendet
hat". Diejenigen aber, welche ihn im Leben nahe ge-

standen haben und wissen, dass die Vorzüge, welche ihn
als Gelehrten auszeichneten, in seinen Charaktereigen-
schaften, in seiner sittlichen Gesinnung wurzelten, werden
für ihn nicht bloss ein seine Verdienste ehrendes und an-
erkennendes Gedächtnis bewahren, sondern auch über
das Grab hinaus in wahrer Liebe ihm zugethan bleiben.

Beiträge Seidemanns zu Zeitschriften und Sammelwerken.

Abhandlungen der historischen Classe der Königlich bayerischen
   Akademie der Wissenschaften. Bd. 10. Abth. 1. (1865.) S. 145—204.
   Die Unruhen im Erzgebirge während des deutschen Bauernkriegs.
   Nach den Acten des Haupt-Staatsarchivs zu Dresden.
Anzeiger für Kunde der deutschen Vorzeit. Neue Folge. Bd. 21.
   (1874.) Nr. 6. Sp. 179—181. Sebastian Adam, ein unbekannter
   Wittenberger Maler, † 1547.   •
— Bd. 23. (1876.) Nr. 6. Sp. 170—176 und Nr. 7. Sp. 195—200.
   Frankenhausens Einwohnerschaft am Schlachttage 15. Mai 1525.
Archiv für die Sächsische Geschichte. Herausgegeben von Wilhelm
   Wachsmuth und Karl von Weber. Bd. 1. (1863.) S. 236—240.
   1. Losbitten von Verbrechern durch Jungfrauen. 2. Bierschank.
   3. Hans von Jena. — Unterz. J. K. S.
— Neue Folge. Bd. 2. (1876.) S. 181—185. (Ein Brief Luthers an
   einen Meissnischen Edelmann. Sonntags nach Laurenti 1541. Be-
   drohung Melanchthons 1534.) — Unterz. J. K. S.
— — Bd. 4. (1878.) S. 181—187. Peter Eisenberg.
Archiv für sächsische Geschichte und Alterthumskunde. Heraus-
   gegeben von Karl Gautsch. Jahrg. 1. (1843.) S. 261—282. Bei-
   träge zur Reformationsgeschichte Sachsens. Jacob Seidel oder
   Seidler, Pfarrer zu Glashütte. 1521. Erster Beitrag.
Archiv für Literaturgeschichte. Bd. 3. (1874.) S. 45—48 (vergl. 168).
   Herzog Georg von Sachsen als Dichter.
— Bd. 4. (1875.) S. 1—8. Luthers Erinnerungen aus seinem Sprach-
   verkehr mit den Italienern.
— — S. 117—153. M. Petrus Sylvius, ein Dominicaner der Re-
   formationszeit.
— — S. 269—271. Glosse des Ablass 1521.
— — S. 277—280. Eine brüderliche Klage. 1521 oder 1522.
— Bd. 5. (1876.) S. 6—32 und 287—310. Die Schriften des Petrus
   Sylvius verzeichnet und besprochen.
— Bd. 7. (1878.) S. 153 f. Ein alter maccaronischer Vers.
                  S. 274 f. Phalaecische Verse Luthers.
— Bd. 8. (1879.) S. 440. Wer nicht liebt Wein, Weiber und Gesang.

Archiv für Literaturgeschichte. Bd. 9. (1880.) S. 1—3. Volkslieder bei Luther und Melanthon.

Allgemeine Deutsche Biographie. Bd. 1. (1875.) S. 591. Franciscus Arnoldi. S. 601. Matthäus Aurogallus.

— Bd. 4. (1876.) S. 252. Alexius Chrosner.

— Bd. 5. (1877.) S. 473 f. Hieronymus Dungersheim.

Blätter für literarische Unterhaltung. Jahrg. 1850. Nr. 282. S. 1128. Die Concepciones Murillo's. — Unterz. 81. [*]

— Jahrg. 1851. Nr. 122. S. 966. Was sind Baukriesen? — Irdene Gefässe, die in der Erde wachsen. — [Hat mir nicht vorgelegen.]

— Jahrg. 1852. Nr. 10. S. 233—237. Cervantes und sein „Don Quijote". — [Desgl.]

— — Nr. 31. S. 741. Anekdote von Don Carlos. — Unterz. 76.

— — Nr. 34. S. 813. Rationalismus in Spanien. — Desgl.

— — Nr. 35. S. 838. Anekdote von Karl V. — Desgl.

— — Nr. 37. S. 885. Ein beliebter spanischer Raudreim. — Desgl.

— — Nr. 44. S. 1054. Liebreiche Auslegung. — Desgl.

— — Nr. 50. S. 1197. Ein Seitenstück zu Gretnagreen. — Auch eine Gedächtnissfeier. — Desgl.

— Jahrg. 1853. Nr. 16. S. 379. Zur Geschichte der Schlacht bei Mühlberg im Jahre 1547. — Unterz. 49.

— — Nr. 31. S. 735—739 und Nr. 33. S. 780—781. Zur Geschichte des spanischen Dramas in Lope de Vegas Zeit.

— — Nr. 42. S. 1003—1005. Don Juan und der steinerne Gast. — Unterz. 49.

Forschungen zur Deutschen Geschichte. Bd. 11. (1871.) S. 375—399 und Bd. 14. (1874.) S. 511—548. Beiträge zur Geschichte des Bauernkriegs in Thüringen.

Die Grenzboten. Jahrg. 32. II. Semester. II. Band. (1873.) S. 36—39. Zwei ungedruckte Briefe Arthur Schopenhauers an den Hofrath Böttiger in Dresden.

Sachsens Kirchen-Galerie. Dresden, o. J. 4°. Bd. 4. Abth. 5. S. 2—8. 19 f. 144. Eschdorf. — Ohne Seidemanns Namen.

Sächsische Kirchenzeitung. Jahrg. 2. (1840.) Nr. 75. 76. S. 303 f. 1. Wann starb Tetzel? 2. War Luther wirklich drei Mal in Dresden? — Unterz S., P.

— — Nr. 83. 84. S. 336. Heinrich der Fromme. — Unterz. J. K. S.

— — Nr. 85. 86. S. 343 f. Starb Tetzel eines gewaltsamen Todes? — Unterz. J. K. S.

— Jahrg. 3. (1841.) Nr. 5. S. 10. Luthers Vorliebe für Gartenbau. — Ohne Seidemann's Namen.

— — Nr. 6. S. 48. Eine verbitterte Fastnacht. — Desgl.

— — Nr. 7. S. 55. War Veltkirch der erste Geistliche der Reformation, welcher heirathete? — Desgl.

— — Nr. 9. S. 65—70. Die Kanonisation und Erhebung des Bischofs Benno von Meissen. — Unterz. J. K. S.

— — Nr. 14. S. 108—110. Noten zu dem in Nr. 3 d. Bl. mitgetheilten Briefe des Herzogs Georg. — Unterz. J. K. S.

— — Nr. 18. S. 142. Die Dekanonisation des heil. Thomas Becket. — Unterz. J. K. S.

— — Nr. 22. S. 175 f. Wie man die Entziehung des Kelchs gegen Luther zu rechtfertigen suchte. — Unterz. J. K. S.

---

[*] Zu dem Titel dieses Anfsatzes bemerkt Seidemann in dem Handexemplar seiner „Ueberlieferungen": „Trifft aber nicht, denn Maria, nur wenn allein, ohne niño, dargestellt, heisst concepcion."

Sächsische Kirchenzeitung. Jahrg. 3. Nr. 23. S. 183 f. Ein ziemlich unbekannter Gegner Luthers (M. Petrus Sylvius). — Ohne Seidemanns Namen.

— — Nr. 34. S. 271 f. Etwas von Andreas Bodenstein Karlstadt. — Unterz. J. K. S.

— — Nr. 39. S. 311 f. Ein ungedruckter Brief Thomas Münzers an seine Freunde in Mühlhausen. — Unterz. J. K. S.

— — Nr. 40. S. 317—319. Das Freiberger Mönchskalb. — Unterz. Jks.

— — Nr. 46. S. 361 f. War Herzog Georg beim Beginn der Leipziger Disputation, d. 27. Juni 1519? — Unterz. J. K. S.

— — Nr. 51. S. 401—405. Nr. 52. S. 409—412. Die Cölestiner auf dem Königstein. — Unterz. Jks.

— Jahrg. 4. (1842.) Nr. 11. S. 86—88. Anekdoten in Bezug auf die Schlacht bei Mühlberg 1547. — (Ungezeichnet; vermuthlich von Seidemann.)

— Jahrg. 5. (1843.) Nr. 15. S. 118 ff. Nr. 45. S. 354—357. Paul Lindemann, Hofprediger Heinrichs des Frommen. — Unterz. — ann —. (Vergl. S. 270—272. Hildebrand's Erwiderung.)

Sächsisches Kirchen- und Schulblatt. Jahrg. 7. (1857.) Nr. 10. Sp. 73—78. Nr. 11. Sp. 81—87. Nr. 12. Sp. 89—91. Zur Familiengeschichte Luthers.

— Jahrg. 16. (1866.) Nr. 17. Sp. 141—146. Nr. 18. Sp. 149 f. Ein eigenhändiger, ungedruckter Brief des Dr. Justus Jonas.

— Jahrg. 22. (1872.) Nr. 15. Sp. 113—119. Aus der Reformationszeit. I. Der Leipziger Pfarrprediger Johann Koss. II. Der Brief eines Leipzigers an Herzog Georg.

— — Nr. 22. Sp. 169—173. Nr. 23. Sp. 180—184. Nr. 26. Sp. 201—205. Aus der Reformationszeit. Nicolaus Storch.

— — Nr. 37. Sp. 293—296. Aus der Reformationszeit. Neues aus Luthers Leben.

— Jahrg. 23. (1873.) Nr. 6. Sp. 45—48. Nr. 7. Sp. 54—56. Nr. 8. Sp. 57—61. Nr. 10. Sp. 75—79. Nr. 11. Sp. 85—87. Luthers Reisen.

— Jahrg. 24. (1874.) Nr. 18. Sp. 137—141. Nr. 19. Sp. 145—149. Dr. Hieronymus Dungersheim von Ochsenfurt.

— Jahrg. 26. (1876.) Nr. 18. Sp. 143 f. Aus der Reformationszeit. Ein eigenhändiges Schreiben des Superattendenten Antonius Lauterbach in Pirna v. J. 1542.

— — Nr. 42. Sp. 345—347. Aus der Reformationszeit. I. Die Freiberger Nonne Herzogin Ursula von Münsterberg. Nachtrag Nr. 52. Sp. 428.

— — Nr. 43. Sp. 353—356. II. Einige unbekannte Tischreden Luthers aus Veit Dietrichs eigenhändiger gleichzeitiger Niederschrift vom Jahre 1531 f.

— — Nr. 44. Sp. 361 f. III. Semperstag. IV. Vor 300 Jahren. Nunc stans.

— Jahrg. 27. (1877.) Nr. 31. Sp. 253—257. Nr. 32. Sp. 261—265. Aus der Reformationszeit. Dr. Jakob Schenk, Freibergs Reformator.

— — Nr. 34. Sp. 277—281. Nr. 35. Sp. 285—288. Aus der Reformationszeit. D. Johann Pfennig. — Jacob Seidler aus Glashütte. — Thomas von der Haiden und Anderes.

— Jahrg. 29. (1879.) Nr. 18. Sp. 161—168. Eine Osterpredigt Amsdorfs vom 14. April 1555.

— — Nr. 37. Sp. 359—363. Nr. 38. Sp. 367—370. Die Augustiner.

Merkur. Herausgegeben von Ferd. Philippi. Dresden. Jahrg. 1830. Nr. 115. 25. Sept. S. 457. Lied der Communalgarde. — Ohne Seidemanns Namen.

Neue Mittheilungen aus dem Gebiet historisch-antiquarischer For-
schungen. Bd. 14. (1878.) S. 392—543. Das Ende des Bauern-
krieges in Thüringen.
Saxonia. Herausgegeben von Alfr. Moschkau. [Jahrg. 1.] (1876.)
Nr. 5. S. 39 f. Amnestie. — Melanthons Todestag. — Dr. Fausts
Haus in Wittenberg. — Unterz. J. K. S.
— — Nr. 6. S. 44 f. Halseisen. Collistrigium. — Scherganten.
— — Nr. 7. S. 55. Sturnise, Störnitze.
— — Nr. 9. S. 65—68. Nr. 10. S. 73—76. Nr. 11. S. 81—83. Nr. 12.
S. 89—92. Die Cölestiner auf dem Königstein.
— — Nr. 14. S. 112. Die Gemeindetafeln zu Uebigau und Mickten
betreffend.
— — Nr. 20. S. 156—158. Das Kloster Eiche bei Naunhof.
— — Nr. 23. S. 179 f. Nr. 24. S. 187 f. Harnisch und Stiefel
des Kurfürsten Johann Friedrich aus der Mühlberger Schlacht,
24. April 1547.
— — Nr. 23. S. 184. Brief Kurfürst Augusts an Lucas Kranach. —
Unterz. J. K. S.
— Jahrg. 2. (1877.) Nr. 7. S. 70 f. Pillnitz.
— — Nr. 9. S. 89 f. Der von Kauffungen Fehdebrief.
— Jahrg. 3. (1878.) Nr. 1. S. 6—9. Nr. 3. S. 25 f. Lehnssachen.
— — Nr. 3. S. 26 f. Schnurvorziehen. Aerzte.
— — Nr. 4. S. 37 f. vergl. S. 52. Die von Kauffungen und ihre
Fehde. 1515.
— — Nr. 4. S. 43. Schloss Königsstein.
— — Nr. 5. S. 49 f. Der Meissner Rector Georg Fabricius.
— — Nr. 7. S. 69 f. Supane und Supanien.
— Jahrg. 4. (1879.) Nr. 12. S. 89 f. Safranbau.
Serapeum. Jahrg. 1853. Nr. 14. S. 209—213. Die tragedia Policiana.
Jahr 1547. — Ohne Seidemann's Namen.
— Jahrg. 1854. Nr. 1. S. 8—12. Die Propaladia des Bartolomé de
Torres Nabarro. — Unterz. F.
— — Nr. 5 und 6. S. 65—75 und 81—90. El Caballero determinado.
— Jahrg. 1855. Nr. 5. S. 65—77. Die Brüsseler Ausgabe der Segunda
Parte des Don Quijote v. J. 1616.
— — Nr. 8—10. S. 112—121. 129—140. 145—154. Die Selva de
Aventuras von Contreras.
— Jahrg. 1856. Nr. 17. S. 266 f. Zur Geschichte der Leipziger
Buchdrucker.
— — Nr. 17. S. 267—269. Die spanische Romanze Rosa fresca.
Theologische Studien und Kritiken. Jahrg. 47. (1874.) S. 309—315.
Zu Luthers Geburtsjahr.
— Jahrg. 48. (1875.) S. 559—575. Die ersten Vorlesungen Luthers
über die Psalmen.
— Jahrg. 49. (1876.) S. 556—572. 718—731. Zur Reformationsge-
schichte. I. Luthers Brief an seine Frau vom 28. Juli 1545.
II. Zwei Bibelinschriften von Luther und Fröschel. III. Drei
Melanthoniana. IV. Gregorius und Johannes Coppus. (Vergl.
Jahrg. 51. S. 323.)
— Jahrg. 51. (1878.) S. 314—323. Aus Spenglers Briefwechsel.
— — S. 697—708. Je ein Brief von Amsdorf, Eck und Luther.
— Jahrg. 52. (1879.) S. 540—545. Luthers Promotionsrede für
Dr. Hieronymus Weller.
— Jahrg. 53. (1880.) S. 337—350. Luther und der Meissner Bischof
Johann VII. von Schleinitz. (März 1520.)

Pirnaisches Wochenblatt. 1845. Nr. 30. S. 207. Empfindungen auf
dem Porsberge (aus dem dasigen Fremdenbuche) am 1. April 1845. —
(Gedicht, unterz. J. K. S.)
Zeitschrift für die historische Theologie. Jahrg. 1846. S. 411—424.
Luthers Hausrechnung nebst zwei Briefen. Aus dem dresdener
Staats-Archiv mitgetheilt.
— Jahrg. 1847. S. 638—655. Das dessauer Bündniss vom 26. Juni
1525.
— — S. 656—695. Der mainzer Rathschlag v. J. 1525, und Luthers
beabsichtigte Gegenschrift v. J. 1526.
— Jahrg. 1849. S. 175—217. Theologischer Briefwechsel zwischen
Landgraf Philipp von Hessen und Herzog Georg von Sachsen aus
den Jahren 1525 bis 1527.
— Jahrg. 1851. S. 80—100. Dr. Hieronymus Vehus über seine Ver-
handlungen mit Luther auf dem wormser Reichstage 1521.
— Jahrg. 1859. S. 124—141. Ungedruckte Briefe und Bedenken
Melanthons. Aus den im dresdener Hauptstaatsarchive befind-
lichen Originalen.
— Jahrg. 1860. S. 475—570. Luthers Grundbesitz.
— Jahrg. 1873. S. 154—159. Erläuterungen zu den in dieser Zeit-
schrift (Jahrg. 1872, S. 323—410) mitgetheilten Briefen Luthers,
Melanthons, Agricolas u. a.
— — S. 463 f. Ein Brief des Justus Jonas vom 5. October 1518.
— Jahrg. 1874. S. 115—139. Schriftstücke zur Reformationsge-
schichte.
— — S. 544—574. Katharina von Bora 1523. 1524. Nürnberger
und Wittenberger Persönlichkeiten.

Anhangsweise will ich hier noch folgendes anführen, was Seide-
mann im Druck veröffentlichte:
Fromme Entschliessungen für unser Leben in Gott, zu denen unsre
Orgelweihe uns aufruft, gehalten am 2. September 1838 in der
Kirche zu Eschdorf. Dresden, 1838.
Es ist Gewinn für unser Leben, das Walten Gottes in den Geschicken
der Völker fromm zu betrachten. Cirkularpredigt, gehalten am
9. Juni 1844 in der Kirche zu Radeberg. Dresden, 1845.
Predigt über 1. Korinther XIII., 13. in der Kirche zu Schönfeld am
2. September 1857 bei der vom Radeberger Zweigvereine der
Gustav-Adolf-Stiftung veranstalteten Festfeier. Dresden, 1857.
Reden und Segenswort gesprochen am Grabe des Herrn Johann
Gottlob von Quandt den 22. Juni 1859. Pirna, 1859. S. 6—8.
Seidemanns Rede.
Worte, gesprochen den 17. December 1868 am Grabe seiner Gattin
Hanna Margarethe Eleonore Seidemann, geb. Malsch. Dresden, 1869.

Literatur.

Geschichte des Oberlausitzer Adels und seiner Güter vom XIII.
bis gegen Ende des XVI. Jahrhunderts von Dr. **Hermann Knothe,**
Professor beim Königlich sächsischen Cadettencorps. Leipzig,
Breitkopf & Härtel. 1879. 8°. VIII. 686 SS.

In dem Werke, dem wir hier eine Anzeige widmen,
begrüssen wir eine neue Erscheinung nicht sowohl auf
dem Gebiete der genealogischen, als der historischen Literatur, und die erste Schrift dieser Art, welche in einer
solchen Anlage und mit einem solchen Inhalte bisher herausgegeben worden ist. Denn durchaus anders geartete
Werke sind es, welche Adelshistorien Sachsens und der
Uckermark ankündigend vor mehr als hundert Jahren
erschienen; jene trotz ihrer drei Foliobände nur die mit
wenig geniessbaren, allgemeinen Einleitungen beginnenden,
der urkundlichen Nachweise für die Zeit des Mittelalters
fast ganz entbehrenden, Genealogien einzelner Adelsgeschlechter Sachsens, Meissens und Thüringens enthaltend,
statt mehrerer tausender von Adelsstämmen deren noch
nicht zweihundert behandelnd; diese mit fleissiger, doch
nicht immer kritischer Einleitung sich auf die Genealogie
sechs der bedeutendsten Familien der Uckermark be-
schränkend, gleichwie auch das vor 150 Jahren herausgegebene „Adeliche Pommern“ in seinem einzigen erschienenen Bändchen nur die gleiche Zahl von Familien
umfasste. Die Geschichte des Adels einzelner Länder,
grösserer oder kleinerer Staatsgebiete, in seiner Totalität
zu schreiben, ihn als Ganzes, als politischen Stand, jedoch
auch wiederum mit Berücksichtigung seiner einzelnen Be-
standtheile, eingehend und gründlich darzustellen,
seine Verfassung, Rechte und deren Entwickelung, seinen
Grundbesitz, sein Leben und Weben in verschiedenen Zeit-

altern vorzuführen, hat unsers Wissens bis jetzt noch nie
den Gegenstand einer Sonderschrift gebildet, am wenigsten
in dem Umfange, wie sie uns jetzt in dem Werke Knothes
vorliegt. Zwar widmeten von alter Zeit her jene Chronisten und Geschichtsschreiber einzelner deutscher Staaten,
wie Micrälius, Hartknoch, Grosser, Beckmann u. a. m.,
dem Adel ihrer Länder in eigenen Abschnitten auch allgemeinere Betrachtungen, aber, mit Vorliebe sich mehr
dem Einzelnen zuwendend, bieten sie doch in cultur- und
rechtshistorischer Hinsicht so gut wie nichts. Und nicht
minder entbehren die speciellen Artikel, welche jedoch nur
einen meistens sehr kleinen Bestandtheil der betreffenden
Adelsfamilien repräsentiren, gemeinhin (Beckmann ausgenommen) aller Specialität, und begnügen sich mit allgemeinen, nicht selten durch zeitgemässe Irrthümer und
Ursprungsanschauungen verwirrten Angaben über die
einzelnen Geschlechter.

So war denn auch vorlängst schon in Universalge-
schichtswerken über die Oberlausitz das damals Genügende geschehen, und dem dortigen Adel ein besonderer
Abschnitt gewidmet worden, sowohl von Grosser in seinen
1714 erschienenen „Lausitzischen Merkwürdigkeiten“, als
auch in höherem Masse von J. B. Carpzow in seinem nur
wenige Jahre später herausgegebenen „Neu eröffneten
Ehrentempel merkwürdiger Antiquitäten des Markgraf-
thums Oberlausitz“. Ausserdem machten noch Andere
die Genealogie und Geschichte des Adels der Oberlausitz,
d. h. der einzelnen Familien desselben, zum Gegenstande
mehr oder minder umfassender Sammlungen (wie aus
Hellbachs Adelslexikon I, 29 zu ersehen ist), aber sie
blieben ungedruckt. Indess, jene beiden, im Geiste ihrer
Zeit und nach dem Massstabe damaliger Ansprüche verfassten Werke lösen nicht im Entferntesten die Aufgabe,
welche sich Knothe in seinem obigen Buche gestellt hat,
abgesehen davon, dass Carpzow sich auf die Mittheilung
der in vielen Theilen sehr verbesserungsbedürftigen Genealogie von nur acht hervorragenden Geschlechtern der
Oberlausitz beschränkt hat.

War ein solches Werk ein Bedürfniss für den Adel
der Oberlausitz selbst, sowie für deren Geschichtskunde
— und es ist das wohl widerspruchslos richtig —, so
war auch Niemand mehr dazu befähigt und berufen, als
der Verfasser, den schon längst der allgemeine Ruf als
gründlichster Kenner der oberlausitzischen Geschichte, als

fruchtbarer Autor gediegener grösserer und kleinerer Schriften zur Geschichte und Landeskunde der Oberlausitz, ziert.

Die kräftigste Aufforderung zur Bearbeitung des Themas lag für den Verfasser nicht sowohl in der völligen Unzulänglichkeit aller bisherigen Vorarbeiten, als vornehmlich in der grossen Bedeutung desselben für die gesammte Geschichte der Oberlausitz, in der hervorragenden wichtigen Stellung ihres Adels als Corporation und Stand fast zu allen Zeiten, endlich ganz besonders in der beträchtlichen Zahl im laufenden Jahrhundert aufgefundener oder neupublicirter Urkunden der Oberlausitz, von denen die hochinteressanten des Klosters Marienstern durch des Verfassers Verdienst, vor einigen Jahren der Oeffentlichkeit übergeben worden sind.

Der Umfang des vorliegenden Buches legt ein Zeugnis von dem Reichthum der benutzten Quellen ab, und doch lag es nicht in der Absicht, die Geschichte des Oberlausitzer Adels bis zur Gegenwart herabzuführen, sondern vielmehr sie nur vom 13. bis gegen das Ende des 16. Jahrhunderts darzustellen, so dass alle Geschlechter, deren Sesshaftmachung in jenem Staatsgebiete erst nach der Mitte des 16. Jahrhunderts erfolgt ist, unberücksichtigt geblieben sind.

Das Werk zerfällt in drei Hauptabtheilungen, eine allgemeine und zwei specielle. Die erstere, für alle die bestimmt, welche sich nicht allein für die Rechts- und Culturverhältnisse der Oberlausitz, sondern eines jeden Landes, zumal des mittlern und nördlichen Deutschlands, interessiren, bilden 6 Abschnitte welche 1) von dem Ursprunge des oberlausitzer Adels, 2) von dem „höhern" und niedern Adel der Oberlausitz, 3) von seiner Stellung zum Landesherrn, 4) zur Kirche, 5) zu den Städten und 6) von seinen speciellen Culturverhältnissen nach folgenden Gesichtspunkten handeln: a) Haus und Hof, b) Hab und Gut, c) Weib und Kind, d) Wehr und Waffen, e) Kopf und Herz.

In diesen Abschnitten handelt es sich also darum, das Einzelne zusammengefasst in bestimmten Umrissen zu zeigen, wie unter den in der Oberlausitz bestehenden eigenthümlichen politischen, kirchlichen und socialen Verhältnissen der dortige Adel lebte und webte, litt und stritt. Denn wenn irgendwo, sagt der Verfasser, so hat sich gerade in der Oberlausitz das Leben und die Stellung des Adels eigenartig entwickelt.

Auf den durch jene langen Studien gewonnenen
sicheren Grundlagen und Kenntnis der oberlausitzischen
Landesgeschichte im Allgemeinen und im Besonderen hat
der Verfasser in jenem ersten, mehr als hundert Seiten
füllenden Abschnitte eine lebensvolle und frische Darstellung der betreffenden Verhältnisse gegeben, so dass
die eigne klare Anschauung leicht auf den Leser selbst
sich überträgt und ihm an der Hand der kritisch benutzten Urkunden, besonders in den letzten Capiteln, ein
kräftig und wahr gezeichnetes Bild der Vergangenheit
des oberlausitzischen Adels vorführt.

Das höchste Interesse des Genealogen nehmen die
beiden ersten Capitel in Anspruch, in deren einem der
Verfasser, die ursprüngliche Existenz eines angesehenen
und mächtigen Adels der eingeborenen Slaven (Wenden)
zwar richtigerweise behauptend, doch zu dem Resultate
gelangt, dass von keinem der seit dem 13. Jahrhundert urkundlich vorkommenden oberlausitzer Adelsgeschlechter
seine etwanige eingeborene Herkunft irgend erweislich sei.
Wir hätten gern gesehen, wenn in der etwas mehr aus-
zudehnenden Untersuchung über diesen Punkt, neben der
Beziehung auf gleichartige Verhältnisse in andern germa-
nisirten Theilen Deutschlands, auch der Heraldik des alten
oberlausitzer Adels im Allgemeinen und im Besondern
ihr Recht geworden und das Für und Wider auch auf
Grund heraldischer Argumente behandelt wäre.

Den Gegenstand des zweiten Capitels bildet die Un-
terscheidung des oberlausitzer Adels in einen „höhern"
und einen niedern, also nicht in einen hohen, den der
Verfasser in der Oberlausitz nicht statuirt und jenem einen
politischen Rang zutheilt, der etwa dem der Schloss-
gesessenen anderer Länder entsprechen möchte, oder der
dem der böhmischen Herren gleich war. Ob die Ansichten des Verfassers über den Herrenstand der Oberlausitz, der sich als Adelskategorie in der Gliederung
der Landstände auch hier zeigt, überall zutreffend sei,
kann hier dahingestellt bleiben; jedenfalls standen die
Herrschaftsbesitzer fast zu allen Zeiten des Mittelalters
in der Oberlausitz auf einer höhern Adelsstufe, mochten
sie von hochadeliger Geburt sein oder nicht. Denn
es geschah hier, was sich in der Mark Brandenburg
(Johann v. Buch) und den Nachbarländern im 13. und
14. Jahrhundert zeigt, dass der mit Rechten ächter Dynasten
verbundene Herrschaftsbesitz auch zur Nobilität selbst

führte, die bei dem Vorhandensein des hohen Geburts-
adels auch nach dem Verluste des Herrschaftsbesitzes bestehen blieb.

Die zweite Abtheilung des Werkes ist die speciell
genealogische, in 202 einzelnen Artikeln in alphabetischer
Reihenfolge die einzelnen Adelsgeschlechter aus jenem
viertehalbhundertjährigen Zeitraume vorführend. Man
erhält eine förmliche Geschichte jedes einzelnen Geschlechts,
mit allgemeiner, mit Recht von der Widerlegung jener
erdichteten, sogenannten Ursprungssagen, Abstand nehmen-
den Einleitung über Abkunft, Heimath und Grundbesitz,
worauf die Aufzählung aller einzelnen aus Urkunden bekannt gewordenen Mitglieder unter Angabe der sie betreffenden Daten und Feststellung des sicheren oder doch
vermuthlichen Verwandschaftsverhältnisses folgt. Ueberdies werden uns die Genealogien der einzelnen Familien
auch in Linien und Zweigen vorgeführt, was bei so zahl-
reich und weit verbreiteten Geschlechtern, wie z. B. den
von Gersdorff, von wichtigstem Belange ist.

Ueberblicken wir die Fülle des gebotenen Materials,
so muss man dem bienenhaften Fleiss des Verfassers
und der unermüdlichen Ausdauer bei den Vorarbeiten
zu seinem Werke, dem Geschicke in der Anordnung,
der Scharfsinnigkeit der Entscheidung schwerer genealogischer Fragen Bewunderung zollen und es kann sich
der oberlausitzische Adel nur Glück wünschen, dass
jedem Geschlecht desselben hier nicht eine reiche, sondern
vielmehr geradezu eine erschöpfende Fülle alles betreffenden genealogischen Materials geboten wird, und gerade
für einen Zeitraum, für welchen die Quellensammlung am
schwierigsten zu sein pflegt. Vor allem kennt jeder
Sachkundige die grosse Mühe, deren es bedarf, aus
zahlreichen, meistens ohne Angabe des Verwandtschafts-
verhältnisses sich zeigenden, zum Theil gleichnamigen
Mitgliedern einer Familie die Geschlechtsfolge richtig
zu construiren. Hier sehen wir diese Schwierigkeit mit
so eminentem Geschick und so viel Besonnenheit und
Zuverlässigkeit überwunden, als ob dem Verfasser die
Genealogie von jeher das geläufigste Feld seiner Arbeiten gewesen wäre. Man überblicke nur z. B. den
mehr als 60 Seiten füllenden, genealogischen Abriss über
die von Gersdorff, das zahlreichste Geschlecht der Oberlausitz.

Nicht allein nur den bekannten Namen und Zierden

des oberlausitzer Adels begegnen wir in dem Werke, den
Gersdorff und Haugwitz, den Klüx und Kottwitz, den
Nostitz und Baudissin, den Bischofswerder und Lüttitz,
den Metzradt und Ponikau, den Schreibersdorff und Uecht-
ritz, den Salza und Rechenberg u. a. m., sondern auch
zahlreichen, bisher nicht einmal dem Namen nach gekannten, geschweige denn in der Adelsliteratur sich zeigenden Familien, welche hier, zum ersten Male wieder aufgeführt, in den Reihen ihrer Zeit- und Standesgenossen
erscheinen. Wenn der Verfasser gegen seine Darstellung
in dem genealogischen Theile seines Werkes selbst den
Vorwurf der Nüchternheit und Einförmigkeit des Stils
erhebt, die durch das Wesen genealogischer Untersuchungen
bedingt seien, so können wir ihm mit gutem Fuge hierin
widersprechen, wenn uns im Gegentheil seine An- und
Ausführungen nicht nur nicht des sachgemässen Gewandes,
sondern auch nicht des Schmuckes einer durchweg fesseln-
den, abwechselnden Form des Ausdruckes zu entbehren
scheinen, so dass auch dem Nichtgenealogen der zweite
Abschnitt des Buches für mehr als ein blosses Nachschlage-
werk gelten muss. Nur einen Wunsch hätten wir noch
gehabt, dass der Verfasser auch — was für ein Adels-
werk wohl so recht sich eignet — der Heraldik der einzelnen Adelsgeschlechter Rechnung getragen hätte. Auch
ohne dass er in der Lage gewesen, Schlüsse aus den
Wappenbildern für Herkunft, Heimath und Stammesge-
meinschaft einzelner Familien ziehen zu können, wäre doch
schon die Kenntnis so mancher bisher noch unbekannter
Adelsinsignien aus den Siegeln für den Genealogen von
Fach von Interesse und Werth gewesen. Ebenso vermissen wir hier und dort ein näheres Eingehen auf den
Stamm und die fernere Ausbreitung mancher nicht autoch-
thoner oberlausitzer Geschlechter, zumal sonst weniger
bekannter, z. B. der v. Irksleben, die nicht Altmärker sind,
sondern aus dem Magdeburger Lande stammen, ebenso wie
die v. Lossow, die von Helwigsdorf, noch im 17. Jahrhundert auf Gross-Grabe gesessen, mit interessantem
Wappen, die v. Lewenwalde-Lehwald, die Schaff u. a. m.

Der dritte Hauptabschnitt des Werkes wendet sich
wieder an einen grösseren Leserkreis. Er behandelt auf
130 Seiten die Güter des oberlausitzer Adels und registrirt
nach den Gesichtspunkten der Topographie alles das, was
der vorhergehende Theil in den Artikeln über die einzelnen Geschlechter von Ortschaften gebracht hat. Nach

einer allgemeinen lesenswerthen Einleitung wendet der
Verfasser sich zuvörderst zu den grossen Herrschaften, Hoyerswerda, Kamenz, Ruhland, Neschwitz, Muskau, Penzig, Baruth und Seidenberg. Dann folgen die
Weichbilder der Städte mit ihren Ortschaften, und
endlich die bischöflich meissnischen Besitzungen in
der Oberlausitz. Je grössern Fleiss der Verfasser auf
die Ermittelung des Grundbesitzes einer jeden Familie verwendet hat, desto mehr reizte ihn der in der vorliegenden Form bisher noch nicht gemachte Versuch, von jeder
einzelnen oder doch fast von jeder Ortschaft des gesammten Landes die Familien der Besitzer unter Hinweis
auf die vorangehenden Genealogien kurz zusammen zu
stellen. Auch ohne dass eine absolute Vollständigkeit
erzielt ist, bietet doch dieser Theil des Buches ein nützliches Interesse und die Möglichkeit, bei jedem beliebigen
Orte stets die Gutsherrschaft schnell übersehen und eine
ausführlichere Auskunft über sie mit Hülfe der beige-
fügten Rückverweisungen leicht finden zu können. So
wird damit, sagt der Verfasser mit Recht, der erste Versuch zu einer historischen Geographie des Landes
geboten. Nach der letztern Richtung hin und für spätere Zeiten sind auch die bekannten, jetzt nicht häufi-
gen, unter dem Titel: „Das jetzt lebende Markgrafenthum Oberlausitz" erschienenen Handbücher (von denen
dem Referenten die Ausgaben von 1725, 1750 und 1789
vorliegen) nicht zu verachtende Hülfsmittel. Dass den
Schluss des ganzen Werkes ein Familien- und Ortsnamen-
register bildet, braucht wohl kaum erwähnt zu werden.

So ist denn das Buch, dessen Erscheinen wir mit
lebhafter Freude begrüssten, ein Hauptwerk für die Ge-
schichts- und Landeskunde der Oberlausitz überhaupt,
und wenn es auch keiner Empfehlung bedürfen wird für
die ehrbaren Geschlechter des Landes, denen es gilt, und
für die Städte und Landgemeinden desselben, so war
es dem Herrn Herausgeber dieser Zeitschrift nicht minder
als dem Referenten eine freudige Pflicht, auch hier auf
diese neue hochbedeutsame Frucht der literarischen Thätigkeit des Verfassers alle Freunde der Adelsliteratur, und
insonderheit die der sächsischen und schlesischen, aufmerksam gemacht zu haben, als auf ein Werk, das mit Recht
als die reichste Fundgrube zuverlässiger genealogischer
Materialien genannt zu werden verdient. Möge das Beispiel, das der Verfasser mit seinem trefflichen Buche

gegeben, bald eine Nachfolge in einer Gesammtgeschichte des Adels anderer Landesgebiete unter der Voraussetzung gleicher Gründlichkeit, gleichen Fleisses und gleicher Vorkenntnisse finden, aber auch dem verdienten Verfasser eine fernere lobenswürdige Thätigkeit auf dem Felde der oberlausitzischen Geschichte zu entfalten vergönnt sein.

Magdeburg.　　　　　　　　　　　　G. A. v. Mülverstedt.

Der Flacianismus und die Schönburg'sche Landesschule zu Geringswalde. Von **Theodor Distel.** Leipzig, Barth. 1879. 8°. 95 SS.

Die vorliegende Schrift behandelt in gründlicher Weise eine wenig bekannte Episode der späteren Reformationsgeschichte. Zu Geringswalde ist im Jahre 1566 in einem früheren Nonnenkloster, aus welchem die Bewohnerinnen indessen nicht völlig vertrieben wurden, eine Schule gegründet worden, an deren Spitze Hieronymus Haubold berufen wurde. Haubold war eifriger Flacianer. Da nun gleichzeitig mit der Einrichtung der Schule Kurfürst August von Sachsen ernstlich gegen die Flacianer vorging, wurde die neu eröffnete Schule gar bald in die Verwicklungen hineingezogen, in welche Kurfürst August mit den Gründern und Herren der Schule, mit den Schönburgs, gerieth, weil diese das vom Kurfürsten am 18. Juni 1566 erlassene Religionsmandat beanstandeten, obgleich dasselbe in ziemlich allgemeinen Ausdrücken abgefasst und darin die gegen die Flacianer gerichtete Spitze einigermassen verhüllt worden war. Wolf von Schönburg und die Prediger zu Penig[1]) nahmen dasselbe indessen nicht ruhig hin, erbaten nähere Aufklärung und so entwickelte sich, immer an Schärfe zunehmend, ein Conflict, welcher seine vorläufige Lösung in der Ersetzung der Prediger zu Penig durch neue von dem Kurfürsten abgesandte und in der Gefangennahme des nichts Schlimmes ahnenden Wolf von Schönburg fand. Die harte Haft, welche er erlitt, bewog ihn endlich zur Nachgiebigkeit, indem er in einer Urkunde vom 16. October 1567 versprach, „zuwider Churf. G. ausgegangenen christlichen mandaten

---

[1]) Für die weitere Untersuchung dieser Verhältnisse dürfte der von Döllinger, Reformation II, 246 erwähnte Bericht Böhms im Münchner Cod. lat. 941, f. 187 zu beachten sein.

ferner kein solch neidisch und zenkisch vordamnus und condemnation S. Churf. G. kirchen und schulen und derselben lehrern in meinen gebieten, wie bishero geschehen wissentlich (zu) gestatten oder (zu) vorhengen, vilweniger vor meine person thun, und diejenigen praedikanten, so dem Illyrico und desselben gesellschaft anhengig, wissentlich" nicht zu dulden. Trotzdem scheint er nicht durchaus gewissenhaft (vergl.j Distel, S. 47) dieses Gelöbnis gehalten, sondern noch fortwährend den Flacianismus begünstigt zu haben. So kann es denn auch nicht Wunder nehmen, dass eine im Juli 1568 nach Geringswalde geschickte kurfürstliche Visitationscommission wenig Befriedigendes melden konnte. Nachdem der Rector der Schule, Hieronymus Haubold, welcher anfänglich den Commissaren Rede und Antwort gestanden hatte, rechtzeitig entflohen war, wurde dessen Gehülfe, Melhorn, verhaftet und Wolf von Schönburg über die Sache zur Rede gestellt. Das Ergebnis war, dass die Schule wieder einging.

Ueber die Einrichtung der Schule zu Geringswalde, welche so ein schnelles Ende fand, geben uns mehrere Beilagen Auskunft, über die Visitation hat Haubold einen Bericht verfasst, welchen Distel grösstentheils wörtlich abdruckt. Für die Geschichte der Pädagogik bietet unsere Schrift daher mehr eine Materialsammlung als eine Bearbeitung. Die Bedeutung der Schrift liegt in der Darlegung des Verhältnisses zwischen dem Kurfürsten und Wolf von Schönburg, des Vorgehens der kurfürstlichen Regierung gegen den Flacianismus. Hier hat Distel sich ein grosses Verdienst erworben, indem er nicht blos neues Material ans Licht brachte, sondern es auch durchweg mit kritischem Takte verarbeitete. Man hätte vielleicht wünschen dürfen, dass eine andere Titelwahl die Aufmerksamkeit der Forscher besser auf diese wichtigere Seite der Arbeit hingelenkt hätte.

Distel stellt einen Artikel für die allgemeine deutsche Biographie über Haubold in Aussicht, der jedenfalls viel des Interessanten bieten wird. Ich möchte hierfür seiner Aufmerksamkeit die eben erschienene neue Geschichte der Reformation und Gegenreformation in Oesterreich von Wiedemann empfehlen, wo manches Material, freilich in mangelhafter Bearbeitung, für Haubolds späteres Leben zu finden ist.

München.   v. Druffel.

Die wichtigsten Ereignisse aus der Geschichte von Görlitz.
Nebst historischen Nachrichten von den übrigen Sechsstädten.
Görlitz, Neumeister. (1879) 8°. 272 SS.

Gewiss ist auch die Popularisirung der Geschichte
einer Stadt oder Landschaft ein berechtigtes Unternehmen;
denn nicht aus der schwerfälligen Gelehrsamkeit dicker
Geschichtswerke lernt der Bürger und Landmann die
Vergangenheit seiner Heimat kennen und lieben. Aber
freilich muss es eine kundige Hand sein, welche die von der
Wissenschaft ermittelten Resultate dem minder gebildeten
Publikum zugänglich und schmackhaft macht. Der Verfasser vorliegenden Büchleins — sehr löbliche Vorsicht
hat ihn abgehalten, sich zu nennen — schreibt populär,
sehr populär; aber ihm fehlt jede wissenschaftliche Kenntnis von der Geschichte der Landschaft, die er beschreiben
will, und so wäre es in der That viel besser gewesen,
er hätte sein populäres Büchlein ungeschrieben gelassen;
denn er hat durch dasselbe nicht nur alten, längst be-
seitigten Irrthum neu aufgewärmt, sondern sogar neuen,
völlig selbständig ersonnenen hinzugefügt. Was soll man
dazu sagen, wenn er unter anderem behauptet (S. 1), in
den ungeheuren Wäldern Schlesiens und „der Lausitz"
hätten zwei verschiedene Völker, Deutsche und Serben,
„abgesondert gehaust, und keineswegs so nahe, wie es
gegenwärtig der Fall ist, gewohnt"; in den grossen Wäldern
hätten sich weder Dörfer noch Städte befunden, sondern
jedes Familienhaupt habe vielmehr für sich und die Seinigen
einen passenden Wohnort gesucht. „Meistentheils benutzten
sie Höhlen dazu, gruben sich in die Erde ein, deckten
die Oeffnungen mit Boden, Dünger etc. Andere errich-
teten wiederum Zelte, welche schnell abgebrochen werden
konnten." In der Gegend von Görlitz sollen von Haus
aus Deutsche gewohnt haben; denn es sei daselbst die
Isis „oder wenigstens, eine Art von Isis" verehrt worden,
welche von den Wenden niemals verehrt wurde. Auch
sei der Name „Hainwald" für den Ort, wo die Deutschen
ihre Götzen „unterhielten", ja ein deutscher, also Görlitz
stets von Deutschen bewohnt. Darauf werden all die
veralteten Fabeln der Chroniken wieder aufgetischt. Ebenso
Verkehrtes enthält natürlich der Abschnitt über das Gerichtswesen in alter Zeit (S. 39). Muthlos möchte man
fragen, wozu denn überhaupt die Wissenschaft sich ab-
mühe, an Stelle des Irrthums und der geflissentlichen
Erfindung die historische Wahrheit festzustellen, wenn,

wie hier geschieht, anmassliches Dilettantenthum es noch im Jahre 1879 wagen darf, in demselben Görlitz, von welchem so viele altverbreitete Bücher über die Geschichte der gesammten Oberlausitz ausgegangen sind, ein Büchlein über eben diese Stadt voll solchen Unsinns erscheinen zu lassen. Wir enthalten uns jeder weiteren Kritik und führen nur noch die Abschnitte auf, in welche das Büchlein zerfällt. I. Die Gegend von Görlitz vor Erbauung der Stadt. — II. Erbauung der Stadt Görlitz. — III. Der Bund der Sechsstädte. — IV. Fehden und Kriegszüge der Stadt. — V. Einiges über das Gerichtswesen der alten Zeit. — VI. Herzog Johann von Görlitz. — VII. Görlitz während der Hussitenzeit. — VIII. Das Religionswesen. — Nun fehlen IX. und X. gänzlich; sollten dem Verfasser die römischen Ziffern etwa nicht geläufig sein? — XI. Streitigkeiten der Stadt Görlitz. — XII. Der Pönfall. — XIII. Görlitz zu Anfang des 30jährigen Krieges. — XIV. Belagerung 1641. — XV. Die Kirchen. — XVI. Brände.

Dresden.   Knothe.

Blicke in die Kirchengeschichte der Stadt Meissen im Zeitalter der Reformation. Vortrag auf der Conferenz zu Meissen gehalten von D. O. G. **Schmidt**, Pfarrer und Superintendent zu Werdau. Leipzig, Hinrichs. 1879. 8°. 28 SS.

Der durch seine Forschungen auf dem Gebiete der sächsischen Reformationsgeschichte, z. B. die treffliche Monographie über Nicolaus Hausmann, wohlbekannte Verfasser giebt in dem auf der vorjährigen Conferenz zu Meissen gehaltenen Vortrage ein frisches und lebendiges Bild der für diese alte Bischofsstadt hochwichtigen Reformationszeit. Nach einem Ueberblick über die Geschichte des Bisthums schildert er den Zustand der kirchlichen Verhältnisse am Anfang des 16. Jahrhunderts. Es herrschte hier eine streng kirchliche Frömmigkeit, die „im Dom täglich von Mittag 12 Uhr bis zur nämlichen Stunde des folgenden Tages in ununterbrochenem Gottes- und Heiligendienst" ihren Ausdruck fand. Interessant wäre es, etwas von dem geistigen Leben der vorhergehenden Zeit zu erfahren. Referent weist darauf hin, dass hier eine Zeitlang als Prediger Meffretius wirkte, dessen Predigten, mannigfach aufgelegt, vielfach von anderen Geistlichen benutzt wurden. Bischof war um die Wende des

Jahrhunderts Johann VI. von Salhausen, der während
einer 30jährigen Regierung viel für Hebung des kirchlichen Lebens that. Bemerkt sei, dass sich im Archiv zu
Weimar die Grundzüge einer neuen Ordnung des Kirchen-
gesanges finden, die auf seine Veranlassung ins Leben
trat, wie uns von mancherlei Gunstbezeugungen berichtet
wird, die ihm vom herzoglichen Hofe zu Theil wurden.
Sein Nachfolger, Johann VII., stellte mit anderen Geistlichen seiner Diöcese der neuen Lehre feindlichen Widerstand entgegen, der nach Herzog Georgs Tode, als Herzog
Heinrich in Dresden einzog, vergeblich war. Mit lebendigen Farben schildert der Verfasser die Mitte Juli 1539
in Gegenwart zahlreicher fürstlicher Personen vollzogene
feierliche Einführung der Reformation. Ihr schloss sich
eine eingehende Visitation an, über deren gewaltige Aufgabe Burkhardts „Geschichte der sächsischen Kirchenvisitationen" interessante Details bringt. Der erste evangelische Stadtpfarrer und Superintendent war Johann
Weiss, der erste Rector der Fürstenschule, zu deren
Gründung die Kirchen- und Klostergüter verwendet wurden,
Johann Fabricius, ein Freund Melanchthons. Beide wurden
in die kriegerischen und theologischen Wirren der Zeit
vielfach hineingezogen. Die klare, lichtvolle Darstellung,
welche sich auf genaue Kenntniss der Quellen und Literatur stützt, wie die gerechte Beurtheilung der Zeitver-
hältnisse und Personen — hervorzuheben ist die Anerkennung der Bemühungen des vielverkannten Herzog
Georg und Kurfürst Moritz — machen das Büchlein zu
einer angenehmen und anregenden Lectüre.

Dresden-Neustadt.   Georg Müller.

Die Chronik der Stadt Elbogen (1471—1501), bearbeitet von Dr.
L. Schlesinger. Im Auftrage des Vereins für Geschichte der
Deutschen in Böhmen. Prag, Verlag des Vereins. 1879. 8°.
XVI. 202 SS. (A. u. d. T.: Deutsche Chroniken aus Böhmen,
herausgegeben von Dr. L. Schlesinger. Band I.)

Die Elbogner Chronik, die nach dem Vorworte des
Herausgebers eine Reihe ähnlicher Publicationen des „Vereins für Geschichte der Deutschen in Böhmen" einleiten
soll, ist keine Geschichtsquelle ersten Ranges, ja nicht
einmal so hoch zu stellen, wie der Bearbeiter in der sonst
gut gehaltenen Einleitung will; trotzdem bleibt sie interessant genug, nicht blos als ein Detailbild der Kämpfe,
die in jenen Tagen das Bürgerthum Böhmens gegen adelige

Anmassung führte, sondern auch durch die anziehende Frische und Unmittelbarkeit der Nachrichten, endlich auch mehrfach in sprachlicher und kulturhistorischer Beziehung. Für den sächsischen Leser wird die Elbogener Chronik noch dadurch beachtenswerther, dass die von ihr geschilderten Verhältnisse im inneren Zusammenhange stehen mit dem Versuche der sächsischen Fürsten, sich 1471 Elbogens zu bemächtigen, um dann mit um so grösserem Nachdrucke die Erwerbung der böhmischen Königskrone in Angriff zu nehmen. Die Schlicke, seit 1434 Pfandherren des Elbogener Kreises und Schlosses, waren, wie ihre Nachbarn, die Egerer, mit der Fortdauer des Kampfes zwischen Georg Podiebrad mit der Curie und Matthias von Ungarn in eine immer schwierigere Lage gekommen: hatten sie auch schliesslich König Georg absagen müssen, so gehörten ihre Sympathien doch ebensowenig dem Ungarnkönig, der zudem nur schwer im Stande war, ihnen in ihrer entlegenen Stellung im westlichen Böhmen ausreichenden Schutz zu gewähren. So planten sie die Uebergabe von Burg und Stadt an Albrecht von Sachsen, kam es zur Berennung Elbogens durch sächsische Truppen, die aber an dem tapferen Widerstande der von Heinrich von Plauen energisch unterstützten Bürger scheiterte. Blieb so Elbogen bei Böhmen, so gedachten die Schlicke wenigstens da sich eine festere Stellung zu schaffen: 1476 wurde die Stadt von ihnen gewaltsam besetzt, wurden die Bürger zur Erbhuldigung gezwungen, auch der widerstrebende Theil des Kreisadels überwältigt. Ungleich letzterem ergab sich die Bürgerschaft in ihr Schicksal; auf die Mahnung K. Wadislaw II., die Schlicke nicht als Erb-, sondern blos als Pfandherren anzusehen, antwortete der Rath mit einem von Hieronymus Schlick concipirten Schreiben, das noch dazu dann nicht übergeben wurde; als 1492 eine zweite Mahnung des Königs in gleichem Sinne erfolgte, fragten die Bürger wieder erst ihren neuen Erbherrn Sebastian Schlick um Rath; erst 1497 fanden sie den Muth, gestützt auf die Intentionen des Königs und die Unterstützung des Kreisadels, nun mit züher Consequenz und Festigkeit ihre Rechte gegen Herrn Sebastian zu vertheidigen. Darnach sind denn auch die etwas überschwänglichen Bemerkungen der Einleitung über die Haltung der Elbogener einzuschränken. Sehr anziehend sind die Aufzeichnungen des Chronisten über all die Nörgeleien und Chikanen, in denen sich der Ueber-

muth und die Rachgier des leidenschaftlichen Pfandherren
während des jahrelangen Streites gegen die Elbogener erging; den Ausgang des Streites hat der Chronist nicht
mehr berichtet. Dafür bringt die Publication auf Seite
139—177 eine Reihe von Urkunden über den sächsischen
Versuch auf Elbogen, Herzog Albrechts Bewerbung um
die Krone Böhmens und die Schlicke.

Dem Texte ist eine Anzahl zutreffender Anmerkungen
beigegeben, die Brauchbarkeit durch ein Glossar und
Register erhöht, auch der Sprache der Chronik die gebührende Aufmerksamkeit zugewendet. Im Einzelnen ist
freilich eine ziemliche Menge von Verstössen, Druck-
fehlern u. s. w. zu verzeichnen. So finden wir gleich S. 1
(Text) in der Anmerkung Kunesch statt Kunisch, Langen
statt Langenn (vergl. auch S. 4), S. 8 Lunig für Lünig,
S. 16 Z. 14 ist das „neyn, gnediger Her“ der Handschrift richtig, wie das folgende zeigt, S. 92 blieb das dor
(getraue) unverstanden, wie die Interpunktion zeigt, die
auch sonst öfter nicht dem Sinne entspricht, S. 104 und
193 ist natürlich statt Colin *Colm* zu lesen; bez. S. 151
verweise ich auf Font. rer. Austriac. II. Abth. Bd. 42,
S. 518 u. s. w. Doch soll dies dem Verdienste der Arbeit
keinen Eintrag thun.

Prag. Ad. Bachmann.

Uebersicht über neuerdings erschienene Schriften und Aufsätze zur Sächsisch - Thüringischen Geschichte und Alterthumskunde.

Alberti, Jul. Zur Geschichte des Schlosses Burgk bei
Schleiz. Herausgegeben vom Geschichts- und Alterthumsvereine zu Schleiz. Schleiz, Fr. Lämmel. 1879.
8°. 53 SS. 1 Stammtafel.

Burkhardt, C. A. H. Geschichte der sächsischen Kirchen-
und Schulvisitationen von 1524—1545. Leipzig, Fr.
Wilh. Grunow. 1879. 8°. XXVIII. 347 SS. (A. u. d.
Titel: C. A. H. Burkhardt, Geschichte der deutschen
Kirchen- und Schulvisitationen im Zeitalter der Re-
formation.)

ὸ *Bxrn, Friedr. Aug. Freih.* Die Parforcejagd zu Wermsdorf und Hubertusburg. Dresden, Wilhelm Baensch. 1879. 8°. 90 SS.

Distel, Th. Der Flacianismus, vergl. oben S. 114.
— Die im Königlich sächsischen Hauptstaatsarchiv befindlichen Leibniz-Correspondenzen: Berichte der phil.-histor. Classe der Königlich sächsischen Gesellschaft der Wissenschaften 1879. S. 104—154.

Dürr, Alphons. Adam Friedrich Oeser. Ein Beitrag zur Kunstgeschichte des 18. Jahrhunderts. Leipzig, Dürr. 1879. 8°. X. 255 SS.

Eitner, R. Johann Adolph Hasse: Monatshefte für Musikgeschichte. 1879. S. 30—32.
— Johann Adolph Hasses Werke auf der Königlichen Bibliothek zu Berlin: ebendaselbst S. 81—85, 95—100, 103—129.

Ermisch, H. Beiträge zur Kenntnis des sächsischen Archivwesens: Wissenschaftliche Beilage der Leipziger Zeitung. 1879. No. 20, 21 (hieraus abgedr. im Correspondenzblatt der deutschen Archive Jahrg. II. No. 13, 15).

Evers, C. Das Franziskaner-Barfüsserkloster zu Leipzig. Geschichte der Matthäikirche zu Leipzig (früher Neukirche) nach den Quellen bearbeitet. Leipzig, Georg Böhme. 1880. 8°. VIII. 64 SS.

Flathe, Th. Geschichte der Königlich sächsischen Fürstenschule zu Meissen seit ihrer Gründung im Jahre 1513 bis zu ihrem Neubau in den Jahren 1877—1879. Mit dem Porträt des Kurfürsten Moritz und einer Ansicht des alten Schulgebäudes. Leipzig, Tauchnitz. 1879. 8°. XII. 492 SS.
— Specimina eruditionis Afranae Georgio Fabricio rectore scripta e cod. Bibl. Goth. No. 212: Jahresbericht über die Fürsten- und Landesschule Meissen. 1879. S. 22—26.

Fürstenau, Moritz. Maria Antonie Walpurgis, Kurfürstin von Sachsen: Monatshefte für Musikgeschichte. 1879. S. 167—181.

Gampe, Th. Die restaurirte Albrechtsburg zu Meissen. Ein beschreibender Führer. Dresden, L. Kaemmerer. 8°. 31 SS.

Gautsch, Karl. Aelteste Geschichte der sächsischen Schweiz, nebst den frühesten topographischen Nachrichten. Nach archivalischen Quellen. Dresden, Fr. Axt. 1880. 8°. 123 SS.

Grobe. Das Gymnasium academicum zu Hildburghausen. Einladungsprogramm des Gymnasium Georgianum zu Hildburghausen. 1879. 4°. S. 3—24.

Gundermann, Ferd. Chronik der Stadt Eilenburg. Nach den Quellen bearbeitet. Mit einem Bildnisse des Verfassers und Martin Rinckarts. Eilenburg, Bruno Becker. 1879. 8°. X. 446 SS.

Hantzsch, A. Geschichte des Dorfes Plauen bei Dresden. Nach den Quellen. Plauen bei Dresden, im Selbstverlag des Verfassers. 1880. 8°. VIII. 166 SS.

Jacob, Curt. Heraldisch-Sphragistische Notizen über das Wappen der Herren von Torgau: Vierteljahresschrift für Heraldik, Sphragistik und Genealogie. 1879. S. 217—223.

Jäger, Jul. Urkundenbuch des Klosters Teistungenburg im Eichsfelde. II. Theil. Beilage zum Osterprogramm der königl. höheren Bürgerschule zu Duderstadt 1879. Halle 1879. 4°. S. 35—70.

(Kade, Otto). Georg Rhau: Monatshefte für Musikgeschichte. 1879. S. 27—30.

— Meister Anthonius, Orgelbauer in Dresden 1477: ebendaselbst S. 197—205.

Keferstein, A. Historische Fragmente. (Die Abstammung der Thüringer. Wer waren die Angeln, welche Britannien eroberten? Das aufgelöste Ehegelöbnis oder die verstossene Gattin.) Erfurt, C. Villaret. 1879. 8°. 20 SS.

Knothe, Hermann. Geschichte des oberlausitzer Adels vergl. oben S. 107.

— Die Archive der Oberlausitz, sowohl der sächsischen als der preussischen: v. Löhers Archival. Zeitschrift Bd. IV. S. 219—223.

Kolde, Th. Zum V. Lateranconcil [enthält 5 Schreiben Herzog Georgs von 1513]: Briegers Zeitschrift für Kirchengeschichte. Bd III. S. 599—609.

Kronfeld, C. Landeskunde des Grossherzogthums Sachsen-Weimar-Eisenach. Erster Theil: Thüringisch-Sachsen-Weimarische Geschichte. Zweiter Theil: Topographie des Landes. Weimar, Herm. Böhlau. 1878, 1879. 8°. XVI. 504 SS. VI. 535 SS.

Leuthold. Bemerkungen über die Freiberger Bergwerksverfassung im 12. und 13. Jahrhundert: Zeitschrift für Bergrecht. Bd. XXI. S. 13—39.

Loose, W. Johann Herrgott. Anzeiger für Kunde der deutschen Vorzeit. 1879. Sp. 293—295.

Lorck, Carl B. Die Druckkunst und der Buchhandel in Leipzig durch vier Jahrhunderte. Zur Erinnerung an die Einführung der Buchdruckerkunst in Leipzig 1479 und an die dortige Kunstgewerbe-Ausstellung 1879. Leipzig, Weber. 1879. 8°.

Machatschek. Vier Bischöfe des Meissener Hochstifts im 14. und 15. Jahrhundert: Neues Lausitzer Magazin. Bd. LV. S. 318—363.

Mating-Sammler, A. Der Kampf der kursächsischen Leineweber um die Ehrlichkeit ihres Handwerks. Beigabe zum Programm der Realschule zu Rochlitz. 1879. 4°. 25 SS.

Meltzer, O. Die Kreuzschule vor zweihundert Jahren. Vortrag, gehalten in der Aula der Kreuzschule am 3. November 1879. Dresden, E. Pierson. 1880. 8°. IV. 56 SS.

Meyer, Chr. Zur Geschichte der Lochauer Verhandlungen. Forschungen zur Deutschen Geschichte. Bd. XIX. S. 242 ff.

Meyer, Oskar. M. Antonius Lauterbach, der erste Superintendent von Pirna. Eine biographische Skizze. Pirna, F. J. Eberlein. 1879. 8°. 35 SS.

Milberg, W. Meissen und die Albrechtsburg im Jahre 1745: Jahresbericht über die Fürsten- und Landesschule Meissen. 1879. S. 14—22.

von Minckwitz, A. Die Brigade Thielmann in dem Feldzuge von 1812 in Russland. (Aus dem Manuscript: Geschichte der Garde du corps.) Hierzu ein Schlachtenplan vom Schlachtfelde der Schlacht an der Moskwa am 7. September 1812. Dresden, Warnatz & Lehmann. 1879. 8°. 48 SS.

Müller, Carl. Zur Quellenkunde des 14. Jahrhunderts: [über eine Quelle des Chron. Sampetrinum]: Forschungen zur deutschen Geschichte. Bd. XIX. S. 497 ff.

von Mülverstedt, George Adalbert. Codex diplomaticus Alvenslebianus. Urkundensammlung zur Geschichte des Geschlechts von Alvensleben und seiner Besitzungen. Im Auftrage der Familie veranstaltet und herausgegeben. Bd. II. Heft 1. Bogen 1—12. Mit einer Siegeltafel. Magdeburg, Baensch. 1880. 8°. S. 1—192.

Petzholdt, J. Goethe und König Johann von Sachsen: Wissensch. Beilage der Leipz. Zeitung. 1879. Nr. 33.

Petzholdt, J. Horaz und Homer und der König Johann von Sachsen: ebendaselbst Nr. 84.

— Die Dichtungen des Königs Johann von Sachsen: (aus Petzholdts Neuem Anzeiger für Bibliographie und Bibliothekswissenschaft. Heft 8—9.) Dresden, G. Schönfeld. 1879. 24 SS.

— Philalethes König Johann von Sachsen. Mit dem Portrait des Königs im Tode, radirt von H. Bürkner. Dresden, Wilhelm Baensch. 1879. 8°. 48 SS.

Pfeilschmidt, E. Die Johanneskirche und Johannesgemeinde in Dresden bis mit Ablauf des zweiten Jahres seit der Wahl ihres Kirchenvorstandes am 30. Mai 1877. Ein Beitrag zur Dresdner Kirchen-, Stadt- und Baugeschichte. Mit einer Abbildung der alten St. Johannis- und der neueren Johanneskirche. Dresden, E. Pierson. 1879. 8°. VII. 179 SS.

Prölss, R. Beiträge zur Geschichte des Hoftheaters zu Dresden in aktenmässiger Darstellung. Erfurt, Bartholomäus. 1879. 8°. XVI. 230 SS.

Richter, Otto. Die Punktirbücher des Kurfürsten August von Sachsen: Forschungen zur deutschen Geschichte. Bd. XX. S. 13—35.

Schäfer, Gustav. Geschichte des sächsischen Postwesens vom Ursprunge bis zum Uebergang in die Verwaltung des norddeutschen Bundes. Nach archivalischen Quellen. Dresden, R. v. Zahn. 1879. 8°. 2 Bl. 248 SS.

Scheuffler, Heinr. Joh. Hans Fabian von Ponickau, der Defensor der Oberlausitzer Glaubensfreiheit zur Zeit des dreissigjährigen Krieges. Barmen, H. Klein. 1879. 8°. 42 SS. (A. u. d. T.: Evangelische Bruderliebe. Vorträge über die Aufgaben und Arbeiten des evangel. Vereins der Gustav-Adolf-Stiftung, herausgegeben von A. Natorp. Bd. II. Heft 1.)

Schlobach. Die Grenzen des Dobrilugker Klostergebietes: Neues Lausitzer Magazin. Bd. LV. S. 364—365.

Schmidt, Osw. Gottl. Blicke in die Kirchengeschichte der Stadt Meissen s. oben S. 117.

Schnorr von Carolsfeld, Franz. Aus der verloren geglaubten Hennebergischen Chronik von Nathanael Caroli: Archiv für Literatur - Geschichte. Bd. IX. S. 9—31.

Schönwälder. Die drei ersten Abschnitte der bischöflichmeissnischen Grenzenkunde von 1241: Neues Lausitzer Magazin. Bd. LV. S. 366—373.

Seidemann, J. K. Luther und der Meissner Bischof Johann VII. von Schleinitz: Theolog. Studien und Kritiken 1880. S. 337—350.

Stübel, Bruno. Urkundenbuch der Universität Leipzig von 1409—1555. Mit einer Tafel. Leipzig, Giesecke & Devrient. 1879. 4°. XIII. 653 SS. (A. u. d. T.: Codex diplomaticus Saxoniae regiae. Im Auftrage der Königlich sächsischen Staatsregierung herausgegeben von Otto Posse und Hubert Ermisch. Zweiter Haupttheil. XI. Bd.)

Theile, Fr. Die Kämpfe vor Dresden und in den umliegenden Ortschaften im Jahre 1813, dargestellt in ihrem geschichtlichen Zusammenhange mit den europäischen Kriegen Napoleons I., nebst Schilderung der damaligen Kriegsdrangsale und zahlreicher interessanter Lokal- und anderer Erinnerungen an jene denkwürdigen Ereignisse. Zweite verm. Auflage. Dresden, Fr. Axt. 1879. (Die erste Auflage bildete das 13. und 14. Heft von F. Theiles Lockwitzer Nachrichten.)

— Lockwitzer Nachrichten. Heft 13—14 s. vorstehend. Heft 15—17. (Inhalt: Geschichte des Ritterguts Lockwitz, Fortsetzung. Eine alte Vermessung. Ein vergrabenes Alnpeck-Denkmal. Die alten Kirchenglocken zu Leuben. Das Erbregister von Oberlockwitz vom Jahre 1620. Die frühere Patrimonial-Gerichtsbarkeit in Lockwitz.) 1879. 1880. 8°. S. 1—64.

Vietor. Historische Uebersicht über die 100 Jahre der Annenrealschule 1779—1879. Programm und Festschrift zur 300jährigen Jubelfeier der Annenschule zu Dresden. Dresden. 4°. S. 3—36.

Warnecke, F. Lucas Cranach der Aeltere. Beitrag zur Geschichte der Familie von Cranach. Mit Kopfleisten und Schlussstücken von E. Doepler sowie einem kurfürstlich sächsischen und zwei Cranachschen Wappen nach alten Vorbildern. Görlitz, C. A. Starke. 1879. 4°. 55 SS.

von W(ellmann), A. Das Porzellanregiment. Militär-Wochenblatt Jahrg. 65. Nr. 13.

Widemann, Emil. Jagdschloss Moritzburg geschichtlich und topographisch dargestellt. Mit Orientirungskarte. Dresden 1879. 8°. 24 SS.

Wustmann, G. Beiträge zur Geschichte der Malerei in Leipzig vom XV. bis zum XVII. Jahrhundert. Leipzig, E. A. Seemann. 1879. 8°. 70 SS. (A. u. d. T.: Beiträge zur Kunstgeschichte. II. Red. von Dr. Herm. Lücke.)

Zippel. Zur Geschichte des Greizer Lyceums. Programm des städtischen Gymnasiums mit Realabtheilung und Vorschule zu Greiz. Greiz 1879. 4°. S. 1—33.

K. H. P. Vor 65 Jahren in und um Torgau. Torgau, Druck von C. Fugner. 1879. 8°. 29 SS.

Beschreibende Darstellung der älteren Bau- und Kunstdenkmäler der Provinz Sachsen. Herausgegeben von der historischen Commission der Provinz Sachsen. Heft 1: Der Kreis Zeitz. Heft 2: Der Kreis Langensalza. Unter Mitwirkung von Th. Heinrich Otte bearbeitet von G. Sommer. Halle 1879. 8°. VIII. 76 SS., 94 SS.

Die wichtigsten Ereignisse aus der Geschichte von Görlitz, vergl. oben S. 116.

Leipzig und seine Universität vor hundert Jahren. Aus den gleichzeitigen Aufzeichnungen eines Leipziger Studenten jetzt zuerst ans Licht gestellt. Mit Titelbild, Plan von Leipzig und Karte der Umgegend. Leipzig, Breitkopf & Härtel. 1879. 8°. XII. 128 SS.

Archiv für die Sächsische Geschichte. Herausgegeben von Dr. Karl von Weber. Neue Folge. Sechster Band. Leipzig, B. Tauchnitz. 1880. 8°.

Inhalt: O. Kaemmel, Kursachsen gegenüber der Revolution in Ungarn, 1604—1606. F. A. Freih. ò Byrn, Christian Herzog zu Sachsen-Weissenfels, Kursächsischer General-Feld-Marschall-Lieutenant. J. P. von Falkenstein, Die Kleider der Prinzen Ernst und Albrecht in der Kirche zu Ebersdorf. Th. Distel, Das Testament des Kurfürsten Moritz. G. Droysen, Die Verhandlungen über den Universalfrieden im Winter 1631/32. Machatschek, Johann II. von Jenczinsteyn, Bischof von Meissen (1376—1379, † 1400). H. Ermisch, Ein Beitrag zur Geschichte des Handwerks in Sachsen. ò Byrn, Ein Sächsischer Prinz auf Reisen. Knothe, Zur Geschichte der Stadt Weissenburg. Distel, Mittheilungen über den Nachlass Leibnizens. v. Witzleben, Dr. Karl von Weber. Miscellen. Autorenregister über sämmtliche Bände des Archivs.

Mittheilungen aus dem Bautzner Alterthumsmuseum. I. Verzeichniss der Abtheilung „Geschichte" (besonders Bautzens und der Lausitz). Herausgegeben zum 12. October 1879, als dem zehnten Jahrestage der Begründung des Museums, von Oscar Roesger. 8°.

Mittheilungen des Vereins für Anhaltische Geschichte und Alterthumskunde. Bd. II. Heft 4—6. Dessau 1879. 8°.

Inhalt: O. v. Heinemann, Ein Anhaltinischer Kohlhaas. Th. Stenzel, Die frühesten urkundlichen Erwähnungen von Ortschaften Anhalts. F. Siebigk, Rehbergs Antheil an den Erwerbungen des Herzogs Leopold Friedrich Franz von Anhalt-Dessau für die Wörlitzer Kunst-Sammlungen. H. Wäschke, Ueber Anhaltinische Volksmundarten. W. Hosäus, Der Ring der Frau Kröte. G. Stier, Nachtrag zu dem im 3. Hefte veröffentlichten Aufsatze: „Die Alterthümer Anhalts". W. Hosäus, Ein älteres Shakespeare-Bildniss im Gothischen Hause zu Wörlitz. Th. Stenzel, Die Vermählungsmedaillen des Anhaltischen Fürstenhauses. G. Irmer, Wigbert von Groitsch. H. Suble, Der Klosterbusch zu Lösewitz. H. Zurborg, Bruchstücke eines niederdeutschen Namensverzeichnisses. Th. Stenzel. Urkundliches zur Geschichte des Dorfes Ballenstedt. A. Salzmann, Zustände im Amte Warmsdorf um das Jahr 1600. W. Hosäus, Aus den Erinnerungen des Fürstlich Anhalt-Dessauischen Hof- und Amtsraths Johann August Rode. G. Krause, Zur Geschichte der Familie von Bodenhausen. Kühne, Sagen der Stadt Zerbst. W. Hosäus, Die chalkographische Gesellschaft zu Dessau 1796—1806. Prospect zur Herausgabe eines Anhaltischen Künstler-Lexicons. — Vereinsnachrichten u. s. w.

Mittheilungen des Vereins für Chemnitzer Geschichte. II. Jahrbuch für 1876—78. 8°.

Inhalt: A. Scholtze, Aus bedrängter Zeit. Nach den Berichten des Chemnitzer Amtsschössers Paulus Drechsler aus dem Jahre 1639 und 1640. H. Ermisch, Die Raths-Linie der Stadt Chemnitz bis 1484. W. Loose, Miscelle: Anhalteschreiben um eine erledigte Schulstelle an der lateinischen Stadtschule zu Chemnitz. (Aus dem geschäftlichen Theile sind die Referate über die Vorträge von Zöllner über das Chemnitzer Zunftwesen S. 3, vom Sammler über den Chemnitzer Aufruhr von 1524 und über die älteste Chemnitzer Stadtrechnung S. 12 und 22, von Scholtze über die Einnahme von Chemnitz durch Kurfürst Johann Georg I. im Jahre 1644 S. 16 und von Stier über die erste Kirchenvisitation in Chemnitz S. 30 beachtenswerth.)

Mittheilungen des Vereins für die Geschichte und Alterthumskunde von Erfurt. Heft 9. Erfurt 1880. 8°.

Inhalt: Die Urkunden zur Geschichte des M. Amplonius de Fago aus Rheinbergen (Schluss). v. Reitzenstein, Bemerkungen zu Hesses Geschichte von Mühlberg. Werneburg, Ueber die drei Gleichen, besonders die Mühlburg.

Mittheilungen des Vereins für Geschichts- und Alterthumskunde zu Kahla und Roda. Zweiten Bandes 1. Heft. Kahla 1879. 8°.

Inhalt: E. Löbe, Das Cistercienser-Nonnen-Kloster in Roda. V. Lommer, Beiträge zur Adelsgeschlechterkunde des Saalkreises.

Mittheilungen von dem Freiberger Alterthumsverein. Herausgegeben von Heinrich Gerlach. 15. Heft. Mit Grundriss des Schlosses Freudenstein. Freiberg i. S., H. Gerlach. 1878. 8°.

Inhalt: Corn. Gurlitt, Der Bau des Freiberger Schlosses „Freudenstein". Graf von Holtzendorff, Die Schlacht bei Freiberg den 29. October 1762. Gautsch, Die alten Burgen und Rittersitze um Freiberg (Fortsetzung). Miscellen.

Saxonia. Zeitschrift für Geschichts-, Alterthums- und Landeskunde des Königreichs Sachsen. Herausgegeben von A. Moschkau. 5. Jahrgang. 1879. Nr. 1—6 (Schlussnummer).

Inhalt: R., Zur Geschichte der Rittergüter des Voigtlandes. Moschkau, Geschichte der Burg Mühlstein. Wolfram, Bürger aus Borna, geworben zum Zuge gegen die Türken. —ch, Die Bühne Zwickaus. Moschkau, Das ortsgeschichtliche Museum zu Oybin bei Zittau. E. P. Sch., Reste des Heidenthums in Sprache und Brauch der Jetztzeit. Die 14 Nothhelfer zu Gottleube. Der h. Antonius in der Schlosskapelle zu Leuben bei Oschatz. Ein Besuch im Museum zu Oybin. Aus Sachsens Postgeschichte.

Zeitschrift des Vereins für Thüringische Geschichte. Neue Folge. Erster Band, Heft 3. 4. Jena, E. Fromman. 1879. 8°.

Inhalt: U. Stechele, Zur Geographie Thüringens (700 bis 1000). E. Wülcker, Die Entstehung der kursächsischen Kanzleisprache. K. Hahn, Das Servitenkloster zu Vacha, seine Gründung und Schicksale. Werneburg, Beiträge zur Genealogie der Grafen von Henneberg bis zum Ausgange des 13. Jahrhunderts. Lommer, Saalbrückenstiftungen im Mittelalter, mit besonderer Berücksichtigung der Saalbrücken in Orlamünde und Kahla. K. Schulz, Nachtrag zu „Das Urtheil des Königsgerichts unter Friedrich Barbarossa über die Porstendorfer Besitzung des Klosters Pforte. Stechele, Bericht über die bisherige Thätigkeit für Herstellung eines thüringischen Urkundenbuchs. K. S., Theodor Muther, ein Nekrolog. Literarische Mittheilungen. Miscellen.

VI.

Holcks Einfall in Sachsen im Jahre 1633.

Von

G. Droysen.

(Schluss.)

III.

Das Ziel Holcks war die Stadt Leipzig, und über sein Auftreten ihr gegenüber, das gleichsam den Mittelpunkt seiner Invasion bildet, liegt eine reichhaltige und anziehende Ueberlieferung vor. Wir besitzen an archivalischem Material Holcks Brief an Wallenstein d. d. Leipzig 22. August 1633 (n. St.), Hallwich I. Nr. 637, und die sehr zahlreichen Berichte des Leipziger Raths an Johann Georg, namentlich seinen zusammenfassenden Bericht d. d. Leipzig 16. August 1633 (a. St.), sowie einen langen Bericht von „Rector, Magistri und Doctores der Universität Leipzig" an ihn d. d. Leipzig 17. August 1633, — Berichte, die sich sämmtlich im Dresdner Archiv finden. Dazu kommen zwei gedruckte Relationen:

Kurtze | Relation, | Wie es mit der Bela | ger- vnd Einnehmung der Stadt Leip | zig vom 8. biss 16. Augusti dieses 1633. Jahrs | hergangen, vnd der Feind ab | gezogen sey. | Auss Leiptzig den 18. Augusti. | (4 Bl. 4°. Titel Bl. a¹. Text Bl. a².)

Kurtze, Jedoch eygentliche Warhaff | tige Beschreibung, | Der dritten Bloquir- Belager- vnd Einnehmung der | Churfürstl. Sächs. Stadt | Leipzig. | Im Monat Augusto dieses MDCXXXIII. | Jahres. | (10 Bl. 4°.)

Die „Kurze Relation" ist ein sogenannter Schreibensextract, nach Form wie Inhalt ganz persönlich gehalten,
mit individueller Färbung. Die Erzählung beginnt ohne
weitere Einführung mit dem Erscheinen des Feindes vor
Leipzig am 8. August. Dass der Verfasser sich in Leipzig
befand und aus eigner Beobachtung zu schreiben vermochte,
ist sofort offenbar; ein Passus ziemlich gegen Ende lässt
vermuthen, dass er der kurfürstliche Postmeister in Leipzig
war, wie denn bekanntlich die Postmeister damals vielfach auch das Amt hatten, Schreibensextracte zu verfassen
und zu versenden.')

Die distinguirte Stellung des Verfassers ergiebt sich
auch daraus, dass er den grossen Bericht des Leipziger
Stadtraths einzusehen Gelegenheit hatte. Wir stossen bei
der Lectüre seiner Relation auf unverkennbare Reminiscenzen jenes Berichts, theils in Bezug auf die Auswahl des
Mitgetheilten, theils in Bezug auf die Form der Mittheilung.
Das Anziehende der Relation ist, dass sie eine Fülle von
Selbstbeobachtungen zu diesem übernommenen Material
hinzufügt.

Gerichtet hat der Verfasser seinen Bericht an einen
vor dem Erscheinen des Feindes aus Leipzig geflüchteten Herrn; — und es findet sich ausdrücklich überliefert,
dass sich vornehme Leipziger auf die Kunde von Holcks
Einfall so rasch als möglich aus dem Staube machten.
Der Autor schreibt: „Es hat der Herr grosse Zeit gehabt, sich zu salviren, dann der Feind über drei Stunden
nicht nach seinem Abzug die Stadt berennet und aufgefordert, und sind auch fast alle ihm nachgefolgte Bürger
mit allen bei sich habenden Sachen dem Feinde in die
Hände gerathen und ausgeplündert worden. Hier in der
Stadt hat der Feind grosse Nachfrage nach dem Herrn
gehabt und seiner oft begehrt."

') Die Worte lauten: „Sonsten haben sie übel gehauset, die
Pferde in der Stadt alle genommen; desgleichen haben sie auch gar
fleissig nach dem Herrn Postmeister gefragt, darbei mir zu gar wol
nicht gewesen. Ich kann dem Herrn auch nicht bergen, dass sie den
jüngst abgesandten Hamburger Boten den 9. Augusti, welcher Hans
Ladengast gewest, gefangen bekommen und alle Schreiben abgenommen, sonsten haben sie ihm nichts gethan. Mit ihm ging ab
der Nürnberger und Wittenberger Bot; von selben hört man nichts."
Dazu an späterer Stelle: „Den 18. dieses ist Er Hans Ladengast
wider von hier nach Hamburg abgeschickt worden."

Die „Warhafftige Beschreibung" ist im Wesentlichen eine Reproduction des Rathsberichts, doch nicht ohne formale Veränderungen und sachliche Zuthaten. In Leipzig scheint sie nicht verfasst zu sein; wenigstens spricht der Verfasser von den Leipzigern nicht in erster Person, beruft sich hingegen wohl auf Berichte, die „aus den Bergstädten, auch Altenburg und Leipzig anhero kommen". Es liegt die Vermuthung nahe, dass er zu Dresden, wohin der Rathsbericht eingesandt wurde, geschrieben hat. Vielleicht geradezu im Auftrage des Kurfürsten, der ihm zu dem Ende diesen Bericht zustellen liess. Jedenfalls hat er auch sonst gutes Material zur Verfügung gehabt, u. A., wie der Vergleich lehrt, die „Kurtze Relation".

Im Dresdner Archiv befindet sich eine handschriftliche „Beschreibung der dritten Ploquir- Beleger- und minirung der Stadt Leipzig vom Keyss. General-Feldmarschalch Holcken, 1633." (6 Bl. fol.), die im Wesentlichen mit der „Warhafftigen Beschreibung" übereinstimmt, aber manche beachtenswerthe Ergänzungen hinzufügt. Ergänzungen, zum Theil von so concretem, speciellem Inhalt, dass man fast sagen möchte, das Manuscript sei die von einem Leipziger angefertigte, stilistisch oft sehr frei behandelte Copie der Broschüre, die er dann durch seine unmittelbaren Erfahrungen erweitert habe.

Wesentlich nur auf der zuletzt genannten gedruckten und ungedruckten Relation ruht die Darstellung des Dr. juris Tobias Heydenreich in seiner bekannten „Leipzigischen Cronika" in Quart, die im Verlage seines Schwagers, des Buchdruckers Gregor Ritzsch erschien und ihre Erzählung mit dem Jahre 1634 schliesst.

So das Material für die Geschichte der „dritten Bloquirung der Stadt Leipzig". Es hängt, wie man sicht, in allen Stücken zusammen.

Weitere Quellen aber kommen nicht in Betracht; die bekannten zeitgenössischen Geschichtswerke sind ohne selbstständigen Werth. Das Theatrum Europaeum (III [1643], 109 ff.) ist zwar sehr ausführlich, doch was es giebt, ist nichts als die „Warhafftige Beschreibung" in kaum verkürzter Gestalt; andere beschränken sich auf Notizen, die gleichfalls dieser Broschüre direct oder indirect entlehnt sind.

So dürfen wir also sagen, dass es im Wesentlichen der Bericht des Leipziger Raths ist, dem wir die detaillirte Kunde dieser Belagerung Leipzigs verdanken. —

Schon am 6. August Mittags[2]) kam der Schwall der
vor den in eiligem Marsch anziehenden holckischen
Schaaren[3]) landeinwärts Fliehenden, „Adel und Unadel
mit viel hundert Wägen, Karren, Schaubebôcken, auch
etlich tausend Bauersvolk zu Fuss mit blossen Hucken
auf dem Rücken, auch nur mit Kindern beladen", vom
Gebirge herab durch Leipzig und an der Stadt vorüber.
Er brachte die Nachricht von Holcks Einfall, der unter
der Bürgerschaft Furcht und Schrecken verursachte. „Und
hat wegen des ankommenden kaiserlichen Volks auch
grosser Unsicherheit auf den Strassen fast niemand gewusst, was er thun und lassen sollen." Viele packten
eiligst ihre Habe zusammen und verliessen noch am 8.
Vormittags die Stadt; andere aber — „sonderlich Handelsleute und andere vornehme Bürger" — die sich beim
Packen zu lange aufhielten, wurden vom Feinde in die
Stadt zurückgetrieben oder geplündert und gefangen.
„Alle Professores mussten in loco verbleiben."

Denn bereits am 7. zeigte sich der Feind in einzelnen
Trupps vor der Stadt. Früh um 10 Uhr erschienen
einige 20 Reiter unter dem grimmaschen Thor und be-
gehrten Einlass; zu Mittag kamen ihrer mehrere auch
ans Petersthor; Nachmittags um 3 liessen sich 6 Reiter-
compagnien mit rothen und weissen Cornets „bei Uebelessen
und dem Kohlgarten" sehen. Diese streifenden Rotten
plünderten das platte Land und passten den fliehenden
Städtern auf. Bald war die Gegend mit feindlicher
Reiterei so angefüllt, „dass niemand weder aus noch einkommen konnte".

Ein paar von den Reitern, die sich zu nahe an die
Thore wagten, wurde gefangen eingebracht und einem
Verhör unterzogen. Der eine, der sich Caspar von Knese-
beck nannte und für einen Rittmeister ausgab, berichtete
u. A.: „Weil die Kaiserlichen kein ewig Haus allhier zu
bauen verhofften, wäre ihr Patent zu brennen, sengen,
nieder zu machen und wieder davon zu gehen." Der

---

[2]) Wo nichts weiter bemerkt ist, gilt fortan der alte Stil.
[3]) „Die kaiserl. Soldaten und Officirer, als sie hier gewesen,
können nicht genug sagen, wie schnell und stark der March auf
einander gangen, sintemal sie manche Nacht nicht drei Stunden ge-
ruhet, sondern immerfort marchiren müssen. Und ist das Fussvolk
Sonntags noch acht Tage über Eger draussen gewesen, haben auch
unterwegens manigmal nicht in 2 Tagen ein Bissen Brodt bekommen."
Handschriftliche Relation.

andere, ein Junge, der sich Hans König von Gotha nannte
und jenen Rittmeister als seinen Herrn bezeichnete, gab
an, es wären 2 feindliche Regimenter, jedes 10 Compagnien
(jede zu 50, auch 30 Mann), dazu 5 Compagnien
Dragoner (zu 100, auch 200 Mann) und 4 Regiments-
stücklein. Sie hätten Hof, Plauen, Zwickau, Altenburg
eingenommen und ausgeplündert; nun wollten sie heut
einen Anfall auf Leipzig thun. [*])

Der Rath von Leipzig hatte sofort (noch am 6. August) die traurige Zeitung „auf der Post" dem Kurfürsten
berichtet. Die Bürgerschaft sei „wegen der Sterbensgefahr, so vergangene Jahr sich allhier ereignet, sehr ge-
schwächt, und niemand vorhanden der sich auf das
Kriegswesen verstehe"; Wallenstein habe vorm Jahr
alles „Kraut und Loth" weggenommen, „also dass im Zeughaus über 2 Ctr. Pulver nicht mehr vorhanden". Sollte
daher der Feind herankommen, wüssten sie „aus Mangelung der Mannschaft und Munition" nicht, wie sie sich
gegen ihn vertheidigen sollten, und bäten deshalb den
Kurfürsten, der Stadt „mit Rath gnädigst beizuspringen",
einen Commandanten zu senden und Befehle für das fernere
Verhalten zu geben. Am folgenden Tage (7. August)
wiederholte er, Angesichts der anwachsenden Gefahr, seine
Bitte in zwei Schreiben (vom Morgen und Abend). Und
wieder einen Tag später (8. August) bat er den Kurfürsten,
„weil je mehr und mehr Volks im Anzuge", um „eilenden
und erspriesslichen Succurs".

Doch unterliess er es nicht, von Anfang an die nöthigen Massregeln zu treffen, um dem Feinde so gut als
möglich zu widerstehen. Er lud den Ausschuss der
Bürgerschaft vor, um ihn zu ermahnen, auch für sein
Theil auf Beschaffung von Munitionsvorräthen ins Zeughaus und auf Mittel zur Vertheidigung der Stadt vor un-
verhofftem Angriff bedacht zu sein. Er berief die „Con-
stabel" aus der Bürgerschaft, ernannte an Stelle der
Verstorbenen andere und befahl ihnen, „dass sie die
Stücke auf die Basteien bringen, eine Vergleichung unter
sich machen und ein jedweder das seinige dabei thun
sollte, was ihre schuldige Pflicht erforderte und bei solcher

---

[*]) Die Aussage des dritten Gefangenen, gleichfalls eines Jungen,
der sich Hans Koch von Torgau nannte und für einen Barbier ausgab, war ohne Belang. Ueber das alles berichtete ausführlich der
Rath an Johann Georg d. d. Leipzig 8. August 1633. Dr. A.

gefährlichen Kriegszeit sich allenthalben gebühren wollt".
Und die Constabler kamen dem Befehl nach und begannen
sofort mit Hülfe der Zimmerleute das Geschütz auf die
Basteien zu bringen. Zugleich liess er die gemeine Bürgerschaft „sammt und sonders" zusammenfordern, und anbe-
fahl ihr mündlich und „durch unterschiedene ernste Patente":
„weil sich allbereit die Reiterei im Felde sehen liesse,
und zu besorgen, es möchte die ganze Armee ehestens
darauf folgen, und dahero die Stadtwache nothwendig gestärkt werden müsste, — dass ein jeder an seinem Ort
das seinige treulich und fleissig verrichte, auch wegen
Feuersgefahr in ihre Häuser und auf die Böden Wasser
tragen lassen, so wohl sich mit Wassereimern und Kuh-
häuten bei Zeiten versehen und hiebevor gnädigst anbe-
fohlner Massen standhaftig erweisen sollten".

Kurz: es wurde von Seiten der Stadt alles nach Möglichkeit zur Gegenwehr angeordnet, auch die Wachen
in den Thoren wohl und fleissig bestellt.

Es war auch die höchste Zeit, denn noch am Abend
des 8. August langte der ganze feindliche Vortrab von
Reitern und Dragonern unter Feldmarschalllieutenant
Hatzfeld auf der grimmaschen Strasse bei den um die
Stadt liegenden Dörfern (Connewitz, Stötteritz, Schönfeld
u. s. w.) an.

Damit begann der Ernst, und „dahero höret der Seiger
in der Stadt um 9 Uhr diesen Abend auf zu schlagen".

Gleich [5]) am folgenden Morgen (9. August) früh um
6 Uhr sandte Hatzfeld einen Trompeter (Colhanns mit
Namen) in die Stadt, der den Rath mündlich zu fragen
hatte, ob die Stadt ihm Quartier geben, Besatzung einnehmen „und also noch kaiserisch sein wollte oder nicht".
Er hatte sofortige Antwort zu verlangen.

Die Antwort, die der Rath nach voraufgehender Berathung mit der Universität und dem Ausschuss der
Bürgerschaft gleichfalls mündlich gab, war: sie hätten vom
Kurfürsten gemessenen Befehl, ihm Alles, was in Kriegs-
und andern wichtigen Sachen begehrt würde, ungesäumt
zu berichten, und seine Resolution darauf zu erwarten.
Sie ersuchten daher Hatzfeld, ihnen „Pass und Repass"
zu geben. „Da aber über alle Zuversicht etwas feind-

*) Ueber das Folgende handelt der Bericht des Raths an Johann
Georg d.d. Leipzig 9. August 1633. Dr. A.

liches vorgehen sollte, müssten sie gleichsfalls zur Gegenwehr schreiten und wider Gewalt sich bester Massen defendiren."

Nur 2 Stunden später (um 8 Uhr) erschien dann auch ein Trompeter von Holck selbst. Er wurde, wie jener, mit verbundenen Augen eingelassen und aufs Rathhaus geführt.

„Der General liesse den Rath grüssen und fragen, wie es ihm gefiele, dass er mit seiner Armee wiederum ankäme; wollte verhoffen, man würde sich accommodiren."

Mit dieser Anrede überreichte er dem Rath ein aus Altenburg 18. August (n. St.) datirtes Schreiben Holcks,[6]) in welchem er ihm mittheilte, dass er mit seiner Armada auf Leipzig marschire und Hatzfeld vorausgeschickt habe, um die Stadt vorläufig einzuschliessen. Da er nun „niemals an Vergiessung unschuldigen Bluts und Verödung vornehmer Städte Beliebung getragen, und viel lieber sehen würde, dass die Stadt sich, wie vorm Jahr, in der Güte accommodiren, als mit ihrer Totalruin den Ernst, so der Krieg mit sich bringt, erwarten möchte", so habe er ihnen das bei Zeiten zu erkennen geben wollen. Sie möchten dem Trompeter ihre eigentliche und endliche Erklärung mit zurückgeben.

Ein Postscript wies darauf hin, dass die Stadt der Armee jetzt so wenig als vor einem Jahr zu widerstehen vermöchte, auf Succurs aber so bald nicht zu hoffen hätte.

Die Antwort des Raths auf dieses „bedrohliche Schreiben",[7]) mit welcher er den Trompeter abfertigte, war wieder der Hinweis auf den Kurfürsten, ohne dessen Vorwissen sie nicht das Geringste vornehmen dürften; dem sie deshalb Holcks Ansinnen ungesäumt mittheilen und dessen Resolution sie erwarten wollten.

Der Rath beeilte sich, auch von diesem Ansinnen des Feindes und von seiner Anwort auf dasselbe dem Kurfürsten Mittheilung zu machen, der er natürlich die Wiederholung seiner nun schon so oft ausgesprochenen Bitten in dringendsten Worten hinzufügte.[8]) Und am folgenden Tage (10. August) schrieb er ihm wieder: Ein in die Stadt hereingebrachter „kleiner Junge, ohngefähr von 12 Jahren", der sich bisher bei den Kaiserlichen auf-

---

[6]) Dr. A. Mitgetheilt bei Heydenreich 574 f.
[7]) d. d. Leipzig 9. August 1633 (a. St.). Dr. A.
[8]) Der Rath von Leipzig an Johann Georg d. d. Leipzig 9. August 1633 (a. St.). Dr. A.

gehalten,*) hätte unter Andern ausgesagt, dass das um
die Stadt in den nächsten Dörfern allhier logirende kaiserliche Volk aus 3 Cornet Crabaten, 4 Fahnen Dragonern
und 9 Cornet Reutern bestände, und vorgäbe, dass morgen
oder übermorgen das Fussvolk sammt den Stücken auch
ankommen würde. Eine Aussage, die den Rath dann
abermals zu einer Wiederholung seiner Bitte um „eilenden
Succurs und Hülfe" veranlasste.

Und da er befürchtete, dass dieser Bericht von den
Kaiserlichen aufgefangen werden möchte, so kaufte er dem
David Hendeln von Düben ein Pferd für 36 Thaler ab und
gab ihm 10 Thaler Reisegeld, damit er sich zur Nachtzeit zunächst nach Halle begebe, um dort dem Commandanten die
bedrängte Lage Leipzigs zu schildern und ihn zu bitten,
sich mit etwas Reiterei bei Schkeuditz zu zeigen, weil
das die Kaiserlichen von ihrem Unternehmen abhalten
würde; hernach auf Dresden reite, um dem Kurfürsten
die Gefahr, in der Leipzig schwebe, mündlich zu schildern.

Doch liess es der Rath bei solchen schriftlichen und
mündlichen Hülfsgesuchen nicht bewenden. Er brachte,
damit die gemeine Bürgerschaft durch den ununterbrochenen
Wachtdienst nicht allzu sehr abgemattet würde, etwa 400
Handwerksgesellen in Eile zusammen, versah sie mit
Waffen und liess sie „neben der Bürgerschaft zu Tag
und Nacht die Wache verrichten".

Und weil die Stadt „so gar mit keinem Kriegsver-
ständigen versehen", so bat der Rath den Wolfgang Meier,
Obrist-Wachtmeister des löserischen Regiments, der sich
gerade in Leipzig befand, ihm „wegen dieser plötzlichen
Noth und Bedrängniss einzurathen", der denn auch, da
er ohnehin in des Kurfürsten Eid und Pflicht stand, der
Bitte mit Bereitwilligkeit und Eifer nachkam.

Für den verstorbenen Daniel Statter ernannte er
Georg Wendtlandt, „unter der Leipziger Compagnie bestellten Defensionsfähnrich" zum interimistischen Stadt-
wachtmeister, „dessen Fleiss und Willführigkeit gleichfalls
im Werk verspüret wurde".

Am 10. August kam es zu ein paar kleinen Zusammen-
stössen, „Ausfüllen", wie Heydenreich sagt; wahren Bagatellen, deren der Rath in seinem Bericht nicht gedenkt,

---

*) Er hiess Abraham Neuber, von Chemnitz gebürtig. In der
„Warhafftigen Beschreibung" wird dieser ganzen Sache gar nicht gedacht; von Heydenreich 577 ungenau.

die aber schon in der gedruckten und ungedruckten Relation eine grosse Rolle spielen. Bei dem einen handelte es sich um die Hereinschaffung „etlicher Kufen und Fass Bier“ aus dem Johannishospital in die Stadt; bei dem andern um das Löschen der von den Kaiserlichen in Brand gesteckten 3000 Klafter kurfürstlichen Flussholzes. Beide Mal erreichten die Belagerten ihren Zweck nicht.[10])

Am Sonntag 11. August gegen Abend kam endlich auch Holck in „eigner Person mit dem hellen Haufen und ganzer Macht“ heran; man vernahm, als es Dämmerung wurde, auf den Basteien der Stadt das Spiel des Fussvolks. Es legte sich sofort in die Vorstädte, hart an die Basteien und Stadtthore und begann alsbald den Angriff,[11]) indem es auf die dortigen Posten ohne Unterlass Feuer gab. Etliche drangen bis an das Gatter am grimmaschen Thor, hieben es mit Aexten entzwei, wurden aber dann, Dank der Wachsamkeit des Obristwachtmeister Meier und dem Kreuzfeuer, von beiden Basteien wieder abgetrieben.

Noch in der Nacht (11./12. August) zwischen 1 und 2 Uhr begann das Bombardement, namentlich in der Gegend des grimmaschen Thores. Es war „so heftig,

---

[10]) Die „Warhafftige Beschreibung“ erzählt: Und nachdem an Bier Mangel in der Stadt vorfallen wollen, und noch etzliche Kufen und Fass im Hospital zu S. Johannis vorhanden gewesen, seind etliche Mussquetirer von den neuen angenommenen Handwerksbursche, sammt Wagen und Pferden hinaus commandiret worden, das Bier hereinzuholen; weil es aber die Kays. Schildwache, welche von gedachten Mussquetirern aufgetrieben, solches zeitlichen vermerket, und die Tragoner, so im Kohlgarten gelegen, geschwind zusammen kommen, hat alles Bier in die Stadt nicht gebracht werden können. Hierauf ist bald das Churf. Flussholz vorm Petersthor am Schiessgraben von den Kays. Tragonern, die sich selben Orts aufgehalten und die Schildwachen verrichtet, an unterschiedenen Orten angezündet worden, und in die 3000 Klaftern in Feuer verdorben, und obwohl etliche Mussquetirer anfänglich hinaus commandiret, das Feuer zu löschen, alldieweil aber die Kays. Tragoner an zwei Orten darbei starke Wacht gehalten, und die Nacht mit eingefallen, auch das Feuer je länger je mehr zugenommen, so ist nicht möglich gewesen, solches zu löschen. Unterdessen haben sich die Kays. aussm Kohlgarten unterstanden, einen Wagen mit Bier aussm Hospital zu S. Johann abzuholen, nachdem es aber die Bürgerschaft auf der Petersbastei inne worden, haben sie aus den grösseren Stücken Feuer hinaus geben, die Kays. etzliche mal abgetrieben und die Räder am Wagen entzwei geschossen, darüber ein Kays. auch todt blieben.“ Heydenreich reproducirt diese Erzählung im Wesentlichen wörtlich.

[11]) „Worauf um Mitternacht das elende und traurige Lermen anging.“ Handschriftliche Relation.

grausam und unaufhörlich, dass man in allen Gassen und Örten genugsam zu wehren gehabt"[12]) und die zum Löschen bestellten Personen alle Hände voll zu thun hatten, um den Ausbruch einer Feuersbrunst zu verhindern.

Nachdem Holck Alles zum entscheidenden Angriff vorbereitet, und den Leipzigern den Ernst gezeigt hatte, sandte er am 12. August früh um 8 abermals seinen Trompeter in die Stadt und liess dem Rath durch ihn mündlich anbringen: „Was diese Stadt gedächte, dass sie sich so widersetzte. Man sollte sich kurz erklären, ob man bei dem Ernst verbleiben und darauf was anders gewarten wollte; und da man zweifelte, dass er in der Person nicht vorhanden, sollte man jemand hinaus senden; hingegen wollte er einen andern herein geben, damit der

---

[12]) Holck an Wallenstein d. d. Leipzig 22. August 1633 (n. St.). Hallwich I. Nr. 637 giebt selbst an, dass er Leipzig „gestern spat in der Nacht angegriffen und bis ans Thor kommen". Die „Warhafftige Beschreibung" und die handschriftliche Relation, und danach Heydenreich, geben Details über den Bau der Batterien. Erstere erzählt, dass die Kaiserlichen „in der Stille eilends gar nahe bei dem grimmischen Thore eine Batterie aufgeworfen, Fass darauf gesetzet und mit Erden und Steine ausgefüllet, dass sie also sicher dahinter stehen und auf die Bürgerschaft im grimmischen Thore stet Feuer geben können. Und wiewol die Bürgerschaft solches mit schiessen von den Basteyen hindern wollen, hat es doch wegen der Häuser, so gleich über gestanden, nicht sein können." Heydenreich 580 fügt dem noch hinzu: „Sie haben auch noch selbige Nacht in Jacob Falckners Vorhof und Garten an der Hintergassen zwo starke Batterien, von einer die Stadtmauer hinter der Rossmühlen bei dem stumpfen Thurm zur Presse zu schiessen, von der andern die hallische Bastei zu ersteigen, verfertiget. . . Hinter der Schwarzfarbe haben sie 6 Feuermörsel gestellet und die Stadt mit allen Ernst und Gewalt aufs heftigste und feindseligste anzugreifen Bereitschaft gemachet." Sehr anziehend durch ihre Unmittelbarkeit ist die Erzählung der „kurzen Relation", die sich mit jenen Angaben wohl zusammenfügt: „Den 11. dieses in der Nacht kam das Fussvolk an, darauf alsbald ohngefähr um 1 oder 2 Uhr gegen Morgen mit 6 Mörsel, welche für dem grimmischen Thor auf der linken Hand, ohngefähr das 5. Haus, wenn man hinausgehet, hintern Häusern gepflanzet, stark Feuer eingeworfen wurde und wehret continue bis in den 12. dieses Nachmittag um 2 Uhr, welches grossen Schaden gethan, viel Häuser ein- und niedergeschlagen (wie es dann in unserm Hause das Hindergebäude, darauf das Heu gelegen, bis auf meine Kammer, alles niedergebrannt) und hatte das Volk gnugsam zu löschen, davon es in die 12 Stunden sehr abgemattet wurde. Nachdem ein Feuer oder etliche in der Stadt helle aufgingen, wollten sie am grimmischen Thor Sturm laufen, aber durch continuirliches Schiessen auf den grimmischen und hallischen Basteien wurden sie mit Verlust etlicher Knechte abgetrieben".

(leipzigische) Abgeordnete alsobald gegenwärtig mit dem General reden und die grosse Kriegsmacht zu Ross und Fuss selbst ansehen können."

Der Rath aber bat auf vorhergehende Deliberation mit der Universität und dem Ausschuss der Bürgerschaft mündlich und schriftlich um „zwei oder doch zum wenigsten einen Tag Anstand und Dilation". [13])

Die Antwort Holcks war die Fortsetzung des Bombardements. Und so ist denn „das stete Schiessen, Feuereinwerfen und Approchiren mit einer solchen Grausamkeit continuiret worden, dass viel unterschiedene Feuerballen und Granaten auf einmal in etlichen Gassen und Häusern zugleich eingefallen, dieselben zerschmettert, zerschlagen und Gesparr, Böden und Stuben verderbet, und an unterschiedenen Örten so gefährlich angezündet, dass Niemand sicher auf der Gassen und in Häusern verbleiben und löschen können. Wie dann ein Buchführersdiener straks todt verblieben, etzliche aber von den Leuten, so gewehret, ziemlich hart beschädiget worden. Darauf dann eine solche Angst Noth und Schrecken unter den Leuten, gross und klein, entstanden, dass in die 50 Personen über die Stadtmauer beim Thomasthor gesprungen, in der Feinde Hände kommen und drei Weiber aus grossem Schrecken ihre kleinen Kinder von sich ins Wasser geworfen, aber wunderbarlicher Weise wiederum errettet worden. Viele haben sich in die Kirchen, Collegia retiriret, viele in die Keller verstecket, und darüber wegen des unerhörten schrecklichen Feuereinwerfens in Ohnmacht gefallen. Wie dann auch nichts weniger bei dieser grossen Angst und Schrecken und zugleich in den Gassen, auf den Collegiis und hin und wieder aufgehenden vielen Feuersbrünsten von den geworbenen Handwerksburschen ihrer viel von den Posten gelaufen und sich ins Schloss retiriret". [14])

---

[13]) Das Schreiben des Raths d. d. 12. August (a. St.) bei Heydenreich 584 ff. „Als bitten wir unterthänig ... uns Anstand bis auf morgenden Tag zu ertheilen, auch unterdessen mit Feuereinwerfen und approchiren auch andern dergleichen innen halten zu lassen. Inmassen dann auch wir die Unserigen dahin halten wollen, dass sie ebenmässig mit der Gegenwehr in Ruhe stehen sollen".

[14]) So die Schilderung des Rathsberichts, der auch hier wieder die Grundlage der Ueberlieferung bildet. Die „Warhafftige Beschreibung" folgt ihm so gut wie wörtlich. Doch hat sie gleich zu Anfang einen Zusatz. Sie erzählt nämlich: „Obwohl der Trompeter das Feuereinwerfen auch selbst, weil mit der Stadt zu tractiren durch

Es waren über drittehalb Hundert grosse Feuerballen und Granaten, viele in einem Gewicht von anderthalb Centnern und darüber, die in die Stadt geworfen wurden. [15])

Zwar wehrten die in der Stadt sich wacker und beantworteten das feindliche Feuer, aber ohne Unterstützung

---

ihn begehret wurde, dem äusserlichen Ansehen nach, improbiret und gesagt, der General Feldzeugmeister Graf Coloredo wäre daran Ursach: So ist doch, nachdem der Trompeter wiederum zum Thor hinausgelassen worden, nichts desto minder das stete Schiesen ... continuiret worden." Ein Zusatz, der sich dann auch freilich stark verändert bei Heydenreich 585 findet. Die Schilderung der handschriftlichen Relation verdient ganz mitgetheilt zu werden: „Erstlich zwar warfen sie mässige Feuerkugeln zu 60 Pfund allzeit 6 auf einmal herein, denn sie vermeineten, es würde die Stadt sich alsbald accommodiren, dass sie der nicht viel bedürfen würden, so aber Gottlob noch ziemlich abgangen, denn ob sie zwar anzündeten, wurden sie doch von denen bald hierauf acht habenden und bestellten Leuten geleschet, oder zersprungen noch in der Luft auf Stücken, ehe sie herunter auf die Erde fielen, welches die Kayserlichen sehr verdrossen, also dass sie bald zu grösseren Feuerballen griffen, deren theils in 180 Pfund gehabt, und selbe mit grössern Ernst hereinwarfen ohne einig aufhören und Unterlassen, so viel operiret und zu schaffen gemacht haben. Mittler weil aber schickten die Kayserlichen noch einen Trompeter herein, sich zu erklären, ob man sich accommodiren wollte oder nicht. Dazu sichs anfangs noch schlecht anliesse. Weil aber die Gefahr immer grösser worden, hat man den Trompeter endlich mit diesem Bescheid abgefertigt, dass man accordiren wollte, man sollte nur liederliche (leidliche) Mittel vorschlagen und unterdess mit dem Feuereinwerfen inne halten. So er, der Trompeter, auch zugesagt. Als er aber kaum zur Stadt hinaus gewesen, ist der grosse Ernst mit den Granaten für die Hand genommen worden, dass man bald nicht genug wehren und löschen können, denn das Feuer an unterschiedlichen Orten, sonderlich in der Catharinenstrassen sehr überhand genommen, dahin dann die Feuerkugeln unaufhörlich geflogen, dass niemand sicher löschen konnte noch durfte, wurden also die Nicolauskirche, Collegia und andere Häuser theils ganz eingeworfen, dass es der Donner, wenn er schlägt, nicht so arg machen kann; jedoch blieb Gottlob an Menschen nicht mehr als ein Buchführersdiener" u. s. w.

Die Schilderung des Bombardements findet ihre Bestätigung in Holcks Bericht an Wallenstein vom 22. August (n. St.): „Die Feuerkugeln und Granaten (haben) so ein effect gethan, dass darüber die Stadt angezündet und bald in Brand wäre aufgangen. Sie haben aus der Stadt weisse Tücher ausgehängt, auch viel auf der anderen Seiten über die Mauern, um sich zu salviren, gesprungen, welche doch aller ertappet worden. Dann unsere Musquetiere bis unter das Thor, welches doch stark verbollwerket gewesen, angesetzt."

[15]) „Eine eiserne Kugel habe ich wiegen sehen, daraus die inwendige Materi als Pulver und was sonst darin, verbrannt gewesen, und hatte 112 Pfund." Kurze Relation.

durch geworbene Truppen und bei dem Mangel an Munition hätte das auf die Dauer nicht vorgehalten. Als die
Kaiserlichen das an etlichen Orten, namentlich an der
Nikolauskirche aufflammende Feuer sahen, erhoben sie
ein grosses Jubelgeschrei, schlugen Lärm zum Sturmlauf
und suchten zum dritten Mal (freilich wieder vergebens)
eine Petarde am grimmaschen Thor anzuschrauben.[16])
Die Noth war — sagt die „Warhafftige Beschreibung" —
allzugross geworden, und ohne Gottes Hülfe hätte sich
das Schicksal der Stadt Magdeburg an Leipzig wiederholt.

Die Verzweiflung trieb viele Bürger mit Weib und
Kindern auf's Rathhaus, wo sie denn mit Seufzen und
Thränen von der grossen Angst und Noth und der unabwendlichen Feuersgefahr klagten und „um Gottes und des
jüngsten Gerichts willen" flehentlich baten, durch einen
Trommelschläger bei Holck um Erlangung eines leidlichen
Accords nachzusuchen.

Indessen war der holckische Trompeter abermals mit
einem „sehr harten bedrohlichen Schreiben" angekommen.[17])
Er hätte sie vor etlichen Tagen schriftlich und noch heute
„vor Unglück, ja dero ganzen Ruin" wohlmeintlich durch
seinen Trompeter warnen und zu zeitlicher Accommodirung
ermahnen lassen. Dass sie seine Ermahnung abgelehnt,
hätte er mit Verwunderung und „nicht ohne besonderes
Mitleiden" vernommen, „alldieweil dem kaiserlichen Volk
wissend, dass kein geworbenes Volk bei ihnen, und deswegen um so viel schärfer wegen dessen, dass sie sich also
wider alle Raison opiniatrirt, procediren möchten". Gleichwohl stelle er ihnen — um ihnen und der ganzen Welt
zu beweisen, „dass er an dergleichen Proceduren kein
Belieben (trüge)" — nochmals anheim, „ob sie ihren und
der Ihrigen nunmehr gleich über ihnen schwebenden Untergang verhüten und sich in continenti accommodiren und
solcher wegen diesen Augenblick zu ihm herausschicken
wollten. Einiger Dilation hätten sie sich durchaus nicht
zu getrösten".

Der Rath scheint sofort zur Capitulation entschlossen
gewesen zu sein.[18]) Es wurde eine Deputation für die

---

[16]) Das fehlt in dem Bericht des Raths, findet sich aber in dem
der Universität.

[17]) d. d. im Felde vor Leipzig 22. August 1633 (n. St.). Dr. A.
Inhaltlich auch in der gedruckten Ueberlieferung.

[18]) Die „Warhafftige Beschreibung" lässt die Bürger dabei eine
Rolle spielen: „Als nun dieses höchst bedrohliche Schreiben abge-

Verhandlungen mit Holck ernannt. Von Seiten der Universität gehörten ihr an die Professoren Dr. Wilhelm Schmuck, Dr. Christof Preibisius, Dr. Franciscus Kost und der Notarius M. Friedrich Leipnitz; von Seiten des Raths die beiden Bürgermeister Dr. Adam Herr und Friedrich Meier, der Baumeister Christian Eulenau und der Oberstadtschreiber M. Johann Müller; von Seiten der Bürgerschaft endlich Zacharias Finsinger, Hieronymus und Sebastian Schmidt.

Sie fuhren in zwei Kutschen „nicht ohne Gefahr" zum Petersthor hinaus vor das grimmasche Thor und wurden von den Offizieren bis zur Ankunft Holcks „für dem grimmischen Thor, in des Hufschmieds Hause, welches das erste auf der linken Hand, wenn man zum Thore hinausgehet",[19]) aufgehalten.

Als er[20]) ankam, hat er sie anfänglich mit sehr harten Worten und Bedrohungen angelassen und gesagt: „Die Stadt wüsste sich zu erinnern, wie vorm Jahr mit derselben ein Accord zwar geschlossen, aber von ihr nicht gehalten, sondern die kranken, beschädigten Soldaten mit gebührender Nothdurft und Unterhalt verlassen, auch der Unmündigen und Geistlichen nicht verschonet worden. Derowegen es anders nicht sein könne, Kopf um Kopf, und so viel niedergemacht worden, müssten gleiches Standes wiederum herhalten. Und weil von Geistlichen und anderen etzliche gefangen, so hätten sie sich dergleichen auch zu gebrauchen."

Die Abgeordneten entschuldigten solches Alles zum Besten. Aber es hat nichts helfen wollen, „bis endlich der General Holck neben dem Feldmarschall-Lieutenant von Hatzfeld, Grafen Colloredo und Obristen Wangler den jährigen Accord mutatis mutandis verwilliget und solchen eigenhändig unterschrieben und besiegelt".[21])

---

lassen worden, haben die Bürger, so gleich aufm Rathhaus gewesen, desto heftiger angehalten." Der Rath entwickelte dem Kurfürst die Gründe für die Uebergabe in nicht weniger als 28 Punkten.

[18]) Kurze Relation, eine Notiz der handschriftlichen Relation erweiternd.

[19]) „Nach Verfliessung zweier Stunden." Heydenreich 590.

[21]) So der Rathsbericht. Die „Warhafftige Beschreibung" folgt ihm, ändert aber mehrfach, fügt weiteres Detail hinzu und sucht den abrupten Wandel in Holcks Stimmung und Entschluss plausibel zu machen. Die ganze Stelle lautet so: „Wie wohl nun die Abgeordneten sich gar beweglich entschuldiget und gebeten, ihnen und ge-

Die flugschriftliche Ueberlieferung weiss, wie bei den Verhandlungen die Abgeordneten besonders gebeten hätten, dass die zu Leipzig befindlichen Waaren der fremden Handelsleute in den Accord mit aufgenommen würden, („weil zumal solche vorm Jahre alle hinweggenommen werden wollen“); wie aber Holck davon Anfangs nichts habe wissen wollen, „sondern das Haupt geschüttelt und gelachet“, doch endlich es bewilligt habe. [22])

Der Accord [23]) war milde genug! Volle Amnestie für alle Leipziger, die sich an der Vertheidigung ihrer Stadt betheiligt hatten. Belassung der Universität, des Raths und der Bürgerschaft bei ihren Privilegien, Rechten, Freiheiten, Einkünften, auch bei freier Religionsübung, ohne sie mit neuen Pflichten zu beladen. Freier Ab- und Zuzug aller, die dieser Zeit in die Stadt gewichen; für die Bürger und fremden Kaufleute ungehinderte Versendung der Waaren. Belassung der Munition in den Händen des Raths, jedoch nur „zu der Stadt Defension“. Auch die Glocken, „sie sein, wo sie wollen“, sollen ihrem bisherigen Besitzer (Universität oder Rath oder Bürgerschaft) verbleiben. Ablieferung der in den Händen der Bürger befindlichen Gewehre aufs Rathhaus, um vom Rath in Verwahrung genommen zu werden, „doch dass eine kaiserliche Wacht dabei bleibe“. Gemeinsame Verwahrung der Schlüssel zu den Stadtthoren durch den Commandeur und den Rath „vermöge der Stadt Privilegien“.

Dafür hat die Stadt eine kaiserliche Garnison einzunehmen, welcher interimistisch der Rath Quartier in der Stadt anweist; nach Eroberung der Pleissenburg wird sie dorthin verlegt, „die Stadt aber gänzlich damit verschonet“. Die Bürger haben den bei ihnen einquartirten Mann-

---

meiner Stadt solches nicht entgelten zu lassen, weil ins Raths Macht und Gewalt nicht gestanden, den Soldaten zu wehren, und von dergleichen abzuhalten; so hat es doch anfänglich nicht helfen wollen, bis endlich, nach genommenem Abtritt, und die Abgeordnete wiederum in die Stube kommen und nochmals gar sehnlich und beweglich gebeten, dasjenige, was vorm Jahr vorgangen sein soll, der Universität, dem Rath und gemeiner Stadt, weil sie daran allenthalben unschuldig, nicht beizumessen. Hierauf der General Feldmarschall Graf Holck gleichfalls in einem Augenblick sich geändert und neben dem Feldmarschall-Lieutenant von Hatzfeld . . . . den jährigen Accord mutatis mutandis verwilliget“ u. s. w.

[22]) S. Art. 9 des Accords.
[23]) Abgedruckt u. a. bei Heydenreich 591 f.

schaften nur Servis zu geben; der Unterhalt für sie soll nach festen Bestimmungen von den umliegenden Dörfern beschafft und strenge darauf gesehen werden, dass gute Disciplin gehalten und der Quartiergeber von den Truppen nicht über Gebühr beschwert werde. Für Plünderung der „Collegia, Universitätsverwandten, Bürger und anderen Einwohner" sollen die zur Garnison bestimmten gemeinen Mannschaften wie die Officiere rücksichtslos bestraft werden; ebenso für Demolirung von Häusern und Schädigung des kurfürstlichen Amtshauses.

Universität, Rath und Bürgerschaft hingegen versprachen „alles verdächtige Practiciren abzustellen und treulich und aufrichtig gegen die kaiserliche Garnison und Volk sich zu verhalten".

„Diesen Tag — so bemerkt die handschriftliche Relation — eben um 5 Uhr hat der Seiger aufm Rathhaus und Nicolausthurm zum ersten Mal angefangen zu schlagen."

Sofort, nachdem der Accord vollzogen war, „hat — so heisst es im Rathsbericht — über alle Zuversicht ein Regiment zu Fuss unter dem Obristen Adelshofen in die Stadt eingelassen werden müssen." Es folgten noch denselben Abend etliche Compagnien Reiterei. [24]) Auch Holck kam, von hohen und niederen Officieren begleitet, in die Stadt, wohl um die nöthigen Anordnungen zum Angriff auf die Pleissenburg zu treffen, auf die sich viele der Handwerksburschen von den Basteien und sonst viel Mannsvolk geflüchtet, „so sich ohngefähr auf 200 Mann erstrecket".

Wir erfahren, wie noch in der Nacht vom 12. auf 13. August viele Häuser in der Nähe der Burg und des Petersthores in Besitz genommen und der Angriff auf die

---

[24]) Die handschriftliche Ueberlieferung (den Text der „Warhafftigen Beschreibung" durch wichtige Zusätze erweiternd, und für den Angriff auf die Pleissenburg besonders beachtenswerth) sagt, dass „zwischen 4 und 5 Uhr Nachmittag 8 kayserl. Fähnlein zu Fuss circa 1000 Mann stark, vor jedem Fähnlein 2 Zimmerleute mit aufgehobenen Aexten unter Obrist Adelshofen zum grimmaschen Thor, noch für unserer Deputirten Hereinkunft, neben etzlichen Cornet Reutern mit rührenden Spielen hereingezogen, Anfangs ufm Markt in Bataglia geführt, hiervon bald 12 Musquetierer aufm Thomasthurm commandiret etc." (das Weitere im Text). Die „kurze Relation" giebt die Stärke der 8 Fahnen zu Fuss auf 1600 Mann an, „benebenst General Holck."

Burg begonnen wurde, indem 12 Musquetiere mit „einem kleinen Bockstücklein“ den Thomaskirchthurm besetzten und sofort auf die Burg zu schiessen begannen, während zugleich von der grimmaischen Bastei aus das Feuer des städtischen Geschützes[25]) auf den Schlossthurm seinen Anfang nahm; wie mit dem Schiessen die folgenden Tage fortgefahren, die Belagerung forcirt wurde, und wie Obrist von Drandorf, der Commandant der Pleissenburg, „sich wacker gewehret und seinem Feinde Tag und Nacht wohl zu respondiren wusste, dass es ihm billig zum Ruhm nachzusagen und nachzuschreiben ist“.[26]) Alle Aufforderungen, sich zu ergeben, wies er rundweg ab.

Holck hatte von vorn herein wenig Hoffnung, die Burg zu nehmen; auch wohl kaum die ernste Absicht, es zu thun. Noch am Tage der Aufrichtung des Accords schrieb er in einem aus Leipzig selbst datirten Brief an Wallenstein:[27]) „Das Schloss betreffend, weiln ein guter Gesell darinnen, als der Drandorff, so vor diesem bei dem sächsischen Regiment Obrist-Lieutenant gewesen, wirds viel Mühe kosten, und habe wenig Hoffnung, sonder grossen Verlust es in der Eil zu zwingen.“ Er fügte hinzu, dass er ihn, da er keine Ordre habe, „sich hier zu impegniren oder lange aufzuhalten“, „sitzen lasse und nur mit ihm pro forma parlamentire“.

Mehr jedenfalls als an der Occupation der Pleissenburg lag ihm an der Einnahme einer möglichst grossen Brandschatzung von der Stadt. Zu dem Ende liess er gleich am 13. August dem Rath durch Rittmeister Heinrich Neumann erklären, er hätte binnen 24 Stunden 200 000 Thaler für die kaiserliche Armee aufzubringen; wo nicht, andere

---

[25]) „Sintemal die Kayserlichen gar keine Stücken hereingebracht.“ Handschriftliche Relation. Danach Heydenreich 595.

[26]) So die handschriftliche Relation. Sie fährt fort: „Den 13. August sein 16 Cornet Cürassiere, deren jedes über 100 stark, herein kommen; so wurde auch Nachmittag über vorige noch mehr Volk gegen das Schloss und Thomaszwinger, Thomaskirchhof, Burgstrasse und Kalkhütten commandirt. Es ist auch noch ein Regiment Fussvolk fürm Thor bei den Gärten gegen das Schloss gelegen, viel leere Fass und Kufen aus den Häusern geholet und wie diesen Tag auch vorigen Abend und Nacht stark angefangen gegen das Schloss sich zu vergraben und Batterien aufzuwerfen, darauf vom Schloss continue sehr Feuer gegeben worden, wo sich nur etwas blicken lassen, also dass der Soldaten sehr viel verwundet und niedergeschossen worden.“

[27]) Hallwich I. Nr. 637.

Extremitäten, so ihm nicht gefallen würden, zu erwarten. Der Rath berief sich zwar auf „den getroffenen Accord und die Unmöglichkeit", und bat inständigst erst um Remission, dann wenigstens um Linderung dieser hohen Summe Geldes, indem er darauf hinwies, „wie die Stadt nunmehr drei Jahr nach einander ein sehr grosses ausgestanden, auch jetzo bei dieser schweren Einquartierung des Volkes ein hohes aufginge, und gleichwohl sich in particulari viel Plünderungen ereigneten und der gemeine Soldat mit unerträglichen exactionen und pressuren seinen Wirth beschwerte". Aber er konnte es doch „nicht weiter bringen", als auf 70 000 Thaler, abgesehen von den 15 000, die dem General Holck noch vom vorigen Jahr restirten;[28]) und abgesehen von den 600 Thalern, die man täglich für das Fussvolk (das adelshofische Regiment), „damit es nicht in die Häuser einquartieret würde", zahlen musste.[29]) Da die Stadt solche Summen in klingender Münze nicht aufzubringen vermochte, suchte man den Feind „mit allerhand Waaren, gülden und silbern Geschirr, Juwelen, Kleinodien, Geschmeide, Wechselbriefen und anderen, so man durch die ganze Stadt und sonderlich bei in- und ausländischen Kaufleuten und dero Factoren mit grosser Angst und Noth bis auf einen Rest, ungefähr auf 7000 Thaler sich erstreckend, aufbrachte", zu befriedigen.

Nicht weniger schwer als die Brandschatzung bekam die Stadt das wüste, beutegierige Verhalten der holckischen Soldateska zu empfinden. Gleich am Abend des Einzuges wurden viele Häuser in der Nähe des Schlosses und des Petersthors vom Fussvolk mit Gewalt aufgebrochen und ausgeplündert. Und nicht besser machten es die Reiter, die in den ihnen zugewiesenen Quartieren „den Bürgern mit Aufschlagung Kisten und Kasten, Plünderung und schweren Exactionen, auch thätlichem Handanlegen dermassen zugesetzt, dass mancher ausser Hause entlaufen und sich verbergen musste".[30]) So der Rathsbericht. Aus den andern Quellen erfahren wir, wie „solcher Process

---

[27]) Heydenreich 595 f. weicht hier vielfach nicht unbedeutend von seiner Quelle ab; auch in den Zahlen.

[28]) Die handschriftliche Relation sagt, dass „die Anlage von vierjähriger Steuer von jedem Haus begehret worden".

[29]) Die „Warhafftige Beschreibung" erwähnt, wie die Bürger in ihren Häusern von der Reiterei „sehr hart geplaget und ihnen Geld zu Kollern, Stiefeln, Schärpen zu 20, 30, 40, 50 in 100 und mehr Thalern zu geben gezwungen worden".

den hohen Officieren missfallen"; wie zumal Holck selbst
an all diesen Insolentien „keine Beliebung getragen", sondern dagegen „gebührliche Verordnung gethan". Schon
am 13. August habe er „nicht allein mit 2 Trommeln
ausrufen und gebieten lassen, dass sich kein Soldat bei
Vermeidung von Leibes- und Lebensstrafe an den Bürgern, ihren Häusern, Hab und Gütern einiger Weise ver-
greifen sollte; sondern auch die Verordnung geschaffet,
dass der Rumormeister, wie auch andere Officiere durch
die Gassen bei Tag und Nacht geritten, und die Soldaten,
so sie über der Plünderung antroffen, mit blossem Degen
abgetrieben, da dann theils heftig verwundet, viel aber
dem Profossen übergeben und in die Eisen geschlagen
worden". Um ein Exempel zu statuiren, wurde am 14. August Mittags um 1 Uhr ein Corporal, „welcher am grimmischen Thor, gleich als der Feldmarschall Holck dazu
kommen, in ein Haus brechen und plündern wollen", in
Koller, Stiefeln und Sporen aufgehängt. [31]) Aber diese
„geschwinde, scharfe Execution" half so wenig als der
Umritt des Generalprofossen durch die Gassen und die
Einlegung von Salvaguardien in die Häuser; vielmehr
„ging das Plündern alle Tag und Nacht, weil sie in der
Stadt gelegen, ohne Unterlass fort, schonten weder Bürgermeister, Rathsherrn und andere, also dass mancher
ehrliche Mann ganz um das Seine kommen und zum
Bettler worden ist". Denn sie nahmen nicht allein „Gold,
Silber, Geld, Seiden und andere Zeuge, Tuch, Geräthe
und was ihnen sonst gedienet, sondern führten auch sehr
viel Wein, Bier und andere Victualien, zu ganzen Fudern
hinweg, weil sie alle Pferde in der ganzen Stadt durch
den Commissarien Fuchs in allen Häusern durchsuchet
und weggenommen, dass sie deren über 1000 gar wohl
bekommen".

Am 15. August (a. St.) Abends nach 9 Uhr verliess
Holck Leipzig. [32]) Hatzfeld folgte am 16. um 3 Uhr
Nachmittags mit der Reiterei und dem Fussvolk [33]) über

---

[31]) Welches Aufsehen der Act machte, erkennt man daraus,
dass die gesammte Ueberlieferung seiner gedenkt.

[32]) Nach seinem Tode fand sich in seinem Nachlasse an baarem
Gelde „nichts als was er dies letzte Mal in Meissen bekommen ...
welches denn in allem aus Leipzig sein sollen 35 000 Rthlr., als
vom Jahr Rest 15 000 und dann in diesem Jahr 20 000 Rthlr." (In-
ventar vom 29. September 1633. n. St.) Hallwich I, 599. Anm.

[33]) So der Rathsbericht. Nach der „Warhafftigen Beschreibung"

Borna nach Altenburg. Da der Rest der Contribution nicht so rasch hatte zusammengebracht werden können, und da man Obrist Adelshofens Forderung eines Präsents von 15000 Thalern für sich und Hatzfeld natürlich nicht zu erfüllen vermochte, so wurden der regierende Bürgermeister, Dr. Adam Herr, und der Rathsverwandte, Jacob Rüssel, gefangen mit hinweggeführt.[34])

Vor dem Abzuge aber wurde noch eine gründliche Razzia vorgenommen.

„Es hat die kaiserliche Soldateska, insonderheit aber die Reuterei bei und vor ihrem Abzuge etzliche 100 Pferde mit Gewalt aus den Ställen und Häusern genommen; unsere Stücken, weil wir sie nicht alsobald von den Basteien bringen können, wie auch des Pulvers und Bleis, so in unserm Zeughaus übrig gewesen, mit Gewalt sich angemasset, selbige wider die Festung Pleissenburg gebrauchet, und eine grosse Anzahl Weines (darunter viel dem Herrn Grafen von Brandenstein zuständig gewesen), Waaren und andern Vorrath hinweg führen lassen.“[35])

So der Rathsbericht; die gedruckte „Beschreibung“ fügt hinzu: „und haben die Soldaten zu Ross und Fuss bei ihrem Abzug einen überaus grossen Muthwillen, sonderlich in der grimmischen Gasse verübet, seind in die Häuser gefallen, haben dieselben geplündert, die Fenster ausgeworfen und die Leute übel geschlagen“.

Und die handschriftliche Relation sagt, die Kaiserlichen seien „ganz und gar mit aller Pagagi, ja wohl bereichert und bepacket von der Leipziger Messe, wie sie gesagt, dass sie nach Leipzig auf die Messe ziehen wollten, stark beladen wieder aus der Stadt eben denjenigen Weg, welchen sie kommen, gegen Altenburg zu marchieret“.[36])

––– –– – –– ––

war Hatzfeld nur mit etlichen Compagnien Cürassieren und Obrist Adelshofens Regiment zurückgeblieben. um „auf den Rest der Cordisigelder“ (Courtoisiegelder) zu warten. Die „kurze Relation“ sagt: „Den 15. dieses wurde auf den Abend in Eil zu Pferde geblasen, als wie sie fortwollten, aber weil die Contribution noch nicht war einkommen, verblieb es“.

[34]) Die „Beschreibung“ erwähnt in diesem Zusammenhange auch die Gefangennahme von D. Johann Paul Mönich, Canzler zu Zeitz.

[35]) Die „Kurze Relation“ sagt: „Den Grafen von Brandenstein, welcher vor der Zeit viel Wein hierher geschaffet, haben sie alle mitgenommen, und wird dieser ohne der Hamburger und andere, deren sie auch viel mitgenommen, für 900 Eimer geschätzet.“

[36]) Diese Wendung ist ins Theatrum Europaeum III, 113 über-

Am Sonntag nach dem Abzug des Feindes (18. August) wurde Gott „für die abermalige Erlösung in öffentlicher Kirchenversammlung gedankt und das gewöhnliche Kirchenlied: Herr Gott dich loben wir, gesungen". Die Pleissenburg wurde von Obristlieutenant von Drandorf wieder geöffnet,[37]) die Handwerksburschen und das andere Mannsvolk abgedankt. Ein paar Tage darauf (am 20.) rückte dann eine Abtheilung sächsischer „Dragoner zu Fuss" von Obrist Dietrich von Taubes Volk, 330 Mann unter Hauptmann Hans Wacken, in die Stadt und erhielt bei den Bürgern Quartier; wurde jedoch auf Bitten des Raths schon nach einer Woche (am 27.) wieder abgeführt.[38]) Man möchte vermuthen: wegen der Pest, welche die

----

gegangen. Ueber diese „gerollten" Schätze äusserst sich auch Hatzfeld gegen Colloredo d. d. bei Plauen 7. September (n. St.): „Das Pagage, so in Böhmen, ist nicht rathsam zu den Regimentern zu schicken, weilen sie ohne das mehr als zu viel, anders theils eine grosse Hinderniss." Hingegen betont er ausdrücklich den Proviantmangel: „Wegen der Proviant wird wohl müssen ein Ernst gebraucht werden, damit etwas nach Eger komme, angesehen das Fussvolk ohne das nicht wird leben können, weilen die Mühlen im Lande zerbrochen, auch die Handmühlen auf dieser Reise fast alle zu nicht worden. Es werden gewiss die Commissarien die Proviant nach Eger zu befördern mit höchstem Ernst müssen angetrieben werden." Er schliesst mit dem Stossseufzer: „Mangelt halt an vielem".

[37]) Drandorf gab in seinem Brief an Johann Georg d. d. Pleissenburg 31. August 1633 (Dr. A.) an, wie die Burg reparirt und stärker fortificirt werden müsse: „An der Festung muss vor allen Dingen die Futtermauer, daran die Häuser gestanden, bis ans Petersthor vollends abgebrochen werden, wie vor diesem erinnert worden, auch der Feind vorm Jahre allbereit den Anfang dazu gemachet hat. Die Platten über dem Thor und die Rondel gegen der Petersbrücken, sowohl gegen dem Thomasthor müssen wieder repariret werden, damit man auf den Streichen bleiben kann, und ob dieses zwar mit Holz verbauet, ist solches doch für eine Gewalt zu wenig. Ingleichen muss der Thurm auch wieder repariret werden, dass man dieselbigen Stücke gebrauchen kann. Zu solcher Reparirung können die Steine von der Futtermauer alle genommen und gebrauchet werden."

[38]) Der Rath von Leipzig an Johann Georg d. d. 21. August 1633. (Dr. A.) Weil es jetzt mit Leipzig eine solche Beschaffenheit habe, „dass an Victualien und Fourage wenig vorhanden, alles Getreide an Korn, Weitzen, Gersten, Hafern und anderen noch aufm Felde stehet und lieget, und wenn die Guarnison allhie länger verbleiben sollte, nicht allein ferner nichts eingeärndtet, sondern die bevorstehende Michaelismesse auch einen überaus grossen Stoss erleiden würde", so bitten sie den Kurfürsten, dass „vor diesmal die allhie logirende Guarnison wiederum abgeführt, diese äusserst verderbte und ausgemergelte Stadt der Einquartierung entnommen und so viel möglich geschonet werden möge" u. s. w.

Kaiserlichen eingeschleppt hatten, und die bis zum December 760 Menschen dahin raffte.

Noch vor Ausgang des Monats kam der regierende Bürgermeister Dr. Adam Herr nach Leipzig zurück, während Jacob Rüssel bis zur Abtragung des Rests der Contribution gefangen zurückbehalten wurde. Er wurde „zum Theil an Gelde, zum Theil an Seidenwaaren und Posamenten, zum Theil an Saffran aufgebracht und vergangenen Donnerstag (29. August) zu Nacht durch 3 Rathsverwandte oder Zehner, wie man sie nennet, auf einer Kutschen heimlich fortgeschicket." [39])

Während der Belagerung Leipzigs streiften kleine fliegende Corps — „Partheyen" — in weitem Umkreise durch das Land. „Bis auf Merseburg, Halle, Eilenburg, Wurzen und gar bis Naumburg und Bamberg." [40])

In jenem Brief, den Holck am Tage der Capitulation von Leipzig an Wallenstein schrieb, entwickelte er ihm seine Ansicht von der Situation, und seine ferneren Absichten.

Nach dem übereinstimmenden Bericht der eingebrachten Gefangenen sei „kein ander Volk noch zur Zeit vorhanden als um Dresden in die 7 oder 8000 Mann, meist neu geworben und ohne capo, welche haben sollen gar unfehlbar bei Aussig in Böhmen einfallen und nur allein gewartet, dass Herzog Bernhard bei Eger auch hinein dringen sollte. Deswegen mir nit anders gebühren will, als nur Euer Fürstlichen Gnaden gnädigste restricta Befehlich in Acht zu nehmen; und ob zwar keine dieser beiden Armaden nur [mir?] bastant, so können sie doch hinten und vorn nur zusammen stossen oder den Pass in Böhmen abschneiden, darüber ich entweder unverantwortlichen Schaden leiden oder Böhmen müsste lassen ruiniren. [41]) Als habe ich alle Bagage zurück in Böhmen geschicket; will auch

------

[39]) Draudorf an Johann Georg vom 31. August. Er fügt hinzu: „Ob sie nun den Jacob Risslern darum losgeben, und wie die Abgesandten werden wieder zurückkommen, berichte Ihr Kurfürstlichen Durchlaucht Ich mit ehestem." Vergleiche Heydenreichs Erzählung (602) von „dem Trompeter und Trommelschläger".

[40]) Holck an Wallenstein vom 22. August (n. St.). Es liegt gar manches Klageschreiben aus diesen Gegenden vor. Eines der wichtigsten ist das „aus Halle vom 19. Augusti 1633" (Dr. A.), aus welchem sich ergiebt, dass es sich hier wie zu Leipzig nur um Erpressung einer möglichst hohen Contribution handelte; von grausamen und blutigen Freveln wird auch in ihm nichts erwähnt.

[41]) Dieser Gedanke der Gefährdung des durch die holckische Expedition entblössten Böhmens findet sich vielfach auch in Privatbriefen. Während Holck Sachsen heimsuche, würde man mit geringer Truppenzahl Böhmen heimsuchen können. So heisst es schon in einem Schreiben aus Dresden 10. August (Dr. A.): Der Wirth von Brüx hätte gesagt, „wenn itzo nur 500 Mann in Böhmen kämen, würden sie ganz Böhmerland wegbekommen, denn bei ihnen sei grosse Furcht, weil das Volk von ihnen genommen und zusammengelesen,

mit aller Obristen Rath die grossen [Stücke],[**]) so mir jetzo hie
nicht mehr nöthig, zurückschicken und, sobald Ich etwas hör, also-

was sie nur aufbringen können und ginge das allgemeine Geschrei
allda, es lägen viel 1000 Mann allbereit um Dresden, das sollte
ehest in Böhmen fallen; sie wären doch nur verlassene Leute.
Und als er, Weckbrodt (Fuhrmann von Neudorf), befragt worden, wie
stark das kurfürstliche um Dresden liegende Volk wäre, hätte er gesagt, das wäre dessen ein 20000 Mann, worüber der Wirth sehr
erschrocken, sagend: Ach, weil nu das kaiserliche Volk vor Leipzig
gangen, haben wir gewiss andere Leute hier, und meinen gänzlich,
das kurfürstliche Volk werde kommen." Schreibensextract aus Altenburg vom 20. Augusti (Dr. A.): „Es berichtet ein altenburgi-
scher Bürgerssohn, so Franz Schumans des Schmidts Sohn ist, dass
er sei von dem Feinde gefangen worden, aber durch List ihm
wieder entlaufen, welcher die ganze Armee gesehen, dass es sehr
schlecht Volk und viel gezwungene Leute sein, auch keine Compagnie über 4 oder 5 Glieder feine Kerle, das ander alles wären
verzagte Hunden. Mangelt ihnen an Pulver und Blei, weil sie
solches zu Leipzig sehr verschossen, und wenn ein wenig Volk käme,
würden sie nicht wissen, wo sie hinaus sollten. Sie hätten auch
gesagt unter einander, sie wüssten nicht, wo sie wieder hinaus sollten;
wäre ihnen angst und bange." Die Besorgnis vor einem feindlichen
Einfall ins Böhmische theilte, wie ich wenigstens bemerkungsweise
hinzufügen will, auch Wallenstein selbst. Er fürchtete den Anmarsch
Kniphausens von der Weser auf Dresden, den Anzug Herzog Bernhards und Horns, wodurch denn Holck „an seiner vorhabenden impresa" verhindert werden, „auch seine untergebene Armada und folgends Ihr Majest. Lande, wenn sie ihm an Macht überlegen, dadurch
periclitiren möchten." Und deshalb ermahnte er Aldringer, im Fall
des Aufbruchs der Schweden aus Bayern, mit allem entbehrlichen Volk
Holck zur Unterstützung zu eilen. (Wallenstein an Aldringer d. d.
Feldlager bei Schweidnitz 20. August 1633 [n. St.]. Hallwich I. Nr.
630). Gleichzeitig schrieb er Holck (No. 631), er solle, wenn Kniphausen, „wie allem Anschein nach zu vermuthen", mit seinem und
dem kursächsischen Volk in Böhmen gehen sollte, „seinen Zug, wenn
schon Zwickau nicht eingenommen, durch Meissen an den böhmischen
Grenzen nehmen und wie er den Feind von Meissen abschneiden,
folgends demselben, weil der Herr gut Volk bei sich hat, der Feind
ihm auch, wie wir vermeinen, an der Zahl desselben nicht überlegen,
eines setzen könne, auf alle Weise sehen, hingegen auf der andern
Seiten bei Eger das Land in Acht genommen und defendiret, und
solcher wegen so viel Volks als der Herr nothwendig erachten, und
Aldringen ... diesfalls zuschreiben wird, von demselben unter einem
gewissen capo unverzüglich dahin commandiret werden solle." Den
Generalwachtmeister Sparr schickte Wallenstein, „nachdem aviso einkommen, dass der Feind an der Elbe in Böhmen einzufallen vorhabens, mit dreitausend Pferden und so viel Dragonern dahin, um
sich zwischen Melnik und Brandeiss und deren Orten aufzuhalten
und des Feindes Vorbruch, bis der Feldmarschall Holcka wieder in
Böhmen angelanget, zu verhindern." Wallenstein an Haugwitz und
Wrtby vom 20. August (n. St.). Hallwich I. Nr. 628 Anm. 2. Ebenda
Nr. 632. Wallensteins Patent für Sparr.

      [**]) So, und nicht, wie Hallwich will, „Bagage" muss ergänzt
werden.

balden wieder die Grenzen suchen, dahin ich kann in 3 Tagen gelangen und das sicherste also spielen; hoffentlich darinne Euer Fürstlichen Gnaden Befehlich recht verstanden zu haben, denn diese Oerter kennen Ihr Fürstliche Gnaden wohl, dass sie nicht so viel werth, als sie müssen Volk zu Besatzungen haben. Die Kleinstädte (ausgenommen Freiberg) als Chemnitz, Altenburg, Werda, Weida, Pegau, Zeitz, Wurzen, Eilenburg, Grimma etc. haben sich ergeben, darunter auch Plauen und Hof, wie auch die Schlösser ‚Vortberg‘ und Weida habe ruiniren lassen. Zwickau ist besetzt wegen Sicherheit des Rückens, wie auch Joachimsthaler Pass. Muss aber wegen der Pest und allerhand Ungelegenheiten im Fall der Noth quittiret werden. Erwarte deswegen mit Verlangen, was Euer Fürstliche Gnaden auf mein Schreiben von Zwickau aus⁴³) weiters gnädigst mir wollen befehlen; besorge aber, dass ich vom Feind nicht so lang Ruhe werde haben, dass ich dieser Schreiben Antwort und gnädigen Befehl hier erwarten könne; soll unterdessen Euer Fürstlichen Gnaden intention in Acht genommen werden . . . Und weil ich nichts mehrers besorge, als etwan zu viel oder zu wenig zu thun, erwarte ich mit Verlangen, was Ihr Fürstliche Gnaden mir gnädigst wollen befehlen, und ob diese meine Meinung recht, dass Ich mich hier nicht solle weiters impegniren, als ich je kann allezeit wieder in Böhmen sein, denn mich dünkt das am sichersten vor Ihr Kaiserliche Mayestät und dero Landen und des Volks conservation zu sein."

Dazu ein Postscript: „Alle 7 Regimenter zu Fuss sein nur effective ohne Officir und Recruten, die in Böhmen und Besatzungen, 4500 Mann, die Reuterei aber 4800 Pferde; dannenhero sie nicht kann besetzt werden, ich muss denn mit der Armada Gefahr posto nehmen und mich ganz impegniren."

Holck dachte also, sobald er sich in Besitz Leipzigs gesetzt hatte, an den Rückzug nach Böhmen. Er fasste seine Eroberungen im Sächsischen nicht als dauernd gewonnene strategische Positionen auf, sondern nur als zum Zweck der Bereicherung gemachte vorübergehende Occupationen. Dass ihm, nachdem er sich Meister der Stadt Leipzig gemacht hatte und also auf die Bürgerschaft Pression auszuüben vermochte, an der Einnahme der Pleissenburg wenig lag, ist schon hervorgehoben worden.

Vielleicht noch bevor er die Nachricht des in Schlesien abgeschlossenen Stillstands hatte, brach er auf; den Weg zurück, den er vor Kurzem erst gekommen war; Geld und Geisseln mit sich führend, aber auch die Pest, die rasch zunehmend das Heer mit Auflösung bedrohte. Lehmann erzählt in seiner Chronik: „Gottes Wundergericht sah man an diesen Landräubern und Kirchendieben, die die Gotteshäuser ohne Unterschied geplündert, Kelche und Ornat geraubet, und in grosser Menge mit sich führten; die sahe man reiten theils in Messgewanden,

---

⁴³) Dasselbe liegt leider nicht vor.

theils in Priesterröcken, da half nichts, dass sie solche Tröster bei sich hatten, sie mussten an der Pest ersticken und im Walde liegen bleiben, und oft einem ihre Beute, ders nicht gemeint, hinterlassen. Da lag Einer mit einem Kartenblatt in der Hand, der Andere mit einer Tabakspfeife, der Dritte reckte eine Hand oder Fuss aus dem Koth, von Pferden und Wägen, die über ihn gegangen, zu nichte getreten, denn der Weg eine Elle tief zu lauter Koth gefahren, begrub strax in einer Viertelstunde Ross und Mann, die vor Mattigkeit drein gefallen waren."

Und auf dem Rückmarsche mag sich nun die Soldatesca in Brutalitäten ergangen haben, zu denen das drohende Gespenst der Pest sie trieb. Was galt fremdes Leben, wo eignes Leben in grausiger Weise gefährdet war. Was galt es, wo es ohnehin jeden Augenblick der Seuche zum Opfer fallen konnte.

Wie anders als der früher mitgetheilte Bericht aus Altenburg über den Durchzug der nach Leipzig marschirenden Kaiserlichen klingt folgendes Schreiben über den Durchzug der von Leipzig Zurückkehrenden.[*])

„Unsern betrübten und traurigen Zustand allhier kann Ich nicht genugsam von mir schreiben, sintemal der Feind so arg mit uns gehandelt, dass es auch der Feind der Christenheit nicht ärger machen können, inmassen sie die Kirchen beraubet, alle Kelche und was sonsten darinnen gewesen, zu sich geraubet und gestohlen, alle Häuser diese Zeit von Anfang bis zu Ende alle geplündert, spolirt und zerschlagen, dass es nicht genugsam zu schreiben; auch viel ehrlicher, vornehmer Leute Weiber und Kinder geschändet, davon ihr viel gestorben, die alten, ehrlichen Leute, Mann und Weibsper-

---

[*]) Extract Schreibens aus Altenburg 20. Augusti. Dr. A. Vergleiche Herzog Johann Philipp von Sachsen an Johann Georg d. d. Schleusingen 23. August (Dr. A.). (Er hatte sich wegen der in Altenburg grassirenden Pest und wegen des holckischen Einfalls dorthin begeben.) Einkommendem Bericht nach solle der Feind zwar wieder nach Böhmen zurückgegangen sein; aber in Altenburg halte die Infection noch stark an, „gestalt auch die kaiserliche Soldateska daselbst mit Plünderung, Mord, Verwundung vieler unschuldigen Leute, Spolirung unsers Schlosses, Canzlei und Renterei, Wegführ- und Schändung vieler Weibsbilder, Beraubung der Kirchen und Geistlichen, auch sonst unmenschlich tyrannisirt und das Schloss mit den darein gelegten Soldaten (derer 17 darinnen gestorben) inficiret und angestecket, dahero die lieben Früchte bishero unabgemähet im Felde stehen, die Müller auf den Dörfern entlaufen, die Bäcker in der Stadt gestorben, grosse Hungersnoth eingefallen, und die Leichen unbegraben blieben; deswegen wir besorglich in geraumer Zeit unsern Hofstaat zu Altenburg nicht wieder formiren lassen können."

sonen, geschraubet, gerädelt, aufgehangen und gemordet, derer in
wenig Stunden hernach Todes verblichen. Wie denn gestriges
Tags Herr Doctor Faber, die Frau Cammer-Secretarin Hendtschelin
neben ihrer mittlern Tochter, Herr Hans Richters Weib, Johan Gerwing
Stadtvoigt, Wolf Mehlhorn, Herr D. Reinesius alle dessentwegen gestorben. Hans Sigmund den Schneider, so bei der Canzlei wohnet, haben sie ganz splitternackend ausgezogen und auf die Gasse zu einem
Fenster hinaus geworfen, so auch alsobalden gestorben; und eine grosse
Anzahl derer mehr, so nicht alle zu specificiren. Du und andere
Officirer möget dem höchsten Gott danken, dass du dich salviret
hast, denn wenn ihr unter ihre Hände hättet gerathen sollen, würde
mit Euch übel sein umgangen worden. Es ist nicht ein einiges
Haus in und aus der Stadt, das nicht durchaus geplündert und zerschlagen worden, wie auch deinem Hause übel mitgefahren worden,
und aller Vorrath genommen.

Wenn wir allhier mit den Verstorbenen zu Grabe gehen wollen,
müssen wir an Stecken gehen, denn weder Rathsherr noch Bürger
einen Mantel umzunehmen hat. Mit dem Sterben will auch noch kein
Aufhören sein, fähret täglich fort beides an Soldaten und Bürgern.
Sind auch wenig Häuser, darin nicht Soldaten gestorben sein."

IV.

Auf die Nachrichten von dem holckischen Einfall
beeilte sich Johann Georg, in alle Welt um Hülfe zu
schreiben. Doch ehe noch die Briefe an ihre Adresse
gelangt, ehe sie beantwortet waren, vollends ehe man sich
über die zu ergreifenden Maasregeln verständigt hatte,
war die Gefahr bereits vorüber. Man meinte sich vor
einem Sturm schützen zu sollen, und es war doch nur
ein Windstoss.

An Oxenstiern, an die weimarischen Herzöge Wilhelm
und Bernhard schrieb der Kurfürst: ⁴⁴) „Obwohl er bisher in der guten Hoffnung gestanden, es würde durch
eine Diversion in Böhmen (derenthalben er bei ihnen unter-
schiedlich Erinnerung gethan) der General Holck sein
Land feindlich wieder anzufallen verhindert worden sein",

---

⁴⁴) In simili (mut. mut.) d. d. Dresden 6. August 1633. Dr. A.
Hallwich II. Nr. 1182. Auch in diesem Abschnitt ist, wo nichts Weiteres bemerkt ist, stets nach altem Stil gerechnet.

so erhalte er jetzt doch Bericht, dass derselbe mit seiner ganzen Macht in vollem Anzuge sei und Freiberg bereits habe auffordern lassen. Auch auf einer andern Seite sei der Feind eingefallen und habe Schneeberg ausgeplündert. Angesichts dieser grossen Gefahr bitte er um eiligen Succurs. Denn seine Armee sei in Schlesien engagirt und die bei ihm befindlichen Regimenter seien nicht ausreichend dem Feinde zu widerstehen. Würde Sachsen ohne Rettung gelassen, so würde das auch der allgemeinen Wohlfahrt höchsten Schaden bringen. Der Feind würde sich in diesem Fall „hochangelegen sein lassen, sich des Elb- und Oderstroms zu bemächtigen, ja wohl gar nach Pommern zu gehen und sich den Seekanten zu nähern."

Aehnliche Hülfsgesuche an den Kurfürsten von Brandenburg und an Herzog Georg von Lüneburg folgten in den nächsten Tagen.[16]) Jenem konnte er bereits Mittheilung von der Einnahme von Zwickau und Chemnitz machen. Um so nachdrücklicher wies er auf die ihnen beiden gemeinsam drohende Gefahr hin — der Feind möchte sedem belli ins Sächsische oder Brandenburgische bringen; — um so dringender bat er um Unterstützung. Der Kurfürst möge zunächst sein in seinem Lande geworbenes Volk zu Fuss und zu Pferd nach Wittenberg und Torgau schicken, „damit alsdann ein corpus formiret, die Elbpässe Euer Liebden eigenen Landen zum Besten um so viel mehr verwahret und der Feind so lang bis fernerer Succurs von andern Orten erfolget, aufgehalten werden könne." „Denn in Entstehung dessen könnten wir unsere getreue Unterthanen nicht hülflos lassen, sondern müssten entweder unsere ganze Armee oder den mehrern Theil derselben aus Schlesien abfordern; und hätten auf solchen Falle Euer Liebden dero hohem Verstande nach selbst zu ermessen, zu was hochschädlichen Extremitäten dies Werk ausschlagen dürfte."

Den General Baner, der damals mit einem besondern Corps im Magdeburgischen stand, forderte er auf,[17]) die „ziemliche Anzahl Volks", die er beisammen haben solle, sobald als möglich gegen die Elbe aufbrechen zu lassen", und ihm über die Stärke und die Marschroute baldigst

---

[16]) An Georg Wilhelm d. d. Dresden 9. August; an Herzog Georg d. d. Dresden 10. August 1633. Dr. A.
[17]) d. d. Dresden 12. August 1633. Dr. A.

Nachricht zu geben, damit er sich mit ihm vereinigen könne.

Baner [48]) hatte bereits, als er seinem verstorbenen Könige „den letzten schuldigen Dienst geleistet und bei Abführung dero Königlicher Leich zu Wolgast unterthänigst aufgewartet", auf der Rückreise, zu Wittenberg „die unangenehme Zeitung" von Holcks Einfall vernommen, und sofort an Johann Georg geschrieben, dass er „nach wie vor eine sehnliche Begierde trage, dem allgemeinen evangelischen Wesen zum besten seine treuen Dienste, nichts weniger als bei seines gnädigsten Königs Lebzeiten nach seiner Schuldigkeit verspüren zu lassen".

Er hatte zu einer Concentration der brandenburgischen und der in Schlesien entbehrlichen sächsischen Truppen gerathen, mit denen er all seine entbehrlichen Garnisontruppen vereinigen wollte, so dass „ehest ein Corpus von allen drei Theilen formirt und dem Feind dadurch resistirt werden möge, ehe dann er sich zu tief einnistet und die Abwendung der dadurch besorgenden Gefahr, sonderlich da er auf beiderseits der Elb freien Pass bekommen möchte, um so viel schwerer gemacht werden sollte".

Baner beeilte sich, dem Kurfürsten zu antworten. [49]) Er habe zwar „für seine Person dieser Orten jetzo mehr nicht als sein Regiment zu Pferde bei sich", hoffte aber auf baldige Truppensendungen, vor Allem vom Kurfürsten von Brandenburg, dem er deshalb bereits geschrieben habe. Wenn dann die kursächsischen Truppen sich mit den brandenburgischen vereinigten, würde „dem Feind verhoffentlich genugsam begegnet werden können." Mit seinem Reiterregiment und seiner eignen Person stellte er sich dem Kurfürsten ganz zur Verfügung.

In der That liess es Baner an Eifer nicht fehlen. Er hatte sich sofort an Sten Bielke, den in Stettin residirenden schwedischen Legaten, und an Kurfürst Georg Wilhelm mit der Bitte um Truppenzusendung gewandt, [50]) und dieser gab in Folge dessen seines Obristen Georg Volkmanns

---

[48]) Für das Folgende: Baner an Johann Georg d. d. Wittenberg 10. August 1633. Dr. A.

[49]) Baner an Johann Georg d. d. Magdeburg 15. August 1633. Dr. A.

[50]) Für das Folgende: Georg Wilhelm an Johann Georg d. d. Marienwalde 15. August 1633. Dr. A. prs. Dresden 18. August.

Regiment zu Fuss, etwa 12 Compagnien stark, und seines
Obristen Ehrentreich Burgstorff's 3 Compagnien zu Ross
(die bereits Befehl zum Abmarsch nach Schlesien hatten)
Contreordre und befahl ihnen, „recta auf Berlin und Cöln
an der Spree zu gehen", und daselbst zu warten, bis sie
Baner auf Wittenberg, Torgau oder andere Orte, da er
sie dem allgemeinen evangelischen Wesen und Sachsen
und Brandenburg insonderheit zum Besten employiren
könne, erfordern werde. Er übergab ihm „aus sonderbarem Vertrauen, so er zu ihm trug, und aus grosser
Begierde diesen hochschädlichen Feind aus des Kurfürsten
von Sachsen Lande wiederum treiben zu helfen, dieweil
periculum in mora", das Commando über diese seine
Truppen, und forderte Johann Georg auf, ihm gleichfalls
„die Truppen, so in seinen Landen gesammelt worden,
mit zu untergeben".[51])

Den Legaten Sten Bielke ersuchte nun auch Georg
Wilhelm durch einen eigenen Courier,[52] ungesäumt was
an Mannschaft in Pommern entbehrlich sei, an Baner zu
schicken, und umgehend gab dieser die gewünschte Zusage.[53])

Davon machte Georg Wilhelm alsbald Johann Georg
Mittheilung.[54])

---

[51]) Zugleich berief er den Markgraf Sigismund nach Cöln an
der Spree, „um das geworbene Volk zusammen zu ziehen und auf
des Kurfürsten von Sachsen ferner Begehren fortgehen zu lassen".
Worauf dann der Markgraf am 19. August an Obrist Volkmann Ordre
sandte, „sich mit seinen Compagnien in diese Residentien als auf
das General Rendezvous zu begeben" und am (Montag) 26. August
einzutreffen; den gleichen Befehl schickte er den Obristen zu Ross.
„Dafern sie nicht gar zu weit in Schlesien gewesen, werden sie gedachte Zeit auch in Acht nehmen und sich gestellen." Am 20. August
ersuchte Sigismund Johann Georg um baldigste Angabe des Orts, an
welchem sie zu seinen Truppen stossen sollten. Er wollte dann alsbald „den Obersten fortzuziehen und nicht zu säumen Befehl thun".
Markgraf Sigismund an Johann Georg d. d. Cöln an der Spree
20. August 1633. Dr. A.

[52]) Und durch ein Schreiben d. d. Schmackenwalde 14. August 1633.

[53]) Sten Bielke an Georg Wilhelm d. d. Stettin 16. August 1633.
Dr. A. Er versprach, „alle die Truppen, so von hinnen können
entrathen werden, in guter Bereitschaft halten und sich hierum
[um Stettin] sammeln zu lassen, inmassen auch die Truppen, so
nach Schlesien designirt gewesen, dieser Ursache [halben] sollen
aufgehalten werden". Sobald er dann erfahre, wohin Baner sie be-
gehre, „sollen sie in continente ihren Marche fortsetzen."

[54]) Georg Wilhelm an Johann Georg d. d. Marienwalde, 19. August 1633. Dr. A.

„Und weil denn hieraus gleichwohl so viel erscheinet, dass an Seiten der Kron Schweden zur Assistirung Euer Liebden alle Willfährigkeit vorhanden, auch zu vermuthen, dass durch das Volk, was Euer Liebden in ihren Landen selbst noch haben und wir von unsern Truppen dazu zu schicken erbötig, ingleichen der General Baner aus den magdeburgischen Quartieren, aus Pommern und vom Weserstrom zusammen zu führen vorhabens, und was etwa auch von des Herzogen zu Weimar Liebden zu gleichmässigem Zwecke zu erlangen, dem Feind, der auch so stark, wie er gemacht worden, nicht sein solle, noch ziemlicher Massen wird begegnet und unter die Augen gezogen werden können: so vermuthen wir nicht, dass Euer Liebden die Ihrige Armee (wie Sie aufn Fall der entstehenden Hülfe in jüngstem Ihrem Schreiben angedeutet) aus der Schlesien abfordern werden. Des Feindes intent kann es vielleicht wol sein, eben durch diesen Einfall in Euer Liebden Landen die Armee in Schlesien nur branslierend zu machen; aber wir sehen nicht, dass dem allgemeinen evangelischen Wesen oder auch Euer Liebden Landen dadurch geholfen sein würde, wenn man um einer Noth des platten Landes willen die Hauptintentiones und die Armeen, so den ganzen Staat des Krieges afficiren, alsofort und zwar zu zeitig ändern wollte; sondern stehen vielmehr in der Sorgen, es würde ihm dadurch in der Schlesien zwar gute Luft und Raum gemacht: Euer Liebden Meissnische Lande aber dadurch dennoch nicht gerettet, sondern neben dem Volk, so Euer Liebden aus Schlesien nehmen könnten, zugleich auch ein guter Theil der kaiserlichen Armee aus der Schlesien mit fortgehen, und eben dadurch die sedes belli in Euer Liebden Lande transferiret werden.

„Darum ersuchen wir Euer Liebden ganz freundlich, Ihre Armee in der Schlesien zu lassen und dieselbe nicht abzufordern, angemerkt durch Zusammenführung gemelter Truppen dem Feinde genugsam resistiret und derselbe vermittelst göttlicher Verleihung aus Euer Liebden Landen wieder zurücke getrieben werden könne."

Indessen hatte Johann Georg bereits am 9. August seinen Rath Rudolf von Disskau, Hauptmann zu Weissenfels, beauftragt,[55]) sich ungesäumt zu dem weimarischen Herzögen Wilhelm und Bernhard zu verfügen, um ihnen des Näheren zu entwickeln, wie der holckische Einbruch „eilenden Widerstand und Rettung" dringend nöthig mache, und sie um Hülfe anzugehen.

Es war eine schwierige und gefährliche Reise, die Disskau antrat. Der im Lande streifende Feind und das schlechte Wetter bereiteten grosse Hindernisse. Er durfte es nicht wagen, seine Berichte an seinen kurfürstlichen Herrn mit seinem eigenen Namen zu unterzeichnen. Die im Dresdner Archiv befindlichen anziehenden Original-

---

[55]) Kurfürstliches Memorial für Disskau d. d. Dresden 9. August. Credenzschreiben d. d. Dresden 10. August; Passzettel d. d. Dresden 13. August 1633. Dr. A.

schreiben von „Abraham vom Sande“, „Adolf vom Stern“,
„Anthoni vom Stern“ (also A. v. S.) stammen von ihm.

Am 18. August war er in Folge des streifenden
Feindes und des schlechten Wetters erst in Magdeburg;
am 19. hoffte er von hier unter dem Schutz des Fürsten
Ludwig von Anhalt aufzubrechen; „da ich denn ferner
ein Loch suchen muss, weil die Strassen beides von Freund
und Feinden ziemlich unsicher“. Er erbat sich Befehl, ob
er sich auch zu Herzog Bernhard begeben sollte, der sich,
wie es heisse, „an den tyrolischen Grenzen befinde, des
italiänischen Volkes Herauszug zu verhindern“. Es würde
sich, so meinte er, wohl nicht verlohnen; denn der Succurs von dort würde doch zu spät kommen. Jedenfalls
„müssten mir auf solchen Fall mehr Mittel zur Zehrung
gemacht werden. Vor meine Person möchte ich wohl
sehen, wo die Gemsen wohnten“.

Am 20. August langte Disskau in Weimar an, traf
dort Herzog Wilhelm und entledigte sich bei ihm alsbald
seines Auftrags.

Dieser hatte des Kurfürsten Schreiben vom 6. August
am 13., dem Tage seiner Rückkehr von Frankfurt, erhalten und sofort beantwortet. [30]) Und zwar, indem er

---

[30]) Herzog Wilhelm an Johann Georg d. d. Erfurt 13. August 1633. Dr. A. In diesem Schreiben theilt er ihm zugleich mit,
dass er bei seiner jüngsten Anwesenheit in Frankfurt bemerkt habe,
dass der Reichskanzler und der Convent „an alle dem, was zu Euer
Gnaden gebührenden Respect und des gemeinen evangelischen Wesens
Wohlfahrt gereichet, nicht das geringste ermangeln lassen“, aber
auch „wie auf Seiten der Kron Schweden in etwas zu Gemüth gezogen worden, dass bishero von Euer Gnaden wenig Correspondenz
gepflogen und auf unterschiedene Communication und andere Ersuch-
schreiben so gar kalte Resolution erfolget, daraus man ferner schliessen wollen, ob würden der Königlichen Majestät hochlöblicher Gedächtniss sowohl der Kron Schweden bishero erwiesene treue und
wohlgemeinte Dienste nicht der Gebühr nach consideriret und erkannt;
ist dahero zu befahren, dass der begehrte Succurs nicht so schleunig
als wann obgedachter Maassen gute continuirliche Correspondenzen
fürgangen, anzustellen sein dürfte, zumal weil der Duc de Feria, wie
auf unserer Seiten dafür gehalten wird, in 15000 Mann (er aber
schätzet sich viel höher) in starkem Anzuge, ausser was Lothringen
und Burgund thun kann. Dahero gegen Schwaben und Elsass ein
wachendes Auge zu haben und ein ziemlich stark corpus des Orts
zu formiren hoch von nöthen. Ueber das muss man auch auf die
bayrische Armee und sonsten allenthalben ein fleissiges Absehen
haben. Wir wollen aber nicht unterlassen, aus Euer Gnaden Schreiben
dem Herrn Reichscanzler zu communiciren und dessen Resolution
darauf zu erwarten“.

sein Bedauern darüber aussprach, dass die von ihm unlängst vorgeschlagene Vereinigung der kursächsischen mit seinen und den schwedischen Truppen, „wodurch dieser entstandenen Gefahr hätte fürgebauet werden können“, vom Kurfürsten nicht beliebt worden war. Nun sehe man, „was die langsame Resolution causiret“. Er finde auch jetzt noch kein besseres Mittel, als dass der Kurfürst ihm, was er an Truppen im Lande habe, zusende, sich mit den seinigen „zu conjungiren, ein recht corpus zu formiren und also insgesammt gegen dem Feind zu präsentiren“.

Acht Tage später, am Tage der Ankunft von Disskau (20. August), sandte er ihm ein zweites Schreiben, in welchem er seinen Vorschlag wiederholte. [37])

In der Audienz nun, die der Herzog Disskau am 20. August gab, berief er sich auf diese Schreiben; „daraus denn — meint Disskau — Euer Kurfürstlichen Durchlaucht derselben geneigtes und willfähriges Gemüth gute Dienste zu thun genugsam zu verspüren haben würden.“ Und „weil es nunmehr einzig und allein auf einer eilenden Zusammensetzung Euer Kurfürstlichen Durchlaucht und Herzog Wilhelms Fürstlicher Gnaden Truppen beruhen thut, so man anders diese schädlichen Gäste aus dem Lande bringen und ferneren Schaden verhüten will“, so unterstützte Disskau des Herzogs Vorschlag und bat seinen kurfürstlichen Herrn, ihm all sein entbehrliches Volk ungesäumt zuzuschicken. Er fügte hinzu: „Ich finde in Wahrheit, dass Herzog Wilhelms Fürstliche Gnaden und sonst Jedermann von Herzen intentioniret, Euer Kurfürstlichen Durchlaucht Assistenz zu thun und derselben zu succurriren; allein ich fürchte, wo Euer Kurfürstliche Durchlaucht vor diesmal nicht eine geschwinde Resolution ergreifen, es möchten vieler Leute Gemüther irre gemacht und merklich alteriret werden. Sollte sich denn das Werk verzögern, so haben Euer Kurfürstliche Durchlaucht nichts anderes zu gewarten, als dass sich der Feind verstärken, in dero Landen sich gänzlich firmiren und daselbst die Winterquartiere suchen wird, da dann andere Leute, wenn sie es thun wollen, dem Spiele wohl von ferne zusehen können“.

Seine Reise zu Herzog Bernhard aber halte Herzog

----

[37]) Herzog Wilhelm an Johann Georg d. d. Weimar 20. August 1633. Dr. A.

Wilhelm für „ganz unnöthig“, weil derselbe mit seinen
Truppen schon in vollem Marsch begriffen sei. [56])

Das nun waren alles Hülfsgesuche, Hülfserbietungen
und Rathschläge, die sehr wohl gemeint waren, aber freilich sämmtlich zu spät kamen. Am 20. August war Holck
von Leipzig längst wieder abgezogen, und die Sachsen
hatten die Stadt wieder besetzt.

Diesen umständlichen Verhandlungen über ein be-
waffnetes Einschreiten gegen die holckische Invasion waren
die Verhandlungen über die Aufrichtung eines Stillstandes
in Schlesien zur Seite gegangen, deren an dieser Stelle
gedacht werden muss.

Gleich in den ersten Tagen des holckischen Einfalls,
in einer Zeit, da in Dresden bereits das Gerücht von
dem Verlust von Chemnitz und Zwickau umging — am
8. August —, hatte Johann Georg sich in einem längeren Schreiben auch an Arnim gewandt, [57]) in welchem
er ihm darlegte, wie es „das Ansehen gewinnen wolle, ob
wäre man fürhabens uns auf beiden Seiten der Elbe feindlich anzugreifen“; wie „eilender Succurs“ nothwendig sei,
da er „mit den bei sich habenden Regimentern dem ein-
brechenden Feinde zu resistiren nicht genugsam bassant,
das meiste neugeworbene Volk auch sich noch auf den
Sammelplätzen befinde, nicht gemustert, noch in so geschwinder Eil zusammen zu bringen sei“; er hatte ihn
aufgefordert, ihm ungesäumt sein Gutachten darüber ab-
zugeben, „wie den Sachen zu thun“, und ihm „so viel
Volk als er entrathen könne, nebst einem General-Com-
mandanten unverlängert zum Succurs zu schicken“.

Etwa eine Woche später berichtete er ihm von dem
bisher ungehinderten Vormarsch des Feindes auf Leipzig, [58]) und von seinen Hülfsgesuchen bei dem schwedischen Reichskanzler, den weimarischen Herzögen, Herzog
Georg von Lüneburg und General Baner; „wissen aber zur

---

[56]) Bald nach dieser Audienz wurde Disskau von Herzog Wilhelm abgefertigt, um seinem Kurfürsten mündliche Relation zu thun.
Herzog Wilhelm an Johann Georg d. d. Erfurt 27. August 1633.
Dr. A. Doch lautete das Datum ursprünglich: 23. August; erst
hintendrein ist die 3 in eine 7 verwandelt.

[57]) Johann Georg an Arnim d. d. Dresden 8. August 1633. Dr. A.

[58]) Johann Georg an Arnim d. d. Dresden 14. August 1633. Dr. A.

Zeit nicht, wessen wir uns und wie bald von dannen
etwas zu getrösten".

Jener erste Brief ist zu einer Zeit geschrieben, da
Arnim sowohl mit Trzka als auch mit Wallenstein selbst
bereits in Unterhandlung stand; er kann nur kurz vor
dem Abschluss des vierwöchentlichen Stillstandes eingetroffen sein. Das heisst die Wiederaufnahme der Verhandlungen Arnims wurden nicht durch ihn veranlasst. Der
zweite Brief ist ein paar Tage nach dem Stillstandsabschluss geschrieben. Das heisst die gesteigerte Feindesgefahr
in Meissen hatte keinen Einfluss auf den in Schlesien gefassten Beschluss der Waffenruhe. Auch wird weder in
diesem noch in jenem Schreiben der arnim'schen Verhandlungen mit Wallenstein gedacht.[61]

Umgekehrt hatte Arnim zwar bereits am 6. August
einen Brief an seinen Kurfürsten geschrieben,[62] in dem
er ihm Mittheilungen von der Wiederaufnahme der Verhandlungen machte und ihm den Abschluss des Friedens dringend anempfahl; aber auf den holckischen Einfall, das beste Argument für seine Empfehlung, wies er
nicht mit einem Worte hin. Er schrieb: „Ihro Fürstliche
Gnaden der Herzog zu Friedland hat den Herrn Grafen
Trzka zu mir geschickt, muthet mir abermals Tractaten
an. Heute werde ich, geliebts Gott, um 4 Uhr Nachmittage selbst mit ihm zusammenkommen. Wird Euer
Kurfürstliche Durchlaucht mit dem keinen Frieden schliessen, so wird der Schluss zu Breslau wenig fruchten."

Diesen Brief hielt Arnim über eine Woche zurück.
Erst nachdem der Stillstand abgeschlossen, schickte er
ihn zugleich mit einem zweiten Briefe an den Kurfürsten
ab.[63] „Mein erstes Schreiben, so den 6. Augusti datirt,
habe Ich deswegen so lange an mich behalten, bis Ich
sehe, wohin die angemutheten Tractaten mit Ihro Fürstlichen Gnaden Herzog zu Friedland hinausschlagen wollten Dieweil Ich nunmehr seine Meinung zur Genüge ein-

---

[61] Es verdient hervorgehoben zu werden, dass bis zum 17. August Johann Georg laut seinem Brief an Arnim d. d. Dresden
17. August (Dr. A.) noch keine Nachricht von ihm über den Empfang
seiner beiden Briefe vom 6. und 14. hatte.

[62] Arnim an Johann Georg d. d. Schweidnitz 6./16. August 1633.
Dr. A. Zum Theil abgedruckt bei Helbig, Wallenstein und Arnim,
26 ff.

[63] Arnim an Johann Georg d. d. Feldlager vor Schweidnitz
15./25. August 1633. Hallwich II. Nr. 1129.

genommen, und die Sache von solcher hohen Importanz
befinde, dass aufs schleunigste Euer Kurfürstliche Durchlaucht davon vollkommlicher Bericht geschehen muss,
stelle Euer Kurfürstlichen Durchlaucht unterthänigst anheim, ob dieselbe dero geheimen Räthe bis Ortrant zu
mir abfertigen wollen, denn die Sache ganz keinen Anstand leiden können." Er fügte — nach Bericht über
den Tod des dänischen Prinzen Ulrich — hinzu: „Aus
hochwichtigen Ursachen ist mit dem Feinde auf vier
Wochen ein Stillstand geschlossen. Hoffe, wann Euer
Kurfürstlichen Durchlaucht der Sachen Zustand vernehmen, Sie sich solches nicht werden missfallen lassen."

Aus all den mitgetheilten Briefstellen ergiebt sich,
dass zwischen dem schlesischen Stillstand und dem holckischen Einfall kein directer Zusammenhang besteht. Arnim
hat über einen Stillstand zu verhandeln begonnen, und
ihn dann abgeschlossen, ohne dass der Kurfürst davon
wusste; vollends davon, dass dieser seinem General irgend
welche dahin gehende Weisung gegeben, kann keine Rede
sein. **) Er wünschte von Arnim ein Gutachten über den
Einfall Holcks, und so weit es ihm möglich sei, Zusendung
von Truppen. Weiter nichts; von Stillstandsverhandlungen mit dem Feinde erwähnt er auch nicht einmal ein
Wort.

Und so liess sich denn Arnim auf sie ein, auf eigene
Verantwortung und Gefahr, und machte seinem Kurfürst-
lichen Herrn von ihnen erst Mittheilung, als sie bereits zu
einem Resultat geführt hatten. Es ist denn doch etwas
Anderes, im Drange der Geschäfte zum Schreiben nicht
Zeit finden, und, wie es in diesem Fall Arnim that, einen

**) Wie vollständig Arnim ohne jede Wissenschaft des Kur-
fürsten verhandelte und abschloss, erhellt auch aus dem Schreiben
von Johann Georg an König Christian IV. von Dänemark d. d.
Dresden 13. August 1633. In diesem, einen Tag nach erfolgtem
Stillstandsabschlusse geschriebenen Briefe macht der Kurfürst dem
Könige Anzeige von dem holckischen Einfall. Er müsse Holck für
diesmal etwas seinen Willen lassen, weil seine in Schlesien befindliche
Armee mit den Friedländischen engagirt sei und von dort jetziger
Zeit nicht füglich abgefordert werden könne. Mit den bei sich
habenden Regimentern sei er nicht bassant, dem neueingebro-
chenen Feinde zu resistiren, „sind jedoch der guten Hoffnung, es
sollen sich bald Mittel ereignen, dadurch nächst göttlicher Hülfe sein
Vorhaben verhindert und er wieder abgetrieben werden möge". Natürlich ist damit der erbetene und erwartete Succurs gemeint. Von
schlesischen Stillstandsverhandlungen kein Wort!   .

geschriebenen Brief über acht Tage lang in der Tasche
behalten. Es lässt das darauf schliessen, dass dem
Schreiber aus irgend welchem Grunde die Absendung
peinlich war oder inopportun erschien. Und welch wun-
derbare Art, dann endlich seinem Herrn von einem so
überaus wichtigen Factum Mittheilung zu machen! Der
Wunsch nach einer Conferenz mit den Geheimräthen des
Kurfürsten, das Bedürfnis nach einer mündlichen Rechtfertigung seines bedeutungsvollen Schrittes tritt ganz in
den Vordergrund; ganz nebenher geht die Notiz von dem
Stillstandsabschluss, den sich der Kurfürst, wie er hoffte,
„nicht missfallen" lassen werde, wenn er „der Sachen Zustand vernehme". Wie anders würde das alles gelautet
haben, wenn Holck und sein Einfall der Grund jenes Ab-
schlusses gewesen wäre. „Der Sachen Zustand" kann nach
allem Gesagten gar nicht der Zustand Sachsens in Folge
des holckischen Einfalls, sondern nur der Zustand in Schlesien sein; der Umstand sein, dass Wallenstein, gleichwie
Arnim, allen Ernstes und Eifers den Frieden im Reich
wünschte, über welchen demnächst Verhandlungen, sei
es zu Breslau, sei es anderorts, beginnen sollten. Der
Waffenstillstand wurde von beiden als Einleitung zu
ihnen angesehen. Wie Arnim sich in dieser Beziehung
gegen seinen Kurfürsten äusserte, ist angeführt. Ganz
entsprechend äusserte sich Wallenstein,[65] „dass er am ver-
träglichsten zu sein vermeine, dass jetzo dergleichen Anstand der Waffen gemacht und zu den Friedenstractaten
geschritten werde, anders das Reich und dessen Stände
nur je länger je mehr in Ruin gesetzt werden, und gleichwohl, was endlich für ein Ausgang erfolgen möchte, Gott
allein bekannt".

Nicht im Zusammenhang mit der holckischen Invasion,
sondern im Zusammenhange mit dem Pacificationswerk
gewinnt der Stillstandsabschluss sein Verständnis. Doch
konnte es nicht anders sein, als dass er auf jene von Einfluss wurde.

Die „im Feldlager bei Schweidnitz den 12./22. August 1633"
datirte Urkunde des Stillstandes[66] betont gleich zu Anfang, dass es
„wegen jetziger Friedenstractate sei, dass man den Stillstand abge-

---

[65] Wallenstein an Aldringer d. d. Feldlager bei Schweidnitz,
22. August 1633 (n. St.). Hallwich I. Nr. 639.

[66] Urkunde im Dr. A.; oft gedruckt, so Theatrum Europaeum
III, 114.

schlossen habe; nämlich damit solches (das ist das Friedenswerk) desto schleuniger zu erwünschtem Ende gelangen und Herr General-lieutenant in seiner Abwesenheit sich nichts widriges zu beschweren haben möge".

Sie bestimmt, dass während der vierwöchentlichen Dauer des Stillstandes weder in den kaiserlichen noch in den sächsischen und brandenburgischen Ländern „etwas Feindseliges tentiret, auch einiges Volk zur Verstärkung der in Schlesien, Meissen, noch am Donau-strom oder anderswo sich befindenden Armeen von keinem Theil geschickt werden sollen".

„In währendem Stillstand aber soll kein Theil den andern, weder dieser noch anderer obbenannter Oerter seine Soldaten abspenstig machen, oder in seinen Quartieren turbiren, auch nicht verstatten, dass ohne sonderbare Erlaubniss Seiner Fürstlichen Gnaden und des Herrn Generallieutenants, oder wer an deren Statt das Com-mando führet, Offiziere oder Soldaten zusammenkommen und einige Gemeinschaft halten, sondern jeder in dem Posto, wo er sich befindet, verbleiben."

In den Verhandlungen Wallensteins und Arnims war verabredet worden, dass beide Heerführer sich bemühen sollten, dem Stillstand weitere Ausdehnung, allgemeinere Gültigkeit zu verschaffen: ihn aus einem schlesischen zu einem allgemeinen armistitium zu machen, wodurch er erst die beabsichtigte Bedeutung einer Introduction zu Universalfriedensverhandlungen erhalten haben würde. Wie Wallenstein Kurfürst Maximilian für ihn zu gewinnen suchte, so sollte Arnim sich zum Reichskanzler Oxenstiern begeben, um bei ihm dem Stillstande und dem Frieden das Wort zu reden. Und in dem Stillstandsinstrument selbst ist ja auf diese Reise Arnims Rücksicht genommen: Doch sollte er — so wurde zwischen ihnen „gehandelt und endlich geschlossen" — auf dem Wege mit Holck zusammenkommen, der „alsbald auf sein Andeuten die kurfürstlichen Lande und alle Oerter, deren er sich be-mächtiget, räumen sollte".

Arnim lag deshalb daran, „so viel möglich zu eilen, ehe noch grösser Schade geschieht". Er hoffte schon am 19. August (a. St.) bei Holck in Leipzig sein zu können."*)

Vorher jedoch wünschte er eine Zusammenkunft mit den Räthen seines Kurfürsten oder womöglich mit diesem selbst, um den Schritt, den er auf eigene Hand gethan, und von dem er bisher nur schriftliche Anzeige gemacht, in mündlicher Auseinandersetzung zu rechtfertigen und

---

*) Arnim an Johann Georg d. d. bei Radeberg 18./28. Au-gust 1533. Dr. A.

über seine Consequenzen mit ihm zu conferiren. [68]) Zunächst (am 15. August) proponirte er Ortrand als Ort des Zusammentreffens, dann (am 18.) Grossenhain; [69]) als Zeit den 19. August. Noch am 18. langte er hier an und bat nochmals um die dringend nöthige Unterredung, [70]) die dann mit dem Kurfürsten selbst zu Grossenhain stattfand. [71])

Die Bedeutung der Zusammenkunft zu Grossenhain, über die sich bisher leider keinerlei schriftliche Aufzeichnungen gefunden haben, war, dass Arnim die Zustimmung seines Kurfürsten zu dem von ihm abgeschlossenen Stillstand gewann.

Damit trat er für Schlesien und Kursachsen in Kraft, dessen militärische Lage sich damit natürlich durchaus verwandelte. Denn nun bedurfte man nicht mehr der von allen Seiten erbetenen und zugesagten Hülfe, — „welcher von allen Orten verhoffende Succurs unsern

---

[68]) Arnim an Johann Georg d. d. Feldlager bei Schweidnitz 15./25. August 1633. Hallwich II. Nr. 1129.

[69]) Arnim an Johann Georg d. d. bei Radeburg 18./28. August: „Denn ich deswegen meinen Weg dahin genommen, dieweil es eben so weit von Dresden als Ortrand, mir aber meine Reise so viel besser befördern kann“.

[70]) Arnim an Johann Georg d. d. Grossenhain 18./28. August 1633. Dr. A. Es sei „hochnöthig, dass Ich mich aufs schleunigste mit ihm (Holck) noch unterrede; darum habe Ich mich so viel mehr zu eilen; will Euer Kurfürstliche Durchlaucht morgendes Tags von hier aus oder derselben Herren Räthen unterwegs entgegen kommen, damit nichts versäumet“.

[71]) Johann Georg an Herzog Franz Albrecht d. d. Dresden 26. August 1633. Hallwich II. Nr. 1145, theilt mit, „dass verschiedene Tage ... Arnim bei uns zum Grossen Hahn gewesen und in bewussten Sachen nothdürftig vertraulichen Bericht gethan, worauf wir ihm auch unsere Gemüthsmeinung zur Genüge entdecket. Der hat von dannen seine Reise alsbald zu dem General-Feldmarschall Holcken und förder zu dem königlich schwedischen Reichskanzler fortgesetzt, vor seinem Aufbruch aber an den ... Herzog zu Friedland etc., dass derselbe, im Falle sichs mit seiner Zurückkunft über Verhoffen in etwas verweilen möchte, solches nicht ungleich vermerken wollte, ... Schreiben abgehen lassen“ etc. Johann Georg an Oxenstiern d. d. Dresden 29. August 1633. Dr. A. Oxenstiern werde berichtet sein, dass „Arnim vor etzlichen Tagen bei Uns zum Grossenhain gewesen“. Arnim an Johann Georg s. l. 20./30. August 1633. Dr. A. Eine kurze eigenhändige Mittheilung: (Anrede) „Beiverwahrt ist das Schreiben an Herzog zu Friedland. Da Euer Kurfürstliche Durchlaucht damit also einig, will Ichs alsofort abfertigen und alsbald Euer Kurfürstlichen Durchlaucht unterthänigst aufwarten. Verbleibe etc.“

Landen, wofern der Feind für diesmal in demselben weiter
hätte fortgehen sollen, merklich zu statten würde gekommen sein“. [12]) Im Gegentheil, es musste dem Kurfürsten
jetzt alles daran liegen, dass sein arg mitgenommenes
Land nicht von Auxiliartruppen überschwemmt würde,
für die es in ihm zunächst keine militärische Aufgabe
mehr zu lösen gab. So schrieb er denn jetzt — d. h.
nicht schon nach der brieflichen Meldung Arnims von
dem Stillstandsabschluss, sondern erst nach Arnims münd-
lichem Vortrag über ihn (ein weiterer Beweis, dass er erst
durch ihn für denselben gewonnen wurde) — an den
Kurfürsten von Brandenburg und den Herzog von Weimar, an Baner und Disskau.

Bei Georg Wilhelm bedankte er sich [13]) für den Eifer,
mit welchem derselbe auf sein Hülfsgesuch eingegangen
war, wollte ihm aber, wie er schrieb, nicht verhalten, dass
Arnim, wie derselbe ihm schriftlich und mündlich berichtet, „aus hochwichtigen Ursachen“ abermals einen Stillstand abgeschlossen habe; wie in Folge dessen Wallenstein
an Holck den Befehl zu sofortigem Abzug gegeben haben
solle, und wie Holck bereits Leipzig und andere occupirte
Orte wieder verlassen habe. Er bedürfe also des erbetenen
und freundlich zugesagten Succurses nicht mehr, da seine
Lande sowohl durch das feindliche, wie durch sein eigenes
Kriegsvolk fast ganz ausgezehret seien, wolle ihn jedoch
mit sonderbarem hohem Dank als wirklich geleistet auf-
nehmen.

Desselben Inhalts war sein an demselben Tage ge-
schriebener Brief an Baner, [14]) der dann sofort den schon

---

[12]) Johann Georg an Baner vom 28. August.

[13]) Johann Georg an Georg Wilhelm d. d. Dresden 23. August 1633. Postscriptum vom 24. Dr. A. Der Brief ist die Antwort auf Brandenburgs Schreiben d. d. Marienwalde 15. August,
das er am 18. erhalten; das Postscript, die Antwort auf Brandenburgs Schreiben vom 19., das ihm „bei Abfertigung dieses“ übergeben wurde. Es ist zu beachten, dass im Postscript gemeldet wird,
dass gleich diese Stunde vom König von Dänemark ein Schreiben an-
komme, in welchem er melde, dass er seine Gesandten zu der bevorstehenden Friedensverhandlung nach Breslau bereits abgefertigt
habe und ihm zugleich den kaiserlichen Geleitsbrief übersende mit
Ersuchen, die Seinigen „gleichfalls ehest dahin zu schicken und
hierdurch andern ein gut Exempel ebenmässiger Nachfolge zu geben“.
Eben diese Tractate sind der Grund des Stillstandsabschlusses.

[14]) Johann Georg an Baner d. d. Dresden 23. August 1633.
Dr. A. Auch ihm ist ein vom 24. datirtes Postscript angefügt.

zum Abzug bereiten Truppen in Pommern Contreordre
gab und an Sten Bielke schrieb, sie „bis auf anderweit
Avisiren" in Pommern zu behalten; zugleich sich an den
Kurfürsten von Brandenburg wandte, dass er gnädigst
geruhen wolle, „sein vorhandenes Volk, bis man verspüre,
was aus diesem Umstand erfolge, so lange um Berlin
liegen zu lassen". [75])

Herzog Wilhelm gegenüber verwies er auf Disskaus
und Arnims mündliches Anbringen. [76])

An Disskau schrieb er, dass er bei Herzog Wilhelm
seinen Auftrag ausrichten solle, „jedoch dabei annectiren
möge, wie nunmehr die Sach fast in einen andern Stand
gerathen", weil Arnim mit Wallenstein Stillstand geschlossen, Holck Leipzig verlassen hätte und wie ver-
laute „im Werk begriffen sein solle, mit seiner unterhabenden Armee wiederum zurück nach Böhmen zu
gehen". [77])

Am 21. August kam Arnim von Grossenhain nach
Leipzig, brach von hier am 22., weil er nicht gewusst,
wo der Feldmarschall Holck anzutreffen, [78]) zunächst nach

------

[75]) Bauer an Johann Georg d. d. Egeln 28. August 1633. Dr. A.
Johann Georgs Antwort d. d. Dresden 2. September. Dr. A. Durchaus zustimmend und lobend.

[76]) Johann Georg an Georg Wilhelm d. d. Dresden 25. August 1633. Dr. A.

[77]) „So viel aber Herzog Bernhards zu Sachsen Liebden anbe-
trifft, können wir, da Seine Liebden sich jetziger Zeit an der tyrolischen Grenzen befinden sollten, des in Italien zusammengebrachten
Volkes Herauszug zu verhindern, vor rathsam nicht ermessen, Seiner
Liebden nachzuziehen, dieweil der Weg weit, viel Zeit dazu erfordert und Seine Liebden sich schon mit dem italienischen Volk könnte
engagiret haben, dass es daher derselben nicht möglich fallen möchte,
mit begehrtem Succurs, wie gern Sie auch wollten, uns zu Hülfe zu
kommen".

[78]) Arnim an Johann Georg (s. l.) 20./30. August 1633. Dr. A.
Ein kurzes Schreiben: (Titel) „Beiverwahrt ist das Schreiben an
Herzog von Friedland. Da Euer Kurfürstliche Durchlaucht damit
also einig, will Ichs alsofort abfertigen und alsbald Euer Kurfürstlichen Durchlaucht unterthänigst aufwarten. Verbleibe" etc. — Arnim
an Johann Georg d. d. Leipzig 22. August/1. September 1633. Dr. A.
Für das Itinerar führe ich folgende Belegstellen an: Georg Ferber
an ? d. d. Leipzig 22. August 1633. Weimar. St. A. „Den 21. ist
auch hier ankommen frühmorgens Ihr Excellenz Herr General
Arnheimb; was sein Anbringen, oder wo sein Intent hinaus, ist
verborgen. Man sagt, dass er zu Ihr Excellenz Herrn Reichs
Canzler seinen March nehmen wird". An späterer Stelle die bemerkenswerthe Notiz: „In der Schlesien soll auch wieder ein Treves
auf 4 Wochen gemacht sein, und will man den Frieden mit den

Naumburg auf, ging von hier nach Weida und weiter zu
Holck nach Gera. Dann wollte er zu Oxenstiern. Noch
von Leipzig aus schickte er seinen Aufwärter voraus (zu
Holck) und den Obrist Vitzthum zu Oxenstiern, um ihn
„bis auf Fulda zu erbitten“.

Sollte er unterwegs die weimarischen Herzöge treffen,
von denen er nicht wusste, ob sie den Stillstand halten
wollten, so wollte er mit ihnen darüber verhandeln.

Holck hatte seine Truppen kaum bis hart an die
böhmische Grenze zwischen Greitz und Elsterberg zurückgeführt, als er Arnims Aufforderung zu einer Zusammenkunft erhielt. Da er bereits von Wallenstein Weisung
hatte, sich mit Arnim „wegen wirklicher Inachtnahme und
Effectuirung derer in berührtem Stillstand begriffener Con-
ditionen zu abochiren“, [78]) so begab er sich nach Weida,
kehrte aber, da er ihn dort nicht antraf, wieder zurück,
nicht ohne Gefahr wegen des weimarischen Volkes.

Arnim jedoch lud ihn nochmals zu einer Unterredung, die nun am 25. August zu Gera stattfand. [80])

Haaren herzwingen; Gott helfe, ne aliquid fraudis darunter begraben
liege“. — W. F. v. Udstein (?) an Herzog Wilhelm d. d. Naumburg
22. August 1633. Weimar. St. A. berichtet, „dass diese Nacht
Herr General Arnheimb anhero gelanget . . . So ist auch gleicher
Gestalt ein kaiserlicher Trompeter gestern ankommen, welcher zu
Ihr Fürstlichen Gnaden Herzog Bernhard mit Schreiben auf Weimar
reitet . . .“ Dazu P. S.: „Herr General ist heut früh Morgens um
9 Uhr von hier aufgebrochen auf Weida, und von dannen zum Holck.
Hat auch des Feindes gemeldten Trompeter mitgenommen“.

[79]) Wallenstein an Holck d. d. bei Schweidnitz 22. August (n.
St.). Hallwich I. Nr. 636. Es ist der Brief, in welchem Wallenstein
Holck den Stillstandsabschluss mittheilt. Arnim an Johann Georg
d. d. Grossenhain 18/28. August. Er vernehme, dass der Rittmeister,
so aus Schlesien an den Holcken abgefertigt, schon bei ihm angelangt, und er damit aufgebrochen. Es war der Rittmeister Beck.

[80]) Es liegen von beiden Betheiligten über sie Berichte vor.
Die weit ausführlicheren von Holck: Holck an Wallenstein d. d. Greitz
5. September (n. St.). Hallwich I. Nr. 553; an Hatzfeld von demselben
Ort und Datum No. 661. Zwei Briefe von Arnim an Johann Georg d. d.
Gera 25. August/4. September. Hallwich II. Nr. 1141 u. 1142. Dazu
mehrere gedruckte Zeitungsberichte: „Nr: 38 | Extract | Schreibens,
wie Herr | General Leutenampt Arnheimb, mit Herrn Graff Holcken,
wegen des Friedens gespro chen, wie sie ihren Abscheid/genommen.|
Auch | wie es in der Schlesien mit dem | Anstandt dess Friedens und
andern Ortern | beschaffen. | Den 26. Augusti Anno 1633. | Anno
M.DC.XXXIII, No. 38.|.“ Dr. A. Er enthält eine Correspondenz „Auss
Gera 26. Augusti“ (dazu die Stillstandsbedingungen). Und in wesent-
licher Uebereinstimmung mit ihm: „Nr: XXXVI. Auss Gera, vom

Der gedruckte Zeitungsbericht aus Gera vom 26. August (Nr. 38)
erzählt über den äussern Verlauf: dass „verschienen Freitag der
kurfürstlich sächsische General Lieutenant von Arnheimb um 6 Uhr
hier ankommen, neben 2 Compagnien, in Meinung der Kayserliche
Feldmarschall Holcke würde hierum anzutreffen sein, mit ihm zu tractiren. Der ist aber gestern Mittags 12 Uhr von Grimmischen
(Crimitzschau) mit 8 Compagnien Crobaten anhero kommen, deren
aber wenig in die Stadt gelassen worden, sondern ausserhalb aufn
Dörfern losiert, General Holcke aber, nebenst Obrist Adelshofen
und Obrist Contar von Hermenstein wurden in Balduin Conrads Haus
losiert; darauf Herr Holcke alsbald zum Herrn Arnheimb in sein Losament zum Deutschen Nickel gefahren, allda sie wol über eine Stunde
beisammen gewesen; ihr Anbringen ist schriftlich gegen einander gewechselt worden. Als solches geschehen, ist Herr Holcke wieder in
sein Quartier, und hat allda Tafel gehalten; interim alles zum Aufbruch
gerichtet worden; um 5 Uhr war Herr Arnheimb aus. Bei solchem
Aufbruch ist er in Holcks Losament kommen und mit ihm noch über
½ Stund conferiret, und alsdenn Abschied und seinen Weg nach Jena
genommen. Der junge Kulewein aber von Leipzig wurde alsbald mit
schriftlichen Bericht nach Dresden zu über Leipzig per posta abgefertiget. Worauf die Tractaten beruhen, hat man nichts gewisses erfahren können. Obrist Adelshofen hat sich verlauten lassen, wo inner
24 Tagen nicht Friede geschlossen würde, wollten sie unverzüglich
wieder in diesen Landen sein. Anjetzo hofft man alles Volk oben
hinausgehen werde. Herr Holcke brach Nachts um 10 Uhr von hier
auf in grosser Eil, nahm seine marche nach Greitz zu, von dar nach
Plauen hinaus zu gehen; war grosses Eilen mit ihnen, denn er den
Schwedischen nicht trauen wollen. Bei wehrendem Speisen gingen allerhand Discursen vor, allda unter andern ein sächsischer Rittmeister mit
zur Tafel, so mit General Holcken und Obrist Adelshofen gut Gespräche
und Aufzüge hielt, aber alles in gutem Vernehmen; doch machten

---

26. Augusti“. Berlin. Geh. St. A. (Ein lehrreiches Beispiel für die
Ausbreitung erster für die Oeffentlichkeit bestimmter Nachrichten.)
Holck erzählt an Wallenstein (5. September), dass er zu Gera erschienen sei, „nicht ohne weniger als die vorige Gefahr, denn die
Weimarischen sein zu Weida eingefallen und haben etzliche des
Herrn Arnheims Leute erschossen, vermeinend, Ich wäre es. Gleichsfalls haben sie auch Ihr Fürstlichen Gnaden Trompeter nebenst
zehen Pferden Confoye, ob zwar er des Herrn von Arnheimbs Post
gehabt, und von oben gemeltem Herrn General Leutenants Aufwarter (so zu mir verschicket und wiederum zurücke zu den Herrn
vom Arnheimb von benanntem Aufwarter abgefertiget) erbarmlich
umgebracht und etliche von der Confoye gefangen auf Weimar geführet“. Dagegen Obrist Drandorf an Johann Georg d. d. Pleissenburg 31. August 1633: „Bei Abreisen Herrn General Leutenants
Arnheimb von hier habe Ich Ihr Excellenz von den Taubischen damals allhier liegenden Officieren etzliche mitgeben müssen, ingleichen
etzliche andere gute Gesellen mehr, welche aber, wie mich ein
Leutenant, so wieder zurückkommen, berichtet, schlecht ankommen
sein, dann, nachdem sie Herr General Leutenant Arnheim neben
einem kaiserlichen Trompeter auf Weida verschickt, sind sie in Lo-
samenten von den Kaiserlichen überfallen, ausgezogen und ihnen ihre
Pferde und alle das Ihrige genommen worden“.

sie unter einander verschlüssen, was beiderseits aufgesetzet wurde; ist Gott Lob, Alles friedlich abgangen."

Ueber den Inhalt der Unterredung, der dem Schreiber obiges Berichts verborgen blieb, berichten Holck und Arnim.

Es ergiebt sich, dass es sich um zwei Punkte handelte. Einmal um die Ausführung der Stillstandsbedingungen. Arnim verlangte (nach Holcks Bericht) dass Holck „laut Ihr Fürstlichen Gnaden Order" „alle Plätze und das Land Meissen räumen, und sich auch in Voigtland auf die kurfürstlichen Oerter nicht logiren sollte". Holck erklärte sich zur Räumung der kurfürstlichen Lande bereit, unter der Bedingung, dass die Sachsen Tetschen an der Elbe, den letzten Platz in Böhmen, den sie noch seit 1631 besetzt hielten, herausgäben. [6])

Arnim hatte wenig Neigung, auf diese Bedingung einzugehen. Er wich aus, indem er erklärte, sich erst vom Kurfürsten Instruction erbitten zu müssen, die, wie er Holck versicherte, ohne Zweifel ganz seinem Wunsch entsprechend ausfallen würde. Er schrieb dann auch noch an demselben Tage zweimal an ihn, aber beide Mal von der Herausgabe entschieden abrathend. „Was der Feldmarschall Holck wegen des Schlosses Tetschen begehret, darin halte ich davor, hätte man sich nicht zu übereilen, denn dadurch ist ihnen gleichwohl noch die Elbe in Böhmen gesperret, dass sie in Euer Kurfürstlichen Durchlaucht Lande zu Wasser nicht kommen können; sondern man hätte es bis zu meiner Wiederkunft vom Herrn Reichscanzler zu verschieben, dass man zuforderst, wie derselbe sich die Sachen gefallen lässet, vernehme. Stehet aber bei Euer Kurfürstlichen Durchlaucht, was Sie am zuträglichsten befinden."

In dem andern Brief bemerkte er, gleichsam ergänzend, er halte dafür, dass es Johann Georg „nicht widerlich sein könne, ob er (Holck) im Voigtlande solche Oerter behielte, die Euer Kurfürstlichen Durchlaucht nicht zuständig". Das heisst, Arnim wünschte die Stillstandsbedingungen nur so weit zu erfüllen, als es für Sachsen von Vortheil war: mochte immerhin Holck einige nicht kurfürstliche Plätze des Voigtlands besetzt halten, wenn man selbst nur

---

[6]) Arnim schreibt seinem Kurfürsten (Gera 25. August): Holck „erbeut sich dahin, wann Euer Kurfürstliche Durchlaucht nur das Haus Tetschen wieder einräumen, dass er alsbald gänzlichen Euer Kurfürstliche Durchlaucht Lande quittiren wolle".

Tetschen in Böhmen, und damit den wichtigsten·Punkt für
einen feindlichen Vorstoss von Böhmen auf Dresden, in der
Hand behielt. Erklärte sich Oxenstiern dann für die An-
knüpfung von Friedensverhandlungen, so würde es, seiner
Meinung nach, kein Bedenken haben, der Stillstandsbe-
dingung gemäss Tetschen herauszugeben. Eine Haltung,
von der man doch sagen muss, dass sie mehr schlau als
ehrlich war. Denn die Frage wegen Tetschens gehörte
in die dem Stillstandsabschluss·voraufgehenden Verhandlungen mit Wallenstein, und nicht in die ihm folgenden
mit Holck. Dieser war mit Recht über solches Verklau-
suliren ungehalten.

Wenn er auch nicht die listige Combination in ihrem
Zusammenhange durchschaute, so fühlte er doch durch,
dass Arnim kein redliches Spiel spiele. Er meinte in
Betreff Arnims Brief an den Kurfürsten: es „werde wieder
ein Tag oder sechs, ehe Antwort kommt, verlaufen, da er
doch zu Dresden (Grossenhain) Zeit genug gehabt, zu
tractiren. [82])

Der andere Punkt, um den es sich zu Gera handelte
(über den nur Holck berichtet), war die Ausdehnung des
Stillstandes auf die schwedisch-weimarische Armee, „weil
in des Stillstandes Accord aller Adhärenten auch gemeldet
wird“. Holck hatte darüber zweimal an den Herzog von
Weimar geschrieben, doch ohne bisher Antwort erhalten
zu haben.

Er wünschte „wegen der schwedisch-weimarischen
Armada assecurirt zu sein“, die „unterdessen stark zusammen rückte“. Arnim aber, so erzählt er, habe es ihm
„rotunde abgeschlagen: er könne dafür nicht gut sein“.
„Solches stünde nicht in seiner Macht, müsste ehist (erst)
mit dem von Weimar darvon reden“.

Und so habe Arnim denn, — fasst Holck das Resultat dieser Conferenz, bei der es sich „straks seltsam
lassen ansehen“, in seinem Brief an Wallenstein zusammen,
— „alles lassen anstehen bis zur Resolution des Herrn

---

[82]) Sehr bitter klingen auch die gegen Hatzfeld gethanen
Aeusserungen Holcks über Arnim: „Nach gehaltener Unterredung
hat er mir angemuthet, Ich sollte diese Länder laut Ihr Fürstlichen
Gnaden Order quittiren; die Restitution aber mit Tetschen betreffend,
müsste er solches erstlich bei seinem Herrn Kurfürsten erhalten und
deswegen alsobald an ihm geschrieben, nicht zweifelnd, es wird geschehen. Mich wunderte aber, warum nicht von ihm allbereit solches
zu Dresden geschehen.“

Kurfürsten wegen Tetschen; des von Weimars wegen den
Stillstand; und dass er mit dem Herrn Canzler Oxenstiern geredet, und auf dem Rückweg wieder mit mir
reden wollen, [83]) sehr zweifelnd, ob die Schwedischen sich
zu etwas unterstehen werden, da mit unsers Theils Schade
und ihr grosser Vortheil dabei zu hoffen." Und an Hatzfeld schreibt er: er sei „über das, wie billig, nicht wenig
bestürzt, also dass ich nichts glauben kann anders, als
dass ein Betrug dahinter steckt und sie sich suchen zu
stärken und alsdann mit allem Gewalt zugleich in Mähren
und Böhmen ein[zu]brechen und die Winterquartier mit uns
[zu] disputiren". [84])

Arnim brach noch am 25. August von Gera auf, unter
Bedeckung eines Croatendetachements, das ihm Holck
mitgab. Er ging zunächst nach Weimar, wo er Disskau
traf und Herzog Wilhelm „zusprach". [85]) Am 27. August
begaben sie sich nach Erfurt, von wo Disskau mit mündlichen Aufträgen des Herzogs [86]) und einem Brief Arnims [87])
zum Kurfürsten nach Dresden zurückzukehren beabsichtigte. [88])

---

[83]) Arnim an Johann Georg vom 25. August: „Von hier aus
reise Ich noch heuten, geliebts Gott, zum Herrn Reichscanzler,
spreche in der Rückreise dem Herrn Feldmarschall wieder zu" etc.

[84]) Dass es Holck an bestimmter Sprache nicht fehlen liess, hat
Arnim selbst dann dem Reichscanzler versichert. Oxenstiern an Herzog
Bernhard d. d. Frankfurt a./M. 2. September 1633 Schwedisches
Reichsarchiv zu Stockholm: „Arnim wäre auch bei dem Holcke ge-
wesen und hätte auf Begehren des Friedländers mit ihm geredet;
könnte nicht wohl sagen, wohin Holcke inclinirte, denn er ihm sehr
wirtzig geantwortet; wüsste nicht, ob ihm zu trauen oder nicht." Holck
glaubte in Folge dieser Zusammenkunft in Gera, er sei vergiftet.
Hatzfeld an Colloredo d. d. bei Plauen 7. September (n. St.) meint, aus
Arnims Haltung sei zu schliessen, „dass ihre treves auf keinen
Frieden, sondern einen schelmischen Betrug angesehen sein. Basta!"

[85]) Arnim an Johann Georg d. d. Weimar 27. August, 6. September 1633 Dr. A.: „ . . . Ich spüre, dass Seine Fürstliche Gnaden Herzog Wilhelm mit schlechtem contento seind von Frankfurt
geschieden."

[86]) Herzog Wilhelm an Johann Georg d. d. Erfurt 27. August 1633. Dr. A. Credenzschreiben für Disskau, dessen Anbringen er
entgegen genommen.

[87]) Arnim an Johann Georg d. d. 27. August/6. September 1633
Dr. A.

[88]) „Anthoni vom Stern" an Johann Georg d. d. Weimar in Eil
den 30. Augusti 1633. Dr. A. Berichtet, „dass ich verschienenes Diens-
tags von hier aus mit dem Herrn Generallieutenant nach Erfurt
verreiset, welcher mir dann beiliegendes Schreiben an Euer Kurfürstliche Durchlaucht haltend, zugestellet und befohlen, solches in der

Arnim schrieb dem Kurfürsten, er erachte es für „hochnöthig, dass Euer Kurfürstliche Durchlaucht die Reuterei etwas auseinander legten, damit sie das Land und sich selbsten nicht ruinirten, auch in währendem Stillstand etwas ausruhen könnten. Gleichwohl, dieweil wegen des Hauses Tetschen noch keine richtige Antwort erfolgt, und deswegen der Feldmarschall Holcke sich noch wohl etwas im Voigtland aufhalten möchte, wollte auch nicht wohl zu rathen, dass sie so gar weit von einander, sondern an solche Orte gelegt, dass man im Fall der Noth dieselbe in der Eil zusammen bringen und sich dessen zu gebrauchen haben könne."

Es wirft immerhin ein eigenthümliches Licht auf Arnim und die Art seiner diplomatischen Kunst, dass er, der den Stillstand selber erst abgeschlossen, so wenig an seine Bestimmungen sich gebunden erachtete.

Wie er sich von Erfurt nach Gellnhausen zum Reichskanzler begab, wie es dort zur Conferenz zwischen ihnen kam, und diese einen Verlauf nahm, der den Hoffnungen Arnims so ganz und gar nicht entsprach, ist bekannt [**]) und gehört nicht in den Zusammenhang unserer Darlegungen.

Auf dem Rückwege beabsichtigte er wieder bei Holck zuzusprechen. Doch gab er den Vorsatz dann wieder auf, [***]) den er ohnehin nicht mehr zur Ausführung hätte bringen können.

Holck war gleichfalls bald nach der Unterredung von Gera aufgebrochen, und hatte sich nach Greitz begeben, [****])

Person zu überantworten. Es hat mich aber zu Erfurt eine ziemliche Unpässlichkeit angestossen, also dass ich mich eines hitzigen Fiebers besorgen und deswegen hier zwei Tage aufhalten müssen." Heute habe er reisen wollen, aber keine Fuhre bekommen. Da ihm ausserdem der Amtsvogt zu Weissenfels anzeige, dass es dort viel unruhige Händel gebe, er sich dort deshalb etwas aufhalten müsse (er war Amtshauptmann zu Weisenfels), so erlaube er sich, gedachtes Schreiben nebst dem von Herzog Wilhelm auf der Post zu schicken.

[**]) Doch noch nicht nach allen Seiten. Ich denke nächstens darüber neue Mittheilungen zu machen.

[***]) Arnim an Holck d. d. Erfurt 3./13. September 1633. Hallwich I. Nr. 690. „Unserm Verlass nach hätte in meiner Rückreise Ich Euer Excellenz wieder zusprechen wollen, wenn nicht Seine Fürstliche Gnaden Herr Generallisimus mit ziemlicher Ungeduld meine Wiederkunft erwarten. Deswegen Ich nothwendig eilen müssen. Will aber Gelegenheit suchen, durch eine vertraute Person förderlichste meine Verrichtung Euer Excellenz berichten zu lassen."

[****]) Hatzfeld an Colloredo d. d. bei Plauen 7. September 1633

von wo aus er die nöthigen militärischen Anordnungen
traf. Natürlich, dass er nun nicht daran dachte, die besetzten Gebiete zu räumen. „Ehe Bericht von Dresden
wegen des Hauses Tetschen, welches wol 5 Tag wehren
wird, einkommt, kann ich die praesidia von Zwickau,
Weissenburg und Schwarzenburg nicht wegnehmen, und
von hinnen selbsten mich auch nicht begeben ehe und
zuvor ich die Resolution von Weimar wegen des Stillstandes [habe]." [92])

Sobald er diese Antwort des Herzogs von Weimar
in Händen hätte — er rechnete, dass das am 27. August
der Fall sein würde —, wollte er sich mit der Armada ins
Böhmische zurückbegeben : nach Eger, wo er am 29. August zu sein dachte. Dort wollte er sich mit dem Fussvolk an „einen vortheilhaften Ort an der Stadt oder den
Vorstädten retranchiren", [93]) während, „wann der Stillstand
sicher erfolget", die Croaten, Dragoner und Reiter sich
„auf Baireuth, Wunsiedel, Schleitz, Hof, Greitz, Gera oder
wo im Markgrafenthum es sich am füglichsten thun lässt,
elargiren sollten. Denn, so bemerkt er gegen Wallenstein (5. September n. St.), weiters dem Feinde nicht zu
getrauen, insonderheit, weil er in diesem geringen Anfang
Difficultäten gesuchet; und ist genug zu spüren, dass,
wann nicht alles nach seinem Sinne gehet, er willens sei,
mit aller Gewalt in Böhmen und vielleicht Mähren zu
dringen".

Im Kurfürstenthum wollte er nur jene drei Punkte:
Zwickau, Wiesenburg und Schwarzenberg — „in allen
mit 200 Mann zu Fuss und 35 Croaten" — besetzt lassen,
und sobald sich Johann Georg wegen Tetschens entschieden habe, die Besatzung auch von hier abführen. [94])

(n. St.). Hallwich I. Nr. 660. Holck habe sich in Gera „nicht gar lang
aufgehalten, weilen es nicht gar zu sicher gewesen".

[92]) Holck an Hatzfeld vom 5. September (n. St.).

[93]) Er theilte diese seine Absicht in einem Schreiben vom
5. September (n. St.) an Colloredo mit, der sich in Eger befand. Sie
wollten zu Eger „die Schaufel in die Erd bringen". Colloredo an
Wallenstein d. d. Eger 8. September 1633 (n. St.): . . . „Ich will
das Fussvolk in die Vorstadt logiren, allda ein Graben und ziemlicher
Wall herum vorhanden; die Reuterei in umliegenden nächsten Dörfern, Zwicka und in Meissen die besetzte Schlösser also besetzen
lassen, bis auf des Herrn von Arnheimb abtretung des Schloss Tyssen
(Tetschen)".

[94]) Das ergiebt sich aus Holcks Briefen vom 5. September (n.
St.) an Wallenstein: „Weilen dann die Sachen in diesen terminis

In diesem Sinne gab Holck noch am 26. August an
Hatzfeld schriftliche Weisungen. [95])

Hatzfeld sollte „unfehlbare Ordre ertheilen, dass aller Regimenter pagage hinter Eger zu und um Königswart verbleibe, auf
dass sie nicht in Gefahr gerathe, und lasse die Tertzkische Reuter,
wie gleichfalls 2 Compagnien von Ulfeld mit dem wanglerischen
Obristleutenant und bei sich habenden 5 commandirten Compagnien
zu Fuss in der Vorstadt zu Eger zu bedecken obenbesagte pagage
logiren; ' er selbsten aber ohnfehlbar mit sein ganz Regiment,
bredaisch ganz Regiment, altsächsich 2 Compagnien, picolominisch
2 Compagnien, meine 6 Compagnien Dragoner, Horatio Pauli Croaten
auf Plauen verfügen, daselbsten in der Enge logiren und herwärts
gegen Elsterberg, wo mein Regiment und Lafossa logiren, extendiren.
Die Croaten können sich im Feld bei Hof, weilen es nur wenig Tage
wehren wird, bis wir Resolution haben, aufhalten, und müssen die
Strassen auf Schleitz, Coburg und Weida wohl in Acht genommen
werden, dann Herzog Wilhelm selbst zu Weimar ist; daselbsten und
zu Jena überall herum ziemlich voll Volkes, und marschiren noch
ständlich mehr dazu. Die Reiterei zu Elsterberg müssen Achtung
auf Wunsiedel und Bamburg [Bamberg?] reiten“.

Er sprach die Hoffnung aus, dass Hatzfeld am nächsten Mittwoch (7. September n. St.) in Plauen werde sein
können.

Hatzfeld kam dem Befehl aufs Pünktlichste nach. [96])
Am Mittwoch (28. August) war er mit seinen Truppen
zur Stelle.

Aber da war ein jäher Wandel des Geschickes eingetreten.

Die Pest hatte mit verheerender Wuth um sich ge-
griffen und binnen wenigen Tagen in Stadt und Land,
unter Freund und Feind furchtbar aufgeräumt. Ueber
die Verheerungen, die sie in dem holckischen Heer an-

---

hier stehen, habe Ich Zwicke etc. besetzet“. An Hatzfeld: „Unterdessen aber, ehe Bericht von Dresden wegen des Hauses Tetschen,
welches wol 5 Tag wehren wird, einkommt, kann ich die praesidien
von Zwicke etc. nicht wegnehmen“. Colloredo an Wallenstein d. d.
Eger 8. September (n. St.). S. Anm. 93.

[95]) Auch an Colloredo schrieb er (der dann, als der Höber-
commandirende, an Hatzfeld die weiteren Befehle gab).

[96]) Hatzfeld an Colloredo d. d. bei Plauen 7. September 1633
(n. St.). Hallwich I. Nr. 660. Berichtet von Holcks Brief vom 5. September (n. St.): „Dass Ich alle bagage in Böhmen nach und hinter
Königswart schicken, etliche Compagnien, als die 3 tertzkyschen, 2
ulfeldischen und 5 Wanglern zu Fuss in der Vorstadt zu Eger
lassen, mit dem übrigen Volk aber zu ihm nach Plauen auf den
Mittwochen als heute zu kommen. Demselben bin ich also nachgekommen, so viel der besagten Compagnien bei mir gewesen, geschickt“.

richtete, haben wir unter andern ein paar gedruckte Berichte von sächsischer Seite.

Der eine [97]) sagt: „Die Kayserliche Armee wird jetzo um Plauen versammelt und seind derer, seit sie von Leipzig wieder zurückkommen, in 2000 allbereit an der Voigtländischen Pestilenz gestorben. Ich will hoffen, Gottes Hand wird sie vollends schlagen“.

Der andere: [98]) „Die Kayserlichen haben über dem Plündern zu Zwickau und aller Orten die Pest mitgenommen, dass die jetzo in der Armee sterben wie die Fliegen; seind ihrer in die 6000 an Knechten und Drossen [Tross] gestorben .... Es ist grosse Kleinmüthigkeit unter der Armee“. [99])

---

[97]) **Extract** Schreibens eines guten Freundes aus dem Voigtlande vom 30. August. In: „Zeitung wie der Kayserliche General Holcke etc.“ von 1633. Vgl. S. 176.

[98]) „Ausm Voigtlande vom 30. Augusti.“ Ebenda.

[99]) Ueber die Verheerungen der Pest in Stadt und Land Folgendes: In Leipzig raffte sie, nach Heydenreich 609, bis Ausgang des Jahres an 761 Menschen hinweg. In einem handschriftlichen Bericht heisst es: „Zu Werdau ist die Pest stark eingerissen und ist wenig Volk mehr beim Städtlein, desgleichen fast auf allen Dörfern um bei Zwickau die Infection sich findet.“ Ein anderer, 14 Tage später verfasster: „Zu Werdau hat die Infection dermassen überhand genommen, dass auch kein einig Amtsdorf übrig, da nicht das Contagium heftig grassiret.“ Mit am traurigsten sah es wohl in und um Zwickau aus. Die Berichte des (nach Leipzig geflüchteten) Salomon Gerhard, des kurfürstlichen Schössers zu Zwickau an Johann Georg — d. d. Leipzig 3. und 10. September, Zeitz 20. September, Dr. A. — geben ein sehr lebhaftes Bild. Aber auch davon, dass es weit mehr die Pest als der Feind war, worunter man zu leiden hatte, und dass der feindliche Soldat nicht weniger als die Bürgerschaft unter ihr litt. „Der Zeugwart zu Zwickau — schreibt er am 3. September — ist peste verstorben, desgleichen sind nunmehr alle Geistlichen auch dahin, von kaiserlichen Soldaten sind noch 20 aufm Schloss, die andern hat die Pest gleichfalls weggenommen“. Er meint (10. September): „Es wären die zu Zwickau, Wiesenburg, Schwarzenberg liegenden Guarnisonen gar leicht aufzuschlagen oder doch fortzujagen, denn sie in mächtiger Furcht sein.“ Daneben freilich erzählt er von allerhand Excessen der seit Holcks Tod und in Folge der Pest debandirten Armee. „Gott erbarme es, da sie länger geduldet werden, gehet alles vollends zu Grunde.... Das ganze Amt Schwarzenberg wird ruinirt. Es darf sich Niemand sehen lassen, sie zwingen ihn zu ihren Diensten; in Wäldern müssen die armen Leute Hungers sterben.“ Doch weiss auch er von eigentlichen blutigen Schandthaten so gut wie nichts zu berichten. Die Hauptsache ist er sich selber. „Der Feind hat (schreibt er am 3. September) zu 6 Malen mein Haus ausgeplündert, auch endlich alles geräucherte Fleisch und Küchenspeis, Zinn, Betten, Kupferwerk und alle mobilia geholet, welches alles der

Bald wurde auch Holck selbst von der Seuche erfasst. Als Hatzfeld kam, lag er schon auf den Tod darnieder.

„Als ich", so erzählt Hatzfeld sein Begegniss mit ihm, „heut gar gut Zeit nach Plauen kommen, und niemands da gefunden, bin ich alsobald vor meine Person gegen Greitz, die Regimenter aber bei Plauen liegen lassen. Finde die Armee mit Bagage und allem anderthalb Meilen von Plauen auf einem Berge ohne einige Ordre; weiss keiner, was er thun, ob hinter sich oder vor sich solle, weil der Herr Feldmarschall den Morgen also urplötzlich mit einer Krankheit befallen, dass (er) Niemands mehr hören oder mit niemands reden können. Als bin (ich) selbsten an die Kutschen gegangen, darin er gelegen, aber nicht mehres oder anders von ihm vernehmen können, als dies: ‚Der Herr ziehe nur fort, ich bin gar krank'; wie es dann wohl gewiss. Was dies für eine Krankheit, weiss ich nicht; allein muthmasse ich, es sei die Pest, weil meists sein Gesind gestorben. So ists ihm in einem Zorn mit einem Frost ankommen. Er selbsten hat vermeint, es sei ihm vergeben, weil (er) ein Tag zuvor zu Gera bei dem Herrn Feldmarschall von Arnheim gewesen."

Ueber Holcks Tod liegt ein gleichzeitiger Druck vor, erfüllt von fanatischer Wuth gegen ihn, wie schon der Titel zeigt:

Zeitung | Wie der | Keys. General Holcke, | nachdem er einen jehlingen Einfall vnd streiff | in das Land Meissen vnd Thüringen gethan, vnd darinn neben | der vornehmen Handelstadt Leipzig viel schöne Städte geplün | dert, gebrandschatzet, allerley Tyranney, Vnzucht vnd Muthwillen verübet, vnd endlich wolbeladen; mit grossen Beuthen | vnd ansehnlichen Schatze, wieder nach Böhmen gehen wollen, | zu Adorff im Voigtlande, an der Pest gestorben sey, vnd an | Leipzigischen Confect, welches er zum drittenmahl | benascht, dennoch noch ersticken | müssen. |

Darbey augenscheinlich die Göttliche Güte vnnd | Langmuth zu spüren, dass ob gleich derselb nicht allezeit straks | solche Vnthaten strafft, doch also hernach seine Straffe zu | rechter Zeit anzubringen weis, dass jederman | sprechen muss: Das hat GOtt gethan. |

Neben einen schönen Holckischen | Lobspruch. |

*

Den Mäusen, so gar offt vnd viel dess naschens treiben,
Muss man vnters Gefräss Arsenic Gifft zerreiben,

Rath verursachet indem Sie ihnen von der Stadt nichts geschafft und dadurch ihnen das meine preis gemacht, immassen vorm Jahre, als der Wallensteiner da gewest, sie mir die Hofküche auch aufn Hals gewiesen und vermeinet, es müsse ausm Amte geschafft werden". Dazu am 20. September: „Verspüre, dass ich von Theils Bügerschaft nichts als Verrätherei zu gewarten, und dass sie alle onera aufs Amt wälzen wollen, wie ich dann in der That erfahren müssen, wie Theils Bürger und deren Söhne so stattlich als etwa die Soldaten in meinem Hause sich des Mausens und Austragens beflissen". Der Gegensatz zwischen dem kurfürstlichen Beamten und der städtischen Bürgerschaft ist wohl zu beachten.

> Also hat Holck die Pest ernascht, weil er geleckt
> Zuviel vnd geitzig gnug, vom Leipzischen Confect.

> Gedruckt im Jahre 1633.

(4 Bl. 4°.)

Diese Broschüre [100]) enthält zunächst einen „Extract
Schreibens eines guten Freundes aus dem Voigtlande vom
30. Augusti":

„Itzo berichte ich in höchster eyl, dass Holck gewiss todt, und
heut dato zu Adorf an der Pest gestorben; der hat zwar vor seinem
End einen evangelischen Priester begehret, auch auf etliche Meilen
nach einem geschickt worden; weil aber alles aus dem Städtlein und
umliegenden Orten die Priester entlaufen, hat er doch keinen erlangen, noch das Heilige Abendmahl des Herrn geniessen können,
hat also ganz elendiglich dahin sterben müssen, und spüret man
hieraus, wie Gott das gottlose Wesen vergilt..."

An zweiter Stelle einen Schreibensextract „Ausm
Voigtlande vom 30. Augusti":

„... Sonst ist gewiss, dass heut in der Nacht gegen 4 Uhr
der Obrist Holcken zu Adorff gestorben, nachdem er sich in einer
Sänfte von Grentzen dahin tragen lassen; hat eines evangelischen
Priesters begehret, weil aber in etlichen Wochen sich niemand derer
Orten hat dürfen sehen lassen, ist selber nicht zu erlangen gewesen;
es haben etliche Truppen ausreiten müssen, und sind 600 Thaler
versprochen worden, wenn einer käme, aber eine Stunde zuvor ehe
er kommen, ist er gestorben, haben dem Priester 6 Thaler geben,
und wieder zurückgehen lassen."

Aehnlich berichtet der Schösser Salomon Gerhard an
Johann Georg d. d. Leipzig 3. September 1633 (Dr. A.).

„Matthes Gnespe schreibt mir, dass Holcke zu Adorf peste gestorben, habe den Stadtvoigt ausgeschickt, er sollte ihm ein Lutheri-
schen Priester verschaffen, wanns 500 Thaler kosten sollte, aber es
ist keiner zu erlangen gewesen."

---

[100]) Die in ihr enthaltenen gedruckten Schreibensextracte bilden
die Grundlage der weiteren Ueberlieferung. Sie sind ins Theatrum
Europaeum (III, 113), in Chemnitz (II, 212) u. A. übergegangen. Die
von Chemnitz erwähnte Geschichte von der Ansteckung Holcks
durch „seine Damen" findet sich zuerst in dem am Schluss mitgetheilten Gedicht. Die allgemeine, auch noch von Hallwich in
v. Webers Archiv f. d. Sächs. Gesch. N. F. III, 337 vertretene Ansicht,
dass Holck „hart an der Grenze im Dörfchen Troschenreuth bei Adorf"
gestorben sei, muss aufgegeben werden. Sie findet sich zuerst bei
Wassenberg commentariorum de bello lib. sing. 1639. 327: „Contagio
autem major imminebat, nisi alia Henricum Holckium contagio corri-
puisset. Ille itaque Saxoniae pestis peste correptus Turschenraidiae
ad plures transiit." Dieselbe Stelle dann natürlich auch im deutschen Florus. Aus Wassenberg ging sie offenbar über in Lehmanns
Chronik, dem auch die Broschüre vorgelegen hat. Auch das Wort-
spiel hat er Wassenberg entlehnt (Pestis Misniae peste periit).

In einem spätern Schreiben [101]) theilt er seinem Kurfürsten mit:

„Holckens Leichnam stehet zu Eger in der Kirchen in einem Sarge, darin gläserne Fenster gemacht, dass ihn männiglich anschauen kann, und soll zur procession nach Prag und Wien geführt werden."

Der Tod des ausgezeichneten, seinem Generalissimus in unwandelbarer Treue ergebenen Officiers war ein grosser Verlust für die kaiserliche Partei und wurde aufrichtig betrauert. Colloredo schrieb an Wallenstein: [102]) „Diese vergangene Nacht um zwen Uhr nach Mitternacht ist der Feldmarschall Holcke in Gott verschieden. Ihr Kayserliche Majestät und Ihr Fürstliche Durchlaucht haben einen treuen und verständigen Soldaten verloren. Gott gebe ihm die ewige Ruhe". Wallenstein antwortete: [103]) er habe Holcks Ableben „mit höchsten Schmerzen" vernommen; „zumalen Ihr Kayserliche Majestät einen hochverständigen, tapfern und um dero Erzhaus und das gemeine Wesen wohlverdienten Soldaten an ihm verloren". Und dem Kaiser schrieb er: [104]) Holck sei, „nachdem er von der Pest angestecket, Todes verfahren; an welchem Sie denn gewiss einen treuen und fleissigen Diener verloren". Seine Dankbarkeit für die treue Anhänglichkeit, mit der Holck ihm ergeben gewesen war, bewies Wallenstein damit, dass er die Sorge für dessen Wittwe und Kinder übernahm. „Weil er — wie er sagt — bei seinen Lebzeiten das Vertrauen zu uns gehabt." Er erklärte urkundlich: [105]) dass Holck „Ihr Majestät in währendem jetzigen Kriegsempörungen hochansehnlich- und erspriessliche Dienste geleistet, auch in treueiferigster Fortsetzung derselben sein Leben geendet, und dahero gar wohl meritiret, dass seinen hinterlassenen Erben nicht allein wegen seiner bei Ihr Majestät habender practensionen gebührende satisfaction, sondern auch zu mehrer Erkenntniss der so hochvorträglichst von ihm geleisteten Dienste eine gnädige recompens widerfahre".

---

[101]) d. d. 10. September 1633. Dr. A.
[102]) d. d. Eger 9. September 1633 (n. St.). Hallwich I. Nr. 665.
[103]) Wallenstein an Colloredo d. d. Feldlager bei Schweidnitz 12. September 1633 (n. St.). Schebeck, Wallensteiniana 14.
[104]) Wallenstein an Kaiser Ferdinand d. d. Feldlager bei Schweidnitz 16. September 1633 (n. St.). Hallwich I. Nr. 680.
[105]) Diploma für des Herrn Grafen Holck Erben d. d. bei Schweidnitz 29. September 1633 (n. St.) Hallwich I. Nr. 724.

Weit anders freilich als solche Anerkennung klingen die Verse, [196]) in denen die masslose Wuth gegen die „pestis Misniac" sich austobte. Sie mögen das Ende unserer Darlegung bilden, wenn auch nicht das Endurtheil über diesen Heerführer in dem grossen Krieg der dreissig Jahre, der gewiss nicht schlimmer war als die meisten übrigen Generale auf Feindes wie Freundes Seite, wohl aber besser als sein Ruf.

Der Holcki ist, wie man thut sagen,
Von GOtt mit Pestilenz geschlagen.
Als seine Maistres auf diese Art
Zu Poppenreit gestrafet ward,
Die hat er noch besucht mit Klag,
Erlangt von ihr auch diese Plag,
Die Krankheit thät mit ihme ringen,
Drum hiess er ihm ein Sänfte bringen,
Von Graitz nach Eger stund sein Sinn,
Wär gern gewest gar bald dahin,
Aber zu kurz ward ihm die Zeit,
Er beschloss sein End mit grossem Leid,
Zu Adorff ist er gewiss gestorbn,
Ob er den Himmel hat erworben,
Das wird er nun erfahren han,
Ich will ihn zwar nicht richten thun,
Steh aber doch in Sorgen ietz,
Weil er gewest gar sehr unnütz,
Die Religion geachtet schlecht,
Ob er geacht kann sein vor recht.
Betrübt viel Menschen gross und klein,
Und konnt dazu fein höhnisch sein,
Trieb Schaud und Unzucht ohne Scheu,
Erbarmt sich keines Armen gschrei,
Viel Priester auf den Dörfern sehr
Wurden verjaget hin und her,
Mussten sich verkriechen in den Wald,
Darinnen mancher verstorben bald,
Neben Weib und Kind in Elend gross,
Desswegen bekommt er diesen Stoss,
Dass er jetzt an dem Ende sein
Kein Priester konnte bringen rein

---

[196]) In „Zeitung wie der Kayserliche General Holcken etc." von 1633. Die von Senkenberg Geschichte des Teutschen Reichs, V, 586, Anmerkung 1 erwähnte, drei auf Holcks Tod bezügliche Gedichte enthaltende Broschüre „Streitschriften über des Holcken Leben und Tod etc. 1633" ist bisher nicht aufzufinden gewesen.

Zu sich, ob er gleich zahlen wollt
Sechshundert Thaler zu seinem Sold,
Nicht möglich war es dazumal,
Obschon der Trouppen etlich Zahl
Wurden ausgeschickt mit Friedenszeichen,
Konnten sie doch deren kein erreichen,
Bis letzlich eine Privatperson
Bracht mit sich ein geführet ran,
Ausm Holz, darein er war geflohen,
Aus Furcht wohl für des Holckens Drohen,
Aber zu spat, Holck war dahin
Gestorben, lag da ohn allen Sinn,
Desswegen nun der geistlich Mann
Zog wieder ab und ging davon,
Sechs Thaler bekam er vor sein Müh,
Derer er lang hatte gesehen nie,
Sehr sauer schmeckt Leipzigsch Confect,
Wer es auf solche Masse leckt.
Die Mess, so er allda gehalten
Hat ihm sein Leib und Lebn zurspaltn,
Wes wird nun sein das geraubte Gut,
Weil ers jetzt nicht geniessen thut,
Hats Leipzig etwa so verschuld?
Drum lieben Bürger tragt Geduld,
Bekehret Euch, GOtt ist nicht fern,
Thut wahre Buss, Er hilft Euch gern:
Holcki hat nun gewüthet aus,
Verderbt Land, Leut, manch schönes Haus,
Itzt liegt er da ohn alln Verstand,
Sein Anschläg hat GOtt umgewandt,
Was hilft ihm nun sein hohes Amt
Und der zu Leipzig geraubte Sammt,
Seide, Posmentschnur, Tuch, Citron, Wein,
Da er doch vor dem Ende sein
Nicht könn erlangn der Seelenspeis.
Sieh lieber Leser auf solche Weis
Pflegt GOtt, wenn er aufwachen thut,
Zu strafen grossen Uebermuth,
Die Raubmannschaft so er verübt,
Und Leipzig allzusehr betrübt,
Die ist ihm nun verboten wordn,
Weil er überschritten seinen Ordn,
Verfolgt arm Evangelisch Leut,
Erworgt an der Leipziger Beut,
Die letzte Mess hat er gebaut,
Bleibt ihm nur seine Elends Haut
Noch übrig von dem Raube sein,
Und kömmt nicht mehr nach Leipzig nein,
Ach GOtt stürz Dein Feind all also,
Dein Christenheit mach einsten froh.
Tröst doch die arme Leipzigsch Stadt,
Erzeig ihr wieder Deine Gnad,
Das wünscht ihr jetzt in dem Elend,
Der einst gewest da ein Student.

In einem andern flugschriftlichen Druck [107]) wird
Holck das nachfolgende kurze Selbstbekenntniss in den
Mund gelegt:

> „Gewissen hin, Gewissen her,
> Ich acht vielmehr die weltlich Ehr,
> Dien' nicht um Glauben, dien' um Geld,
> Gott geb, wie's wird in jener Welt.“

---

[107]) Copia | Königl. Maj. in Dennemark, | Ergängenes Schreiben, |
An | Ihr Excel. Herrn Axel Ochsenstirn, | Vnd | Ihr Excell. Hinwider-
gethaner Resolution. | Beneben | gründlichen Bericht | dess bey Ol-
dendorff gehaltenen | grossen Treffens . . . | | |
Item | Confessio | Coetus Ligistici | Oder | Waares Hertzen Be-
kenntniss der catholi | schen Liga, | . . . | Durch | Reimundum Veri-
dicum Hassum | .“ 1633. 12. Bl. 4°.

VII.

Ein Besuch des Königs Peter von Cypern am Hofe des Markgrafen Friedrich des Strengen von Meissen (1364).

Von

Hubert Ermisch.

Die chronikalischen Quellen für die Geschichte der
Wettiner während des 14. Jahrhunderts. sind bekanntlich
ausserordentlich dürftig. Dieser Umstand möge die Mittheilung des folgenden, an sich geringfügigen Beitrages
zur Kenntnis des Meissner Landes und des markgräflichen
Hofes jener Zeit, der sich an einer ziemlich entlegenen
Stelle findet, begründen und entschuldigen.

Derselbe ist einem neuerdings zum ersten Male vollständig veröffentlichten französischen Gedichte des 14. Jahrhunderts entnommen, [1]) dessen Verfasser, Guillaume de
Machaut, dem Könige Johann von Frankreich nahe stand
und im Ganzen auf Grund zuverlässiger Mittheilungen
arbeitete. Das umfangreiche Werk schildert den an roman-
tischen Zügen reichen Lebenslauf des Königs Peter von
Cypern. Während der Jahre 1362—1364 unternahm dieser

---

[1]) La prise d'Alexandrie ou chronique du roi Pierre Ier de
Lusignan par Guillaume de Machaut. Publiée pour la première fois
pour la société de l'Orient latin par M. L. de Mas Latrie. Genève
1877. 8°.

eine Reise durch das Abendland, um die europäischen
Monarchen zu einem Kreuzzuge gegen die Türken zu bewegen. Zunächst begab er sich nach Venedig; das Jahr
1363 und die ersten Monate des Jahres 1364 brachte er
theils in Frankreich, theils in England zu. Bald nach
der Krönung Karls V. zu Rheims (am 19. Mai 1364) zog
er nach Deutschland, weilte zwei Monate in Köln und
ging dann nach Franken und Thüringen. In Erfurt,

> une cité puissant et fort,
> scant en biau plain saus montaingne,
> tout droit au fin cuer d'Alemaigne, [2]

hielt er sich einige Zeit auf. Von dort wandte er sich
nach Meissen. Sein hiesiger Aufenthalt dürfte in die
zweite Hälfte des Juli oder vielleicht in den Anfang des
August 1364 zu setzen sein. Der Beschreibung dieses
Besuches sind zwar 42 Verse des Gedichts gewidmet,
aber ihr Inhalt ist leider überaus mager und dürftig.
Vom Lande selbst erfahren wir nichts, als dass der Reichthum an Rindvieh und an Getreide und die Vorliebe seiner
Bewohner für geistige Getränke angedeutet wird; Godale,
ein Getränk, das auch sonst erwähnt wird und bis jetzt
noch keine ganz befriedigende Erklärung gefunden, [3] und
Servoise (cerevisia) werden als besonders beliebt bezeichnet. Rühmend wird die grosse Zahl tapferer Krieger,
schmucker Ritter und schöner Frauen hervorgehoben.

Als der König den „ritterlichen" Markgrafen (le gentil
marquis) [4] aufgefunden, trug er ihm sein Anliegen vor.

Es ist bezeichnend für die Stellung, welche die
Wettiner damals einnahmen, dass Friedrich der erste welt-
liche Fürst Deutschlands war, den König Peter anging.
Später hat er sich nur noch an Kurfürst Rudolf II. von
Sachsen und nach dem Besuche beim Kaiser an den

---

[2] Das ist: gerade im Herzen Deutschlands. „Ou fin cuer",
pour au milieu, au beau milieu, comme l'on dit encore vulgairement.
La Curne de Sainte-Palaye, Dictionnaire hist. de l'ancien language
françoise 4, 419.

[3] La goudale était une espèce de bière, mais on ne sait pas
trop de quelle sorte elle était. Gachet, Glossaire roman des croniques
rimées 243 b. Die Ableitung von dem englischen good ale liegt am
nächsten; vergleiche Gachet a. a. O. Littré, Dictionnaire I, 1890.
La Curne de Sainte-Palaye, Dictionn. histor. de l'ancien language
françoise 6, 402.

[4] Vergleiche dazu die Schilderung des Joh. Tylich: Fuit
Fridericus senior vir procerae et elegantis formae, pulcher facie, flavo
et crispo crine, oculis claris, affectu mitis u. s. w. Mencke SS. II, 2180.

Wiener Hof gewandt. Auf diese hervorragende Bedeutung
Meissens dürfte es auch zu beziehen sein — vorausgesetzt,
dass unsre Uebersetzung das Richtige getroffen hat —, wenn
der Chronist meldet, der Markgraf sei nicht eben erstaunt
über des Königs Frage gewesen. Friedrich hatte wohl
den Grund der Anwesenheit Peters schon vorher erfahren
und konnte daher sofort eine Antwort geben; dieselbe
entsprach ganz den freundschaftlichen Verhältnissen, in
denen das Haus Wettin damals zu Karl IV. stand.[3]) Der
Markgraf rieth dem Könige, sich zum Kaiser zu begeben; dieser sei sein Oberster und nach ihm werde er
sich richten. Das war das ganze Resultat der Zusammenkunft. Kurfürst Rudolf von Sachsen gab bald darauf den
nämlichen Rath.

Die Verhandlungen, die hierauf zwischen König Peter
und Kaiser Karl IV. zu Prag gepflogen wurden, die Reise
beider Herrscher durch Schlesien und Polen bis nach
Warschau, wo eine Zusammenkunft mit König Kasimir
von Polen und König Ludwig von Ungarn stattfand, sind
eingehend an einem andern Orte besprochen.[4]) Ob sich
übrigens Meissner an dem Kreuzzuge, der zwar zu Stande
kam, aber ein klägliches Ende genommen hat, betheiligten,
ist völlig unbekannt.

Wir lassen schliesslich den französischen Text der
Stelle (v. 897 — 938 der citirten Ausgabe) nebst einer
Uebersetzung folgen.

De là il s'en ala en Misse,	Quant li roys ot fait sa requeste,
Où maint buef et mainte genisse	Li marquis, par maniere honeste,
Ont esté tollu et emblé.	Li respondi moult sagement:
Et si despent on moult en blé,	»Sire, bien ay oy comment
Car maint y a qui se renvoise	»Le saint voiage avez empris,
En buvant godale et servoise;	»Dont je vous lo forment et pris,
Et si a moult bonnes gens d'armes,	»Si que à moy me conseilleray
Biaus chevaliers et beles dames.	»Et seur piés vous responderay.
Si a tant cerchié et tant quis,	»Vous alez devers l'empereur
Qu'il trouva le gentil marquis,	»De Romme, qui est mon signeur,
Qui sires estoit dou pais.	»Si que à li me conformeray;
Mais il ne fu pas esbahis	»Car ce qu'il fera je feray.
De li requerir humblement	»Pas ne di que si grandement
Confort et aïde ensement	»Le face comme il vraiement;
En li disant tout son affaire	»Mais je vous promes et ottroie
Et tout ce qu'il avoit à faire.	»Qu'à mon pooir feray la voie

---

[3]) Vergleiche Wenck, Die Wettiner im XIV. Jahrhundert (Leipzig
1877) 15 fgg.

[4]) Herquet in der Zeitschrift des Vereins für Geschichte und
Alterthum Schlesiens XIV, 2, 523 fgg.

»Aveques vous pour Dieu servir,   Et bien le devoir mercier,
»Et pour sa grace desservir,   Car li marquis à festier
»Se l'empereur l'entreprent,   Le prist, et li donna preu dons,
»En qui chascuns honneur aprent.«   Com vaillans princes et preudons
  Li roys forment le mercia
De ce que respondu li a.

Von dort (Erfurt) begab er (der König Peter von Cypern) sich nach Meissen, wo viele Ochsen und viel junge Kühe genommen und fortgeführt wurden. Auch mit Getreide macht man dort viel Aufwand. Denn manchen giebts dort, der sich gern erfreut am Trunk von Godale und von Bier. Auch giebt es daselbst viel tapfere Krieger, schmucke Ritter und schöne Frauen.

So lange hat er dort gesucht und gefragt, bis er den edeln Markgrafen gefunden, der des Landes Herrscher ist. Der war nicht eben erstaunt, dass jener so bescheiden ihn um Rath und ebenso um Hülfe bitten kam, indem er ihm sein ganzes Anliegen und alles, was er thun wollte, offenbarte.

Als der König sein Gesuch geendet, gab der Markgraf in ehrenvoller Art folgende sehr weise Antwort: „Herr, wol habe ich gehört, wie Ihr die heilige Fahrt habt unternommen; ich lobe und preise Euch darum sehr. Auch werde ich mit mir zu Rathe gehen und Euch sogleich meine Antwort geben. Begebt Euch zum Kaiser von Rom, der mein Herr ist, so dass ich mich nach ihm richten werde; denn was er thun wird, werde ich auch thun. Freilich meine ich fürwahr nicht, dass ich es in so grossartiger Weise wie er thun will; aber ich verspreche Euch und mache mich anheischig, dass ich die Fahrt nach meinem Vermögen mit Euch machen will, um Gott zu dienen und seine Gnade zu verdienen, wenn der Kaiser sie unternimmt, er, von dem ein jeder Ehre lernt."

Der König dankte ihm sehr für das, was er geantwortet hatte, und wol konnte er sich zu Dank verpflichtet fühlen. Denn der Markgraf begann ihn zu bewirthen und gab ihm treffliche Geschenke, wie mächtige Fürsten und edle Männer zu thun pflegen.

VIII.

Friedrich Hortleder
als Lehrer der Herzoge Johann Ernst und Friedrich von Sachsen-Weimar.

Von

Moriz Ritter.

Es ist bekannt, dass die beiden Herzoge Johann Ernst und Friedrich von Sachsen-Weimar in den Jahren 1608—1613 an der Universität Jena unter Leitung des Geschichtsforschers Friedrich Hortleder ihren höhern Unterricht empfingen. Ueber den Gang ihrer Studien haben sächsische Historiker manche Mittheilungen gemacht; [1]) genauere und zusammenhängendere Angaben fand ich in tagebuchartigen Aufzeichnungen, die Hortleder selbst über seine Lehrthätigkeit verfasst hat und die unter den Handschriften der Berliner Bibliothek bewahrt werden. [2]) Als

---

[1]) Von Hellfeld, Leben Johann Ernsts des jüngeren, Jena 1784. 6 fg., 16 fg., 41 fg. Heermann, Nachlese zu dem Beitrag der Lebensgeschichte Johann Ernsts. Weimar 1786. 76 fg. Röse, Johann Friedrich VI. Neustadt a. d. O. 1827. 6 fg. Derselbe, Bernhard der Grosse. Weimar 1828. I, 19 fg.

[2]) Cod. ms. Germ. 99, 1. Zu vergleichen sind damit Hortleders Vorreden zum ersten und zweiten Band seines deutschen Kriegs, in denen er auf die Jeneuser Studien des Herzogs Johann Ernst zu sprechen kommt.

ich diese Schrift vor sechzehn Jahren entdeckte, schien sie mir durch ihre genauen Nachrichten über Stufen und Fortschritte des Unterrichtes, über Grundsätze und Mittel desselben, vor allem über die politisch-praktische Tendenz, vor den meisten anderen Darstellungen deutscher Fürstenerziehung im siebenzehnten Jahrhundert sich auszuzeichnen. Auch jetzt scheint sie mir noch bedeutend genug zu sein, um den Versuch zu wagen, aus meinem früher gefertigten Auszug einen zweiten Auszug zu machen, in dem das historisch Bedeutsame, mit einigen Erläuterungen versehen, mitgetheilt werden soll. Nahe läge es dabei, die Angaben Hortleders mit dem, was wir sonst über die Methode des damaligen Unterrichtes, wenigstens des fürstlichen Unterrichtes, wissen, überall in Beziehung zu setzen. Indess, diese Erweiterung des Themas weise ich ab: möge zunächst der einzelne Vorgang für sich klar gestellt und dann von Kundigen zur Beurtheilung allgemeinerer Verhältnisse angewandt werden.

Ihren ersten Unterricht haben die Herzoge Johann Ernst und Friedrich am Hofe zu Weimar empfangen, zugleich mit ihren jüngeren Brüdern. Auf diese elementaren Anfänge ihrer Bildung soll hier nicht eingegangen werden. Ich knüpfe nur an die Thatsache an, dass man sie im Jahre 1608 von ihren Brüdern, deren Jugend ihre Fortschritte hemmte, zu trennen und ihre weitern Studien nach der Universitätsstadt Jena zu verlegen beschloss. Als die Uebersiedelung zwischen ihrer Mutter, der Herzogin Dorothea, und ihrem Vormund, dem Kurfürsten Christian II., vereinbart war, wurden am 14./24. April 1608, im Namen von Mutter und Vormund, Kaspar von Teutleben als Hofmeister und Friedrich Hortleder als Präceptor in Bestallung genommen.[3]) Sie mussten schwören, sich mit höchstem Eifer zu bemühen, „dass i. f. gg. in der furcht Gottes, rechten alten ungeenderten A. C. und allen fürstlichen tugenden wohl auferzogen würden". Als Gehalt wurden für Hortleder ausgesetzt jährlich 200 Weimarer Gulden, nebst dem Tisch bei seinen Zöglingen.[4])

---

[3]) Vergl. Heermann, Nachlese zu dem Beitrag der Lebensgeschichte Johann Ernsts (Weimar 1786) 79.

[4]) Weitere Angaben bei Heermann 77, Anm. 2. Der Gehalt erscheint niedrig, wenn man damit die Professorengehälter der Uni-

Neben ihm und Teutleben zählten zu dem Hofstaat der beiden Herzoge ein Kammerjunker (Dietrich von Drachenfels), zwei Edelknaben, ein Küchenschreiber, ein Silberdiener, ein Koch, ein Kellner, ein Sattelknecht und ein Thorwärter. Am 7./17. Juni [6]) traf dieser kleine Hof in Jena ein, und am 23. Juni begann, nachdem die Empfangsfeierlichkeiten überstanden, und den Herzogen noch der Professor Brendelius als Leibarzt, der Superintendent Major als Religionslehrer verordnet war, der Unterricht Hortleders. Da Johann Ernst im 15., sein Bruder Friedrich im 13. Lebensjahre stand, so war vom Besuch der Vorlesungen keine Rede, der Hauptunterricht wurde in Privatstunden von Hortleder ertheilt. Die Tageseintheilung wurde so getroffen, dass zwei Stunden am Vormittag und ebensoviel am Nachmittag studirt wurde; man eröffnete die Morgenstunden mit Gebet, und jeden Mittwoch wurde eine Predigt gehört. [7])

Gegenstand von Hortleders Unterricht war bis zu Anfang des Jahres 1610 fast ausschliesslich das Lateinische, und im Lateinischen zunächst, wie Hortleder beim ersten Examen (December 1608) bemerkte, die Lehren der Grammatik. Er folgte dabei dem Grundsatz, das Erlernen der Regeln und die Anwendung derselben Hand in Hand gehen zu lassen. In den beiden Morgenstunden nahm er also Stellen aus Cicero's epistolae ad familiares, aus Plini secundi epistolae, aus Terenz und Aesopische Fabeln vor. Er übersetzte sie und erklärte die vorkommenden Regeln aus Formen- und Satzlehre. Im Anschluss an diese Uebung war dann der Nachmittag zunächst der Einprägung der gelesenen Worte und Phrasen gewidmet. „Ich hab", sagt Hortleder, „ein argumentum ad imitationem praecipuarum phrasium et verborum der gehaltenen Lection gegeben, auch corrigiret und examiniret." Hierauf folgte das Auswendiglernen einer Lection aus der Grammatik, wobei

---

versität Helmstätt vergleicht, die zu Anfang des 17. Jahrhunderts sich auf 3—400 Thaler im Durchschnitt beliefen. Calixt (seit 1609) bezog dort 500 Thaler. (Havemann, Geschichte von Braunschweig-Lüneburg III, 36.)

[6]) So das Tagebuch. In der Vorrede zum ersten Band seines Werks über den deutschen Krieg giebt Hortleder den 8./18. Juli an. Müller (sächsische Annalen 241) giebt den 7./17. Juli an.

[7]) Hinsichtlich der religiösen Uebungen wird sonst noch bemerkt, dass die Herzoge am 4./14. December 1608 zum zweitenmal seit ihrer Ankunft in Jena zum Abendmahl gingen.

ein Auszug aus dem Werke Melanchthons diente,[8]) oder
eines schönen „dictum zum symbolum“. Bis zum December
1608 hatte es Hortleder so weit gebracht, dass Johann
Ernst 2000 Vocabeln, sein Bruder Friedrich aber 1000
auswendig wusste. Im Februar 1610 konnte er bei einem
Examen erklären: Johann Ernst habe seit einem halben
Jahr begonnen, lateinische Autoren selbstständig zu über-
setzen, während sein Bruder — der allerdings inzwischen
an den Blattern gelitten hatte — noch nicht so weit gekommen sei.

Einen eigenen Platz nahm in dieser Studien- und
Zeiteintheilung der Samstag ein. Da wurde der Vormittag benutzt zur Repetition von früher auswendig ge-
lernten Sentenzen,[9]) wie denn überhaupt Hortleder auf
Sentenzen solchen Werth legte, dass er eine weitere Sammlung, die er aus Terenz entnahm, seinen Zöglingen ein-
prägte. Der Nachmittag sodann wurde verwandt zu den Anfängen des historischen Studiums. Die Grundsätze, welche
ihn bei der Leitung dieses Studiums bestimmten, hat Hortleder einige Jahre später, in den an Johann Ernst gerichteten Vorreden zu seinem Werk über den deutschen
Krieg, ausführlich besprochen. Ein Fürst, meint er, habe
in der Geschichte die Lehren der Politik in ihrer lebendigen Anwendung zu erfassen; der Umfang seines Studiums
müsse sich richten nach der knapp bemessenen Zeit. In
diesem Sinne habe er bei den Herzogen mit einer eiligen
Orientirung in der allgemeinen Geschichte, an der Hand
des Werkes von Sleidan über die vier Monarchien, begonnen; wie er dann bei der vierten Monarchie zu Karl
dem Grossen und dem römisch-deutschen Reich gekommen,
sei er in der Entwicklung der Reichsgeschichte ausführlicher geworden; schliesslich habe er seine Zöglinge wirklich heimisch zu machen gesucht in der Geschichte der
deutschen Reformation nach dem grossen Werke Sleidans,

---

[8]) Der Auszug oder die Umarbeitung wird betitelt „der
Schmeltzer“. Näheres über dies Büchlein ist mir nicht bekannt.

[9]) Sie waren entnommen aus Hilners gnomologicum (Leipzig
1606) und den Distichen des sogenannten Cato. Ferner nennt Hortleder politica praecepta ad filium primogenitum cujusdam principis
anonymi quae edidit Jacob Bornitius, und Beustii versiculi in evan-
gelia singula. — Ob sich die letzterwähnten Verse in des Joachim
von Beust christiadum libellus (Wittenberg 1579) oder in seiner
enarratio evangeliorum et epistolarum (Leipzig 1590) befinden, ist
mir nicht bekannt, da mir beide Werke unzugänglich sind.

und habe daneben Genealogie und Geschichte des Hauses
Sachsen und seiner Erbvereinigten noch besonders vorgenommen. So an's Ende der Geschichte angelangt, sei er
dann nochmals umgekehrt, um seine Schüler in das Verständnis des Julius Cäsar einzuführen. [10])

Nicht ganz stimmen mit diesen Angaben die Bemerkungen des Tagebuchs überein. In einer im November
1610 gehaltenen Rede über die Einrichtung der weiteren
Studien des Herzogs Johann Ernst verlangt Hortleder
Wiederholung von Sleidans drittem Buch über die vier
Monarchien, wie denn auch nachher nicht nur das dritte,
sondern auch das zweite Buch gelesen wurde. Aber wann
das Werk zum ersten Mal vorgenommen worden, ob in
der ersten Zeit des Jenenser Aufenthaltes oder schon
früher, sagt er nicht. Aus der ersten Periode der
Studien in Jena (1608 Juni bis 1610 Februar), in der,
wie bemerkt ist, Herzog Johann Ernst bis zum Verständnis lateinischer Autoren gelangte, erwähnt er nur die
am Samstag Nachmittag vorgenommene Lectüre in einer
deutschen Uebersetzung von Sleidans Werk de statu
religionis: man las die Abschnitte vom Bauernkrieg und
den Münster'schen Wiedertäufern, unter Zuziehung der
dort angeführten Schriften von Luther. Es waren das
bescheidene Anfänge, die erst zu ernstem Bemühungen
führten, als im Februar 1610 ein zweiter Abschnitt in
den Studien begann.

Da Herzog Friedrich bei seiner Jugend und in Folge der
überstandenen Krankheit inzwischen hinter Johann Ernst
zurückgeblieben war, so wurden von jener Zeit ab beide
Prinzen in den meisten Fächern von einander getrennt. Wir
folgen nur dem Bildungsgang des ältern von ihnen. Wenn
Hortleder die bisherigen lateinischen Studien unter dem
Namen Grammatik zusammengefasst hatte, so stellte er
nunmehr seinem Zögling die Aufgabe, in den „endlichen
verstand der lateinischen sprache" einzudringen, und zwar
durch Lecture, durch schriftliche Aufsätze (Uebersetzungen und freiere Nachahmung vorgelesener Abschnitte
der Classiker) und durch Uebung im Lateinsprechen. Zu
diesen Sprachstudien fügte er hinzu Poetik und Dialectik:

---

[10]) Er habe, sagt er, „den von Ramus künstlich disponirten"
Cäsar gelesen. Eine Ausgabe des Cäsar von Petrus Ramus giebt es
nicht, wenn die Angaben Waddingtons in seiner Biographie des
Ramus vollständig sind.

von ersterer wurden die Regeln der Quantität und der
Bau des Hexameters und Pentameters sowohl gelernt als
durch Lecture geübt, letztere sollte möglichst kurz gefasst
in einer Stunde wöchentlich vorgetragen werden, zunächst
auf Grund eines Compendiums von Lossius, [11]) von dem
man später fortschritt zum Auswendiglernen der „praecepta Ramea“ und deren Vergleichung mit den „praecepta
Philippea“, [12]) sowie zur Anwendung der Lehren auf die
Lecture.

Hand in Hand mit dieser Erweiterung der lateinischen Uebungen und im engen Zusammenhang damit
ging die Erweiterung des historischen Studiums. Die
lateinische Lecture führte von selber dazu. Denn wohl
nahm Hortleder bei derselben sowohl classische Autoren
vor — nämlich ausgewähltes aus Terenz, Cicero de offi-
ciis und epistolae ad familiares —, als auch einen huma-
nistischen Nachahmer derselben — nämlich die „Colloquien“ des Vives [13]) —, allein seinen vorwaltenden Ge-
sichtspunct bezeichnete er doch, wenn er erklärte: es
seien, „quoad usum et utilitatem, Virgilii et Ovidii fabulae
cum Gunthero“ (nämlich dem Ligurinus) nicht zu vergleichen. Der Ligurinus des Gunther empfehle sich
wegen des reinen Ausdruckes, des reichen Sentenzen-
schatzes und der Keuschheit, ferner deshalb, weil er nichts
fingire, sondern mehr Historicus als Poet sei, weil er den
Juristen nütze, indem er die Gesetze Friedrichs I., die
Freiheiten des Reichs, einen Auszug des Lehenrechtes und
gute politische Lehren enthalte. — Also Wahl der lateinischen Lecture mit historisch-staatswissenschaftlichem Neben-
zweck. In diesem Sinne wurden gelesen Cuspinians Caesares
mit einer Fortsetzung Herm. Kirchners (bis Rudolf II.)
und die poetischen Charakteristiken deutscher Kaiser von
Sabinus. [14]) Innerhalb der deutschen Kaisergeschichte
wurden dann einzelne Abschnitte gründlicher behandelt.
Man ging in die Geschichte Friedrichs I. ein durch Lesung
des Ligurinus; aus der Zeit Karls IV. las man die

---

[11]) Von Lossius finde ich erotemata dialectices, die aber nach
Georgis Bücherlexikon erst 1614 erschienen sein sollen.

[12]) Vermuthlich wird hier eins der zahlreichen Werke zu Grunde
gelegt sein, in denen die logischen Lehren des Ramus und Melanchthon verglichen und ausgeglichen wurden. Vergleiche die Anführungen bei Calker, Denklehre 153. An einen bestimmten Bücher-
titel ist bei den Worten praecepta Ramea etc. wohl nicht zu denken.

[13]) Ohne Zweifel die linguae latinae exercitatio. 1539.

[14]) Georg. Sabinus, Germ. imperatores versibus descripti.

Goldene Bulle, und ihre volle Ausbreitung erhielt die Lectüre für die Zeit Karls V. Theils allein nach dem lateinischen Original, theils in Gemeinschaft mit seinem Bruder in deutscher Uebersetzung las Johann Ernst die wichtigeren Abschnitte Sleidans: die Wahl und Krönung Karls V., die Geschichte des Bauernkriegs und der Wiedertäufer, die Geschichte der Augsburger Confession unter Zuziehung des Werkes von Chyträus, der Braunschweiger und Schmalkaldener Krieg, die Erhebung des Kurfürsten Moriz und der Ausgang des Markgrafen Albrecht von Brandenburg wurden einzeln durchgenommen. Indem dann zu lateinischen Uebersetzungen Auszüge aus Sleidan, sowie deutsche Reden Melanchthons[18]) und anderer genommen wurden, welche, wie Hortleder sagt, „ad cognitionem rerum, jurium et historiarum imperii" dienlich waren, indem zur Uebung im Lateinsprechen der Herzog dasjenige erzählen musste, was ihm in der Lecture besonders wichtig erschienen war, wurde für die festere Einprägung des Stoffes gesorgt. Am Schluss des zweiten Studienabschnittes, im Mai 1612, hatte denn auch Hortleder die Genugthuung, zu erklären, dass des Herzogs Leistungen in correctem Lateinschreiben befriedigend, im Lateinsprechen ziemlich gut seien, in der Poetik wenigstens von Fleiss zeugten, dass er aber in den behandelten geschichtlichen Partien in mehr als gewöhnlicher Weise bewandert sei.

Bei der Behandlung der Geschichte als eines Theils der Staatswissenschaft war es natürlich, dass Hortleder mit der Kaisergeschichte die Erörterung wichtiger Fragen verband, welche sich, wie er es ausdrückt, auf „dignitas, status, jura imperii" bezogen, und dass er in demselben Zusammenhang seinem Zögling das Corpus juris canonici vorlegte und ausgewählte Satzungen desselben mittheilte. Von besonderem Interesse ist hier aber die Frage, in welchem Geist er Geschichte und Recht des deutschen Reichs behandelte.

Als massgebend für die Auffassung sowohl der Geschichte wie des Rechtes des deutschen Reichs waltete damals in Deutschland noch die Anschauung vor, dass dieses Reich die unmittelbare Fortsetzung des römischen

---

[18]) Besonders genannt wird Melanchthons Rede auf Friedrich den Weisen (Corpus ref. XI, 90). Hortleder wird von diesen Reden deutsche Uebersetzungen zur Rückübersetzung in's Lateinische vorgelegt haben.

und kraft göttlichen Willens bis zum Ende der Welt zu
dauern bestimmt sei, dass von Rechts wegen, da seine
Herrschaftsansprüche mit denen des römischen Reichs
identisch seien, ihm alle christlichen Staaten unterworfen
sein müssten. [16]) Dieser Satz hatte geradezu den Werth
eines Dogma: für die Theologen, weil sie ihn aus dem
Buch Daniel und dem Brief an die Thessalonicher begründeten, für die Juristen, weil sie ihn in ihren Glossen [17])
fanden. Allerdings begann man, im Hinblick auf den
Widerspruch der historischen Zeugnisse und der Verhältnisse der Gegenwart, im sechzehnten und siebenzehnten
Jahrhundert das Dogma bereits zu bezweifeln; die Anfechtungen desselben durch Bodinus und Thuanus machten
auch in Deutschland tiefen Eindruck, und vielleicht noch
nachhaltiger, wenn auch weniger geräuschvoll, war der Angriff, den Dion. Gothofredus in einer Note seines Corpus
juris [18]) dagegen führte: denn von nun ab stand gegen die
alte Glosse eine nicht minder angesehene neue. Indess, im
Ganzen hielt in Deutschland die theologische und juristi-
sche Schule doch noch an der alten Lehre fest. Und
diese Lehre war es nun auch, welche dem historischen
Unterricht Hortleders zu Grunde lag; sein Leitfaden war
Sleidans Buch von den vier Monarchien, in welchem das
Dogma mit dem melancholischen Zusatz vorgetragen
wurde, dass dem deutschen Reich zur Rückgewinnung
seiner rechtmässigen Herrschaft die Kraft durchaus ent-
schwunden sei, dass es nur noch stark genug sei, um,
bei besserem Zusammenstehen seiner Mitglieder, die gegenwärtigen Gränzen gegen alle Anfechtungen zu schützen. [19])
Die sächsischen Fürsten empfingen also die doppelte Vorstellung von der göttlichen Bevorrechtung ihres Vaterlandes und von der Nothwendigkeit der Beschränkung in
Anwendung seiner Kräfte.

---

[16]) „Hoc imperium summus universi orbis Christiani magistratus
est", sagt Reinking (de regimine saec. et eccles. I. 2, cap. 1), der
dann auch ausführt, dass das Recht auf die Universalherrschaft
keiner Verjährung unterliege (cap. 8).

[17]) Die Hauptstellen sind Glossa ord. ad Feud. II, 53; Bartolus
ad Cod. I. 1, 1; Baldus ad Dig. I. 4.

[18]) In der Note zu Cod. I. 1, 1, die in sichtlichem Gegensatz
gegen die entsprechende Note des Bartolus geschrieben ist.

[19]) Vergleiche die Stelle im Druck Goldasts (politica imp.)
435 fg. Dass solche trübsinnige Lehren durchaus nicht ohne Einfluss auf deutsche Fürsten blieben erkennt man z. B. aus den
Worten des Pfalzgraf Ludwig (1575, März 5): „so ist es leider mit

Wenn nun aber Hortleder den deutschen Kaiser als
Nachfolger der römischen Imperatoren auffasste, so kam
er geraden Weges zu einem zweiten Satze, der die Schule
nicht minder lebhaft beschäftigte, als der vorher bezeichnete, und der sich den wirklichen Verhältnissen gegenüber fast noch sonderbarer ausnahm. Der deutsche Kaiser,
so lautete er, ist ebenso wie Constantin oder Justinian
der Quell aller Gesetze, er ist selber keinem menschlichen
Gesetz und keiner menschlichen Gewalt unterworfen. Es
war dies eine Behauptung, welche leichter praktische
Folgen haben konnte, als die Lehre von der vierten
Monarchie: sie wurde darum auch freier besprochen [20])
und von vielen verworfen, [21]) von andern aber mit solchen
Beschränkungen angenommen, welche wenig von dem
wirklichen Gehalt übrig liessen. Gerade an der Universität Jena, wo in der Zeit, von der wir reden, Dominicus
Arumäus das deutsche Staatsrecht unter die academischen
Disciplinen einführte, suchte man eifrig nach Formeln,
unter denen römisches Recht und reichsständische Freiheit
sich vereinigen liessen.[22]) Hortleder ging auf diese Untersuchungen ein, und man kann sagen, sie bildeten geradezu
den Kern seines historisch-staatsrechtlichen Unterrichts.
Schon in der ersten Zeit des Aufenthaltes in Jena, als am
10./20. August 1608 Herzog Johann Ernst zum Rector der
Universität erhoben wurde, und als solcher eine Rede zu
halten hatte, übergab ihm Hortleder zur Verlesung eine
von ihm selber verfasste Rede, welche uns gleichsam das
Programm seines historischen Unterrichtes zeigt, beson-

---

dem reich Tentscher nation vor unverdenklicher zeit dahin gerathen,
das man mehr dan genug zu thun, dessen stümpf bis zu der jungst
gerichtlichen ankunft des sons Gottes, so allen anzeigungen nach nit
mer weit, zu unterhalten." (Kluckhohn, Briefe Friedrichs d. F. II, 807).

[20]) Orientirend ist Reinking I. 2, cap. 3.

[21]) Man vergleiche z. B. das Gutachten des Camerarius 1602
Januar 22 (Briefe und Acten I. n. 228).

[22]) Mehrere Abhandlungen in des Arumaens discursus academici beschäftigen sich damit. Die Titel derselben bei Pütter, Literatur des teutschen Staatsrechts I. § 70. Charakteristisch für die nicht
nur in Jena herrschenden, sondern auch vom Haupte des sächsischen
Hauses begünstigten Grundsätze ist es unter anderem, wenn Arumäus (disc. I, 7) als Beweis von des Kaisers Vollgewalt auf dem
Gebiet der Gesetzgebung die Festsetzung des geistlichen Vorbehalts
anführt, wo der Kaiser seine „plenariam potestatem etiam invitis
electoribus et principibus exercuit". — Das letztere war für die Pfälzer
eben Grund, die Verbindlichkeit des geistlichen Vorbehalts zu leugnen.

ders wenn wir sie mit der ebenfalls erhaltenen Vorarbeit
für die definitive Fassung vergleichen. [23]) Anknüpfend
an das bei solchen Untersuchungen stets herangezogene
Fragment von Ulpian, nach welchem das Volk all' seine
Gewalt durch die lex regia an den Kaiser übergeben hat
(Dig. I. 4, 1), führt Hortleder aus: nicht das angebliche
altrömische Gesetz, dessen Fragmente man in der sogenannten lex de imperio Vespasiani suche, gebe die Normen
für des gegenwärtigen Kaisers Befugnisse; die heutige
lex regia sei vielmehr die Wahlcapitulation, die, wie er
meint, unter Heinrich IV. begründet, unter Karl IV. ausgebildet sei und unter Karl V. und seinen Nachfolgern
ihre letzte Form erhalten habe. Mit ihr gehe zusammen
der Krönungseid des Kaisers, der ein wahrer Treueid
gegen das Reich sei und beweise, dass das Reich über
dem Kaiser sei, wie das Concil über dem Papst. Wenn
nun der Kaiser die Capitulation und den Eid breche und
eine tyrannische Regierung einführe, so sei es Sache der
Reichsstände, in erster Linie der Kurfürsten, das Wohl
des Reichs gegen ihn zu schützen, im Nothfall auch mit
den Waffen. [24])

Im Lichte dieser Anschauungen gewann die Lectüre
des Sleidan, die Hortleder mit den fürstlichen Schülern

---

[23]) Die Rede ist mit falscher Jahreszahl gedruckt bei Goldast,
polit. imp. 614. Hortleders Tagebuch giebt den Titel derselben
an. Bei Goldast 612 findet sich eine Abhandlung Hortleders,
die sich sofort als Vorarbeit für jene Rede kennzeichnet. Sie ist
nur eine von vier ziemlich lose hingeworfenen Erörterungen über
Sleidan, welche sich zusammen bei Arumaeus, discursus acad. I, 26
finden. In meiner Analyse fasse ich die Rede und die Vorarbeit
zusammen. — Uebrigens hielt vorher der Exrector Arumäus eine
Rede darüber, dass Kurfürst Moriz den Passauer Vertrag nicht
ohne Wissen Frankreichs geschlossen habe. Auch diese Rede wird
von Hortleder angeführt und ist gedruckt bei Arumaeus, discursus
academici I, 27.

[24]) Die Rede, vor allem aber die erwähnte Vorarbeit, stimmt —
ich komme nachher darauf zurück — in den Gedanken und gelegentlich auch in den Worten auffallend mit dem in der Vorarbeit
mehrfach genannten Buch des Junius Brutus, Vindiciae contra tyrannos. Die Stelle „et consimiliter" (bei Arumäus § 4) stimmt mit Brutus
162, „quod si vero" und 121, „neque enim imperator" (Ausgabe Edin-
burgh 1579); die Stelle § 8 „jurat etiam .. imperator .. fidelitatem
imperio" erinnert an Brutus 162 „in imperio Germanico" etc.; daselbst „et cum juravit" ist zu vergleichen mit Brutus 163 „quod ubi
solenniter"; endlich der Schluss „imperatorem populo pure, populum
imperatori obligari sub conditione" stimmt mit Brutus 163 „imperatorem pure, principes imperii sub conditione obligari".

betrieb, eine ganz besondere Bedeutung. Es war die Geschichte eines im Gegensatz gegen den Kaiser und die katholische Majorität geschlossenen Bündnisses, die man vornahm, die Geschichte eines Krieges gegen den Kaiser zum Schutz der protestantischen Religion, und eines zweiten Krieges gegen ihn zum Schutz der Religion und der reichsständischen Freiheit. Hortleder bemerkt ausdrücklich,[25]) er habe bei Behandlung dieser Ereignisse die Gründe für und wider, d. h. doch die Rechtsanschauungen, mit denen die Gegner ihren Standpunct auf beiden Seiten begründeten, seinen Zöglingen klar gemacht. Nach welcher Richtung er dabei aber das Urtheil bestimmte, ob nach der kaiserlichen oder der reichsständischen, wird man aus obiger Rede entnehmen, und aus einem Zug, der in die letzte Zeit der Studien gehört, bestätigt finden.

Im Mai 1612, als, wie oben bemerkt, der zweite Studienabschnitt beendet war, schlug Hortleder vor: es solle jetzt vorangeschritten werden zum Studium der Rechtswissenschaft, der Politik und zur Uebung in lateinischen Disputationen. Für letztere hatte er dem Herzog Johann Ernst bereits seine Rolle zugedacht; sie lautete: „boni principis in capitulatione Caroli V. et sequentium Caesarum expressi partes adversus tyrannidem defendendas suscipiet, socio inprimis et adjutore Stephano Junio Bruto in vindiciis contra tyrannos et libello[26]) de jure magistratus in subditos". Also, er soll die Bestimmungen der Wahlcapitulation gegenüber den Merkmalen eines tyrannischen Regimentes vertheidigen und seine Gründe vornehmlich aus den Vindiciae contra tyrannos und aus einem zweiten Buch, unter dem vermuthlich Fickler, de iure magistratuum in subditos (Ingolstadt 1578) zu verstehen ist, entnehmen. Weshalb gerade die Vindiciae zur Erläuterung des Sinnes der Wahlcapitulation gewählt wurden, ist leicht zu errathen. Sie lehrten die Superiorität des Volkes über den König und die Ausübung der Rechte dieser Superiorität durch Repräsentanten des Volkes. Als Repräsentanten des Volkes erscheinen die Generalstände und diejenigen, welche selbstständigen Antheil an der öffentlichen Gewalt haben, d. h. im Gegensatz zu den Hofbeamten die eigentlichen Staatsbeamten, die nicht vom König, sondern von der Volksvertretung ernannt

---

[25]) Vorrede zum ersten Band des deutschen Kriegs.
[26]) Im Original steht „et in libello", was aber keinen Sinn giebt.

und ohne ihre Zustimmung nicht abgesetzt werden sollten.[2])
Zu den Rechten der Volksvertreter gehört unter anderem
die stete Aufsicht über die durch Eid und Vertrag an Gesetze gebundene königliche Regierung, vor allem aber
die Ausübung des gewaltsamen Widerstandes gegen den
Monarchen, der die Gewalt, die er rechtmässig besitzt,
zur Zerstörung des Gesetzes und der Kirche Gottes oder
zur Vernichtung der Gesetze und des Wohls des Staates
missbraucht. Indem dann der Verfasser diese Anschauungen auf das deutsche Reich anwendet, kommt er zu
den Behauptungen: die Fundamentalgesetze, auf die der
Kaiser durch Eid und Vertrag sich verpflichtet, sind in
der Capitulation und in dem Krönungseid enthalten, die
Volksvertretung ist der Reichstag, und die Theilhaber der
öffentlichen Gewalt sind die Reichsstände.

Mit den Grundsätzen, wie sie in den Vindiciae ausgesprochen sind, hat das zweite vorher angeführte Buch
von Fickler, trotz der confessionellen Verschiedenheit der
Verfasser, sehr viel Verwandtschaft. Ich will, um nicht
weitläufig zu werden, auf das Einzelne nicht eingehen, nur
das hebe ich hervor, dass Fickler ebenfalls gegen einen
Tyrannen, der seine Gewalt im übrigen rechtmässig besitzt, nicht den Widerstand der Privatpersonen, wohl aber
denjenigen der Theilhaber der öffentlichen Gewalt recht-
fertigt und zu den letztern im Hinblick auf Deutschland
die Reichsstände zählt. Hiernach wird man es verstehen,
weshalb Hortleder sich nicht scheute, seinem Zögling
einen Autor vorzulegen, der sonst auf dem Standpunct
schroffer katholischer Polemik stand.

Kehren wir zu Hortleders Unterricht zurück, so muss
nun freilich bemerkt werden, dass die vorgeschlagenen
Disputationen nicht gehalten sind. Allein, wenn man
sieht, wie in dem Programm derselben, also gegen Ende
der Studienzeit der Herzoge, die gleichen Anschauungen
hervortreten, welche zu Anfang des Jenenser Aufenthalts
aus der Rectoratsrede de lege regia gesprochen hatten,
so kann man über den Geist, in dem die staatsrechtlichen
Erklärungen des Sleidan gehalten waren, nicht mehr in
Zweifel sein. Wenn man ferner die Rectoratsrede genauer
betrachtet, und in derselben die vindiciae contra tyrannos

---

[2]) Regni officiarii qui a populo, in concilio nempe publico,
auctoritatem capiunt, aut saltem olim capere solebant, nec absque
eodem exauctorari possunt.

nicht nur citirt, sondern auch eingehend benutzt findet, [28]) so wird man mit der weiteren Annahme nicht irre gehen, dass dieses Buch nicht erst bei dem Plan des künftigen Disputatoriums, sondern schon bei den Erklärungen Sleidans herangezogen wurde. Und nun vergegenwärtige man sich den Zusammenhang dieser Ergebnisse. Die sächsischen Fürsten empfingen die Anschauungen über die Beschränkung kaiserlicher Macht und die reichsständischen Freiheiten nicht als dürre Theorien, sondern einerseits aus der Geschichte der Kämpfe deutscher Stände gegen Karl V., anderseits aus einem Buche, das von den Leidenschaften der Hugenottenkriege, von dem Ingrimm über die Bluthochzeit [29]) und über die Tyrannei der Katharina Medici [30]) und Karls IX. durchglüht war. Jene Kämpfe, in die sie sich hineinlebten, waren für eine Religion geführt, welche die ihrige war, für reichsständische Freiheiten, die auch ihnen zukamen; und die Männer, welche in jenen Kämpfen die Führung gehabt hatten, waren ihre Vorfahren und ihre Verwandten. Acht Jahre nach Beendigung der Jenenser Studienzeit finden wir den Herzog Johann Ernst flüchtig aus dem Machtbereich des Kaisers, nachdem er während des böhmischen Krieges unter dem pfälzischen Kurfürsten gekämpft hat. Damals erklärte er mit festem Sinn: er wolle weiter kämpfen für den geächteten Kurfürsten und seine Verbündeten, für die Religion und die deutsche Freiheit; denn er könne das nicht für unrecht erklären, was sein Gewissen ihm als recht zeige, und sich der Pflicht nicht entschlagen, die Freiheit des Reichs zu vertheidigen. [31]) — Wird man es läugnen, dass bei der Ausbildung dieser Gesinnung die Studien in Jena ihren Antheil gehabt haben?

. Wir sind mit diesen Betrachtungen auf den Höhepunct von Hortleders Unterricht gekommen. In demselben Monat Mai 1612, wo Johann Ernst den zweiten Studienabschnitt beendet hatte und sein Lehrer den Entwurf für einen dritten machte, unternahm der Herzog mit seinem Bruder Friedrich eine Reise nach Frankfurt zur Kaiser-

---

28) Siehe oben Anmerkung 24.

29) Vergleiche den Erguss S. 133 über den princeps, der subditorum aliquot milia uno die interficit.

30) Sollte nicht eine Anspielung auf sie in den Worten (169): si quae femina regni Salici gubernacula occupet liegen?

31) Röse, Bernhard von Weimar I, 43.

wahl, kam von da zur Jagd und zu längerem Besuch an
den Hof des Kurfürsten von Sachsen und kehrte erst
gegen Ende des Jahres nach Jena zurück. Da wurde
denn ein politisches Disputatorium, in dem man es auf
acht Disputationen brachte, gehalten. Aber zu Grunde
gelegt wurde nicht die Wahlcapitulation, sondern die
zahmen theses politicae des Hermann Kirchner (Marburg
1595), die sich mit Fragen der politischen Moral beschäftigen. Im Februar 1613 finden wir Johann Ernst
wieder von seinem Lehrer getrennt,[32]) am 27. März
(a. St.) trat er eine Reise in's Ausland an, von welcher
er nicht mehr zu den Studien zurückkehrte.

Mein Bericht über die Erziehung der Herzoge ist
hiermit in der Hauptsache zu Ende; nur einige Neben-
puncte sind noch nachzutragen. Es ist oben bemerkt,
dass der Superintendent und Jenaer Professor Johann
Major den Herzogen theologischen Unterricht ertheilte.
Er legte dabei den Katechismus des Weimarer General-
superintendenten Abraham Lange[33]) zu Grunde, welches
Buch bis zum November 1610 zu Ende gelernt war.
Schon vorher, im Februar 1610, wurde beschlossen, dass
die Herzoge ferner das corpus doctrinae des Matthäus
Judex durchnehmen und bei Professor Piscator eine
öffentliche Vorlesung de locis communibus theologicis
hören sollten, welche denn auch wirklich besucht ward.
Besonders bemerkt zu werden verdient es, dass Major
mit dem Unterricht im Katechismus auch denjenigen in
der Arithmetik verband. Ein letzter Lehrgegenständ war
endlich das Französische, in welchem Abraham de la Foi[34])
die Herzoge seit 1611 unterrichtete.

Aus den äusseren Einrichtungen verdient hervorgehoben zu werden, dass von Zeit zu Zeit Examina gehalten wurden, zu denen Abgeordnete des Weimarer Hofs,
Professoren der Universität, und als Examinatoren die
eigentlichen Lehrer, Hortleder und Major, erschienen.
Die erste Prüfung erfolgte im December 1608, eine zweite
im Februar 1610, eine dritte im November 1610. Von
da ab werden weitere Examina nicht erwähnt.

------

[32]) Vergleiche das Schreiben bei Hellfeld 238.
[33]) Es gab von ihm einen für die Weimarer Prinzen verfassten
elementaren Katechismus (Röse, Johann Friedrich 111 Anm. 2)
und eine explicatio catechismi Lutheri. Die von Hortleder citirte
catechesis Langiana wird das letztere Werk sein.
[34]) Ueber ihn Röse, Johann Friedrich 10.

Ueber die Kosten des Aufenthalts wurde am 1./11. December 1608, nachdem nahezu sechs Monate verflossen waren, zum erstenmal abgerechnet. Es stellte sich eine Ausgabe heraus von 1692 Gulden, wozu noch 211 Gulden kamen, die bei Uebernahme des Rectorats ausgegeben waren, desgleichen die besonders verrechneten Kosten des Einzugs, der Dienerbesoldung und des Futters für acht Pferde.

Nachtrag.

Ich habe Seite 198 den „libellus de jure magistratus in subditos" auf die Schrift gleichen Titels von Fickler bezogen, dabei aber, weil ich mich an meine in München gemachte Excerpte hielt, übersehen, dass Fickler selbst wieder sich auf ein anonymes Pamphlet unter demselben Titel bezieht. Diese mir nicht zugängliche Schrift wurde nach Bayle (Dissertation sur le livre de Junius Brutus im Anhang zum Dictionnaire) in Frankreich im Jahre 1573 oder 1574 auf Grund des dritten Ausschreibens der Stadt Magdeburg (24. März 1550) verfasst, zur Rechtfertigung des Widerstandes der Reformirten gegen die katholische Regierung (Hauptstelle Thuanus lib. 57. Londoner Ausg. III, 294). Es liegt näher, dass Hortleder sie gemeint hat, als die Arbeit Ficklers.

Literatur.

Urkunden und Actenstücke zur österreichischen Geschichte im
Zeitalter Kaiser Friedrichs III. und König Georgs von Böhmen
(1440—1471). Gesammelt und herausgegeben von **Dr. Adolph
Bachmann,** Docent der Geschichte an der k. k. Universität zu
Prag. Wien, in Comm. bei Carl Gerolds Sohn. 1879. 8°. XXIX.
543 SS. (A. u. d. T.: Fontes rerum Austriacarum. Herausgegeben
von der historischen Commission der kaiserlichen Akademie der
Wissenschaften in Wien. Zweite Abtheilung. Diplomataria et Acta.
XLII. Band).

Obwohl neuerdings, namentlich seit den Anregungen,
die von Droysen und Palacky ausgegangen sind, mancherlei für die Geschichte des 15. Jahrhunderts geschehen ist,
bleibt doch weitaus das Meiste noch zu thun übrig. Die
vorhandenen Quellenpublicationen, insbesondere Palackys
Urkundliche Beiträge zur Geschichte Böhmens und seiner
Nachbarländer (1860) und Markgrafs Politische Correspondenz Breslaus (1873 und 1874), die eine reiche Masse
von Material zu Tage gefördert haben, sind noch keineswegs genügend ausgebeutet, und der vorliegende stattliche Band zeigt uns, wie gross die Menge des bisher
nicht Veröffentlichten ist. Giebt er sich auch nur als
eine Nachlese zu den vorhandenen Sammlungen und erschöpft er auch selbstverständlich den Stoff nicht so, dass
die archivalische Forschung fortan für Untersuchungen
zur Geschichte der betreffenden Jahre in den Hintergrund
treten könnte, so wird ihn doch jeder, der sich mit dieser
Zeit beschäftigt, sehr willkommen heissen, und man wird
dem Verfasser auch daraus keinen Vorwurf machen dürfen,
dass er hie und da etwas an sich Unwesentliches aufgenommen hat: es dient doch auch dies zur Ausfüllung
mancher Lücke in unserer Kenntnis jener Jahre.

Wenn wir an dieser Stelle Bachmanns Publication einer Besprechung unterziehen, so müssen wir dies damit motiviren, dass der Titel eigentlich nicht glücklich gewählt ist. Für die österreichische Geschichte, wenigstens wenn man den Begriff im engern Sinne fasst, wie dies doch wohl bei einer das Mittelalter betreffenden Publication zunächst liegt, enthält der Band fast gar nichts. Seinen Hauptinhalt bilden vielmehr Actenstücke zur Geschichte Böhmens und insbesondere auch der wettinischen Lande. Die Beziehungen zu Böhmen sind ja bekanntlich der Angelpunkt, um den sich während eines guten Theils des 15. Jahrhunderts die politische Geschichte des gesammten östlichen Deutschlands dreht; von ganz besonderer Wichtigkeit aber sind sie für Sachsen. So bietet uns denn das Werk eine reiche Fülle von historischem Material für die Geschichte Sachsens und seiner Herrscher in den Jahren 1447 bis 1471. Der Bruderkrieg, die Betheiligung des Herzogs Wilhelm an der Soester Fehde, die wiederholten kriegerischen Verwickelungen mit Böhmen bis zu den Egerer Verträgen von 1459, die Haltung des Kurfürsten Friedrich II. und dann seiner Nachfolger Ernst und Albrecht dem Könige Georg (Podiebrad) gegenüber bis zu seinem Tode, namentlich auch während seines Conflictes mit der Curie, die mannichfachen politischen Combinationen, welche die „böhmische Frage" während der 60er Jahre auch im übrigen Deutschland hervorrief, — alle diese hochinteressanten und ausnahmslos noch ungenügend durchforschten Abschnitte unserer Geschichte werden durch die von Bachmann mitgetheilten Documente mehr oder weniger aufgeklärt. Näher auf den Inhalt einzugehen, würde dem Zwecke dieser Zeilen nicht entsprechen; vieles ist übrigens von dem unermüdlich fleissigen Verfasser bereits in verschiedenen Schriften verwerthet worden.

Was die Quellen, die Bachmann benutzt hat, anlangt, so sind es hauptsächlich vier: das längst als hochwichtig bekannte Stadtarchiv zu Eger, dem fast die Hälfte aller Nummern (174) entnommen ist, das Gesammt-Archiv zu Weimar — nicht das Geh. Archiv, wie es irrthümlich einige Male (No. 21—24) genannt wird —, aus welchem bisher noch überaus wenig für die uns interessirende Zeit mitgetheilt war, das Hauptstaatsarchiv zu Dresden, aus dem übrigens leicht noch eine grössere Anzahl von werthvollen Documenten sich hätte zusammenstellen lassen, und die Missivenbücher des Nürnberger Stadtarchivs.

Einzelne Stücke stammen ferner aus dem Geh. Staats-
archiv zu Berlin, dem Reichsarchiv zu München, dem
Capitelsarchiv zu Prag u. s. w.

In ihrer äusseren Form schliesst sich die Publication
Palackys Urkundlichen Beiträgen an; nur haben wir
mit ganz besonderem Danke das alphabetische Namen-
register am Schluss, das man schmerzlich bei Palacky
vermisst, und das Inhaltsverzeichnis am Anfange des
Bandes hervorzuheben. Eine Wiederholung der Titel des
Inhaltsverzeichnisses als Ueberschriften der einzelnen Stücke
hätte die Benutzung noch bequemer gemacht. Bedauern
müssen wir, dass die Daten nicht durchweg mit der
nöthigen Sorgfalt behandelt sind; falsche Reductionen
finden sich doch etwas zu oft.[1]) Leider enthalten die als
Regesten mitgetheilten Stücke das Datum meist nur in
der aufgelösten Form; wir können dies in keinem Falle
gut heissen, besonders aber ist es dann zu missbilligen,
wenn die Reductionen überhaupt nicht absolut zuverlässig
sind. Ein rein äusserlicher, aber doch unter Umständen
recht störender Uebelstand ist ferner, dass hie und da die
chronologische Folge der Urkunden nicht strenge einge-
halten wird; so stehen No. 177 und 178 (1459) mitten
zwischen den Urkunden von 1458, No. 296 gehört vor
No. 293, 304 vor No. 303, No. 306—308 hinter No. 309.
Diese und einzelne andere kleinere Versehen hätten sich
leicht durch eine sorgfältige Revision beseitigen lassen.

Die Nummern 5—17 (1441—1446) haben ausschliesslich für die schlesische Geschichte Interesse; sie sind

---

[1]) Es sei mir gestattet, einige Berichtigungen hier anzuführen.
No. 17: Januar 4. No. 18 und 19: Februar 13 (die Anmerkung 1
auf S. 31 muss fortfallen). No. 24: August 12. No. 28: Mai 23.
No. 45: September 7. No. 68: Juni 4. No. 150: December 22. No.
177: Juni 12. No. 209: October 22. No. 210: October 30. No. 211:
November 22. No. 213: Februar 17. No. 248: Januar 17. (No. 262:
September 3.) No. 272: December 10. No. 273: December 27. No.
279: April 9. No. 285: October 12. No. 312: Juni 1. No. 317:
October 11. No. 330: December 4. No. 334: Februar 18. No. 342:
September 8. Dass No. 143 vom Dienstag nach Anthonii eremitae
(Januar 18) ist, ergiebt sich aus der Erwähnung des auf den 20. Januar 1457 ausgeschriebenen Znaymer Tages; Anthonius ohne weiteren Zusatz ist übrigens in der Regel Anton. erem. und daher wohl
auch No. 178 von Januar 17, nicht von Juni 13. In No. 74 (S. 100)
ist wohl Divisionem für Dimissionem, in No. 370 (S. 496)
penultima für per ultima zu lesen, in No. 294 (S. 403) zwischen
Sonnabend und Annunciationis ein vor zu setzen.

einem interessanten Manuscripte des Neumarkter Stadtarchivs entnommen, das lange Zeit verschollen war, bis
Referent es vor Jahren wieder auffand und dann in einem
Aufsatze über die Geschichte Schlesiens in den Jahren
1440—1452 (im 13. Bande der Zeitschrift des Vereins
für schlesische Geschichte) vielfach benutzte. Mit Rücksicht hierauf möchte ich mir die Frage erlauben, aus
welchen Gründen der Herr Verfasser No. 5 und 6 in die
Jahre 1441 und 1442 gesetzt hat, während sie meiner
Ansicht nach in die Jahre 1444 bez. 1445 gehören (vergl.
a. a. O. 299, Anm. 2)? Zu der Anmerkung bei No. 14
bemerke ich, dass das Schreiben nicht an den schlesischen
Bund von 1443, von dem ich a. a. O. 56 spreche und
der nicht lange Bestand hatte (ebenda 70), sondern an
den bekannteren Bund von 1444 (vergl. ebenda 291 ff.)
gerichtet ist.

Auf die Documente aus den Jahren 1464—1471 werde
ich in einem demnächst erscheinenden längeren Aufsatze
zur sächsischen Geschichte dieser Zeit zurückkommen und
vielleicht auch Gelegenheit finden, einige Ergänzungen
dazu zu publiciren. Hier bemerke ich nur, dass der
Aufsatz No. 276 sich auch im Kaiserlichen Buche des
Markgrafen Albrecht Achilles (herausgeg. von Höfler,
109 ff.) findet und zwar mit dem Datum Actum Martini zu Nurmberg im LXVI jar; und dass No. 325
nach dem wörtlich gleichlautendem Berichte der Räthe
des Herzog Wilhelm bei Müller, Reichstagstheatrum II,
308 zu corrigiren bez. ergänzen gewesen wäre.

Dresden.					H. Ermisch.

Uebersicht über neuerdings erschienene Schriften und Aufsätze zur Sächsisch-Thüringischen Geschichte und Alterthumskunde.

Alberti, Jul. Das Rathhaus zu Schleiz. Schleiz, W. Bau-
mann. 1879. 8°. 34 SS.
— Die ältesten Herren von Weida. Beitrag zur Geschichte des Vogtlandes. Herausgegeben vom Geschichts-
und Alterthumsverein zu Schleiz. Gera, C. B. Gries-
bach. 1880. 8°. 53 SS.

Ausfeld, Ed. Lambert von Hersfeld und der Zehntstreit
zwischen Mainz, Hersfeld und Thüringen. Marburg,
Elwert. 1880. 8°. 80 SS.

Hanschmann, Al. Br. Kurze Chronik der Stadt Waldenburg und des fürstlichen Hauses Schönburg-Walden-
burg. Zum ersten Male chronologisch nach älteren
Quellen zusammengestellt. Waldenburg (Glauchau,
Peschke). 1880. 8°. 66 SS.

Knabe, C. Geschichte der Stadt Torgau bis zur Zeit der
Reformation. Nach den Urkunden zusammengestellt.
Torgau, Friedr. Jacob. 1880. 8°. 47 SS.

Knothe, H. Der Antheil der Oberlausitz an den Anfängen
des dreissigjährigen Krieges, 1618 bis 1623. Von der
Oberlausitzer Gesellschaft der Wissenschaften zu Görlitz prämiirte Preisschrift. Dresden, H. Burdach. 1880.
8°. 95 SS. (Auch im Neuen Lausitzer Magazin. Bd.
LVI, S. 1—95).

— Die Bemühungen der Oberlausitz um einen Majestäts-
brief, 1609—1611. Neues Lausitzer Magazin Bd. LVI,
S. 96—117.

Königsdörffer, A. H. Verwüstung der Kirchfahrt Lang-
hennersdorf bei Freiberg im 30jährigen Kriege und
ihre Wiederherstellung. Nach Urkunden und anderen
Quellen. Freiberg, Gerlach. 1879. 8°. VII. 120 SS.

Loose, W. Briefe eines Leipziger Studenten aus den
Jahren 1572 bis 1574. Beigabe zum Jahresbericht
der Realschule zu Meissen. 1880. Meissen. 4°. 23 SS.

Meltzer, Otto. Mittheilungen über die Bibliothek der
Kreuzschule: Programm des Gymnasiums zum heiligen
Kreuz in Dresden. 1880. 4°. S. III—XXVIII.

Müller, Georg. Paul Lindenau, der erste evangelische
Hofprediger in Dresden. Ein Beitrag zur Reforma-
tionsgeschichte Sachsens nach meistens ungedruckten
Acten und Briefen. Leipzig, Hinrichs. 1880. 8°. 64 SS.

Müller, J. Die Zwickauer Schulordnung von 1523. Ein
Beitrag zur Geschichte des dreisprachigen Unterrichts.
Neue Jahrbücher für Philologie und Pädagogik.
Herausgegeben von Fleckeisen und Masius. Bd. 120,
S. 476—486, 521—534, 602—612.

Petri, K. H. Die Nachbarstädte Torgaus: Annaburg, Belgern, Dommitzsch, Düben, Eilenburg, Prettin, Schildau,
Wurzen. Geschichtliche Skizze. Torgau, Friedr. Jacob.
1880. 8°. 78 SS.

Sachse. Beiträge zur Geschichte des Thomasklosters und der

Thomasschule: Programm der Thomasschule in Leipzig
für das Schuljahr 1879/80. Leipzig. 4°. S. 1—40.

---

*Mittheilungen des Vereins für Anhaltische Geschichte und
Alterthumskunde.* Bd. II. Heft 7. Dessau 1880. 8°.

Inhalt: Th. Stenzel, Zur Genealogie und Geschichte Anhalti-
scher Adelsfamilien: I. die von Baussen und von Schkoelen auf
Elsnigk; II. die von der Schulenburg auf Libbesdorf. G. Irmer,
Wigbert von Groitsch (Schluss). II. Suhle, Landesordnung des
Fürsten Christian I. vom Jahre 1607. II. Wäschke, Ueber eine by-
zantinische Quelle zur Geschichte Fürst Rudolfs von Anhalt. A.
Formey, Briefwechsel des Fürsten Leopold von Anhalt-Dessau mit
dem Grafen von Seckendorf (Erste Hälfte). Th. Stenzel, Der Münz-
fund von Günthersberge. W. Hosäus, Anhaltiner auf der Universität
Heidelberg 1583—1669. Derselbe, August Franz Winter (Necrolog).

*Mittheilungen, Neue, aus dem Gebiet historisch-antiquari-
scher Forschungen.* Im Namen des mit der Königlichen Universität Halle-Wittenberg verbundenen Thü-
ringisch-Sächsischen Vereins für Erforschung des vaterländischen Alterthums und Erhaltung seiner Denkmale.
Herausgegeben von dem Secretair desselben J. O. Opel.
Band XV, 1. Halle. 1880. 8°.

Inhalt: Wolters, Ein Beitrag zur Geschichte des Neuen Stiftes
zu Halle (1519—1541). Witschel, Der Name der Stadt Eisenach.
v. Mülverstedt, Heraldica spuria. Wachter, Chronicalische Aufzeichnungen zur Geschichte der Stadt Halle vom Jahre 1464—1512.
Cl. Menzel, Das Augustinerkloster in Sangerhausen. Schum, Acta
varia Erfurtina inedita. Opel, Privilegium des Raths zu Merseburg
vom Jahre 1569. Rothe, Die untergegangenen Dörfer im Kreise
Zeitz. Miscellen.

Mittheilungen von dem Freiberger Alterthumsverein. Herausgegeben von Heinrich Gerlach. 16. Heft. Mit 3 Tafeln
Abbildungen. Freiberg i. S., H. Gerlach. 1879. 8°.

Inhalt: Hingst, Die Verheerungen der Pest im Erzgebirge, besonders in und um Freiberg. Heydenreich, Kriegsdrangsale von Freibergs ländlicher Umgebung im achtzehnten Jahrhundert. Miscellen.
Gerlach, Freiberger Häuser-Chronik (Erste Abtheilung). Börner,
Geschichtlich-architectonische Forschungen am Freiberger Dom.

Zeitschrift des Vereins für Thüringische Geschichte. Neue
Folge. Zweiter Band, Heft 1. Jena, E. Fromman.
1880. 8°.

Inhalt: Registrum subsidii clero Thuringiae anno 1506 impositi.
Herausgegeben von Ulrich Stechele.

IX

Studien zur Geschichte der sächsich-böhmischen Beziehungen in den Jahren 1464 bis 1468.

Von

Hubert Ermisch.

„Obgleich in der Geschichte des deutschen Volkes das ganze XV. Jahrhundert in unglaublicher Weise vernachlässigt wird, so gilt dies von dem Jahrzehnt 1460—1470 dennoch vorzugsweise, und auch in diesem zumeist von den Jahren 1467—1470. Es ist, als hätten deutsche Schriftsteller die Geschichte dieser Zeit auch nur zu berühren sich gescheut."

Seit Franz Palacky diese Worte niederschrieb, sind zwei Jahrzehnte vergangen; seinem bahnbrechenden Werke sind mehrere andere Arbeiten gefolgt, welche die Geschichte jener Jahre mehr oder weniger eingehend behandeln oder Quellen für dieselbe der Benutzung zugänglich machen. [1]) Allein Palackys Ausspruch hat noch

---

[1]) Fr. Palacky, Geschichte von Böhmen IV, 2 (Prag 1860). M. Jordan, Das Königthum Georgs von Podiebrad (Leipzig 1861). Cl. Brockhaus, Gregor von Heimburg (Leipzig 1861). A. Kluckhohn, Ludwig der Reiche, Herzog von Bayern (Nördlingen 1865). J. G. Droysen, Geschichte der Preussischen Politik. 2. Auflage. II, 1 (Leipzig 1868). — Palacky, Urkundliche Beiträge zur Geschichte Böhmens und seiner Nachbarländer im Zeitalter Georgs von Podiebrad. Fontes rer. Austr. XX. (Wien 1860). Eschenloers Hist. Wratislaviensis, herausgegeben von H. Markgraf. Script. rer. Siles.

immer seine Berechtigung nicht ganz verloren. Unsere
Kenntnis jenes Zeitraumes ist noch eine durchaus lücken-
hafte. Besitzen wir doch nicht einmal eine brauchbare
Monographie über den Mann, der, wie kein anderer, die
Seele der politischen Geschichte der zweiten Hälfte des
15. Jahrhunderts war, über den Markgrafen Albrecht
Achilles von Brandenburg.

Wie die allgemeine Geschichte Deutschlands, so wurde
auch die der wettinischen Länder während des bezeichneten Zeitraumes bisher sehr stiefmütterlich behandelt,
obwohl das 15. Jahrhundert gerade für die Entwicklung
der deutschen Einzelstaaten von einer ausserordentlich
hohen Bedeutung ist. Zwar ist sowol das Hauptstaatsarchiv in Dresden, als das Gemeinschaftliche Archiv in
Weimar wiederholt für die unten genannten Werke benutzt worden. Allein eine erschöpfende Darstellung der
wettinischen Politik jener Tage vom Standpunkte der
Landesgeschichte aus fehlt noch völlig; denn die dürftigen
Notizen von Langenns *) in seiner Biographie Albrechts
des Beherzten können nicht dafür gelten.

Auch der nachstehende Versuch will nicht für eine
endgiltige Lösung dieser Aufgabe angesehen werden. Der
Verfasser, der mit Ausnahme der gedruckten Quellen
und einiger interessanten Documente des Gemeinschaftlichen Archivs zu Weimar ausschliesslich auf die im Hauptstaatsarchiv zu Dresden **) aufbewahrten Schriftstücke angewiesen war, verhehlt sich keineswegs, dass wahrscheinlich an sehr verschiedenen Stellen noch mancherlei
archivalisches Material liegt, durch welches unsere Kenntnis
der Thatsachen und insbesondere jener oft recht dunkeln
diplomatischen Beziehungen und Verwicklungen erweitert
und vielleicht auch manche bisherige Annahme als un-

VII. (Breslau 1872). H. Markgraf, Politische Correspondenz Böhmens
im Zeitalter Georgs von Podiebrad. Script. rer. Siles. IX. (ebenda
1874). A. Bachmann, Urkunden und Actenstücke zur österreichischen
Geschichte im Zeitalter Kaiser Friedrichs III. und König Georgs
von Böhmen (1440 bis 1471). Fontes rer. Austr. XLII. (Wien 1879).
Von älteren Publicationen sind vielfach zu benutzen gewesen: Müller,
Reichstagstheatrum unter Friedrich V. Zweiter Theil (IV. Vor-
stellung). Höfler, Das kaiserliche Buch des Markgrafen Albrecht
Achilles (Bayreuth 1850) und Fränkische Studien IV. (Wien 1851).
Andere Werke werden an ihrer Stelle citirt werden.

*) von Langenn, Herzog Albrecht der Beherzte 43 fgg.

**) Wir citiren dasselbe mit HStA., die hauptsächlich in Be-
tracht kommende Abtheilung, das „Wittenberger Archiv", mit WA.

haltbar erwiesen wird. Allein noch Jahre werden vergehen, ehe der Codex diplomaticus Saxoniae regiae soweit vorgeschritten sein wird, dass er dieses zerstreute und zersplitterte Material vereinigt uns bieten kann. Es bedarf daher wohl kaum einer Entschuldigung, wenn schon jetzt ein Versuch gemacht wird, einzelne Partien der Geschichte Sachsens im späteren Mittelalter zu bearbeiten.

I.

Für die Geschichte der politischen Beziehungen zwischen Sachsen und Böhmen bildet das Jahr 1459 einen bedeutungsvollen Wendepunkt. Seitdem in den Hussitenkriegen die Kurfürsten von Sachsen die Vorkämpfer des katholischen Deutschlands gegen die ketzerischen Nachbarn, allerdings mit wenig Glück, gewesen waren, bestand eine leicht erklärliche Spannung zwischen Böhmen und Meissen, die dadurch nur gesteigert werden konnte, dass der utraquistische Edelmann Georg von Podiebrad seit dem Tode König Albrechts II. bald ausschliesslich die Leitung der Geschicke seines Vaterlandes in die Hände bekam. Böhmische Truppen fielen während des Bruderkrieges in die wettinischen Lande ein, um dem Landgrafen Wilhelm Hilfe gegen den Kurfürsten zu bringen. Als dann ein Jahrzehnt später derselbe Wilhelm nach dem Tode des jungen Böhmenkönigs Ladislaw sich im Einverständnis mit seinem Bruder um die Krone des verwaisten Landes bewarb und, trotzdem dass die Wahl (am 2. März 1458) eben auf jenen Georg von Podiebrad fiel, doch die in den deutschen Kronlanden Böhmens, in Schlesien und den Lausitzen, vorhandene Abneigung gegen den „Uffgeruckten“ für seine Pläne auszubeuten suchte, da schärfte sich noch einmal aufs Aeusserste jener Gegensatz; Wilhelm hat auch in der Folge dem Böhmenkönige, seinem alten Bundesgenossen, nie so nahe gestanden, als sein Bruder und seine Neffen.

Allein so tief auch diese feindliche Stellung der Nachbarlande in nationalen wie in religiösen Antipathien begründet war, sie musste doch der Macht der politischen

Verhältnisse und der beiderseitigen Interessen weichen.
Das Glück und die Staatsklugheit des Böhmenkönigs, die
eigenthümlichen Verhältnisse des Reiches, die seiner Parteinahme eine ausschlaggebende Bedeutung verliehen, endlich
nicht zum Mindesten das starke Bedürfnis nach Frieden,
das die von den Hussitenstürmen und den späteren
böhmisch-meissnischen Wirren aufs Schwerste betroffenen
Lande lebhaft empfanden, alles dies wirkte zusammen,
um schliesslich nicht blos zu einem Ausgleiche der zwischen
Böhmen und den Wettinern vorhandenen Irrungen, sondern sogar zu einer engen Verbindung der letzteren mit
dem Könige Georg zu führen. Der Vermittler dieser
Einigung war Markgraf Albrecht von Brandenburg.
Doppelheirathen zwischen Georgs Tochter Zdena und dem
jungen Herzog Albrecht, dem Sohne Kurfürst Friedrichs II.,
und zwischen dem Königssohne Heinrich und Katharina,
der Tochter Herzog Wilhelms, sollten die geschlossenen
Bündnisse festigen. Der Tag zu Eger im April und
Mai 1459, an dem diese Verhandlungen zum Abschluss
kamen, hat eine hohe Bedeutung nicht blos für die
böhmische, sondern für die deutsche Geschichte jener
Zeit; insbesondere wurde er bestimmend für das Verhältnis
der Wettiner zum König Georg bis zu dem Todo des
letzteren. [3]) Noch im Herbste des Jahres 1459 wurde
die Ehe zwischen Albrecht und Zdena geschlossen.

Es zeigte sich bald, wie benöthigt König Georg einer
Stütze unter den deutschen Fürsten war. Der hochbegabte
Herrscher hatte sich doch vielleicht in einem Punkte getäuscht, als er die angebotene Königskrone annahm. Er
glaubte eine Mittelstellung zwischen der Curie (und, wir
können hinzufügen, dem katholischen Europa) und seinem
eigenen utraquistischen Lande einnehmen zu können.
Allein die Basis, auf der sich sein Königthum erhob, machte eine solche Mittelstellung zur Unmöglichkeit.
Die nationalen Elemente, denen Georg seine Krone verdankte, waren untrennbar verbunden mit den kirchlichen.
Nun hatte zwar das Basler Concil seiner Zeit einen Frieden
zwischen der rechtgläubigen Kirche und dem Hussitismus
vermittelt; allein jene Compactaten widersprachen dem
innersten Wesen der römischen Curie, die sie denn in

---

[3]) Ueber den Tag zu Eger vergleiche ausser den oben angeführten Werken noch Bachmann, Böhmen und seine Nachbarländer
unter Georg von Podiebrad (Prag 1878) 45 fgg.

der That niemals formell anerkannt, sondern von Anfang
an nur als ein durch die Noth des Augenblicks gerecht-
fertigtes Provisorium angesehen hat. Vollends war Enea
Silvio Piccolomini, der wenige Monate nach Georgs Wahl
als Pius II. den päpstlichen Stuhl bestieg, nicht der Mann
dazu, sich durch Verträge stören zu lassen, wenn es sich
um die Herrschaft der Kirche handelte. So wichtig es
aber von Anfang an für Georg war, mit der Curie, jener
gefährlichen Weltmacht, gegen die ja nur ein Defensiv-
krieg, niemals ein Angriff möglich war, auf gutem Fusse
zu bleiben, so war dies doch nur auf dem Boden eben
jener Basler Compactaten denkbar; mit ihnen wäre die
Basis gefallen, auf der das moderne böhmische Königthum
ruhte.

Das Verhältnis Georgs zur Curie war auch auf
seine Beziehungen zu den Nachbarn höchst einflussreich,
und wir werden demselben im Weiteren unsere besondere
Aufmerksamkeit schenken müssen. Nur jenes Verhältnis
war es, was dem engen Anschluss der Wettiner an den
böhmischen König immer und immer von Neuem entgegen
arbeitete, so sehr derselbe sonst den persönlichen Neigungen des Kurfürsten Ernst und insbesondere des Herzogs
Albrecht, der gern am Hofe seines ritterlichen Schwieger-
vaters weilte, und vielfach auch ihren politischen Interessen entsprach. Wenn trotz dieser Gegenwirkungen die
meissnisch-thüringischen Fürsten bis zum Ende des Königs
treu für ihn gewirkt haben, wo und wie sie nur irgend
konnten, so ist dies in einer Zeit, in der die heiligsten
Verträge, ja selbst verwandtschaftliche Bande so wenig
galten, wie in der zweiten Hälfte des 15. Jahrhunderts, ein
Beweis, wie kräftig jene persönlichen Beziehungen waren. —

Der Bruch zwischen Georg und dem Papste, dessen
innere Nothwendigkeit sich Niemand verhehlen konnte,
erfolgte im Jahre 1462. Als Pius II. am 31. März in
feierlichster Form die Compactaten widerrufen und aufgehoben und als wenige Monate später auf dem denkwürdigen Laurentiustage zu Prag Georg ebenso feierlich
erklärt hatte, an denselben festhalten zu wollen, war eine
Fortdauer des längst nur scheinbar bestehenden Friedens
zwischen Papst und König unmöglich geworden. Auch
der Tod Pius II., der wenige Wochen nach Erlass einer
Vorladung gegen den Böhmen [1]) am 15. August 1464

---

[1]) Diese Vorladung vom 15. Juni 1464 hatte keinerlei Wirkung,

eintrat, bewirkte nur einen kurzen Aufschub in dem
geistlichen Feldzuge. Nicht mit dem einzelnen Papste,
sondern mit der Idee der Curie hatte jener Verwegene
gebrochen, der es wagen wollte, einen der europäischen
Königsthrone ohne ihre Zustimmung zu behaupten. Im
Juli 1465 nahm Papst Paul II. das Verfahren wieder
auf, und die mit dem Processe beauftragten Cardinäle
Bessarion, Carvajal und Berard von Spoleto erliessen am
2. August eine Vorladung an Georg, der sich binnen
180 Tagen persönlich zu Rom einstellen und wegen der
ihm vorgeworfenen Ketzerei, Rückfall in die Ketzerei,
Meineid, Kirchenraub, Gotteslästerung u. s. w. verantworten
solle. *) Dass es bei diesem Verfahren auf keine Untersuchung, sondern auf eine Verdammung abgesehen war,
beweist die Bulle, die der Papst am 6. August 1465 jener
Citation folgen liess: er befahl durch dieselbe dem päst-
lichen Legaten Rudolf, Bischof von Lavant, gegen alle
Anhänger Georgs mit geistlichen Processen vorzugehen,
alle Familienverbindungen und Bündnisse, die der Ketzer
mit Katholiken geschlossen, für aufgehoben, alle Eide, die
man ihm geleistet, für null und nichtig zu erklären und
die deutschen Fürsten zum Widerstande gegen den Böhmenkönig aufzurufen. *)

Ein Zeitgenosse bezeichnet dieses Schriftstück als
Kreuzbulle. *) Der Ausdruck ist nicht genau, lässt aber
doch erkennen, dass man die Situation richtig auffasste.
Der ideale Sinn Pius' II. hatte stets danach gestrebt,
einen Kreuzzug gegen die Türken zu Stande zu bringen
und durch denselben Europa von einer immer furchtbarer
drohenden Gefahr zu befreien. Sein Nachfolger steckte
sich weniger hohe Ziele; er wollte die Waffen der gesammten Christenheit gegen den Ketzerkönig gerichtet
wissen. Paul II. war eine praktischer angelegte Natur
als Enea Silvio Piccolomini.

---

da Kaiser Friedrich III. ihre Publication in Deutschland zu hinter-
treiben wusste. Palacky IV, 2, 314.

*) SS. rer. Sil. IX, 135 fgg.

*) Palacky, Urk. Beitr. 362 fgg. Die Stelle, in welcher der
Legat ermächtigt wird, zum Kampfe gegen Georg aufzufordern
(excitandi principes inclite nationis Germanicae et alios quoscunque
catholicos ad suscipiendum arma contra perfidos Turcos militantis
vel ad terram sanctam euntibus per Romanos pontifices praedecessores
nostros aut alias concedi consuevit) ist offenbar (durch Ausfall von
Worten zwischen arma und contra perfidos?) verderbt.

*) SS. rer. Sil. IX, 139 Anm.

Er bewies dies auch dadurch, dass er eben in jener
Zeit all die zahlreichen Elemente innerhalb Böhmens,
die aus religiösen, aus politischen oder auch rein persönlichen Gründen Gegner Podiebrads waren, zu einem
streitlustigen Ganzen zu einigen wusste. Der böhmische
Herrenbund unter der Leitung des Breslauer Bischofs
Jost von Rosenberg begann am 25. September 1465 mit
einer Beschwerdeschrift, die er dem Landtage zu Prag
überreichte, seine politische Thätigkeit. [6])

Kurfürst Friedrich II. von Sachsen war am 7. September 1464 gestorben und hatte seine Lande seinen Söhnen,
dem 23jährigen Ernst und dem 21jährigen Albrecht,
hinterlassen. Die traurigen Schicksale, die der Bruderkrieg über das Haus der Wettiner gebracht, waren noch
in frischer Erinnerung, und ihrer eingedenk haben die
Brüder lange Jahre hindurch in schönster Eintracht ge-
herrscht. Auch ihre Politik dem Böhmenkönige gegenüber
war eine gemeinsame.

Der dritte damals lebende Spross des Fürstenhauses,
ihr Oheim Herzog Wilhelm, der zu Weimar residirte, hat
sich ihnen in der Folgezeit zwar vielfach als streitsüchtig
und unverträglich bewiesen, schloss sich aber doch im
Wesentlichen der Hauspolitik in Bezug auf Böhmen an.

Das erste Regierungsjahr der jungen Herrscher
Meissens sollte nicht vorübergehen, ohne dass es ihnen
klar wurde, in eine wie schwierige Situation sie das durch
verwandtschaftliche und persönliche Beziehungen und
Neigungen verstärkte Bündnis des Hauses Wettin mit
dem Böhmenkönige bringen würde. Schon vor Erlass
der Citation hatte der Papst durch besondere Schreiben
den Kaiser, die Könige von Ungarn, Polen und Dänemark und zahlreiche deutsche Fürsten, darunter auch Kurfürst Ernst und Herzog Wilhelm, von dem Bevorstehenden
in Kenntnis gesetzt und aufgefordert, das Vorgehen gegen
Georg kräftig zu unterstützen; jeder Verkehr mit dem
Ketzer wurde verboten, alle mit ihm geschlossenen Verträge für aufgelöst erklärt. [7]) Erst gegen Ende des Jahres
1465 begann jedoch der eigentliche Kampf.

[6]) Vergleiche insbesondere Markgraf, Die Bildung der katholischen Liga gegen König Georg von Podiebrad, in von Sybels Histor.
Zeitschr. N. F. II, 48 fgg., 251 fgg.
[7]) SS. rer. Sil. IX, 134 Anm.

Am 9. November zog der Mann, dem vorzugsweise
die Rolle eines Vertreters der päpstlichen Politik im östlichen Deutschland während dieses geistlichen Kampfes
zugedacht war, der päpstliche Legat Rudolf, Bischof von
Lavant, in Breslau, längst dem Mittelpunkte aller gegen
Georg gerichteten Bestrebungen, ein[10]) und begann sofort
seine Thätigkeit, indem er zunächst die an ihn gerichtete
päpstliche Bulle vom 6. August nach allen Richtungen
hin bekannt machte; über 20 Abschriften davon musste
ihm der Breslauer Stadtschreiber, Peter Eschenloer, an-
fertigen.[11]) Durch ein Rundschreiben an alle geistlichen und
weltlichen Unterthanen des Königreichs Böhmen vom
19. November, das allenthalben von den Kanzeln oder
sonst den zusammengerufenen Gemeinden bekannt gemacht
werden sollte, wurden diese zum Abfall von Georg unter
Androhung der schwersten geistlichen Strafen aufgefordert.
Auch Bischof Dietrich von Meissen, zu dessen Sprengel
bekanntlich die Oberlausitz gehörte, erhielt ein Exemplar.[12])

Bischof Dietrich (III.) von Meissen, aus dem Hause
Schönberg, welcher 1463 seinem Bruder Caspar auf dem
bischöflichen Stuhle gefolgt, war ein verständiger ge-
mässigter Mann, der, wie viele seiner Zeitgenossen,
trotz vollkommen kirchlicher Gesinnung und trotz auf-
richtiger Abneigung gegen die Ketzerei der Hussiten
dennoch das Vorgehen der Curie gegen den Böhmenkönig nicht billigte, weil er es für unklug hielt. Er kannte
die Stellung seiner Landesherren und trug ihr vollkommen
Rechnung; er wusste auch recht wohl, dass ein feindseliges
Verhältnis zu dem Nachbarlande seinem Stifte, das mit
demselben in so vielfachen Beziehungen stand, schweren
Schaden bringen musste.[13]) Doch die Klugheit gebot,
äusserst vorsichtig zu Werke zu gehen, um es mit den
geistlichen Oberen nicht zu verderben. So hat Dietrich
z. B. unbedenklich den Legaten, den 1434 erfolgten Kauf des
Dorfes Wüste-Ludwigsdorf bei Stolpen, über welchen der

---

[10]) SS. rer. Sil. IX, 145. Eschenloer (SS. rer. Sil. VII) 110.
[11]) SS. rer. Sil. IX, 139 Anm.
[12]) Ebendaselbst 143 fgg. Zur Publication wurde das Schreiben
natürlich nicht im lateinischen Original, sondern in deutscher Uebersetzung versandt (vergleiche die Bemerkung Eschenloers, ebendaselbst
145 Anm.), so an das Domcapitel zu Bautzen (Palacky, Urk. Beitr. 370).
[13]) Vergleiche im Allgemeinen über ihn Fraustadt, Geschichte
des Geschlechts von Schönberg I A (2. Ausg.), 103 fgg.

erforderliche Gunstbrief des böhmischen Königs als Lehnsherrn noch nicht ausgestellt war, kraft der päpstlichen Vollmacht „bis auf einen künftigen christlichen König" zu bestätigen, und der Legat that dies Namens des Papstes, „in dessen Hände jetzt das Königreich Böhmen nebst allen einverleibten Landen gesetzt sei." [14]) Hatte dieser Akt auch praktisch nicht viel Bedeutung, so bezeichnete er doch die vollständige Anerkennung der päpstlichen Massregeln durch den Bischof. Auch versprach der Bischof bereitwilligst, dem Befehle des Legaten vom 19. November nachzukommen; er hielt es aber doch bei dieser Gelegenheit für angebracht, Mässigung für das weitere Vorgehen zu empfehlen, und in demselben Sinne wird auch der Gesandte, der in dieser Sache zum Legaten geschickt werden sollte, sich ausgesprochen haben. [15])

Allein von Mässigung war nicht mehr die Rede. Die Vermittlungsversuche, die Herzog Ludwig von Bayern und König Matthias von Ungarn Ende 1465 noch machten, scheiterten am entschiedenen Widerspruche der Curie. Die unbotmässigen böhmischen Herren schlossen im November ein Schutz- und Trutzbündnis auf fünf Jahre; König Matthias liess sich bereit finden, als Werkzeug der Curie gegen seinen Schwiegervater Georg zu dienen; auch der Kaiser stand, soweit es seine durch stete Zerwürfnisse mit dem Adel seiner Erbländer gefährdete Lage und seine natürliche Unentschlossenheit gestatteten, auf Seite des Papstes. So wagte denn Paul II., bevor noch der in der Citation gesetzte Termin verstrichen war, einen weiteren entscheidenden Schritt. Am 8. December 1465 erfolgte die Bannbulle gegen Georg. Nochmals wurden alle Unterthanen und Bundesgenossen des Königs ihres Eides entbunden, nochmals jeder Verkehr mit ihm verboten. [16])

---

[14]) Codex diplomaticus Saxoniae regiae II, 3, 167.

[15]) Ebendaselbst 152: Placeat igitur v. r. p. cum talibus habere pacientiam ad tempus non longum et processum vestrum pro summa prudentia vestra aliquali mansuetudine temperare confidimus. Der Brief gehört ohne Frage ins Jahr 1465, nicht 1463, wie auch schon Markgraf SS. rer. Sil. IX, 145 Anm. bemerkt. In diese Zeit sind wohl auch die beiden an den Papst im Interesse Georgs gerichteten Briefe zu setzen, die in der sogenannten Cancellaria regis Georgii unter den Aufschriften pro ducibus Saxonie und pro marchionibus Brandenburgensibus sich finden (Neues Laus. Magazin XLVII, 222, Nr. 108—111) und die wohl identisch sind mit den bei Pessina Mars Moravicus 749 fgg. gedruckten Schriften.

[16]) Vergl. Palacky IV, 2, 364 (Anm. 232).

Die wichtigste Frage war die, welche Stellung nunmehr die Nachbarn Böhmens nehmen würden. Wenn der Legat Rudolf früher einmal dem Papste geschrieben hatte, dass die deutschen Fürsten nur auf eine Gelegenheit warteten, um alle Verträge mit Georg aufzulösen, so hatte er sich doch als ein Mann von geringem Scharfsinn erwiesen oder diplomatische Höflichkeitsfloskeln für baare Münze genommen. [17])

Auf die allgemeinen Verhältnisse Deutschlands, die hier in Frage kommen, werden wir unten etwas näher einzugehen haben.

Was die Wettiner anlangt, so trug im Anfange des Jahres 1466 ein besonderer Anlass viel dazu bei, die Beziehungen Ernsts und Albrechts zu Böhmen zu noch engern zu machen, als sie bisher waren. Es war dies der Plauensche Handel, den wir hier, wenn auch nur in Kürze, berühren müssen. Seit die Wettiner den Herren von Plauen die ihnen 1426 von König Sigismund verliehene Burggrafschaft Meissen [18]) nach dreizehnjährigem Ringen 1439 abgejagt hatten, bestand zwischen den beiden Häusern ein tiefgehender Groll, der sich bei manchen Gelegenheiten äusserte und nur auf einen Anlass zu warten schien, um offene Fehde herbeizuführen. Traurige Familienzerwürfnisse schwächten die Kräfte der Plauenschen Familie. Heinrich (II.) hatte seinem Sohne die Tochter eines Herrn von Rosenberg gefreit; dieser aber vermählte sich gegen den Willen seines Vaters und der Lehnsmannen des Landes nicht mit ihr, sondern mit der ihm unebenbürtigen Tochter eines Ritters. Der erzürnte Vater beraubte ihn deshalb all seiner Güter; ein Theil derselben kam in fremde Hände. Als 1446 der Vater starb, gab man dem Sohne die Schuld, ihn vergiftet zu haben; der Vater selbst soll ihn kurz vor seinem Tode öffentlich dieses Vergehens geziehen haben. Obwohl nun die Plauenschen Mannen trotz alledem dem jungen Heinrich zur Wieder-

---

[17]) Der Meissner Dechant Heinrich Leubing scheint noch Anfang 1466 dem Legaten den thätigen Beistand seines Herrschers in Aussicht gestellt zu haben, wenn wir die Worte des Antwortschreibens des Bischofs Rudolf vom 18. Januar 1466 (Scio enim quod tanti principis assistentia poterit operari, profecto si principes civitates et populi Silesiae atque Moraviae tale caput haberent, omnes ad illud gratissimo animo confugerent) richtig deuten. Codex diplomaticus Saxoniae regiae II, 3, 168.

[18]) Vergl. von Langenn, Herzog Albrecht 46 fgg. Märcker, Burggrafthum Meissen 361 fgg. Jordan 265 fgg.

eroberung der entfremdeten Schlösser, Städte und Herrschaften Beistand leisteten, brach doch binnen Kurzem
zwischen ihnen und ihrem Herrn, der es nicht vergessen konnte, dass sie vordem nicht zu ihm, sondern
zu seinem Vater gestanden, heftige Feindschaft aus und
währte viele Jahre. Die Sache kam schliesslich an König
Georg als den Oberlehnsherrn des von Plauen; ein jahre-
langes Processiren begann, viele Schöffensprüche wurden
in Magdeburg eingeholt, während der von Plauen und
seine Gemahlin in ihren Gewaltthaten unbeirrt fortfuhren.
Inzwischen war der Conflict zwischen Georg und der
Curie ausgebrochen und Heinrich ein Mitglied des Herrenbundes geworden; schon hieraus liess sich entnehmen, in
welchem Sinne das Endurtheil Georgs ausfallen würde,
und Heinrich nahm daher gern die durch die päpstlichen
Bullen des Jahres 1465 sich ihm bietende Gelegenheit
wahr, sich seinem Richterspruche zu entziehen, erschien
nicht auf dem Schlosse zu Prag, wohin er citirt war,
sondern verklagte seinerseits seine Mannen vor dem
Legaten Rudolf als dem Vertreter der Curie, die sich ja
die Rolle eines böhmischen Königs bis auf Weiteres an-
masste, dass sie von ihm als ihrem rechten Lehensherrn
abgefallen seien und sich zu dem gebannten Könige
hielten. Der Legat beauftragte den Comthur von Plauen
als den Archidiaconus mit der Citation der Mannen
und der Untersuchung der Sache. [19]) Die Mannen ge-
horchten der Citation nicht und machten Einwendungen
gegen die Person des Richters. Da verhing der Comthur
die Excommunication über sie, und bevor sie an den Legaten appelliren konnten, kündigte ihnen ihr Lehnsherr
Fehde an, zog wider sie, nahm ihnen einige Höfe fort,
brannte sie nieder und plünderte, wo er nur konnte. [20])

---

[19]) Schreiben von 1466 Januar 15. in der Cancellaria regis Georgii.
Neues Lausitzer Magazin XLVII, 223 (Nr. 120).

[20]) Wir sind insbesondere dem Klagzettel der Erbarmannen von
Plauen (WA. Reuss. Sachen Bl. 56—61, vergl. Böhmische Sachen
Kaps. V. Bl. 261—277 und Reuss. Sachen Bl. 45—55) gefolgt, verkennen
jedoch nicht, dass diese Quelle, wie die sonstigen in dieser Sache
ergangenen zahlreichen Processschriften (eine Zusammenstellung
bei Märcker a. a. O. 365 Anm. 29) durchaus einseitig und mit
grosser Vorsicht zu benutzen sind. Die Darstellung, die Heinrich
selbst in seiner Denkschrift (s. S. 222) giebt, weicht z. B. in den Angaben
über den Gang des Processes ab. Eine erschöpfende Untersuchung
der Plauenschen Wirren, die wir hier nicht geben können, würde
schon wegen der mannichfachen interessanten Schlaglichter, die das

Dies veranlasste Georg, den Process schleunigst zu beendigen. Auf Grund eines Magdeburger Schöffenspruches verurtheilte er Heinrich, namentlich mit Rücksicht auf seinen Ungehorsam und weil er sich gegen Ordnung und Recht an das geistliche Gericht gewandt habe, zu Geldentschädigung und Busse. [21])

Es war vorauszusehen, dass Heinrich dem Spruche nicht gehorchen würde, und in diesem Falle bot sich dem Könige von selbst eine erwünschte Gelegenheit, die sächsischen Herzoge sich noch enger zu verbinden, und diesen, ihr Gebiet auf Kosten eines unbequemen Nachbars zu erweitern. Schon hatten sich die Plauenschen Mannen, unmittelbar nachdem Heinrich seinen Fehdebrief in dem Dorfe Rodau (bei Mühltroff) in die Planken hatte stecken lassen und seinen Fehde- und Raubzug begonnen hatte, an den Kurfürsten Ernst gewandt und ihn um Hülfe angerufen; sie hatten dazu ein Recht, denn die meisten von ihnen trugen auch von Ernst Lehen und durften somit seinen Schutz, als den des Lehnsherrn, beanspruchen. [22]) Sie folgten dabei höheren Weisungen. Denn auch König Georg forderte auf Grund der Egerer Verträge die Markgrafen auf, ihm gegen den unbotmässigen Vasallen Beistand zu leisten; [23]) als Lohn hat er ihnen wohl von Anfang an den Besitz der Herrschaft Plauen in Aussicht gestellt. Das Gesuch der Mannen war nur in Scene gesetzt, um die dem gebannten Könige geleistete Hülfe als

---

Material auf die socialen, staats- und lehnrechtlichen Verhältnisse der Zeit fallen lässt, eine nicht undankbare Aufgabe sein.

[21]) Das in einem Vidimus der Universität Leipzig vom 10. November 1483 (HStA. Original Nr. 7932) und in einer Abschrift des 15. Jahrhunderts (ebendaselbst Cop. 1315 fol. 13 b fgg.) erhaltene Urtheil trägt das Datum des 13. Februar 1466, nicht, wie v. Langenn 50 angiebt, des 2. Januar.

[22]) Undat. Schreiben WA. Reuss. Sachen Bl. 62.

[23]) Diese von Georg ausgegangene Aufforderung zur Fehde gegen Heinrich, welche die Fürsten später dem Legaten und dem Papste gegenüber vergeblich zu verschleiern suchten, wird bewiesen durch den Wortlaut des Fehdebriefes an Heinrich vom 14. Februar (...und wir dem genanten unserm hern uund swager unde der wirdigenn crohn fruntschaft bunteniss unde eynunge halben zeugetan und gewanth, auch dess vonn siner durchluchtikeit vermanet sind die manne zeu schuttzen) und des von König Georg ausgestellten Lehnbriefes über Plauen vom 9. März (als ..Ernst...auff unser fordrunge und begere nach laut unser erblichen vereynigunge, die wir als konig zeu Pehmen und von der cron wegen mit ihrer lieben haben und darinnen sitczen).

ein zum Schutze eigner Interessen und aus eigenem Rechte begonnenes Unternehmen darzustellen.

Kaum vernahm Heinrich von dem Hülferufe seiner Lehnsleute, als er den Folgen desselben vorzubeugen suchte. Er richtete am 26. Januar 1466 ein längeres Schreiben an Kurfürst Ernst, in welchem er eine vollkommen andere Darstellung der Sachlage gab, sich als den durch die Mannen Beleidigten und Geschädigten darstellte und dringend bat, den Aufrührern keinen Beistand zu leisten. [24]) Auf ihre Klagen selbst ging er gar nicht ein. Dagegen verfehlte er nicht, sich als den Beauftragten der Kirche den im Banne befindlichen Widerspenstigen gegenüber hinzustellen. Der Kurfürst legte wenig Gewicht auf dieses Schreiben; in seiner bereits am 29. Januar erfolgenden Antwort sprach er sein Befremden darüber aus, dass er seine Mannen, die den ordentlichen Rechtsweg beschritten hätten und Willens seien, dem Spruche der Magdeburger Schöffen nachzuleben, in geistliche Processe verwickelt und in den Bann gebracht habe, verlangte sofortige Einstellung der geistlichen Strafen wie der Fehde und Ausführung des ergangenen Urtheils und drohte, dass er nöthigenfalls als Lehnsherr für seine Mannen eintreten werde. [25]) Als hierauf keine befriedigende Antwort einlief, kündigte er in der That dem von Plauen am 7. Februar 1466 die Fehde an. [26]) Gleich darauf fiel er im Plauenschen ein und nahm die Dörfer Theuma, Steinsdorf, Schönberg bei Mühltroff u. a. und wenige Tage später das Schloss Plauen selbst. Widerstand scheint kaum geleistet worden zu sein. Heinrich und sein Sohn verliessen das Land. [27])

Am 9. März belehnte darauf König Georg den Herzog Albrecht an Stelle des unbotmässigen Heinrich

[24]) WA. Reuss. Sachen Bl. 63.
[25]) Ebendaselbst Bl. 64.
[26]) Ebendaselbst Bl. 65.
[27]) Paul Lange bei Mencke SS. II, 48, der den Tag der heil. Scolastica (10. Februar) als Tag der Vertreibung des Burggrafen nennt, Append. Chron. Vet. Cell. ebendaselbst II, 429, Eschenloer (SS. rer. Sil. VII) 116 und die an die Universität Leipzig gerichtete Beschwerdeschrift Heinrichs vom 9. April 1466, WA. Böhm. Sachen Kaps. V fol. 282 (gedruckt bei Jordan 432). Ueber die Verbrennung der Kirche zu Schönberg vergleiche SS. rer. Sil. IX, 170 Anm. Nicht uninteressant sind die Rechnungen über die bei Gelegenheit des Plauenschen Zuges vom 6. bis zum 16. Februar verausgabten Gelder (mit der falschen Jahreszahl LXV) in HStA. Loc. 4335, Rechnung der Amtleuthe Sachssen, Meissen und Voitland 1467 (hinter fol. 382).

mit Schloss und Herrschaft Plauen; die Belehnung sollte
ein Ersatz für die von den Herzögen auf die Eroberung
des Schlosses verwandten Kosten sein. [28]) Wenn Herzog
Albrecht, nicht der Kurfürst, diese Lehen empfing, so hatte
dies seinen Grund darin, dass ersterer bereits seit den
Egerer Verträgen von 1459 Lehnfürst der Krone Böhmen
war. [29])

Der Vertriebene setzte sofort alle Mittel in Bewegung,
um wieder zu seinem Lande zu kommen. Von Königswart bei Eger, wo er zunächst Zuflucht gefunden, liess
er am 9. April 1466 eine Denkschrift ausgehen, in der
er eine Darstellung des ganzen Handels von seinem
Standpunkte aus gab, gegen das Verfahren der sächsischen Herzöge entschieden protestirte und schliesslich
sich bereit erklärte, dem Richterspruche des Papstes oder
seines Legaten, der böhmischen Herren, „die da sind
neben seiner Heiligkeit bei der Römischen Kirche", des
Erzbischofs zu Magdeburg, der Bischöfe zu Würzburg
und Bamberg, der Markgrafen von Brandenburg, des
Herzogs Wilhelm oder der bayerischen Fürsten sich unterwerfen zu wollen. Die Denkschrift ist uns in zwei Exem-
plaren erhalten, von denen das eine an die Universität
Leipzig, das andere an die Stadt Eger gerichtet ist. [30])
Kurfürst Ernst hatte die letztere, deren Haltung ihrer
geographischen Lage und ihrer bedeutenden Hilfsmittel
wegen von besonderer Wichtigkeit war, in den ersten
Tagen des Einmarsches in Plauen und dann wiederholt
um thätigen Beistand ersucht [31]); andrerseits hatte der
Herrenbund, den die Plauensche Angelegenheit natürlich
ebenfalls nah berührte, sie vor jeder Unterstützung Ernsts
gewarnt. [32]) Sie entschloss sich endlich, das Verlangen
des Kurfürsten abzulehnen und neutral zu bleiben. [33])

---

[28]) Der Lehnbrief und die Weisung an die Mannen von demselben Datum im HStA. Originale Nr. 7936, 7937. Ein zweiter, mit dem
erwähnten wörtlich gleichlautenden Lehnbrief vom 14. Juni 1466
ebendaselbst Nr. 7955 (vergl. Nr. 7956).

[29]) der danne fore unser und der cron lehenfürst ist, heisst es
in dem Lehnbrief.

[30]) Ersteres nach einer Abschrift WA. Böhm. Sachen Kaps. V
Bl. 282, incorrect gedruckt bei Jordan 432, letzteres nach dem Original
in Eger bei Bachmann, Urk. und Actenst. 371 fgg. (das Datum ist
jedoch zu verbessern).

[31]) Bachmann a. a. O. 371.

[32]) Palacky, Urk. Beitr. 391.

[33]) Bachmann a. a. O. 371.

Wichtiger als diese Denkschrift war, dass sich Heinrich mit seiner Beschwerde an den Papst wandte. Hatten doch die Mannen es verschmäht, den Anordnungen des Legaten gemäss die Sache durch den geistlichen Richter entscheiden zu lassen und waren sie doch deswegen in den Bann gekommen. Schon aus diesem Grunde konnte Heinrich mit einem gewissen Rechte hervorheben, das Verhalten der sächsischen Fürsten gereiche „zu merklichem Verdruss, Schaden und Schmach unserm allerheiligsten Vater dem Papst und der heiligen Römischen Kirche"; schwerer freilich noch wog der Vorwurf, dass sie durch ihr Eingreifen den gebannten Böhmenkönig unterstützt hätten. Paul II. säumte denn auch nicht, sich der Sache aufs Wärmste anzunehmen. Er richtete (Ende April oder Anfang Mai) ein ernstes Schreiben an den Kurfürsten, in dem er sein Befremden aussprach, wie derselbe gerade in dieser Zeit dem ketzerischen Könige gegen einen treuen Sohn der Kirche, wie es Heinrich sei, Beistand leisten könne, und ihn zum Abbruch aller Beziehungen zu Georg, zur eifrigen Verfolgung der hussitischen Ketzerei und zur Restitution des Burggrafen Heinrich dringend aufforderte; habe er irgend eine private Differenz mit ihm, so erklärte er sich bereit, dieselbe durch den Legaten Rudolf oder einen anderen unverdächtigen Richter, dessen Wahl dem Kurfürsten freigestellt wird, schlichten zu lassen. [34]) In Schreiben fast gleichen Wortlauts wurden der Bischof von Meissen, der Meissner Domdechant Heinrich Leubing, ferner der Kaiser und Herzog Wilhelm aufgefordert, Ernst zur Befolgung der päpstlichen Befehle zu veranlassen. [35])

So hatte diese Plauensche Angelegenheit die sächsischen Brüder in einer ihnen nichts weniger als angenehmen Weise plötzlich aus ihrer zurückhaltenden Stellung hinausgeführt auf die Bühne, auf der sich der weltgeschichtliche Kampf zwischen dem Papstthum und dem König Georg abspielte. Georg war ein feiner Diplomat; das bewies auch dieser Zug.

Es waren übrigens nicht die sächsischen Herzöge allein, denen das Vorgehen des Papstes gegen den Böhmen--

---

[34]) SS. rer. Sil. IX, 168. Eine deutsche Uebersetzung WA. Reuss. Sachen Bl. 69; daraus Excerpte bei Jordan 266, v. Langenn 52.
[35]) Das Schreiben an den Bischof d. d. 1466 April 24 und an Leubing d. d. Mai 13 in deutscher Uebersetzung WA. Reuss. Sachen Bl. 67, 66. Vergl. SS. rer. Sil. IX, 169 Anm.

könig recht unerwünscht war. Die anderen deutschen
Fürstenhäuser hatten sämmtlich nicht viel mehr Sympathie für dasselbe. Verworrene Zustände herrschten
damals in Deutschland. Die Autorität des Kaiserthums,
schon seit dem Interregnum in stetem Schwinden begriffen,
war vollends dahin, seit die kurzsichtige, energielose, eng-
herzige und knauserige Persönlichkeit Friedrichs III. die
Krone trug. Wohl machte man Anstrengungen, durch
„Reformationen" dem traurigen Zustande abzuhelfen; aber
diese Anstrengungen waren nicht hervorgerufen durch
eine weitschauende, nationale Politik, sondern lediglich
durch den Trieb der Selbsterhaltung. Dem monarchischen
Reichsgedanken, der ohnehin seit lange nur in der Theorie
noch bestand, trat immer unverhüllter das Streben der
territorialen Mächte nach völliger Unabhängigkeit — nach
oben wie nach unten — entgegen. Was wie ein grossartiger Reformplan aussah, war, näher betrachtet, im
Grunde nichts als eine Aeusserung jenes Strebens. Aber
es konnte nicht fehlen, dass eben dies die einzelnen
Fürstenhäuser heftig an einander brachte; die einseitig
vertretenen Interessen mussten collidiren. So waren denn
die beiden, die unter Deutschlands gebornen Fürsten
wohl am lebhaftesten, wenn auch in sehr verschiedenem
Sinne, an Reichsreform dachten, Markgraf Albrecht von
Brandenburg, jener „Achilles", der von seinem kleinen
fränkischen Lande aus immer von Neuem den leitenden
Einfluss in Deutschland zu erwerben versuchte, und Friedrich der Siegreiche von der Pfalz, zugleich die Häupter
von Fürstenbündnissen, die sich in den Jahren 1459—1463
wiederholt blutig befehdeten.

In den Jahren, von denen wir zu handeln haben,
ruhten die Waffen; und es liess sich nicht leugnen, dass
sie ruhten, war vorzugsweise dem schwer wiegenden Ein-
flusse des Böhmenkönigs zu danken, der, ohne viel nach
den Mitteln zu fragen, sich während der ganzen Kämpfe
bald auf dieser, bald auf jener Seite gehalten, wie es
sein Vortheil verlangt hatte. Allgemein herrschte lebhaftes Bedürfnis nach Frieden. Kein Wunder, wenn die
Brandfackel, die der Papst in die deutschen Lande
schleuderte, in kein Pulverfass fiel, der Bannstrahl der
Curie vielmehr den deutschen Fürsten recht ungelegen
kam, — mochten sie auch noch so wenig persönliche
Sympathie für den Böhmenkönig haben, der ja, wie sie,
ebenfalls nur seinen eigenen Vortheil im Auge hatte.

Neben den Wettinern waren es vorzugsweise die beiden Fürstenhäuser Hohenzollern und Wittelsbach, die in Frage kamen. Unter sich und mit Böhmen waren sie durch Verschwägerungen wie durch Einungen, jenes Mittel, durch das man vergeblich einen Ersatz für eine kräftige einheitliche Oberleitung zu schaffen suchte, mannichfach verbunden. Amalie und Anna, die Schwestern von Ernst und Albrecht, waren die Gemahlinnen von Ludwig von Bayern-Landshut, der den Beinamen des Reichen jetzt freilich nicht mehr in so hohem Grade verdiente, wie einst vor jenen mehrjährigen Fehden, und von Markgraf Albrecht Achilles; Kurfürst Ernst hatte eine Tochter Albrechts III. von Bayern-München, Kurfürst Friedrich II. von Brandenburg eine Schwester des Herzogs Wilhelm von Sachsen zur Frau. Dass des Böhmenkönigs Tochter Zdena mit Herzog Albrecht vermählt, seinem Sohne aber die Tochter des Herzogs Wilhelm, Katharina, zugedacht war, haben wir oben bereits erwähnt; ein anderer Sohn Georgs, Heinrich, war mit Albrechts von Brandenburg Lieblingstochter Ursula, die böhmische Prinzessin Ludmilla mit dem Sohne Ludwigs von Bayern-Landshut verlobt. 1457 waren die Brandenburger der sächsisch-hessischen Erbeinigung beigetreten [36]), und seit 1459 bestanden, wie wir bereits erwähnten, Bündnisse zwischen Böhmen, Brandenburg und Sachsen. Es war natürlich, dass diese mannichfachen Verbindungen ihre Wirkung auf die Politik jener Tage nachdrücklich äussten. Aber auch die Differenzen, die wenige Jahre vorher die deutschen Fürsten in zwei Parteien gespalten hatten, in eine wittelsbachische, zu der vor allem Friedrich der Siegreiche von der Pfalz und Herzog Ludwig von Bayern-Landshut gehörten, und in eine antiwittelsbachische, die unter der Leitung Albrechts von Brandenburg die Interessen des Kaisers und Reiches vertrat oder doch zu vertreten vorgab, spiegelten sich wieder.

Kurfürst Friedrich II. von Sachsen hatte sich in jenen Differenzen im Wesentlichen stets als Bundesgenossen der Brandenburger gezeigt. Die Haltung seiner Söhne war dagegen weniger entschieden; sicher waren sie von vorn herein nicht frei von Sympathien für die Wittelsbacher. Sehr bedenklich war schon, dass sie einer Er-

---

neuerung jener brandenburgisch-sächsisch-hessischen Erb-
einigung allerhand Schwierigkeiten entgegensetzten, was die
Brandenburger ohne Frage mit Mistrauen erfüllen musste.
Im April 1466 erschienen der Obermarschall Hugold von
Schleinitz, Caspar von Schönberg und der Oberkanzlei-
schreiber Caspar Freiberger als Gesandte von Ernst und
Albrecht bei Kurfürst Friedrich und schlugen ihnen,
offenbar im Einverständnis und wahrscheinlich auf Veranlassung des Herzogs Ludwig von Bayern, statt einer
Erneuerung der bisherigen Erbeinigung ein allgemeines
Bündnis, in das auch der Kaiser aufgenommen werden
sollte, oder doch eine Einung zwischen den Häusern
Sachsen, Brandenburg und Bayern vor; jedenfalls zeigten
sich die sächsischen Fürsten nicht geneigt, jemals gegen den
Pfalzgrafen und den Herzog Ludwig Hilfe zu leisten —
und ohne Frage ist dies der Grund, aus dem sie einer Erneuerung der Erbeinigung widerstrebten. Diese Pläne er-
füllten den Kurfürsten Friedrich mit Unwillen und Besorgnis; er schrieb in solchem Sinne an seinen Bruder Albrecht.
Er glaubte die Annahme des zuletzt erwähnten Bündnisses
befürworten zu sollen, „denn unter zweyen Bösen ist je
das mindeste Böse zu kiesen"; das vorgeschlagene Bündnis
sichere seinen Bruder doch wenigstens gegen die Gefahren, die aus einer offenbaren Feindseligkeit der Herzöge
in dem, wie Friedrich befürchtete, bevorstehenden Wieder-
ausbruch des Krieges drohten. [*) Markgraf Albrecht
war anderer Ansicht; er glaubte, ein solcher Vertrag
widerstreite seinen Pflichten, die er als des Reiches Hauptmann gegen den Kaiser, gegen Fürsten und Städte habe,
wie auch seinen sonstigen Einungen; er könne dadurch
in die Lage kommen, eidbrüchig am Kaiser und seinen
anderen Bundesgenossen zu werden, und es sei ja dann
noch nicht sicher, ob nicht Hugold von Schleinitz die
neue Einung ebenso für unverbindlich erklären würde,
wie jetzt die alte. Herzog Wilhelm sei, wie er glaube,
auch seiner Meinung; also schon jetzt zeigte sich doch
eine Differenz in der Politik der Neffen und des Oheims.
Dagegen erklärte sich Albrecht gern zu einer Einung
unter des Kaisers Leitung bereit: „wo der hinfährt mit-
sammt uns und andern, die er neben sich zieht, da liegen

---

*) Riedel, Cod. dipl. III, 1, 390 fgg. (das Schriftstück gehört
jedoch nicht in den Mai, sondern in den April 1466, wie sich aus
Albrechts Antwort ergiebt).

wir mit oben und unten, und bitten desgleichen Eure
Liebe und alle unsere Freunde auch zu thun; das ist
das längere göttliche und ehrlichste Leben, unnd bringt
unns Niemand *aus der heut*, ob Gott will, dieweil wir
leben, und Eure Lieb und wir wollens, ob Gott will,
auf unsere Kinder erben, dass wir nie anders an Papst
und Kaiser, unsern rechten Herren und obersten Häuptern,
auch an unsern gebornen Freunden, Bundesgenossen und
Zugewandten gethan haben, denn frommen Fürsten wohl
ansteht" u. s. w. Aber, heisst es dann schliesslich, einen
Einungsentwurf, der vom Kaiser ausgehe, gebe es nicht;
er beruhe auf falscher Vorspiegelung. [38])

Auf Grund dieses Schreibens erklärte Friedrich dem
sächsischen Gesandten, hinter dem Rücken des Kaisers
könnten weder er noch sein Bruder Albrecht sich in ein
Bündnis einlassen, ausser in ein solches, das schon früher
bestanden habe; sie wollten daher bei der mit ihrem
Vater geschlossenen Erbeinigung bleiben. [39])

Stehen jene Verhandlungen auch nicht in unmittelbarer Verbindung mit den sächisch-böhmischen Beziehungen, so können letztere doch nur dann richtig aufge-
fasst werden, wenn man das Verhältnis der fürstlichen
Brüder zu ihren Nachbarn, und zwar vorzugsweise zu
den Brandenburgern und zu Herzog Wilhelm, fortwährend
im Auge behält. Wir werden daher auch in der Folge
diesen Beziehungen unsere Aufmerksamkeit ganz besonders
zuwenden müssen.

Die sächsischen Räthe hatten dem Kurfürsten Friedrich
im April mitgetheilt, dass Herzog Albrecht demnächst
nach Oesterreich zu reisen gedenke. [40]) Aber nicht in
Oesterreich, sondern auf einem Landtage zu Prag finden
wir Anfang Mai den Herzog; er soll dort seinem Schwiegervater Hilfe zugesagt haben, obwohl die Mannen und
Städte des Landes damit keineswegs einverstanden waren
und sogar, wie man sich erzählte, auf den nächsten
Sonntag nach Himmelfahrt (18. Mai) einen Tag zu Leipzig angesetzt hatten, offenbar um sich gegen die Unterstützung Böhmens zu erklären. [41])

---

[38]) Riedel, Cod. dipl. III, 3, 74 fgg. Vergl. Droysen II, 1, 226
und Kluckhohn 253 fg.
[39]) Riedel, Cod. dipl. III, 1, 393.
[40]) Ebendaselbst 392.
[41]) Palacky, Urk. Beitr. 398. Riedel, Cod. dipl. III, 1, 401.
Eschenloer (SS. rer. Sil. VII) 116: Marchio Misnensis Albertus gener

Wohl mochte dies Anerbieten, das vorzugsweise als die Frucht der Belehnung mit Plauen anzusehen ist, den aufrührerischen Baronen des Böhmenkönigs einen nicht geringen Schrecken einflössen, um so mehr, als auf demselben Prager Landtage auch Gesandte des Markgrafen Albrecht sich einfanden und insgeheim, trotz ernster Abmahnungen des Papstes, über den Vollzug der vor Jahren verabredeten Heirat zwischen des Königs Sohn Heinrich und Albrechts Tochter Ursula verhandelten; Glatz soll ihr als Leibgedinge verschrieben worden sein, aber gewiss wurden noch andere Aussichten dem Hause Brandenburg eröffnet. [12])

Wenig später (am 20. Mai) fand zu Weimar eine Zusammenkunft zwischen Ernst, Albrecht und Wilhelm statt, auf welcher ein Ausgleich der verschiedenen zwischen ihnen schon schwebenden Differenzen bewirkt werden sollte; man einigte sich bei dieser Gelegenheit auch über eine gemeinsame Haltung der Curie gegenüber. [13])

So ging die Politik der Hohenzollern und der Wettiner, wenn sie auch in Bezug auf die süddeutschen Angelegenheiten verschiedene Wege eingeschlagen, doch in der böhmischen Frage Hand in Hand. So lange der König Georg sich der materiellen oder moralischen Unterstützung dieser seiner mächtigsten Nachbarn versichert halten konnte, so lange durfte er hoffen, dass er sich trotz Kaiser und Papst zu behaupten und die Bewegungen im Innern seines Landes niederzuschlagen vermöge.

---

regis presencialiter Prage tunc existens pro se et fratre suo duce Ernesto . . regi addixit auxilium ei prestiturum cum omni potencia eorum. Id non parum terruit fidelem partem regni. Die Rechnung des Untermarschalls Dietrich von Schönberg und des Kammermeisters Erasmus Grensing über die Reise Albrechts nach Prag HStA. Loc. 4335 Rechnung der Amtleute 1467 fgg., fol. 347b. Vergleiche auch die Notiz in der Dresdner Stadtrechnung von 1466 (Rathsarchiv): 10 gr. unser gn. h. trommeter sexta post Georgii (Apr. 25), als unser gn. h. kein Prage wolden reiten. — Ob der beabsichtigte Tag zu Leipzig zu Stande gekommen, ist nicht bekannt; wir wissen nur, dass 1466 zu Meissen ein Landtag stattfand; vergl. HStA. Loc. 9349. Ausführliche Nachricht von denen Chursächsischen Land- und Ausschusstägen 1183—1718 fol. 11b.

[12]) Palacky, Urk. Beitr. 402 fg.

[13]) Am Schluss des Protokolles heisst es: Item gelangtte auch an ir eynen teil von unnserm h. vater dem babist und der romischen kirchcun, daz beswerunge uff em truege, darynnen sal derselbige nicht thun, is sie denne, daz sie sych dess durch sych selbiss addir ire rette schigkunge vor unndirrett unnd geratslaget habenn. HStA. Orig. No. 7989 (in Abschrift Cop. 58, fol. 20).

Einen sehr wichtigen Bundesgenossen führte damals
der sächsische Einfluss dem Böhmenkönige zu. Anfang
Juni kam Gregor von Heimburg, der berühmte Redner
und gewandte Diplomat, der schon seit vielen Jahren
überall da zu finden war, wo gegen die Curie Opposition
gemacht wurde und der deswegen Verfolgungen über
Verfolgungen hatte erdulden müssen, auf einen (Mitte
Mai) an ihn ergangenen Ruf der beiden Fürsten aus
Würzburg nach Prag; Herzog Albrecht selbst geleitete
ihn dorthin. [44]) Schon im Jahre 1465 hatte Heimburg
gelegentlich in einem Schreiben an den Cardinal Carvajal auf die Gefahren hingewiesen, die das Vorgehen
der Curie gegen Georg leicht hervorrufen könnte; doch
hatten seine Worte wenig Eindruck gemacht. Jetzt übernahm er es, an Stelle des bayrischen Staatsmannes Martin
Mayr, der kurz vorher den Prager Hof verlassen hatte, auf
diplomatischem Gebiete des Königs Sache zu verfechten.
Unverkennbar ist der Stempel seines kraftvollen Geistes,
der fortan den meisten aus des Königs Kanzlei hervor-
gehenden Schriftstücken aufgedrückt ist. Gleich das erste
Schreiben aus seiner Feder, eine Vertheidigungsschrift
für Georg, die zunächst lateinisch abgefasst und an König
Matthias von Ungarn gerichtet war, dann aber eine allgemeine Verbreitung in Deutschland fand, machte grosses
Aufsehen durch die energische Sprache und die Klarheit
und Schärfe, mit der die Rechtswidrigkeit des päpstlichen
Vorgehens dargestellt war. [45]) Mit den sächsischen Her-

---

[44]) Schreiben Gregors an König Georg d. d. 1466 Juli 18: In medio
Maji a ducibus Saxoniae seriosissime accersitus, paulo post iter arri-
piens . . . ducum hortatu Pragam usque perveni, scilicet in capite
Junii, ubi nunc dimidium Julii transegi; et jam ut conjicio Romae
rescitum est, me hic esse obicem illorum machinamentorum quae papa
molitus est u. s. w. Palacky, Urk. Beitr. 408 fg. — Schreiben desselben an den Erzbischof von Gran: Cum illustri principe domino
Alberto duce Pragam adveniens febre terciaria correptus u. s. w. Archiv
für österreichische Geschichte XII, 328. Vergl. ferner Brockhaus,
Gregor von Heimburg 278 und über seine Thätigkeit ausser den oben
angeführten Werken Düx, Nicolaus von Cusa I, 437 fgg., 466 fgg.

[45]) Der latein. Text (mit dem Datum 1466 Juli 28) bei Dobner,
Mon. II, 418. In deutscher Uebersetzung erhielten das Schriftstück
u. a. Kurfürst Ernst unter dem 1. October 1466 (HStA. Loc. 7216,
Irrung zwischen König Georg und dem Papste Bl. 2 fgg.) und Herzog
Wilhelm unter dem 11. October (Müller, Reichstagstheatrum unter
Friedrich V. II, 250). Ueber die Verbreitung desselben sagt Gregor
selbst: Aliis enim principibus aliter eadem sententia scribenda est, non
solum propter personarum disparitatem, quin etiam ut papa, ad quem ea

zogen blieb Heimburg übrigens fortdauernd in Beziehungen; wir treffen ihn zu wiederholten Malen am Hofe
in Meissen. Er bezog sogar, wie z. B. auch der böhmische
Kanzler Jorg von Einsiedel, eine Besoldung aus der
sächsischen Kammer. **)

So waren Ernst und Albrecht eifrig für die Interessen
Georgs thätig, als die erwähnten Mahn- und Drohbriefe
des Papstes einliefen. Es war nicht zu erwarten, dass sie
viel Erfolg haben würden. Bischof Dietrich von Meissen
übernahm es, die Vertheidigung seiner Herren, deren Politik er näher stand, als dem Papste und seinen Legaten
lieb sein konnte, zu führen. Von seiner Antwort liegt
mir das Concept vor, das, bezeichnend genug, viele Cor-
recturen und Zusätze von der Hand des Kanzlers des
Kurfürsten Ernst, des Johann von Mergental, zeigt. Obwohl ihm wissentlich sei, so schreibt der Bischof, dass die
Angelegenheit sich ganz anders verhielte, als sie dem
Papste vorgetragen worden, so habe er doch, wie ihm der
Papst befohlen, als ein „Sohn des Gehorsams" dem Kurfürsten Vorstellungen gemacht. Dieser aber habe gar
wenig Zeit zur Ueberlegung gebraucht und habe ihm
dann geantwortet. Seine Güte gegen die Priesterschaft im
Lande „werde durch mancherleye erzeigunge und
exempel geachtet offenberlicher und clerer dem lichte der
sonne"; er folge darin dem Beispiele seiner Vorfahren,
wolle dies auch ferner thun und vom Gehorsam gegen
den päpstlichen Stuhl sich nicht abbringen lassen. Dies
habe aber mit der Plauenschen Sache gar nichts zu thun.
Die von Plauen, sowohl der Vater des jetzigen Herrn
als auch der Vertriebene selbst, hätten sich schriftlich
und mündlich gar vielfach gegen ihn und seinen Vater
vergangen. Eine lange Aufzählung dieser Vergehen
folgt; wir heben daraus hervor, dass dem von Plauen
auch Verhandlungen mit einer der in Ungarn hausenden
Brüderrotten und die Absicht vorgeworfen wird, dem Hauptmann derselben, Udericz, Schloss und Stadt Plauen zu
überantworten; es bewies dies, dass Heinrich gerade im

---

omnia per principes deferentur, ex varietate querelarum vehementius
exagitetur. Palacky, Urk. Beitr. 107.

**) Es ergiebt sich dies aus den Rechnungen des sächsischen
Kanzlers Hans von Mergental im HStA. Loc. 4335, Rechnung der
Amtleuth Sachssen, Meissen und Voitland 1467, 412 fgg. Auch von
Ludwig von Bayern bezog Heimburg einen Jahrgehalt, vergl. Kluck-
hohn 282 Anm.

Punkte der Rechtgläubigkeit nichts weniger als unantast-
bar war. Die Plauenschen Mannen hätten sich mit vollem
Recht an König Georg gewandt. Aber sein Vorgehen will
Kurfürst Ernst nicht als eine dem Böhmenkönige geleistete
Unterstützung angesehen wissen, sondern als Verfechtung
eigner Interessen. Wenn er Georg im Absagebriefe als
König bezeichnet habe, so solle dies keine Beleidigung
des Papstes sein; [47]) es sei aus „merklichen Ursachen“
geschehen, die zu schreiben aber zu weitläuftig wäre.
Uebrigens halte der von Plauen noch immer keine Ruhe,
sondern greife Ernsts fürstliche Ehre durch Briefe an
Grafen, Herren, Ritter und Städte an, so dass es Noth
thun werde, „dagegen zu gedenken“. Auf die Ermahnung
des Bischofs, den Böhmenkönig aufzugeben, habe Ernst
geantwortet, er halte sich streng zum römischen Stuhle
und dulde keine Neuerungen in seinem Lande; aber die
Lage Meissens mache den Verkehr mit Böhmen unum-
gänglich nothwendig. Doch wolle er diesen Verkehr so weit
einschränken, dass er der Ehre des h. Stuhles nicht zu nahe
trete. Das angebotene geistliche Schiedsgericht wies der
Fürst mit aller Entschiedenheit zurück; er habe Plauen im
rechten Kriege gewonnen, und nur vor dem Lehnsherrn, d. h.
dem Könige Georg, könne darüber verhandelt werden. —
Der Bischof schliesst mit der Bitte, der Papst möge dem
von Plauen nicht Glauben schenken und sich seine Herren
als fromme und christliche Fürsten empfohlen sein lassen. [48])
      Schwerlich hat diese Antwort, deren Datum uns
nicht bekannt ist, dem Papste gefallen. In einem recht
kühlen Schreiben vom 20. November 1466 dankte er dem
Bischof für die Befolgung des päpstlichen Befehls, „ob
wir wohl etwas mehr daraus gehofft geharret haben.“ [49])
      Einen anderen gewichtigen Fürsprecher fand Kurfürst
Ernst am Kaiser. Mit diesem, ihrem Oheim von mütter-
licher Seite, hatten sowohl er als namentlich sein Bruder
Albrecht stets auf gutem Fusse gestanden. Albrecht hatte
kurz nach Empfang der Lehen einen längeren Aufenthalt in Wien genommen; er verweilte auch später noch

---

[47]) Diesen Punkt erwähnen die oben S. 223 angeführten Schreiben
des Papstes vom April und Mai nicht; man darf daher wohl annehmen, dass zwischen jenen Schreiben und der Antwort den Fürsten
noch andere Vorstellungen gemacht worden sind.
      [48]) Concept WA. Böhm. S. Kaps. V. Bl. 293 (eine Abschrift
WA. Reuss. S. Bl. 75).
      [49]) Uebersetzung WA. Reuss. S. Bl. 77.

sehr oft dort und vertrat als gewandter Diplomat seinen
Bruder dem Kaiser gegenüber. Durch eine besondere
Verschreibung hatten die sächsischen Fürsten am 2. Juli
1465 dem Kaiser Treue zugesagt und dafür das Versprechen von Beistand und Hilfe erlangt; auf die Fürbitte Albrechts und mit besonderer Rücksicht auf dessen
getreue Dienste hatte der Kaiser am 29. Januar 1466
den Leipziger Neujahrsmarkt bestätigt. [30]) Nun hatte
Friedrich zwar in Folge des päpstlichen Schreibens ebenfalls einen ermahnenden Brief an Ernst gerichtet, war indessen durch die Antwort desselben [31]) leicht zu bewegen
gewesen, ihn beim Papste in Schutz zu nehmen; er
brachte ungefähr die nämlichen Gründe vor, die auch der
Bischof geltend gemacht hatte. [32]) Allein der Papst wies
auch diese Fürsprache entschieden zurück und sprach
sein Bedauern aus, dass der Kaiser sich durch die un-
richtige Darstellung des Kurfürsten habe blenden lassen.
Zum Beweise, dass nicht private Differenzen, sondern
Parteinahme für den Böhmenkönig das Vorgehen des
Kurfürsten veranlasst habe, schickte er Friedrich eine Abschrift des Fehdebriefes zu. [33])

Auch Bischof Rudolf von Lavant, der Legat in
Breslau, bemühte sich, die meissnischen Fürsten dem
Könige Georg abspänstig zu machen. Ende Mai oder
Anfang Juni erschien er persönlich in Meissen und über-
gab ihnen päpstliche Bullen und Briefe, darunter
wahrscheinlich die obenerwähnten Mahnschreiben. Seine

---

[30]) Chmel, Regesten Friedrichs IV. Nr. 4222, 4223, 4359. Cod. dipl.
Sax. reg. II, 8, 326 f. Vergl. von Langenn 45. Lichnowsky, Geschichte des Hauses Habsburg VII, 92.

[31]) Das bei von Langenn 51 n. 1, 56 n. 1 erwähnte Concept
eines Schreibens des Kurfürsten Ernst an den Kaiser habe ich nicht
gefunden; der Inhalt geht aus dem Schreiben des Kaisers hervor.

[32]) Abschrift des Schreibens von 1466 August 20. WA. Reuss.
S. Bl. 72.

[33]) Schreiben des Papstes d. d. 1466 October 1. SS. rer. Sil.
IX, 195 ff.; eine deutsche Uebersetzung WA. Reuss. S. Bl. 73.
Eine „verächtliche Zurechtweisung" des Kaisers, wie Jordan 267
meint, enthält das Schriftstück nicht eigentlich. Herzog Albrecht, der
damals am kaiserlichen Hofe die Sache der Fürsten vertrat, sandte
dem Bruder eine Abschrift des Schreibens, die Ernst am 22. Nov.
1466 an den Obermarschall Hugold von Schleinitz beförderte, damit
dieser Albrecht für seine weiteren Verhandlungen mit dem Kaiser
instruire. WA. Böhm. S. Kaps. IV Bl. 119. Das von Jordan a. a. O.
erwähnte zweite Schreiben des Papstes, von dem eine Uebersetzung
WA. Reuss. S. Bl. 74b vorliegt, ist das vom 2. October 1466, welches
SS. rer. Sil. IX, 197 gedruckt ist.

Werbung betraf den Türkenkrieg, den Papst Paul II.
ebenso immer als Vorwand gebrauchte, wie er seinem Vorgänger wirklich am Herzen gelegen hatte, ferner die
eben damals durch den Legaten geführten Verhandlungen
wegen eines Friedens zwischen Polen und dem deutschen
Orden, an denen die sächsischen Fürsten wenig Antheil
nahmen, hauptsächlich aber die böhmische Frage. Mit
Rücksicht auf die oben erwähnten Weimarer Verabred-
ungen vom 20. Mai erklärte der Kurfürst, eine Antwort
nicht ertheilen zu können, bevor er mit dem Oheim
Rücksprache genommen. [34]) Dies muss in aller Eile geschehen sein; denn bereits um die Mitte Juni brachte
eine Gesandtschaft Ernsts, Albrechts und Wilhelms, an
deren Spitze der Obermarschall Hugold von Schleinitz
stand, der überhaupt neben dem Kanzler Hans von Mergental in diesen Jahren als die Seele der sächsischen
Politik erscheint, die Antwort der Fürsten nach Breslau.

Die Gesandten sprachen dem Legaten zunächst das
Bedauern ihrer Herren darüber aus, dass Kaiser und
Papst nicht, wie jene gewünscht, einen Reichstag ausge-
schrieben und auf diesem über die fraglichen Sachen ver-
handelt hätten. Statt dessen sei man mit geistlichen
Processen gegen Georg vorgegangen; dass die Citation
und die Bannbulle auch in Meissen, „auf unser gnädigen
Herren Hauptschlosse und Hauptkirche", publicirt worden
sei, [35]) hat die Fürsten besonders beleidigt, sie weisen da-
rauf hin, dass dies in den anderen, Böhmen benachbarten
Fürstenthümern nicht geschehen sei, und sprechen die
Besorgnis aus, das „sie und ihre Lande zu verderblichem
Schaden dadurch kommen möchten". In beredter Weise
wird aus der Geschichte der letzten Jahre das Verhältnis
der Meissner zu Böhmen erklärt. Noch vor nicht langer
Zeit herrschte Feindschaft zwischen Georg und den
sächsischen Herzögen. Aber als jener vom Kaiser, vom
Papste und von den deutschen Fürsten als König

---

[34]) Vergl. den Eingang des später zu erwähnenden Entwurfs
eines Schreibens an den Papst WA. Böhm. S. Kaps. V Bl. 261.

[35]) Die Citation Georgs vom 15. August 1465 sollte in Salcze-
burgensi Ratisponensi Bambergensi et Misnensi metropolitane et
cathedralium ecclesiarum valvis seu portis angeschlagen werden.
SS. rer. Sil. IX, 138. Wenn erst jetzt Protest gegen die Publication
der Citation und des Processes (wol der Bulle vom 8. Dec. 1465,
s. oben S. 217) erhoben wird, so darf man annehmen, dass diese Publication erst 1466, vielleicht in Folge des Rundschreibens des Legaten vom 29. März (SS. rer. Sil. IX, 166), erfolgt ist.

und Kurfürst anerkannt war, als sich Kurfürst Friedrich II. plötzlich isolirt sah, da sei ihm weiter nichts übrig geblieben, als sich mit Georg zu einigen. Diese Einigung habe mehrere Jahre bestanden, und eine längere Dauer sei ihr mit Rücksicht auf die Lage des Landes dringend zu wünschen. Aber wie sei sie zu erwarten, wenn der König gerade in ihrem und in keinem andern Fürstenthume beschimpft werde? Wenn trotz dieser Erwägungen der Publication der betreffenden Schriftstücke in Meissen kein Widerspruch entgegensetzt worden sei, so könne der Papst daraus deutlich ihre gute Gesinnung der Kirche gegenüber erkennen. Aber sie besorgen, dass der Papst über den König und die, welche sich im Ungehorsam gegen die Kirche und im Unglauben befänden, nicht richtig unterrichtet sei, und fühlen sich verpflichtet, ihm darüber reinen Wein einzuschenken, weil sie die böhmischen Verhältnisse genauer kennen. Wenn auch die päpstlichen Aufforderungen alle deutschen Fürsten zum Bruch mit dem ketzerischen Könige bewegen würden, so sei doch bei der grossen Macht desselben und bei seinen festen Schlössern und Städten keineswegs ausgemacht, dass er unterliegen würde; mit Recht wird auf die Hussitenkriege zur Zeit Sigismunds verwiesen. So drohe den Nachbarländern und vor allem den Katholiken in Böhmen selbst Krieg und Verderben. Auch die immer näher rückende Türkengefahr sei zu berücksichtigen. Der König von Ungarn allein sei nicht im Stande, die Ungläubigen zurückzuhalten; und wenn bei weiterem Vorgehen des Papstes Aufruhr und Blutvergiessen in Böhmen entstehen würde, so würden auch die demselben benachbarten Fürsten ihre Kriegsmittel zur Vertheidigung gegen die Böhmen brauchen und sich am Türkenkriege nicht betheiligen können. So sei ein gütlicher Austrag der böhmischen Wirren aus vielen Gründen dringend zu wünschen.

Legat Rudolf antwortete ihnen am folgenden Tage; seine Worte klangen gemässigt. Mit Rücksicht auf den wiederholten Bruch der gemachten Versprechen glaube der Papst, dass er nicht länger mit dem Böhmenkönig Nachsicht haben dürfe. Sollten indessen die zahlreichen Gelehrten, die auf den beiden Universitäten der sächsischen Lande, in Erfurt und in Leipzig, sich aufhielten, einen Ausweg gerathen haben, den der Papst mit Ehren einschlagen könne, so erklärte Rudolf sich gern bereit, ihn dem Papste mitzutheilen. Was die gegen Georg ergangenen Processschriften anlange, so brauchten die Fürsten sich nicht verletzt zu fühlen; denn sie seien auch in Regensburg, Bamberg und anderswo angeschlagen worden. Uebrigens solle in Zukunft mit der Publication derartiger Schriftstücke nicht bei ihnen, sondern in entlegeneren Gegenden der Anfang gemacht werden.

Die Gesandten sprachen darauf die Bitte aus, solche Publicationen mit Rücksicht auf das enge Verhältnis zwischen Sachsen und Böhmen womöglich im Meissnischen gar nicht vorzunehmen. Dann aber stellten sie dem Legaten mehrere Vermittelungsvorschläge zur Erwägung anheim; diese Stücke, von denen die Fürsten meinten, „dass es gar wohl zu thun wäre und treffliche Besserung davon entstände, mehr als in 30 oder 40 Jahren geschehen wäre", sind folgende.

1) Der Papst solle einen Erzbischof nach Prag setzen, damit derselbe die Geistlichkeit regiere; der König solle ihm dazu die Hand bieten und den Clerus zum Gehorsam anhalten.

2) Das Sacrament solle nicht, wie bisher, unordentlich und ohne vorhergehende Beichte, sondern in gebührlicher Zeit und auf des Beichtvaters Rath empfangen werden.

3) Kindern solle das Abendmahl überhaupt nicht gereicht werden.

4) Dagegen solle insofern einstweilen Nachsicht geübt werden, als es den Priestern zu gestatten sei, das Sacrament unter beiderlei Gestalt zu reichen; jedoch hätten sie bei Ertheilung des Abendmahls und im Beichtstuhl darauf aufmerksam zu machen, dass das Sacrament unter einerlei Gestalt ebenso vollkommen sei, als unter beiderlei, und warum es sogar den Vorzug verdiene.

Hugold suchte diese Vorschläge noch dadurch zu unterstützen, dass er erzählte, vor kurzem habe er einem päpstlichen Commissarius, Namens Egidius, der zur Predigt gegen Georg und zur Erneuerung des vor zwei Jahren gegen die Türken gegebenen Ablasses ausgesandt war, diese Entwürfe vorgetragen und derselbe habe „mit grosser Begier" geäussert, wenn die Herzöge den König zu einem solchen Uebereinkommen würden veranlassen können, so werde der Papst nicht nur zwei oder drei, sondern 20 oder 30 Jahre Nachsicht haben wollen.

Die Vorschläge sind übrigens nicht neu. Sie waren

ganz ähnlich denen, die im Herbst 1465 zwischen dem Erzbischof Johann Vitéz von Gran und dem Bischof Protas von Olmütz verabredet worden waren, ohne dass sie damals zu weiteren Verhandlungen geführt hatten. [56]) Wie es kam, dass die Fürsten gerade diese Entwürfe wieder aufnahmen, wissen wir nicht. Es ist wahrscheinlich, dass Gregor Heimburg und durch ihn König Georg selbst die Instruction der Räthe beeinflusst haben.

Der Legat wies das Project mit aller Entschiedenheit zurück; nur Schmach würde es den Fürsten einbringen, wenn es an den Papst gelange, denn es gehe noch weit über die Forderungen des Königs und der Ungläubigen selbst hinaus. Uebrigens habe er keine Gewalt, irgend etwas anderes zu thun, als was ihm der Papst befehle; wollten sie über diese Fragen weiter verhandeln, so sollten sie sich direct an diesen wenden.

Der eigentliche Zweck der Gesandtschaft war damit gescheitert; und es wäre vorauszusehen gewesen, dass er scheitern würde. Wie konnten die sächsischen Fürsten bei dem Ernst, mit dem die Curie die Sache betrieb, ein Zugeständnis des Kelches beim Abendmahl erwarten? Verkannten sie die Situation so vollständig, oder rechneten sie von vorn herein nicht auf Erfolg, sondern suchten nur, dem Könige zu Liebe, den Schein vermittelnder Bemühungen zu wahren und dadurch die eigene Unthätigkeit zu verschleiern? Die sächsischen Räthe empfahlen schliesslich nochmals dringend die Berufung eines Fürstentages unter Theilnahme von päpstlichen und kaiserlichen Commissarien; als der Legat auch hier darauf bedacht war, die Gefahr, die etwa ein solcher Tag haben könnte, dadurch zu vermeiden, dass er eine „Verhörung“ des Königs ausgeschlossen wissen wollte, protestirten die Gesandten von vorn herein gegen eine derartige Beschränkung der Verhandlungen. Bischof Rudolf erklärte sich schliesslich bereit, die Berufung des Tages dem Papste zu empfehlen, auch die sonstigen Bedenken der Fürsten ihm mitzutheilen, überhaupt alles zu befördern, was zur Erhaltung des Friedens dienen könne, da er „gar nicht zu Aufruhr geneigt sei“. [57])

---

[56]) Vergl. Markgraf in von Sybels Histor. Zeitschr. N. F. II, 73, 75, 252 fgg. Palacky IV, 2, 357.

[57]) Der Gesandtschaftsbericht (WA. Böhm. S. Kaps. V Bl. 297 fgg.) ist gedruckt bei Bachmann, Urk. und Actenstücke 376—391 (theil-

Etwas hatten die sächsischen Gesandten, die übrigens den Polenfrieden und den Türkenkrieg nur flüchtig berührt hatten, immerhin erreicht. Der Legat, dessen Friedensliebe in diesem Falle sehr erklärlich und berechtigt war, da ein anderes Vorgehen die ohnehin schon wankenden Brüder leicht völlig ins böhmische Lager hätte drängen können, hatte ihren Fürsten wenigstens Rücksichtnahme auf ihre nahen Beziehungen zu König Georg in Bezug auf die Publication der weiteren Processe gegen denselben zugestanden; in der That unterblieb, wie es scheint, während der Jahre 1466 und 1467 die systematische Aufreizung des Volks im Meissnischen durch Kreuzpredigten und Ablass.[58]) Auch war der sächsische Einfluss wohl nicht ohne Wirkung auf die Berufung des Nürnberger Reichstages.

Dass sie im übrigen ihre Vermittlungsversuche als gescheitert ansahen, sprachen die Gesandten selbst unumwunden dem Breslauer Rathe gegenüber aus, den sie kurz nach Abschluss der Verhandlungen mit dem Legaten um seine einflussreiche Fürsprache beim Papst baten, da ihre Herren nunmehr unmittelbar Paul II. um ein milderes Vorgehen gegen Georg anzugehen und den Kaiser um seine Unterstützung dabei zu bitten beabsichtigten. Beruhte auch diese Rede der Gesandten auf einer Selbsttäuschung? oder war auch sie ein Scheinmanöver? Der Rath antwortete kühl, auch er wünsche lebhaft den Frieden, könne aber ohne ein Instruction des Papstes gar nichts in der Sache thun; unmittelbar danach meldete er dem heiligen Vater den ganzen Vorgang und machte ihn darauf aufmerksam, wie der ungetreue Mann nicht ruhe, sondern sich überall Freunde mache, sein Gift überall verbreite, immerfort betrüge und sein Vorhaben schliesslich doch zu erreichen suche. [59])

Der Plauenschen Sache war in den Verhandlungen

---

weise und fehlerhaft auch bei Jordan 435, vergl. 270 fgg.). Für die Zeitbestimmung kommt besonders das Schreiben des Breslauer Rathes an den Papst von 1466 Juni 16 (SS. rer. Sil. IX, 173) in Betracht; danach fand wahrscheinlich der erste Vortrag beim Legaten Freitag den 13. Juni, die Antwort Sonnabend den 14. Juni statt.

[58]) Vergl. den Eingang des Schreibens des Legaten an Kurfürst Ernst d. d. 1467 März 24. SS. rer. Sil. IX, 221.

[59]) Schreiben des Rathes d. d. 1466 Juni 16. SS. rer. Sil. IX, 173.

mit dem Legaten gar nicht Erwähnung geschehen, obwohl auch sie noch um keinen Schritt vorgerückt war. Noch immer standen die Mannen in dem durch den Comthur über sie verhängten Banne, und wenn auch der Legat angeordnet hatte, dass die Sache zur Revision vor sein Forum gebracht werde, so stellte er doch der Apellation fortwährend Hindernisse in den Weg. Er verlangte die Vorlage von Processschriften, die Caspar Sack, der die Sache der Mannen als Procurator vertrat, nicht bekommen zu können erklärte; er bemängelte ferner die Vollmacht Sacks und seines Mitprocurators. [60]) So stand die Angelegenheit Ende Juli. Der Legat schrieb um diese Zeit dem Bischof, er würde gern dem Kurfürsten zu Liebe etwas für die Mannschaft gethan haben und habe daher die Revision angeordnet, „ob wir fänden den Process vor Unwürden und für nichts, dass wir erkennten den Bann auch für nichts"; allein wegen der erwähnten Formfehler habe die Lösung vom Banne nicht stattfinden können. [61])

Dieser anscheinend milde Ton darf indess nicht täuschen; die Curie war sehr erbittert auf den Kurfürsten, man dachte schon daran, auch gegen ihn mit kirchlichen Strafen vorzugehen. In der That war eben jetzt seine Haltung, wie die des Kurfürsten von Brandenburg, sehr zweideutig. Des Königs Macht stand trotz Bannes und Interdicts auf dem Höhepunkt, und weder der Papst noch der Herrenbund, der eben um jene Zeit in einem ziemlich demüthig gehaltenen Schreiben (vom 13. Juli 1466) den Herzog Wilhelm für sich zu gewinnen suchte, [62]) hatten sich eines Vortheils über ihn zu rühmen. Konnte doch Georg sogar daran denken, einen Handstreich auf Breslau, das Hauptquartier des Feindes, zu wagen; wochenlang lag Anfang August Herr Ctibor Towačowsky von Cimburg vor der Stadt Namslau und hätte ohne Zweifel auch die Hauptstadt angegriffen, wenn nicht die von Kurfürst Friedrich von Brandenburg in Aussicht ge-

---

[60]) Schreiben des Legaten von 1466 Juli 28. (wohl identisch mit dem von Märcker, Burggrafthum Meissen 365 Anm. 28 angeführten Schreiben von 1466 Juli 27) WA. Reuss. Sachen Bl. 80.

[61]) Aus einem noch zu erwähnenden undatirten Schreiben, ebendaselbst Bl. 68.

[62]) Bachmann, Urk. und Actenstücke 391. Ich bedauere, dass nicht auch das zugleich mit diesem bei Palacky IV, 2, 386 Anm. angeführte Schreiben des Königs vom 12. October (ebenfalls im Weimarer Archive) mitgetheilt ist.

stellten Hilfstruppen ausgeblieben wären. [62]) Dass diese Hilfe erwartet wurde, ist indess schon bezeichnend. Bei derselben Gelegenheit, vernehmen wir, fürchteten die Breslauer, dass auch die Meissner den König unterstützen würden. Die Görlitzer Sendboten melden nach Hause, dieselben würden in diesem Falle ihren Weg durch Görlitz nehmen und es sei sehr nothwendig, „dass wir unser Ding in Achte werden haben". Denn es gehe die Rede, dass der König die Oberlausitz denen von Meissen gegeben habe. [63])

Das war also der Köder, mit dem die meissnischen Herren gelockt wurden. Ein wohlgelegenes Grenzland hatten sie bereits von Georg in der Form eines böhmischen Lehens erhalten. Die Aussicht, die ihnen nunmehr auf ein reiches Nebenland der Krone Böhmens, das seiner natürlichen Lage nach vielmehr zu Meissen zu gehören schien, eröffnet wurde, war noch weit bestechender. Kann man sich wundern, wenn die Fürsten solch glänzendem Anerbieten gegenüber trotz aller Ehrfurcht vor dem heiligen Stuhle und trotz der Drohungen von Rom her sich zu dem gebannten, aber noch nicht gebeugten Könige hielten?

Andererseits ist auch der Unwille des Papstes begreiflich.

In einem so „harten und erschrecklichen" Tone schrieb derselbe an den Kurfürsten, dass ein guter Freund den Brief aufhielt, um ihm und seinem Lande Bekümmernis zu ersparen. An den Legaten und an Herzog Wilhelm ergingen neue scharfe Mahnungen, den Kurfürsten zur Nachgiebigkeit in der Plauenschen Sache zu bewegen. [63]) Ja schon dachte man am Hofe zu Meissen ernstlich an Mittel und Wege, um den drohenden geistlichen Strafen zu begegnen; und es charakterisirt die Situation, dass man den Rath des bei der Curie so übel beleumundeten Gregor Heimburg darüber einholte, wie man sich zu verhalten habe, um die Wirkungen des etwa verhängten Bannes und Interdicts abzuschwächen. Derselbe rieth für diesen Fall zu sofortiger Appellation an den Papst und verbreitete sich eingehend über die dabei

---

[62]) Palacky IV, 2, 403.
[63]) Palacky, Urk. Beitr. 411.
[63]) Vergl. das erwähnte Schreiben WA. Reuss. S. Bl. 68.

zu beachtenden Formalitäten. [66]) Als der Legat Kunde
von diesen Rathschlägen erhielt, beeilte er sich, den Bischof
von Meissen ernstlich vor ihrer Befolgung zu warnen:
eine Appellation würde den Papst nur noch mehr reizen,
während er vielleicht durch eine Botschaft, eine Fürbitte
zu beschwichtigen sein könnte. [67])

Schon im Juni, während der Breslauer Verhandlungen,
hatten die sächsischen Fürsten an eine Gesandtschaft
nach Rom gedacht. Die Sache scheint damals nicht
weiter verfolgt worden zu sein. Jetzt forderte die Lage
der Dinge noch dringender eine Verständigung mit dem
päpstlichen Stuhle, wenn man einen unheilbaren Bruch
verhüten wollte. Eifrige Verhandlungen wurden zwischen
dem Oheim und den Neffen über diese Angelegenheit gepflogen. Die uns vorliegenden Instructionsentwürfe lehnen
sich, was die böhmische Frage anlangt, wesentlich an den
von Hugold von Schleinitz vor dem Legaten zu Breslau
gehaltenen Vortrag an; nur von jenen bestimmter formu-
lirten Vermittlungsvorschlägen, die den Unwillen des
Legaten in so hohem Masse erregt hatten, ist nicht mehr
die Rede. Eingehend sollten die Gesandten ferner auf
die Schreiben des Papstes an den Kurfürsten und an
Bischof Dietrich wegen der Plauenschen Sache antworten;
eine Reihe von Klagepunkten gegen den vertriebenen
Burggrafen und seinen Vater, theilweise weit zurück-
reichend, sollte den Nachweis liefern, dass der Kurfürst
lediglich das Interesse des Hauses Wettin, nicht das des
Böhmenkönigs bei seinem Kriegszuge im Auge gehabt
habe. Ueber diese Punkte und wohl besonders über die
Plauensche Sache wurde zu Lützen am 11. August 1467
zwischen den beiderseitigen Räthen verhandelt. Während
Herzog Wilhelm der Ansicht war, dass man zunächst
den Kaiser aus dem Spiele lassen und mit dem Papst
Verhandlungen anknüpfen, dann erst, wenn diese nicht
zum Ziele führten, erklären sollte, die Sachen seien welt-
lich und gehörten vor Kaiser und Reich, glaubten Ernst

---

[66]) Das merkwürdige undatirte und anonyme Schriftstück (WA.
Böhm. Sachen Kaps. IV Bl. 281 fgg.) führt Jordan 267 Anm. 310
mit Recht auf Heimburg zurück; seine Autorschaft lässt sich aus
dem gleich zu erwähnenden Briefe des Legaten (ebend. Reuss. Sachen
Bl. 68) entnehmen.

[67]) Undat. Schreiben WA. Reuss. S. Bl. 68.

und Albrecht, man müsse von vorn herein sich der Unterstützung des Kaisers versichern. [68]) Vielleicht trugen diese Meinungsverschiedenheiten dazu bei, dass man den Plan einer gemeinschaftlichen Gesandtschaft aller drei Fürsten aufgab und dass Kurfürst Ernst für seine Person eine Botschaft an die Curie zu schicken sich entschloss. Am 19. August bat er den Oheim um die zu Lützen versprochene, auf zwei Räthe lautende „Vorschrift" an den Papst in der Plauenschen Sache. [69])

Auch diese Sendung ist dann schwerlich zu Stande gekommen; wir hören wenigstens nichts weiter davon, und eine Wirkung kann man noch weniger verspüren. Die Stimmung des Papstes, die sich in den oben (S. 231 fg.) erwähnten Antwortschreiben an den Kaiser und den Bischof von Meissen ausspricht, ist eine nicht weniger gereizte als vorher. Das meiste trugen hierzu die unablässigen Umtriebe Heinrichs von Plauen bei; durch einen vertrauten Diener, den er nach Rom gesandt hatte, lag er dem Papste und den Cardinälen fortwährend in den Ohren und liess sich als den Märtyrer seiner Treue gegen Rom, seine Vertreibung als Folge seines Abfalls von Georg hinstellen. Der Wortlaut des Fehdebriefes musste den Hauptbeweis liefern. Ein Official des Benedictinerklosters in Chemnitz, Namens Felix, der sich eben damals in Angelegenheiten des dortigen Abtes zu Rom aufhielt, bemühte sich eifrig, diesen Verleumdungen entgegenzuarbeiten, und bewirkte wenigstens, dass der Legat Fantinus, der in jenen Tagen auf dem Reichstage in Nürnberg den Papst vertrat, die Weisung erhielt, die Sache näher zu

---

[68]) Der Ort der Verhandlung ergiebt sich aus WA. Böhm. S. Kaps. V Bl. 276b. Die Aufzeichnung, der wir den 11. August als Datum entnehmen (HSt.A. Dresden. Or. 7989), betrifft allerdings ganz andere Verhandlungsgegenstände; allein man darf wohl annehmen, dass auf demselben Tage auch die böhmischen Angelegenheiten zur Sprache gekommen sind. Die Entwürfe zu einer Instruction an die Gesandtschaft WA. Böhm. S. Kaps. V Bl. 261—281. Vielleicht gehört auch das theilweise bei Jordan 443 mitgetheilte Schriftstück WA. Böhm. S. Kaps. IV Bl. 269 ff., welches Jordan (296) in die Jahre 1467 oder 1468 setzen zu wollen scheint, in diesen Zusammenhang. Dass man während der Verhandlungen über die Gesandtschaft nach Rom auch mit König Georg Verbindungen unterhielt, dürfte aus dem Kanzleivermerk: Item Paweln des konigs schr[iber] von wegen m. g. h. zu schreiben (WA. Böhm. S. Kaps. V Bl. 257. 284) ergeben. Erhalten hat sich jedoch von dieser jedenfalls sehr geheim gehaltenen Correspondenz nichts.

[69]) WA. Böhm. S. Kaps. V Bl. 258. 259.

untersuchen, und dass die Angelegenheit ruhen solle, bis
die Antwort desselben eingegangen sei. Viel war damit
freilich nicht erreicht; denn eben jener Fantinus war der
fanatischste Feind seines früheren Herrn, des Böhmenkönigs.
Felix theilte dies alles in einem Schreiben vom 20. November 1466 dem Bischofe von Meissen mit, der auch
hier wieder als durchaus eines Sinnes mit seinen Fürsten
erscheint, und empfahl zugleich ebenso dringend, wie vorher der Legat, die Absendung einer Gesandtschaft, welche
Entschuldigungen vorbringen sollte. [10]) Vielleicht können
wir es als eine Folge hiervon ansehen, wenn der Ordinarius
zu Leipzig, Dr. Johann Scheibe, an den heiligen Vater
gesandt wurde; die Zeit dieser Sendung steht allerdings
keineswegs ganz fest. Die Werbung, die Scheibe vorbrachte, führte nochmals die zahlreichen Gründe auf, aus
denen die sächsischen Fürsten sich zur Vertreibung
Heinrichs berechtigt glaubten. [11]) Denselben Zwecken
der Begütigung und Entschuldigung diente ein Schreiben,
das Bischof Dietrich auf den Rath des kundigen Felix
an den einflussreichen Secretär des Papstes, Petrus, Bischof
von Tarazona, richtete und in dem unter anderem darauf
hingewiesen war, dass die streng kirchliche Haltung
Heinrichs nichts als Spiegelfechterei sei, da er selbst
unter seinen Rittern und in seinem Gesinde zahlreiche
Ungläubige dulde. [12])

Dass diese Bemühungen in der That einige Wirkung
hatten, zeigt der Ton eines Briefes des Papstes an
Heinrich von Plauen, der, wie mir scheint, am besten in

---

[10]) Das Schreiben des Officials Felix WA. Reuss. S. Bl. 79; die
Person des Schreibers ergiebt sich aus Bl. 94. Der Official wurde
übrigens belohnt: item XXXII hunger. Gulden dem Official zcu
Kempnicz uff entpfelhunge m. gn. h. HStA. Loc. 4335 Rechnunge
der Amptlewte Sachssen, Meyssen und Voytland u. s. w. 1468/69,
fol. 87 (die Ausgabe gehört aber ins Jahr 1466/67).

[11]) HStA. Loc. 10606. Copeyen verschiedener, das Vogtland betreffender Urkunden fol. 6. In dem undatirten Schriftstück wird ein
für Ernst beleidigendes Schreiben des Papstes an den Kaiser erwähnt; wahrscheinlich ist damit die Antwort vom 1. October (vergl.
S. 232) gemeint, doch wäre es auch nicht undenkbar, dass sich die
Erwähnung auf die frühere Zuschrift des Papstes (vergl. S. 223) bezöge und dass die Gesandtschaft doch in eine frühere Zeit gehörte.

[12]) WA. Reuss. S. Bl. 78. Das Schreiben (Concept) ist anonym
und nennt weder den Absender noch den Empfänger, doch liegt die
Vermuthung, dass es vom Bischof von Meissen an den ihm in dem
obenangeführten Schreiben des Officials Felix empfohlenen Secretär
des Papstes gerichtet sei, sehr nahe.

diese Zeit, an den Schluss des Jahres 1466, zu setzen ist.
Er theilt demselben mit, dass er eine Untersuchung der
Sache dem ehrwürdigen Bruder N. (etwa Fantinus?)
übertragen, sich auch an den Bischof von Eichstädt und
an den Markgrafen von Brandenburg mit der Bitte um
gütliche Vermittlung gewandt habe, und räth ihm, sich
diesen Schiedsrichtern willfährig zu zeigen. [73]

Durch eine Bulle vom 3. Januar 1467 ernannte der
Papst sodann den Legaten Rudolf zum Richter in der
Plauenschen Angelegenheit. Aber der Legat hatte damals nöthigeres zu thun und allen Grund, es nicht mit
den Fürsten zu verderben. Er zog das processualische
Verfahren gegen Kurfürst Ernst möglichst hin; erst am
24. November 1467 erfolgte die Vorladung. [74] In Fluss
kam die Sache auch dann noch nicht; es wurde
sogar durch den Papst selbst ein Aufschub anbefohlen. [75]
Auch als im Herbst 1468 durch Abgesandte Heinrichs
des Aelteren von Plauen in Rom eifrig für die Wieder-
einsetzung des Vertriebenen gearbeitet wurde, rückte
der Process nicht vor; die sächsischen Herzöge hatten ebenfalls ihre Freunde in der Nähe des Papstes, und zu diesen
scheint eine der einflussreichsten Persönlichkeiten der Curie,
eben jener Bischof Peter von Tarazona, gehört zu haben. [76]
Wiederholt war Heinrich selbst in der heiligen Stadt;
einmal traf er dort mit dem Propste Johann von Weissenbach zusammen, der geringschätzig über sein ärmliches
Auftreten berichtete und seinen Bemühungen wenig
Erfolg zutraute. [77] Schliesslich wurde doch durchgesetzt,
dass statt Rudolfs der entschiedener vorgehende Legat .
Laurentius von Ferrara mit der Untersuchung be-
auftragt wurde (1469) [78] und dass am 20. November 1469
Paul II. die Herzöge in einem strengen Breve aufforderte,
Heinrich in seine Herrschaft wieder einzusetzen; [79] diese

---

[73] SS. rer. Sil. IX, 169 fg.

[74] Ebendaselbst 170 Anm.

[75] Vergl. das undatirte Schreiben WA. Reuss. S. Bl. 343, den
Bericht Joh. von Weissenbachs ebendaselbst Bl. 335 fg.

[76] Schreiben des Melchior von Meckau von (1468) Juli 18,
September 1, October 18, December 13. WA. Italienische Sachen
Bl. 11—14.

[77] Vergl. den undatirten Bericht Johanns WA. Reuss. S. Bl. 335
fg.; seine Zeit genau zu bestimmen, sind wir ausser Stande.

[78] Auch dieser päpstliche Befehl ist ohne Datum überliefert.
WA. Reuss. S. Bl. 343.

[79] HStA. Original 8071.

waren indess weit entfernt, dies zu thun. Die Sache
hat sich dann noch viele Jahre lang hingezogen; wir vermeiden es, an dieser Stelle näher auf dieselbe einzugehen,
wiederholen aber, dass sie eine speciellere Untersuchung
wohl verdiente. [80]) —   .

Der Wunsch, den die sächsischen Fürsten im Sommer 1466 dem Legaten so dringend ans Herz gelegt hatten,
war inzwischen erfüllt worden; auf Martini 1466 hatte der
Kaiser einen Reichstag nach Nürnberg berufen, und auch
König Georg war zu demselben eingeladen worden. Mochten
auch der Türkenkrieg und der Landfriede, wie so oft
schon, die Tagesordnung bilden, so wussten die deutschen
Fürsten doch recht wohl, dass die böhmische Frage im
Vordergrund stehen würde; und als man erfuhr, dass der
Legat Fantinus, der heftigste persönliche Feind Georgs,
als päpstlicher Commissar auf dem Reichstage erscheinen
würde, konnte sich niemand verhehlen, in welchem Sinne die
Frage behandelt werden sollte. Die Georg befreundeten
Fürsten rüsteten deshalb zur Gegenwehr. Am 8. November
fand zu Jüterbogk eine Zusammenkunft des Kurfürsten
Ernst mit dem Kurfürsten Friedrich II. von Brandenburg statt, auf welcher Vorberathungen für den Reichstag gepflogen wurden. [81]) Die Vorgänge auf dem denkwürdigen Nürnberger Reichstage selbst, auf welchem die
sächsischen Fürsten durch die Räthe Hugold von Schleinitz,
Conrad Metzsch, Heinrich von Schönberg und Dr. Joh. v.
Weissenbach, die Brandenburger aber durch Markgraf Albrecht vertreten waren, [82]) sind schon mehrfach eingehend
dargestellt worden. [83]) Der Legat protestirte gegen die Zu-
lassung der Gesandten des gebannten und abgesetzten Königs
und nahm an keiner Sitzung Theil, der sie beiwohnten.
Diese schroffe Zurückweisung jeder Vermittlung hatte zur
Folge, dass auf dem Reichstage, wie auf manchem seiner
Vorgänger, im Grunde nichts beschlossen wurde.

---

[80]) Verschiedene Processschriften, deren Chronologie wir hier
nicht untersuchen können, finden sich WA. Böhm. S. Kaps. IV
Bl. 118c. Reuss. S. 85 fgg. 88. 91. 95. 318 fgg.

[81]) Vergl. das Schreiben des Kurfürsten Ernst von 1466 October 30
bei Riedel III, 1, 397. Das Datum eines am 8. November 1466 für
den Bischof Dietrich von Brandenburg zu Jüterbogk ausgestellten
Reverses des Kurfürsten Ernst (Ludewig, Reliqu. Mscrpt. X, 582)
beweist, dass der Tag wirklich stattgefunden hat.

[82]) Müller, Reichstagstheatrum unter Friedrich V. II, 216 fg.

[83]) Vergl. besonders Palacky IV, 2, 416 fgg., Jordan 237 fgg.;
ferner Droysen II, 1, 226, Kluckhohn 263.

Doch bewirkten brandenburgischer und sächsischer Einfluss, dass wenigstens ein Theil der anwesenden Fürsten einen nochmaligen Versuch zu gütlicher Beilegung der Differenzen zu Rom selbst machen wollte. Die Instructionen der damit zu beauftragenden Gesandtschaft liegen uns in mehreren Entwürfen vor, von denen der eine ohne Frage in der brandenburgischen, die andern vielleicht in der sächsischen Kanzlei entstanden sind.[84]) Kurz nach Weihnachten finden wir die Gesandten in Prag, wo, wie es scheint, Verhandlungen mit Gregor Heimburg gepflogen wurden, während der König sich sehr zurückhaltend benahm; dann begaben sie sich weiter nach Wien und baten den Kaiser, auch seinerseits eine Botschaft an den Papst zu senden. Dieser aber verhielt sich jetzt durchaus ablehnend, wie er auch schon auf dem Reichstage zu Nürnberg dem Böhmenkönig sich nicht sehr gnädig erwiesen hatte. Wenn, so erklärte er, der König von Ungarn und andere Kurfürsten und Fürsten, auch die katholischen Bewohner Böhmens, eine Gesandtschaft an den Papst abschicken wollten, so sei er gern bereit, seine Räthe mitzusenden; allein den „Sendboten, so von Herzog Ernsts, Herzog Wilhelms von Sachsen und Markgraf Albrechts von Brandenburg wegen hier gewesen sind", gestand er offenbar nicht das Recht zu, Namens der deutschen Fürsten zu verhandeln. [85])

Deutlicher noch gab der Papst zu verstehen, wie wenig Gewicht er auf die zu erwartende Gesandtschaft lege.

---

[84]) Ueber die Instruction dieser Gesandtschaft, auf deren Inhalt wir hier nicht näher eingehen, vergl. besonders Jordan 239 fgg. Sie liegt in 3 Fassungen vor. Die eine (wohl der brandenburgische Entwurf) ist von Höfler, Kaiserliches Buch 109, und neuerdings nochmals nach einer Niederschrift im Geheimen Staatsarchiv zu Berlin von Bachmann, Urk. und Actenst. 363, abgedruckt; eine Abschrift davon auch im WA. Reuss. S. Bl. 81—84. Die beiden andern Entwürfe finden sich WA. Böhm. S. Kaps. IV Bl. 265—268 und Bl. 273—276 (letztere in deutscher Uebersetzung Bl. 277—280. Die Angabe Jordans 239 Anm. 264, dieser Entwurf sei in Müllers Reichstagstheatrum gedruckt, beruht auf einem Irrthum). Zwischen diesen beiden Entwürfen finden sich in demselben Convolute des WA. zwei Stücke, die eine Gesandtschaft des Kurfürsten Ernst und des Herzogs Albrecht an den Papst betreffen und im Zusammenhange mit den Verhandlungen vom August 1466 oder mit der Sendung des Dr. Scheibe stehen mögen; das zweite dieser Stücke ist ein Fragment (Bl. 271. 272). Vergl. auch Cancellaria regis Georgii im N. Lausitzer Mag. XLVII, 220 (Nr. 55), 224 (Nr. 145), 229 (Nr. 238).

[85]) SS. rer. Sil. IX, 219. Archiv für österreichische Geschichte XL, 343. 347.

Am 23. December 1466 fällte er in öffentlichem Consistorium das Endurtheil in dem nun schon seit Jahren anhängigen Processe gegen den Böhmenkönig. Die Sentenz beraubte den König wegen seiner vielfachen schweren Verbrechen gegen die Kirche all seiner Würden, Güter und Rechte; nochmals wurden alle Unterthanen ihres Eides losgesprochen, alle Bündnisse und sonstigen Verbindungen, in denen Georg stand, für aufgelöst erklärt. [66]) Durch zahlreiche Schreiben vom 3. Januar machte der Papst dies Endurtheil der Kirche Fürsten und Völkern bekannt.

Fast zu gleicher Zeit aber hatte Georg, kurz entschlossen, in sein Verhältnis zum Kaiser Klarheit gebracht. So lange derselbe Georgs Hilfe gebraucht, um seine widerspenstigen Vasallen im Zaume zu halten, hatte er seine Freundschaft gesucht; im Grunde aber, — das hätte, wenn Georg es nicht schon längst gewusst, sein Verhalten auf dem Nürnberger Reichstage gezeigt, — gehörte er zu den wenigen Fürsten ·Deutschlands, die aufrichtig mit den päpstlichen Bannflüchen sympathisirten. In einem heftigen Schreiben, in dem Gregor Heimburg seiner leidenschaftlichen Feder die Zügel schiessen liess, schnitt Georg das Tafeltuch zwischen sich und dem Kaiser entzwei.

So schloss das Jahr 1466 mit der sichern Aussicht auf einen erbitterten Entscheidungskampf.

II.

Wohl waren Bann und Interdict Waffen, welche durch allzuhäufigen Gebrauch ihre Schärfe eingebüsst hatten. Trotzdem machte das Endurtheil des Papstes in dem Processe gegen König Georg, als es im Januar und Februar 1467 allmälig bekannt ward, in ganz Deutschland einen gewaltigen Eindruck; besonders wohl deswegen, weil jedermann fühlte, dass eben jene Bulle vom 23. December die Entfesselung des lange geschürten Kampfes gegen den König bedeutete. Auch Georg selbst war sich der Gefahr seiner Lage wohl bewusst und ver-

---

[66]) Die Sentenz ist SS. rer. Sil. IX, 210 und öfter gedruckt.

hehlte sich nicht, dass nunmehr die Entscheidung der
Schärfe des Schwertes überlassen blieb. Mit derselben
Entschiedenheit, mit der er kurz vorher das Band
zwischen sich und dem Kaiser zerrissen hatte, brach er
jetzt vollständig mit dem Herrenbunde. Zugleich aber
sah er sich nach Bundesgenossen in dem unvermeidlichen
Kriege um. Es ist hier nicht der Ort, um über die weit
aussehenden Projecte einer Allianz mit Ludwig XI. von
Frankreich zu sprechen, die damals neu aufgenommen
wurden.[87]) Wohl aber haben wir die Anstrengungen zu
verfolgen, die Georg machte, um sich der benachbarten
Fürsten zu versichern.

Herzog Albrecht weilte, wie dies sehr oft der Fall
war, im Anfange des Jahres 1467 am kaiserlichen Hofe.
Fast hätte er damals durch eine jugendliche Unbesonnenheit die Beziehungen seines Hauses zum König Georg
getrübt. Er unterstützte nämlich an der Spitze von 400
Mann den Kaiser in Unternehmungen gegen seine rebelli-
schen Vasallen, insbesondere gegen Georg vom Stein,
dessen Pfandschaft Steier er in den letzten Tagen des
Januar durch einen glücklichen Handstreich nahm, aber
sehr bald wieder aufgeben musste; zahlreiche Diener des
Herzogs geriethen dabei in des vom Stein Gefangenschaft,
und das Ende war ein wenig rühmlicher Rückzug.[88]) Mit
Rücksicht darauf, dass König Georg um eben diese Zeit
sich des Georg vom Stein, der in seinen Dienst getreten
war, annahm, wie er denn überhaupt jetzt keine Gelegenheit, dem Kaiser zu schaden, unbenutzt vorübergehen
liess, war der Zug Albrechts zweifellos unklug; aus
Aeusserungen des warmen Anhängers der sächsischen
Herzöge am Hofe zu Prag, des Gregor Heimburg, ersieht
man, wie peinlich derselbe durch den Zwischenfall berührt
wurde,[89]) und wenn Kurfürst Ernst in einem Briefe vom

[87]) Vergl. Palout im Archiv für österreichische Geschichte XL,
333 fgg.

[88]) Chmel, Reg. Friedr. IV. Nr. 4888, 4889, 4891. Vergl. Lichnowsky, Geschichte des Hauses Habsburg VII, 100. Val. Preuen-
huber, Annales Styrenses (Nürnberg 1740) 118 fg. Anonymi Chron.
Austriacum bei Senckenberg, Selecta juris et historiarum V, 324 fgg.
1467 Mai 23. und Sept. 23. giebt Georg vom Stein den zu Steier
„an dem Sturm" gefangenen Dienern des Herzogs Albrecht Tag bis
Jacobi bez. bis 1. Mai 1468, das erste Mal auf Fürbitte des Königs
Georg, dann auf Fürbitte ihres Herrn. IIStA. Original Nr. 8001.

[89]) Illustris dux Albertus rem egregiam putat se facere nec in-
telligit turpe esse tanto principi in tam vili causa ductum populi
seu capitaneatum ut vulgo dicunt in se suscipere. — Cum illustrissi-

12. Februar den Bruder deswegen in ziemlich scharfen
Worten zurechtweist — nebenbei der einzige Fall einer
Differenz zwischen den beiden Brüdern, der mir während
der Jahre 1464 bis 1471 bekannt geworden ist —, so kann
man ihm nicht Unrecht geben. Das Verhältnis zu Georg
berührte Ernst dabei freilich gar nicht; er tadelte vielmehr die Unbesonnenheit, mit so geringem Volke sich in
so „merkliche grosse Fährlichkeit“ zu begeben; „ihr wollet
eure Dinge mehr in guter Achtung haben, euch vorsehen
und mit euern Räthen betrachten, was E. L. hinfürder
in solchen tapfern und fährlichen Sachen thue und vornehme.“ Zugleich bittet er darum, ihn gegen die am
kaiserlichen Hofe dem Vernehmen nach verbreiteten Verleumdungen kräftig in Schutz zu nehmen: „denn unser
Herr der Kaiser sieht und merkt wohl, was E. L. bei
seinen Gnaden gethan hat und noch täglich thut und
seine K. M. soll, ob Gott will, an uns nimmer mit Wahrheit anders erkennen noch empfinden, denn dass wir uns
allerwege befleissigen und gerne thun wollen, was seiner
K. G. nun zu Ehren, Liebe, Nutz und Frommen gedeihen
mag“ u. s. w. Schliesslich fordert er ihn auf, an die
Heimkehr zu denken, da er sich jetzt „vast lange“ am
kaiserlichen Hofe aufgehalten habe. [90])

Kurz darauf sehen wir Albrecht auf dem Tage zu
Linz (am 11. Februar), auf welchem vergeblich ein Ausgleich zwischen dem Kaiser und dem König Georg versucht wurde, als Vermittler thätig. So machte er wohl
seine Unvorsichtigkeit wieder gut. [91])

---

mus et nobilissimus Albertus in personam nil dolendum susceperit,
jactura rerum facile recuperabitur, quia sub opulentissimo domino
et jussu ejus militavit. Quamvis mallem quod dominus suus in
talem miliciam aliam personam deputasset et nunc labia mea cir-
cumcido non propter imperatorem, qui tales dolos continuare solet,
sed propter nobilissimum ducem, cui ego jurejurando obstrictus sum,
et si Styriam aut totam Austriam absque jactura tua sibi adjicere
possem, id facere optare tibi laus dicitur, quia suppellectilem ducalem
duci restituere maluisti quam ex ea locupletari. In hac re sobrie
loquendum est mihi, ne qua vana lingua id foris efferat. Aus Schreiben
des Gregor von Heimburg an Gregor vom Stein von 1467 Jan. 31
und Febr. 20 im Archiv für österreichische Geschichte XII, 336 fg.
[90]) Original HStA. Loc. 10531. Leipziger Händel 1218—1503
fol. 50 fg.
[91]) Vergl. v. Langenn 58 fg. (Die beiden daselbst 59 Anm. 1 citirten
Schriftstücke habe ich nicht aufgefunden.) Ueber die Linzer Verhandlungen vergl. die Aktenstücke im Archiv für österreichische
Geschichte XL, 341 fgg., hiernach das Datum (anders Palacky IV, 2, 428).

Bald nach dem Prager Landtage, der die widerspenstigen Herren für Rebellen erklärte und den König um ihre Bestrafung bat (24. bis 27. Februar 1467), ersuchte Georg den Markgrafen Albrecht von Brandenburg, seinen feindlichen Unterthanen umgehend Fehdebriefe, deren Formular er seinem Schreiben anschloss, zuzusenden.[92] Etwas später, am 20. März, überbrachte Jobst von Einsiedel die nämliche Aufforderung dem Kurfürsten Ernst zugleich mit der Einladung zu einem Tage, der am 12. April zu Brüx stattfinden sollte. Denselben Inhalt hatte eine gleichzeitige Botschaft an Herzog Wilhelm; durch „Ritter Kylian unsern Narren" ging auch dem Markgrafen Albrecht noch besonders eine Aufforderung zur Betheiligung an dem Brüxer Tage zu, während Kurfürst Friedrich nur um Hilfeleistung angegangen wurde.[93] Ohne Zweifel war Georg nach den bestehenden Einigungen zu der Forderung von Beistand berechtigt.[94] Er mochte sich um so eher von derselben Erfolg versprechen, als vor wenigen Wochen allen Hindernissen, selbst Bann und Interdict, zum Trotz die längst verabredete Verbindung der Ursula, der Tochter des Markgrafen Albrecht, mit Georgs Sohn Heinrich zu Stande gekommen war. Welche Beweggründe hatten den Markgrafen zu diesem ernsten Schritte bewogen? Palacky hält ihn für ein Zeichen, „dass bei ihm auch in der Politik das Herz vorwaltete und dass König Georg weniger durch Macht als durch Charakter und persönliches Benehmen seine Achtung und Ergebenheit sich gesichert hatte."[95] Eine Auffassung, die der zwar genial angelegten, aber doch stets auch kühl berechnenden Natur des Markgrafen nur wenig zu entsprechen scheint. Sicher ist, das jener Beweis der Treue ihn in Bezug auf seine sonstige Politik nicht binden, im Gegentheil, vielleicht eher ihm im Uebrigen eine freie Bewegung sichern sollte.[96]

---

[92] Schreiben vom 2. März 1467 bei Palacky, Urk. Beitr. 434.

[93] Archiv für österreich. Gesch. XL, 352 fg. Bachmann 402. Riedel Cod. dipl. III, 1, 431.

[94] Die Anmerkung Höflers (Fränkische Studien I, 41), die Erbeinung sei als „Köder für den Markgrafen" anzusehen, beruht auf irriger Auffassung der Sachlage.

[95] Geschichte Böhmens IV, 2, 424.

[96] Vergl. Droysen II, 1, 232. Pažout im Archiv für österreich. Gesch. XL, 335.

Das Verlangen Georgs, das den Legaten Rudolf, sobald
er davon erfuhr, zu einer eindringlichen Warnung an die
Kurfürsten Friedrich und Ernst und den Herzog Albrecht
veranlasste, [*)] versetzte die brandenburgischen und die
sächsischen Fürsten in Verlegenheit. Sie fühlten vor allem
das Bedürfnis, sich unter einander über die zu ergreifenden Schritte zu verständigen, und die Gesandten Georgs
erhielten daher zunächst unbestimmten Bescheid. Kurfürst Friedrich von Brandenburg schrieb an seinen Bruder
Albrecht, schlug ihm vor, auf das Schreiben Georgs gemeinsam mit den sächsischen Fürsten zu antworten, und
sandte zugleich (am 19. März) seinen Rath, Balthasar
von Schliben, an Kurfürst Ernst, um dessen Absichten zu
erkunden; die Briefe des Herzogs Wilhelm und des Kurfürsten Ernst, in denen sie sich gegenseitig um Rath
fragten, „so die Sache ausländisch ist“, kreuzten sich.
Die sächsischen Fürsten setzten auf den 2. April eine
Zusammenkunft zu Lützen an; Markgraf Albrecht konnte
zwar den ihm von seinem Bruder vorgeschlagenen Tag zu
Salzwedel nicht besuchen, erklärte sich aber völlig einverstanden mit seiner Meinung, dass man gemeinsam mit
den sächsischen Fürsten handeln solle. Wohl erkannte er
die Berechtigung der Aufforderung des Königs, aber auch
das, was namentlich gebieterisch zu besonnenem Handeln
mahnen musste: „des Königs von Böhmen halben, der
steht nicht wohl zu übergeben, allein bedarf es Aufsehens
des Glaubens halben, wieder denselben steht ihm kein
Beistand zu thun.“ [**)] Den Tag zu Brüx lehnte er daher sofort ab, bevor noch die Vernehmung mit Sachsen
erfolgt war, aber in sehr vorsichtiger und höflicher Weise:
er brauchte die Mainzer Wirren, den zu Pfingsten bevorstehenden Nürnberger Reichstag als Vorwand, erbot sich,
um Johannis zu einem Tage zu kommen, oder auch, wenn
dies ein zu langer Aufschub wäre, seinen Hauptmann

[*)] Schreiben des Legaten von 1467 März 24 SS. rer. Sil.
IX, 221, und bei Bachmann, Urk. und Actenst. 405. Vergl. dazu die
Aufzeichnung des Mag. Joh. Frauenburg: scriptis d. legati admoniti
et sub maximis censuris requisiti. Palacky, Urk. Beitr. 450

[**)] Schreiben des Kurfürsten Ernst d. d. 1467 März 20 im Archiv für österreich. Gesch. XL, 351, des Herzogs Wilhelm d. d. 1467
März 21 und 22 bei Bachmann 402 fgg., des Markgrafen Albrecht
d. d. 1467 März 25 bei Riedel III, 1, 428 (Höfler, Fränkische
Studien I, 40).

Heinrich von Aufsess als Bevollmächtigten zu schicken. [99])
Er mochte recht gut wissen, dass es dem Könige gerade
auf seine persönliche Anwesenheit ankam. Als unmittelbar darauf noch ein dringendes Hilfegesuch des Königs
eintraf, das geradezu die durch die Einung begründete
Verpflichtung des Markgrafen betonte, antwortete derselbe
am 1. April ebenfalls ausweichend und ablehnend und
wies ganz besonders darauf hin, dass der Papst ihn schon
jetzt seine Ungnade recht deutlich fühlen lasse. Sollte
der Krieg in der That ausbrechen, so möge Georg zunächst sehen, dass er die von Eger, Elbogen, die Herren
von Sachsen und seine anderen Freunde als Helfer gewinne, „und haltet uns darinne vermeldet, denn die Sache
nicht eines Mannes Werk ist"; wenn das ganze Reich
und besonders die geistlichen Fürsten gegen Georg sich
erheben würden, so würde er, der mitten unter den letztern
sitze, aufs höchste gefährdet sein, sobald er für den König
Partei ergriffe und isolirt bliebe. Doch erbat er sich
nähere Angaben über den beabsichtigten Tag und erklärte
sich auch für den Fall, dass derselbe jetzt nicht zu Stande
komme, bereit, seine Räthe zu senden. [100])

„Wir sind alle unserm Herrn dem König gewandt,
desgleichen Papst und Kaiser", schreibt Albrecht an demselben 1. April dem Kurfürsten Ernst, „wir wollten, dass
es an allen Enden gut wäre. Die Geistlichen werden den
Papst nicht verachten, als wir vernehmen, unter denen
wir mitten stehen . . ." „Die böhmischen Herren wären
das mindeste, wäre der andere Anhang nicht, das ist
die ganze Christenheit." Er hofft, die Gesandtschaft, die
nach den Beschlüssen des vorjährigen Martinilandtages
nach Rom gegangen war, werde „der Sach gründlich
Läuterung viel einbringen." [101])

Noch bestimmter sprach Albrecht seine Gesinnung
wenige Tage später (am 11. April) in einem Briefe an
seinen Bruder Friedrich aus, der in Folge des steten
Drängens des Legaten nicht übel Lust zeigte, eine
feindselige Haltung gegen Böhmen einzunehmen. [102])
Strengste Neutralität nach beiden Seiten hin war Albrechts

---

[99]) Schreiben von 1467 März 25. Archiv für österreich. Gesch.
XL, 353.
[100]) Höfler, Fränkische Studien I, 41 fg.
[101]) Archiv für österreich. Gesch. XL, 354 fg.
[102]) Vergl das Schreiben an den Legaten von 1467 März 30.
Riedel III, 1, 430.

Grundsatz; darin allein erblickte er sein Heil. „Man muss einen Theidingsmann unter den Sachen haben, der wollten wir gerne sein, damit wir unsere Scheuern behielten." [103]

Unter diesen Umständen konnten auch die sächsischen Fürsten, hätten sie es selbst gewollt, nicht viel für Georg thun. Die Beschickung des Brüxer Tages behielten sie zwar am längsten im Auge; es existirt sogar eine Instruction für die auf diesen Tag zu sendenden Räthe des Herzogs Wilhelm, die vielleicht als Grundlage der Verhandlungen auf dem Tage diente, welchen die sächsischen Fürsten (nicht zu Lützen, sondern zu Weissenfels) Anfangs April abhielten. [104] Aber eben dies Schriftstück beweist, dass es nur auf ein Hinhalten des Königs abgesehen war. Die Räthe sollen sich hinter die Stände verschanzen: ohne deren Mitwirkung könnten die Fürsten keine bestimmte Antwort auf Georgs Forderungen geben; vor zwei Monaten aber könne die Meinung der Landschaft nicht eingeholt werden. Auch müsse man vor allem weiteren abwarten, was die an den Papst geschickte Botschaft der Kurfürsten und Fürsten in Rom ausrichten werde. [105]

Der Brüxer Tag kam schliesslich gar nicht zu Stande, [106] und die eben erwähnte Instruction ist, wenn überhaupt, dann bei einer andern Gelegenheit benutzt worden. —

Inzwischen hatten die geistlichen Waffen nicht geruht, und auch die weltlichen fingen an mitzuwirken. Die Bannbulle, die alljährlich am Gründonnerstage gegen alle Irrgläubigen und Kirchenfeinde geschleudert wurde, nannte diesmal an besonders hervorragender Stelle „perdicionis alumnum Georgium alias Jersicum de Constat et Pogiebrat regni Bohemie occupatorem, olim illius regem nominatum" (26. März). [107] Andererseits appellirte Georg am 14. April in förmlichster Weise gegen das gesammte

----

[103]) Höfler, Fränkische Studien I, 42. Riedel III, 1, 434.
[104]) Vergl. Bachmann, Urk. und Actenst. 409.
[105]) Archiv für österreich. Gesch. XL, 356 fg.
[106]) Schreiben des Herzogs Wilhelm an (Kurfürst Ernst?) von 1467 April 10 bei Bachmann, Urk. und Actenst. 409, des Königs Georg an Kurfürst Friedrich von 1467 April 11 bei Palacky, Urk. Beitr. 453. Vergl. den Bericht Frauenburgs ebendaselbst 450.
[107]) SS. rer. Sil. IX, 222.

Verfahren des Papstes. [108]) Durch mehrere Bullen vom 15. Mai wurde Bischof Rudolf zum Nuntius mit den Vollmachten eines Lateranlegaten für Polen, Böhmen, Preussen, Lievland und Meissen ernannt und mit den ausgedehntesten Befugnissen für die Kreuzpredigt gegen die Ketzer, für Spendung von Ablass, für Bestrafung aller, die dem gebannten König trotzdem noch anhingen u. s. w., ausgestattet. [109])

Wichtiger noch war, dass um dieselbe Zeit die Absagebriefe zwischen Georg und seinen aufrührerischen Vasallen ausgetauscht wurden und ein wechselvoller kleiner Krieg in Böhmen, Mähren und Schlesien begann, der den ganzen Sommer über währte und dessen Resultate im ganzen Georg günstig waren. Die Stellung, welche die meissnischen Fürsten in diesen Kämpfen einnahmen, war eine wenn auch für Georg wohlwollende, doch streng neutrale. Sie beriefen zwar ihre Unterthanen, die im Dienste des Herrenbundes kämpften, zurück; [110]) allein dass sächsische Hilfsvölker den König unterstützt haben, ist doch wohl als ein blosses Gerücht aufzufassen. [111]) An Aufforderungen des Königs zu einer entschiedeneren Haltung wird es nicht gefehlt haben; die Sendung des Burggrafen vom Karlstein, Benesch von der Weitmühl, an den Kurfürsten Ernst im Anfang Mai 1467 hatte gewiss diesen Zweck. [112]) Allein die Lage der Dinge machte ein thätigeres Auftreten im Interesse des Königs ganz unmöglich. Nach aussen mussten die Fürsten befürchten, isolirt zu

---

[108]) Palacky, Urk. Beitr. 454; vergl. SS. rer. Sil. IX, 226.

[109]) SS. rer. Sil. IX, 233; Auszug Cod. dipl. Sax. reg. II, 3, 173.

[110]) Palacky, Urk. Beitr. 478. Dasselbe that Markgraf Albrecht auf den Wunsch des Königs, s. den Anfang des Briefes von 1467 Juli 23 bei Höfler, Fränkische Studien I, 48. Vergl. auch die Klagen in einer Schrift des Herrenbundes an den Papst von 1467 Dec. 29 bei Palacky, Geschichte Böhmens IV, 2, 488.

[111]) Jordan 269, der sich aber auf nicht durchaus zuverlässige Quellen (Eschenloer, Pessina Mars Morav., Balbinus Epit. rer. Boh.) beruft. Sollte diese Hilfe wirklich geleistet worden sein, so hätte sie m. E. grosses Aufsehen erregt und es wäre ihrer gewiss in einem der vielen Schreiben jener Tage Erwähnung geschehen. Mit welchem Mistrauen man die meissnischen Fürsten betrachtete, geht aus der Correspondenz zwischen Konrad Metzsch und Heinrich von Aufsess bei Bachmann 417, 420 hervor.

[112]) Sein Credenzschreiben vom 7. Mai HStA. Loc. 8285. Böhm. Gesandtschaft an Kursachsen 1467—1562.

bleiben, und im innern hätte eine so offene Verletzung
der Befehle des Legaten, der eben damals anfing, seine
Kreuzprediger auszusenden und in allen Kirchen Gebete
für das Wohl des „Gottesheeres" anordnete, [112]) gefährliche Unruhen zur Folge haben können.

Zwischen den Brandenburgern und den Wettinern
fanden in dieser Zeit mehrfach Verhandlungen über eine
gemeinsame Haltung in der böhmischen Frage statt. So
nahm Herzog Albrecht, als er Anfang Mai aus Oesterreich heimkehrte, auf der Durchreise zu Ansbach bei dem
Markgrafen einen Aufenthalt, der gewiss nicht bloss als
ein Höflichkeitsbesuch aufzufassen ist. [114]) Ferner sollte
am 25. Mai zu Naumburg ein Tag stattfinden, zu dem
auch die hessischen Fürsten als Mitglieder der Erbeinigung geladen waren. [115]) Ueber die Resultate dieser
Verhandlungen sind wir jedoch nur so weit unterrichtet,
als sie sich in der Haltung der Fürsten auf den wichtigen
Tagen zu Nürnberg, Landshut und Regensburg zeigten.

Bereits im Mai war auf Mitte Juni ein Reichstag
nach Nürnberg ausgeschrieben worden, [116]) der aber erst
Ende Juli seine Verhandlungen begann. Wie jener
frühere, so war auch dieser hauptsächlich dazu bestimmt,
die Hilfe des Reiches in der böhmischen Sache in Anspruch
zu nehmen; nur traten Kaiser und Papst diesmal viel offener
mit ihrem Begehren hervor. Allein die brandenburgisch-
sächsische Politik war auch jetzt der Hemmschuh, der die
ohnehin beispiellos träge arbeitende Reichsmaschine zum
vollständigen Stillstand brachte. Die sächsischen wie die
brandenburgischen Brüder waren persönlich erschienen: ein
deutlicher Beweis, wie hoch sie die Wichtigkeit des Tages
veranschlagten. [117]) Sie erklärten, dass sie in eine Einung

<hr>

[112]) Vergl. den Befehl von 1467 Juni 6. im Cod. dipl. Sax. reg.
II, 3, 171.

[114]) Bachmann 417.

[115]) Schreiben des Markgrafen Albrecht an Herzog Wilhelm
von 1467 Mai 3. Höfler, Fränkische Studien I, 43.

[116]) Einladungen des Papstes an Kurfürst Ernst und an Bischof
Dietrich von Meissen von 1467 Mai 14. bei Müller, Reichtagstheatr.
II, 261. Cod. dipl. Sax. reg. II, 3, 170.

[117]) Müller a. a. O. II, 262. Palacky, Urk. Beitr. 473. Eschenloer (SS. rer. Sil. VII) 140. Ernst und Albrecht waren am 24. Juli
angekommen und hatten sich, da die Verhandlungen noch nicht begonnen, am folgenden Morgen zu Markgraf Albrecht nach Cadolz-
burg begeben, um mit demselben Kurzweil und Waidwerk zu treiben.
Kluckhohn 377. — Ueber den Reichstag im allgemeinen vergl. Palacky IV, 2, 468 fg. Kluckhohn 267 fgg. Droysen II, 1, 231 fg.

gegen den König nicht eintreten würden, [118]) und Kurfürst Ernst hatte den anerkenuenswerthen Muth, direct für Georg zu interveniren. Als er jedoch durch seinen Marschall eine Schrift verlesen liess, in welcher Georg als König titulirt wurde, da gebot ihm der päpstliche Legat zu schweigen, erhob sich und ging fort; die ganze Versammlung zerstreute sich. [119]) Mochte dies immerhin wie ein allgemeiner Protest gegen die sächsisch-brandenburgische Politik erscheinen, so bewirkte dieselbe gleichwohl, dass es zu einem Beschlusse gegen Georg nicht kam: „summarie, so ist nichts wider E. G. beschlossen noch vereint“, schrieb Markgraf Albrecht dem Könige, [120]) mit dem er überhaupt während der Dauer des Tages mehrere Briefe wechselte, und dieser hatte wohl allen Grund, ihm und seinem Bruder, dem Kurfürsten Friedrich, seinen Dank auszusprechen; [121]) namentlich Markgraf Albrecht hatte sich trotz der schon auf ihm lastenden päpstlichen Ungnade kühner und der Curie gegenüber rücksichtsloser gezeigt, als es seinem getreuen Rathe, Peter Knorr, lieb war. [122])

Es wurde schliesslich nochmals ein Vermittelungsversuch in Vorschlag gebracht; Bayern, Sachsen und Brandenburg erboten sich, die Verhandlungen zunächst mit König Georg zu führen. Der sächsische Obermarschall, Hugold von Schleinitz, und der Landvogt zu Meissen, Nickel von Köckeritz, reisten mit den Propositionen nach Prag ab. [123]) Doch war die Basis dieser Vermittelungs-

---

[118]) . . . habt ir zw Nurnberg vernomen, auch ir hertzog Albrecht selber geredt, als wol wir, das wir uns wieder den konig zw Beheim nicht verpinden wollen. Schreiben Kurfürst Friedrichs und Markgraf Albrechts an die sächsischen Fürsten d. d. 1467 Sept. 13. bei Höfler, Kais. Buch 124.

[119]) Palacky, Urk. Beitr. 473 fg. Eschenloer a. a. O.

[120]) Schreiben von 1467 Aug. 14. Höfler, Fränk. Studien I, 49.

[121]) Schreiben von 1467 Aug. 1. ebendaselbst I, 48 und Riedel, Cod. dipl. Brand. III, 1, 440. Von gleichen Schreiben an die sächsischen Fürsten ist uns nichts bekannt geworden; doch sind die brandenburg. Correspondenzen dieser Zeit überhaupt weit vollständiger erhalten als die sächsischen. Vergl. auch über die Resultate des Nürnberger Tages das Schreiben Georgs von 1467 Aug. 5. bei Palacky, Urk. Beitr. 476 fg.

[122]) Vergl. dessen Schreiben d. d. 1467 Aug. 17. bei Höfler, Kais. Buch 125 fg.

[123]) Vergl. das Schreiben Markgraf Albrechts an Georg von 1467 Aug. 14. Höfler, Fränk. Studien I, 49. Siehe auch Höfler, Kais. Buch 146. Kluckhohn 379.

vorschlüge eine solche, dass der König sich nicht darauf
einlassen konnte: er solle sich „in Glaubenssachen" unbedingt dem Urtheile des Legaten fügen. [124]) Georg, der
seine Verwunderung darüber nicht unterdrückte, dass
Fürsten, die nach den bestehenden Verträgen ihm zur
Hilfeleistung verpflichtet seien, als Mittelspersonen auf-
träten, setzte dem eine Bedingung entgegen, die für die
Gegenpartei ebenso unannehmbar war: die einstweilige
Suspension des Bannes und das Verbot aller Schmähungen
und Lästerungen. So scheiterten diese Einigungsversuche
vollständig. [125])

Neben diesen Verhandlungen mit Böhmen ging ein
lebhafter diplomatischer Verkehr zwischen den Häusern
Sachsen, Brandenburg und Bayern, endlich dem Kaiser
her. Obwohl, wie wir sahen, die sächsische Politik mit
der brandenburgischen, in der böhmischen Frage wenigstens, bis dahin ganz Hand in Hand gegangen, war die
Erneuerung der Erbeinigung, die schon im vorigen Jahre
Brandenburgs dringender Wunsch gewesen war, noch
nicht vollzogen worden (vergl. S. 225 fg.) Die Ursache
dieses Zögerns und Hinhaltens war immer noch das Verhältnis des Markgrafen Albrecht zu Ludwig dem Reichen.
Hatten sich die beiden Fürsten auch viel mehr genähert
als früher, hatten sie auch auf dem Nürnberger Reichstage freundschaftlich mit einander verkehrt und dachten
sie auch lebhaft an eine Einung mit einander, wobei
Herzog Albrecht den Vermittler spielte, so gab es doch
noch genug unausgeglichene Differenzpunkte. Besonders
aber liess der Umstand das alte Mistrauen nicht
einschlummern, dass Herzog Ludwig seit Ende 1466
oder Anfang 1467 mehr und mehr sich auf die Seite der
Gegner des Königs Georg stellte und dieser sich allmählig
und behutsam vollziehende Umschwung selbstverständlich
eine Annäherung an den Kaiser zur Folge hatte, die sehr
leicht zum Nachtheile Albrechts ausgebeutet werden konnte.
Ludwigs naturgemässes Streben war ein Bündnis, dessen
Spitze sich gegen König Georg richtete oder das ihn doch

---

[124]) Höfler, Kais. Buch 136 fgg. Auch die Bemerkung von Kaspar Polkwitz bei Palacky, Urk. Beitr. 488 bezieht sich doch wohl
auf diese Gesandtschaft.

[125]) Der Bericht der Gesandten und die Antwort des Königs bei
Müller, Reichstagstheatr. II, 297 fgg. Vergl. auch Palacky IV, 2,
471 fg. Kluckhohn 271 fg. Droysen II, 1, 283.

gegen einen Angriff des Königs decken konnte; Markgraf Albrecht dagegen suchte vor allem seine Neutralität in der böhmischen Frage zu wahren. Die sächsischen Fürsten aber wünschten zwar das letztere mindestens ebenso lebhaft als Albrecht, wollten jedoch andrerseits auch mit Ludwig in einem guten Verhältnis bleiben.

So erklärt es sich, dass die Verhandlungen, die von Nürnberg aus zwischen dem Markgrafen und dem Herzog Albrecht gepflogen wurden, vollkommen parallel gingen den Verhandlungen zwischen dem Markgrafen und dem Herzog Ludwig. [126]) In einem Schreiben der sächsischen Brüder an Markgraf Albrecht vom 23. August machen sie, wenn auch in gewundenen Worten, Aussicht auf die gewünschte Erneuerung der Erbeinung unter der Bedingung, dass Herzog Ludwig und der Pfalzgraf in derselben ausgenommen würden, sie den genannten aber keinen Beistand wider den Brandenburger leisten dürften. [127]) Die brandenburgischen Fürsten antworteten auf dieses Schreiben am 13. September; sie waren von dem Vorschlage nicht erbaut, meinten, man solle die Einung nicht ändern, sondern lieber, wenn überhaupt, dann durch eine geheime Verabredung modificiren; da die von Bayern viel Verbindungen hätten, so sei zu befürchten, dass „durch das Ausnehmen alle Welt ausgenommen sollte sein." Kurfürst Friedrich stellte seinen Besuch in Meissen für die nächste Zeit zu weiteren Berathungen in Aussicht. [128])

Auch die bereits im vorigen Jahre zur Sprache gekommenen Pläne eines Bündnisses zwischen Sachsen, Brandenburg, Bayern und Oesterreich waren wieder aufgenommen worden. Am 17. September sollten, so war auf dem Nürnberger Reichstage verabredet worden, die Räthe des Pfalzgrafen, des Herzogs Ludwig, der brandenburgischen und sächsischen Fürsten sich am kaiserlichen Hofe einfinden, um darüber weiter zu verhandeln. Die Hauptbedingung, die Markgraf Albrecht dabei stellte, betraf den König Georg: er wollte sich in kein Bündnis einlassen, das gegen ihn gerichtet war. Wenigstens sollte Georg in der Einung nicht ausdrücklich genannt sein,

---

[126]) Vergl. Schreiben von 1467 Aug. 13. 14. WA. Bayr. Sachen Bl. 2—4, gedruckt bei Höfler, Kais. Buch 119 fgg.

[127]) Höfler, Kais. Buch 122 fg. (Riedel, Cod. dipl. III, 1, 412

[128]) Ebendas. 124 fg. (Riedel III, 1, 444).

wie dies in einem vorgelegten Entwurfe derselben der
Fall war, Albrecht will sich nicht „specifice wider den
König verbinden"; „generaliter neben K. Majestät" schien
er, mit Rücksicht auf die Machinationen Martin Mayrs, die
ihn vom Kaiser zu verdrängen suchten, schon eher dazu
geneigt. In diesem Sinne instruirte er am 16. September
seinen Gesandten beim Kaiser, Heinz Seibott; er ver-
muthete dabei wohl mit Recht, dass die sächsischen
Fürsten derselben Meinung sein würden.[129]

An diese Verhandlungen, über die wir nicht näher
unterrichtet sind — nur wissen wir, dass der Kaiser sich
den Vermittlungsprojecten nicht sehr günstig zeigte[130] —,
schlossen sich in der letzten Septemberwoche, ebenfalls in
Folge eines zu Nürnberg gefassten Beschlusses,[131] weitere
Berathungen zu Landshut an. Herzog Wilhelm nahm an
denselben Theil; die brandenburgischen Fürsten waren
durch Jorge von Absperg, die sächsischen durch den Marschall Bernhard von Schönberg und den Ordinarius zu
Leipzig, Dr. Joh. Scheibe, Herzog Wilhelm durch den
Naumburger Dompropst Hugo Forster und durch Wilhelm
Schotte vertreten. Die von uns schon erwähnte vorsichtig
ablehnende Antwort des Königs Georg bildete den Ausgangspunkt der Verhandlungen.[132] Es ist gewiss ein Zeichen,
dass auch bei diesen Verhandlungen die Georg wohlwollende Richtung entschieden dominirte, wenn trotz dieser Antwort, auf Grund deren eine Verständigung mit Kaiser und
Papst, wie die Räthe klar einsahen, vollkommen undenkbar
war, die Vermittlungsversuche fortgesetzt wurden. Neue
Vorschläge wurden gemacht, eine neue Botschaft an Georg
gesandt, um dessen Zustimmung zu erlangen.[133] Aber
auch Herzog Ludwig, der jetzt schon unverhüllter als
Gegner des Böhmenkönigs auftrat, war nicht unthätig. Von
ihm rührt der Entwurf einer Einung zwischen dem Kaiser
und den Fürsten her, dessen gegen Georg gerichtete
Tendenz nicht im mindesten verschleiert war. Die Ver-

---

[129] Höfler, Kais. Buch 134 fg.; vergl. 124. 146.
[130] Vergl. das Schreiben von Sept. 29 ebendas. 149.
[131] Ebendas. 146.
[132] Sie war schon Anfang September den sächs. Brüdern bekannt geworden; vergl. das Schreiben Herzog Wilhelms von 1467
Sept. 12 bei Bachmann, Urk. und Actenst. 431.
[133] Müller, Reichstagstheatrum II, 300 fgg. 307 fg.

bündeten sollten einander gegen einen Angriff von Böhmen
aus mit einer festgesetzten Anzahl von Hilfsvölkern bei-
stehen; der Kurfürst von Brandenburg und die Herzöge
von Sachsen sollten, wenn der böhmische Angriff sich
gegen Oesterreich oder Bayern jenseit der Donau richten
würde, sogar zu einem Einfalle in Böhmen verpflichtet
sein. [134]) Es war dies allerdings nur ein Defensivbündnis,
musste aber mit Nothwendigkeit die Herzöge in einen
Krieg mit Böhmen verwickeln, da der Ausbruch des
Kampfes zwischen Georg und dem Kaiser ja nur eine
Frage der Zeit zu sein schien und auch Herzog Ludwig, der, wie man wusste, das Verlöbnis der böhmischen
Prinzessin Ludmilla mit seinem Sohne aufzulösen beabsichtigte, über kurz oder lang mit Georg in Verwickelungen gerathen musste. Die brandenburgischen und
sächsischen Räthe thaten daher sehr wohl daran, diese
Vorschläge nur ad referendum zu nehmen. [135]) Auf die
Bitte des Herzogs Ludwig, der den Abschluss einer Einung
zum Schutz gegen Böhmen v o r Beginn der Vermittelungs-
verhandlungen aus verschiedenen Gründen für nothwendig
erklärte, blieben die Gesandten in Landshut und warteten
dort auf die Rückkehr der zu König Georg geschickten
Boten und die Antwort ihrer Höfe auf die übermittelten
Einungsvorschläge, [136]) obwohl wenigstens die sächsischen
Räthe Befehl hatten, auf alle Fälle sofort von Landshut
aus zum Kaiser und nach Rom zu gehen. [137])

---

[134]) Müller, Reichstagstheatr. II, 305 fg.

[135]) Herzog Wilhelm hatte den seinen dies ausdrücklich befohlen,
„diewiele uns sollich eynunge unverstentlich ist, uns auch nach aller
gestalt gelegenheit, so wir fruntschaft und eynunge allenthalben
verwandt sind, nicht geburen wolle, die unsern also unwissentlichen
ingangs zu mechtigen.“ Schreiben an Ernst und Albrecht von 1467
Sept. 12 bei Bachmann 432.

[136]) Ueber den Landshuter Tag vergl. insbesondere die Relationen der Gesandten Wilhelms und seiner Vettern bei Müller,
Reichstheatrum II, 308 fg. und Bachmann 434 fgg. Sie stimmen zum
grossen Theile wörtlich überein. Vergl. auch die Schreiben von
Ernst und Albrecht an Ludwig d. d. 1467 Sept. 9 und von Herzog
Wilhelm an seine Neffen d. d. 1467 Sept. 12 bei Bachmann 429.
431. Jordan 290 fgg.

[137]) Vergl. die Instruction für Hugo Forster bei Bachmann 433,
die Schreiben Wilhelms vom 8. October ebendaselbst 441, und Ernsts
und Albrechts vom 3. November bei Höfler, Kais. Buch 156. Die
Beglaubigungsschreiben Wilhelms für Hugo Forster und Hans
Schencke an den kaiserlichen Hof und für ersteren an den päpstlichen Hof d. d. 1467 September 15 bei Bachmann 432 fg. Markgraf

Dass die Einigungsvorschläge des Herzogs Ludwig
bei den brandenburgischen und sächsischen Fürsten keine
günstige Aufnahme finden würden, war vorauszusehen.
Markgraf Albrecht erklärte sie in einem Schreiben an seinen
Bruder Friedrich vom 5. October 1467 für vollkommen unannehmbar. [138]) Dieser hatte um dieselbe Zeit auf der Rückreise aus Franken, wo er bei seinem Bruder Albrecht geweilt
hatte, den beabsichtigten Besuch zu Meissen bei Kurfürst
Ernst und Herzog Albrecht abgestattet, rühmte die glänzende Aufnahme, die er und sein Neffe Johann bei ihnen
gefunden, und die freundliche Gesinnung, die sie ihm und
seinem Bruder gegenüber an den Tag gelegt; die Erbeinigung, der eigentliche Anlass des Besuches, war zwar
noch nicht zum Abschluss gekommen, aber auch in dieser
Sache scheint ein Einverständnis erreicht worden zu sein,
und für die weiteren Verhandlungen mit Albrecht sollten
die Räthe, die den auf Anfang Januar nächsten Jahres
nach Regensburg ausgeschriebenen Reichstag besuchen
würden, bevollmächtigt werden. Was die Pläne des Herzogs
Ludwig anlange, so erklärten die jungen Fürsten rund
heraus, dass sie „in solche Einung ganz nicht gehen"
wollten. [139]) Auch Herzog Wilhelm war derselben schwerlich günstig gestimmt, „dann wir darinn unsern Bedacht haben"; er tadelte seine Landshuter Gesandten,
dass sie sich dadurch hätten aufhalten lassen, und befahl
ihnen, nach Eingang der Antwort Georgs, wenn dieselbe
auch etwas enthalten sollte, „das Sorglichkeit auf sich
trüge", doch ohne „weiter Disputat oder einigen Verzug"
zum Kaiser und von da nach Rom sich zu begeben. Bis
die Richtung zwischen Kaiser, Papst und König zu Stande
komme, werde Zeit genug vergehen, um inzwischen die
Einung abschliessen zu können. [140])

Albrecht schickte am 16. September in seinem und seines Bruders
Namen ihren Geschäftsträgern am kaiserlichen Hofe, Heinz Seibott
und Albrecht Clitzing, die erforderlichen Credenzbriefe zu den
Verhandlungen mit dem Kaiser und zugleich eine Credenz für
den in Rom weilenden Propst von Bernau, Heinrich Ordemann, der
dort die Rolle des brandenburgischen Gesandten übernehmen sollte.
Vergl. Höfler, Kais. Buch 135. 147 fgg., auch das Schreiben des Jorg von
Absperg an Heinrich Seibott von 1467 Sept. 29 ebendaselbst 149 fg.
    [138]) Höfler, Kais. Buch 150 fg. (Riedel, Cod. dipl. Brand. III,
1, 446).
    [139]) Schreiben des Kurf. Friedrich an Markgr. Albrecht von 1467
Oct. 14 ebendas. 151 fg. (Riedel a. a. O. 448).
    [140]) Schreiben von 1467 Oct. 8 bei Bachmann 441 fg.

Ebensowenig als auf dem Landshuter Tage gelang
es im November zu Regensburg, wohin die bayerischen
und fränkischen Fürsten und Städte zu einem Tage eingeladen waren, den ersehnten Bund gegen König Georg
zu Stande zu bringen. Die Correspondenzen des Markgrafen Albrecht, aus denen wir diesen Tag kennen, sprechen
fast noch schärfer als bisher seine entschiedene Abneigung
gegen jedes wider Georg gerichtete Bündnis aus: „und ist
endlich und specialiter unsre Meinung, das wir uns wider
den König und die Krone zu Böhmen in keiner Weise
verbinden wollen“, so schliesst die den Räthen mitgegebene
Instruction. [141]) Dass er sich dabei mit den sächsischen
Fürsten, die in Regensburg nicht vertreten waren, vollkommen solidarisch fühlte, betonte er wiederholt; es galt
ihm, zu verhüten, „dass die Bayern und Oesterreicher
vorreden und Sachsen und Brandenburg dahinten bleiben,
als ob sie minder dann jene wären, darum dass sie zu
unterst sitzen.“ Er wollte nicht dem Bayernherzog als
Schild gegen Böhmen dienen. [142])

Georg beeilte sich nicht mit der Antwort auf die
Landshuter Propositionen; und als sie endlich anlangte
(unter dem Datum des 24. October), klang sie, wie vorauszusehen war, scharf und durchaus ablehnend; er stellte
sich lediglich auf den Boden seiner frühern Bedingungen. [143])
Ernst und Albrecht dankte er zwar für ihre Bemühungen,
aber verhehlte ihnen durchaus nicht sein Misfallen an dem
Inhalt der Vermittlungsvorschläge und bat sie, ihre Sendboten an Kaiser und Papst demgemäss zu instruiren. [144])
Obwohl unter diesen Umständen ein Erfolg von der beabsichtigten Gesandtschaft nicht zu erwarten war, wurde
dieselbe gleichwohl nicht aufgegeben. [145]) Die Gesandten

---

[141]) Höfler, Kais. Buch 167.
[142]) Ebendaselbst 176 fg.
[143]) Ebendaselbst 153 fgg.
[144]) Ebendaselbst 153.
[145]) Vergl. die Schreiben von Ernst und Albrecht an Markgraf
Albrecht und an die zu Landshut befindlichen Räthe ebendaselbst 152.
156. Auf die Meldung der nach Regensburg geschickten Gesandten,
„dass die Sächsischen noch zu Landshut seien und keine Antwort von
ihren Herrn empfangen haben“ (1467 Nov. 16.), antwortet Markgraf
Albrecht (19. Nov.), er merke dabei, dass man sie der Dinge zu
Regensburg nicht habe berichten wollen: „dann unser Schwäger von
Sachsen wollen der Ding nicht eingehen, noch auch unser Bruder

der drei sächsischen Fürsten, Nickel von Köckeritz, Dr. Scheibe, der Dompropst Hugo Forster und Hans Schencke, begaben sich zunächst nach Neustadt an den kaiserlichen Hof, wo sie von den dort weilenden ständigen Gesandten Herzog Ludwigs und der brandenburgischen Fürsten unterstützt wurden; aber ihren Zweck erreichten sie nicht, da der Kaiser sich nicht geneigt zeigte, seinerseits jemanden mit ihnen zu senden. Mit Empfehlungsschreiben und Credenzbriefen für den Bernauer Propst Heinrich Ordemann und für Dr. Valentin Bernbeck, die Vertreter der Häuser Brandenburg und Bayern bei der Curie, zog die Gesandtschaft weiter und langte am 21. Januar 1468 in Rom an. Hier stiess sie schon von vorn herein auf Schwierigkeiten; Ordemann erklärte, nachdem er den ihm übergebenen Brief gelesen, dass derselbe sich auf den Nürnberger Tag beziehe und ihn anweise, gemeinsam mit des Kaisers und der Fürsten Botschaft zu handeln; [146]) nun aber habe er vernommen, dass der Tag zu Nürnberg zu keinem Resultate geführt habe und ein neuer angesetzt sei; auch sei des Kaisers Botschaft nicht anwesend. Unter diesen Umständen glaubte er nach gepflogener Unterredung mit dem Cardinal von Mantua, sich an der Gesandtschaft nicht betheiligen zu dürfen. Dagegen schloss sich Val. Bernbeck ohne Bedenken den sächsischen Boten an; ein Beweis, dass der Bruch zwischen Herzog Ludwig und König Georg doch wol nicht so schroff war, wie man nach den Ausführungen Palackys glauben sollte, sondern dass Ludwig immer noch Beziehungen zu Georg unterhielt. [147])

Durch die Vermittelung des päpstlichen Secretärs, des Bischofs Petrus von Tarazona, wurde den Gesandten für den 8. Februar eine Audienz „in gemeinsamer Sammlung der Cardinäle" bewilligt. Hier trugen sie ihre Werbung vor, die im wesentlichen den Landshuter Beschlüssen entsprach, obwohl dieselben bei Georg eine so wenig günstige Aufnahme gefunden hatten. Aus mannichfachen Gründen, hauptsächlich im Interesse Böhmens, des Reiches und des Türkenkrieges, wie im einzelnen ausgeführt wird, sei zu

---

und wir, derselben Räthe reiten auch dahin zum Kaiser ihre Botschaft auszurichten, als sie gefertigt sind, und von unsern wegen Heintz Seybott mit ihnen." Ebendaselbst 171. 176.

[146]) Vergl. Höfler, Kais. Buch 147 fgg.

[147]) Vergl. darüber besonders Kluckhohn 281 fg.

wünschen, dass statt einer Fortsetzung der Processe „freundlicher Tage Süssigkeit" vorgenommen werde, und sie bitten deshalb den Papst, zu diesem Zwecke in deutschen Landen einen Tag anzusetzen, zu demselben einen bevollmächtigten und wohl unterrichteten Legaten zu senden, den Kaiser, die weltlichen und geistlichen Fürsten, auch Herrn Georg und seine Gegner dazu einzuladen; dabei solle nicht über hussitische Ketzereien disputirt werden, was nur die Zwietracht vergrössern würde, sondern man solle sich in dieser Beziehung an die Satzungen des Concils halten und das Hauptaugenmerk dem Ausgleich der Differenzen zwischen dem König und seinen Vasallen zuwenden. Es handle sich, wenn der Papst in diese Vorschläge willige, jedenfalls nur um eine kurze Frist, die dem Könige gewährt werde; wenn es in dieser zu keiner Verständigung komme, so sei es Georgs Schuld, und alle Verantwortung für das folgende treffe ihn. Nicht Duldung gegen die Ketzerei, sondern ein Mittel, die Ketzer auf den rechten Weg zu bringen, sei ihr Vorschlag.

Die Antwort, die am 10. Februar der Cardinal Bessarion (Nicenus der Grieche genannt) den Gesandten Namens der Kirche gab, lobte zwar die Ehrerbietung, mit der sie vom päpstlichen Stuhle sprachen, und die Verdienste des Hauses Sachsen um die Kirche, verhielt sich aber in der Hauptsache durchaus ablehnend. Nachdem so oftmals schon über die Sache in der Curie verhandelt worden sei, nachdem so viele Legaten sich damit schon zu beschäftigen gehabt, würde jeder weitere Einigungsversuch gegen die Satzung der Väter, dass über einmal entschiedene Glaubenssachen nicht weiter disputirt werden dürfe, verstossen. Der Weg zur Versöhnung mit der Kirche stehe ja Georg offen; er möge sich nur nach Rom begeben. Die Gefahren, die die böhmische Frage in sich trage, könnten nicht in Betracht kommen, wo es sich um den Christenglauben handle; übrigens würde Georg nicht viel Unheil anrichten können, wenn die Fürsten „getreuen Fleiss" gegen ihn anwendeten. Ebenso sei es an ihnen, zu verhüten, dass Böhmen nicht in fremde Hände gelange; thäten sie ihre Pflicht nicht, so müsse der Papst freilich Ungarn und Polen rufen.

Der Papst liess hiernach den Boten zu wissen thun, dass er ihnen noch eine besondere Antwort geben wolle; doch verzögerte sich die Sache trotz der Bemühungen der

Gesandten bis zum 14. März. Was er ihnen an diesem
Tage in Gegenwart der sechs ältesten Cardinäle sagte,
entsprach im ganzen dem schon früher ertheilten Be-
scheide. Georg solle, so verlangte er, nach Rom kommen,
sein auf dem Prager Landtage abgelegtes utraquistisches
Glaubensbekenntnis widerrufen, auch „das grosse Idolum
und den Abgott vor der Kirche zu Prag, den grossen Kelch,
unter dem er mit dem Schwerte sitze", abthun, christliches
und gehorsames Leben versprechen u. s. w.

Hierauf wurden die Gesandten beurlaubt, aber noch
ein paar Tage in Rom zurückgehalten, da eben eine
kaiserliche Botschaft anlangte. Diese brachte die Nachricht, dass Georg jetzt auch gegen den Kaiser rüste. Der
Cardinal von St. Angeli, der ihnen dies mittheilte, sprach
seine Verwunderung darüber aus, dass Ernst und Albrecht
auch jetzt noch nicht die Waffen ergriffen hätten.

Am 22. März 1468 verliessen die sächsischen Gesandten Rom. Wieder war ein Versuch, auf gütlichem
Wege die böhmische Irrung aus der Welt zu schaffen,
gescheitert. Dass es die sächsischen Fürsten vornehmlich
waren, die diesen Versuch gemacht, obwohl sie selbst
nicht weniger als andere von seiner Erfolglosigkeit überzeugt gewesen sein mögen, ist charakteristisch für ihre
Stellung. Sie suchten bis aufs äusserste zu vermeiden,
aus ihrer Neutralität herauszutreten. Aber es wurde
immer schwerer, diese Neutralität festzuhalten. [148])

Denn während jene diplomatischen Verhandlungen
spielten, hatten die Waffen nicht geruht. In der
zweiten Hülfte des Jahres 1467 war der Krieg zwischen
Georg und dem Herrenbunde in der früheren regellosen
Weise und im ganzen mit günstigem Erfolge für Georg
fortgesetzt worden. Dass Meissen in steter Gefahr war, in den
Kriegsschauplatz hineingezogen zu werden, lässt sich aus
manchem entnehmen. So erliess der Kurfürst am
16. August 1467 einen Befehl an den Rath zu Dresden,
die Stadt Tag und Nacht in Verwahrung zu halten, da
vom Rathe zu Pirna gemeldet worden war, dass eine

---

[148]) Der Bericht der Gesandtschaft in HStA. Loc. 7216 Irrungen
zwischen König Georg und dem Papste fol. 16 fgg. Die Rechnung
des Kanzlers Hans von Mergental von 1467 Sept. 29 bis Dec. 2
führt 200 Gulden „Zehrung auf die Reise gen Rom", die „dem Ordinarius und dem Landvogte" gegeben worden seien, auf. Loc. 4335
Rechnung der Amtleute Sachsen, Meissen und Voitland 1167 fgg.
sub fol. 442.

merkliche Anzahl Volkes zu Ross und zu Fuss über den
Wald ziehe. [149]) Besonders unbequem wurde es für
Meissen, als auch die Sechsstädte des Königs Feinde wur-
den. [150]) Anfang September 1467 rückten böhmische
Heeresmassen vor Zittau und verwüsteten die ganze
Gegend; 130 Leipziger Studenten eilten unter andern
den Zittauern zu Hilfe. [151]) Als dann die Sechsstädter
Angriffe auf die dem Könige getreuen Edelleute unter-
nahmen und den Friedrich von Schönburg zu Hoyerswerda belagerten, erhoben die sächsischen Herzöge unter
Bezugnahme darauf, dass jene Herren auch ihre Lehnsleute seien, Einspruch; die Lausitzer wurden durch ihre
Drohungen nicht wenig geschreckt und dachten sogar
daran, durch Vermittelung von Sachsen und Brandenburg
sich mit dem Könige wieder auszusöhnen. [152])

Die Kirche liess es nicht an Bemühungen, die Fürsten
aus dieser neutralen Haltung herauzudrängen, fehlen;
so forderte der Papst durch eine Bulle vom 22. September
Ernst geradezu zum Kampfe gegen Georg auf. [153]) Der
Legat Rudolf jedoch, der, wie ich schon früher bemerkt
habe, die peinliche Situation der Fürsten richtig zu
würdigen wusste, benahm sich noch immer sehr rück-
sichtsvoll. Zwar beauftragte er am 2. October 1467 den
Dominicaner Heinrich von Schletstat, in den Lausitzen und
Meissen das Kreuz gegen Georg zu predigen und andere
Kreuzprediger zu ernennen, allen, die gegen die Ketzer die
Waffen ergreifen oder einen andern an ihrer Stelle ins
Feld senden würden, Sündenerlass und sonstige kirchliche
Gaben zu gewähren, Sammelstellen für Beiträge zum
heiligen Kriege zu errichten; [154]) aber während in vielen
anderen Gegenden Deutschlands diese Kreuzprodigten

---

[149]) Original im Rathsarchiv zu Dresden. Im Zusammenhange
mit derartigen Befürchtungen steht es auch ohne Zweifel, wenn
Ernst und Albrecht dem Kurfürsten Friedrich von Brandenburg versprochene Hilfsvölker nicht zusandten, weil ihnen „Sachen zugekommen
seien, mit denen sie beladen wären." Höfler, Kais. Buch 123.

[150]) Ihr Absagebrief von 1467 Juni 8. Palacky, Urk. Beitr. 464 fgg.

[151]) Vergl. Palacky IV, 2, 474 fg. und die dort citirten Quellen.

[152]) Eschenloer (SS. rer. Sil. VII) 141. Palacky, Urk. Beitr. 489.
Vermittelnd waren die sächsischen Herzöge auch für Herzog Johann
von Sagan, den Georg in Prag bis Februar 1468 gefangen hielt, thätig,
vergl. SS. rer. Sil. VII, 178. IX, 260.

[153]) Müller, Reichstagstheatrum II, 272. Vergl. Fabricius Sax.
illustr. VII, 779.

[154]) Cod. dipl. Sax. reg. II, 3, 174.

grosse Aufregung hervorriefen und undisciplinirte Schaaren
massenhaft nach Böhmen trieben, wo sie freilich wenig
Ruhm ernteten, scheint Meissen thatsächlich damit noch
verschont geblieben zu sein, und auch die officielle Publication der weitern gegen Georg gerichteten päpstlichen
Erlasse vermied der Legat, eingedenk seiner früheren
Versprechungen. [155])

Allein diese Rücksichtnahme sollte nicht mehr lange
möglich sein. Ueberhaupt reiften die Ereignisse einer
Entscheidung entgegen, die leicht für das Fürstenhaus
Wettin hätte verhängnisvoll werden können. Wir behalten
uns vor, in einem späteren Aufsatze die weitere Entwicklung der Verhältnisse darzulegen.

----

[155]) Ich schliesse dies daraus, dass Kurfürst Friedrich im Februar 1468 unter andern Vorschlägen, die er für den Fall einer Annahme der ihm angebotenen böhmischen Krone macht, auch verlangt: „das der legat die mandat und processe disse vasten schicke
ins landt zu Meissen und Sachsen und verkundigen lasse." Riedel III,
1, 464. Als einen Beweis der Milde des Legaten darf man wohl
auch die dem Bischof Dietrich von Meissen und dem Domherrn
Mag. Nicolaus Tronitz daselbst ertheilte Vollmacht zur Absolution
wegen Verkehrs mit den Böhmen oder gezwungener Communion
unter beiderlei Gestalt auffassen. Cod. dipl. Sax. reg. II, 3, 177.

X.

Gutachten Joh. Agricolas für Christoph von Carlowitz über die Annahme des Augsburger Interims.

Mitgetheilt von

G. Kawerau.

In einem Manuscripten-Bande der Königlichen Bibliothek zu Berlin (Ms. germ. 4°. Nr. 203) befindet sich neben den Abschriften einer Reihe anderer theologischer Arbeiten des Johann Agricola (Eisleben) auch ein bisher unbekannt gebliebener „Radtschlag, so zu Augsburg gehalten Anno 48. durch den Herrn M. Johan Eisleben, auf Christoff Czwadwitzs (*sic!*) Bitte gestellet". Es unterliegt wohl keinem Zweifel, dass der vom Abschreiber offenbar falsch wiedergegebene Name dessen, der sich von Agricola, dem protestantischen Mitarbeiter am Augsburger Interim, jenen Rathschlag erbeten, auf keinen geringeren, als den berühmten Rath des Kurfürsten Moritz, Christoph von Carlowitz, hinweist. In den Interimsverhandlungen fand ja mannigfacher Meinungsaustausch zwischen Kurbrandenburg und Kursachsen statt. Wir finden auf sächsischer Seite Carlowitz zunächst auf dem Reichstage zu Augsburg selbst an den Interimsverhandlungen nahe betheiligt,[1] dann besonders auf dem Tage zu Pegau (23. August 1548) in Thätigkeit.[2]

---

[1] Zum Beispiel 17. März und fg. vergl. Ranke, Deutsche Geschichte im Zeitalter der Reformation (5. Aufl.) VI, 274; 18. Mai vergl. v. Langenn, Christoph von Carlowitz 168.

[2] v. Langenn a. a. O. 169.

Es ist auch bekannt, dass sein eigner interconfessioneller Standpunkt ihm das sonst auf evangelischer Seite wegen seines Katholisirens so verhasste Interim durchaus sympathisch erscheinen liess. Nicht ohne Grund bezeichneten die strengen Lutheraner die Interimsfreunde synonymisch als Islebios, Aratores, Carlevitios.[3])

Andererseits finden wir Agricola mehrfach an den Verhandlungen zwischen Brandenburg und Sachsen behufs Annahme des Interims in Action: er war zugegen bei den persönlichen Besprechungen zwischen Moritz und Joachim in Augsburg,[4]) er wurde hernach zu den sächsischen Interimsverhandlungen nach Torgau (18. October) citirt[5]) und nahm Antheil an dem Jüterbogker Vergleich zwischen Moritz und Joachim (16. December). Es lag daher sehr nahe, dass man von Seiten der sächsischen Politiker gegenüber den dem Augsburger Interim so ungünstig lautenden Gutachten der Wittenberger Theologen sich von Agricola ein zur Annahme des Interims rathendes Gutachten ausarbeiten liess, dessen theologisches Rüstzeug eventuell gegen die Wittenberger verwerthet werden konnte. Und in der That liegen noch zwei Zeugnisse vor, die uns beweisen, dass Carlowitz von diesem Gutachten Gebrauch gemacht und es nicht so geheim gehalten hat, wie der Verfasser selbst gewünscht hatte. In einem Briefe, welchen der Wittenberger Diakonus, M. Albert Christianus, am 25. Februar 1549 an Agricola richtete, lesen wir:[6]) „Legi quoddam scriptum et judicium tuum de Augustano libro, quem appellant Interim, ad equitem auratum a te missum", und es folgt dann eine so genaue Bezeichnung des Inhalts dieses Judicium, dass wir an der Identität desselben mit dem von uns veröffentlichten „Rathschlag" nicht zweifeln können. Und auch Flacius kannte denselben, denn alles, was er in seinem „Lauterwar" an Argumenten anführt, die Agricola zu Gunsten des Interim vorgebracht habe,[7]) stimmt aufs Genaueste mit dem Inhalte dieses Rathschlags überein.

---

[3]) Vergl. den Brief des Corvinus an Melanchthon vom 24. August 1549 in Zeitschrift für histor. Theologie 1874, 111.

[4]) Ranke a. a. O. Zeitschr. f. Preuss. Gesch. u. L. K. 1880, 424.

[5]) Vocatus est Torgam Islebius, credo ut Ascanio et nescio quibus aliis commendet suam Pandoram. Melanchthon an Jonas, 15. October 1548. Corp. Ref. VII, 170.

[6]) In Admonitio M. Alberti Christiani ad primarium nostri temporis Ecebolum Eislebium ... 1551. Bl. B 3b.

[7]) Vergl. daselbst namentlich Bl. Cij und Bl. D. Auch die

Betreffs der Abfassungszeit geht aus dem Rathschlage selbst hervor, dass derselbe erst nach dem Reichstagsabschiede, aber wohl auch sehr bald danach, also vielleicht in den ersten Tagen des Juli 1548, geschrieben worden ist. Wir theilen ihn im nachfolgenden wörtlich mit, nur dass wir bei den Citaten aus Luther und der Apologie die Stellen nicht in extenso geben, und dass wir die Consonanten-Häufungen, die der Abschreiber in freigiebiger Weise verwendet hat, theilweise aus dem Text entfernt, auch die Interpunktion geregelt und grosse Anfangsbuchstaben nur bei Eigennamen und nach einem Punkte angewandt haben.

Grossgunstiger herr und geliebter freund. Nachdem sich itzund zu Augsburg abermals wege und mittel zugetragen, dadurch man in der streitigen religion, daher so viel mistrawes, empörung, irrsal und aufwiegelung entstanden, wie man meinet, möchte verglichen werden, die herzen wiederumb zusammen gefast, ruhe und friede und einigkeit im heiligen reich gepflanzt werden: und ihr als der gott und friede liebende gerne wissen woltet, wie man sich hierinnen halten solle, auch daz man ihm nicht zu viel noch zu wenig thete, und mich derhalben gebeten, euch mein gutduncken, nach dem ich von dem 1525.*) jhare bis ins 1548. jhare bey allen handlungen, colloquien, gesprechen, reichstagen und des reichs abschieden allewege gewesen were, angehört und erfahren■hatte, auf was puncten und mitteln die vorigen vergleichungen gestanden waren: was auch die furnembsten theologen, der heiligen schrift gelehrten, dieser zeit hiezu gesinnet und geradten hatten, euch anzuzeigen und mit zu theilen, so habe ich euch zu gefallen, wie wol mein radt warlich in diesen hochwichtigsten händeln, da man nicht von landen und leuten, von gut und ehr, sondern von dem allerhöchsten schatz der seelen, vom göttlichen wort und evangelio, von der ehre gottes, von der gloria unsers heilands, seligmachers und erlösers, von ausbreitung der rechten christlichen kirchen, [handelt,] gantz gering ist, mich der arbeit unterstanden und nach meinem einfalt euch zu dienen ganz willig eine nottel gestelt, wie man göttlich und seliglich möchten, könten und solten bey einander wohnen.

Flugschrift „das Interim illuminirt“ d. Augsburg Sonnabends nach Jacobi Apostoli [28. Juli] 1548 scheint in ihrer Polemik gegen Agricola auf den Inhalt dieses Rathschlags bereits Rücksicht zu nehmen; vergl. Unsch. Nachr. 1704, 708 fg.

*) Agricolas Angabe ist nicht ganz genau; erst im Jahre 1526 war er zum ersten Male auf einem Reichstage (zu Speier) als evangelischer Theologe gegenwärtig gewesen. 1525 war er von Luther nach Frankfurt a. M. entsendet worden, um dort zu helfen, evangelischen Gottesdienst einzurichten. Er war ferner 1529 und 1530 auf den Reichstagen zu Speier und Augsburg und 1541 zu Regensburg gewesen.

Fur das allererste mus man für allen dingen wissen und halten, daz man sich hierinne wol vorsehe, dieweil es gottes sachen sein, die alleine seine ehre betreffen, welche er keinem andern geben wil, wie die schrifft saget, daz man nicht rathe, schliesse, thue, handele noch zugebe, was man mit gott, guten gewissen und der schrifft nicht thun kan. Diese regel wird zu allen andern sachen mass und weise geben, daz man ihm nicht zu viel noch zu wenig thue.

Zum andern so mus man als nötig erwegen, in was stucken der ehrwirdige D. Martinus Luther, als von gott dazu gefoddert, und dem deutschen land auch ganzen Europa zum rechten waren propheten gesandt, die falsche lehr, damit die heilige ware kirche betrogen, verfürt und verfinstert war, angegriefen, gestraft und beschuldiget habe, und daraus geschlossen, daz der, der solche lahr vertediget und in der kirchen oben an sitze, sich selbst erhöhet, der rechte Antichristus sey, gottes feind, und ein kind des verderbnis, und hat daz alles mechtiglich erweiset aus der heiligen schrifft, in welchen stucken, wie ich itzt bald erzelen wil, die weil sie stehen und nicht abgeschafft werden, nimmermehr bey verlust göttlicher hulden, gnaden und unser seelen heil und seligkeit, keine einige vergleichungen gemacht werden. Gott sol auch alle fromme hertzen, euch und mich für solcher vergleichung, die dawider angefangen werden möchte, gnediglich und vätterlich behüten, Amen. Denn ich wil für mein person ehe tausendmal sterben und untergehen, ehe ich wolte das geringste, was gottes ehre antrift, helfen loben, billigen etc. und were doch widder gott. *)

(Sieben Klagepunkte der Evangelischen gegen das Papstthum.)

(I.) Nun ist das erste stucke der klage widder den babst und Antichrist, das er sich gesetzt hat uber alles das gott ist, und heist also, daz er sey caput ecclesiae, das haupt der christlichen kirchen jure divino; was er heisse, setze und gebiete, daz sey gottes gebot gleich. Er sey uber die schrifft und concilia, habe himmel und erden, engel und teufel in seiner handt, welchen er auch zu gebieten, und sie mussen ihm, was er sie heist, gehorsamen. Dieser ubermässiger, teuflischer trotz hat im tausend vierhunderten jhar, da der babst im jubileo lies eine bulla ausgehen, darinnen er den engeln gebot, daz sie der pilgram seelen, so gegen Rhom zogen, desselben jhares sterben und von hinnen scheiden wurden, sollen ihnen lassen befohlen sein und in den schoss Abrahae füren, erwecket den Johannem Huss in Behemen, *⁹)* dis unbillliche werck an zu fechten, und ist frölich hierauf gestorben. Desgleichen auch hernacher ist Hieronymus Savonerolla zu Florentz mit der gleichen eifer entzundet worden, die bestien anzufechten. Entzlichen auch Laurentius Valla und andere sampt D. Martino Luthero und für ihm Witzelius ¹¹) und Ferrariensis, ¹²) sintemal der Tetzel die römi-

----

*) Eine ganz ähnliche pathetische Erklärung gab Agricola am 23. März 1548 dem Markgrafen Johann von Küstrin gegenüber ab. Ranke VI, 263.

⁹) Huss trat gegen den von Johann XXIII. behufs eines „Kreuzzuges" gegen den König von Neapel verkündigten Ablass auf.

¹¹) Wohl ein Versehen des Abschreibers statt Wesselus, denn an Georg Witzel ist hier schwerlich zu denken.

¹²) Hieronymus Savanarola, der aus Ferrara stammte? doch ist dieser ja schon eben genannt worden.

schen indulgentien und ablas, daz man mit gelde die seelen erlösen
könte, also wen der groschen klunge im kasten, so were die seele
im himmel etc., [13]) alzu hoch und hart aufmutzte.

(II.) Das ander stucke der klage widder den babst ist, daz die
messe nicht sein könte ein opfer vor die lebendigen und todten ex
opere operato. Denn eben hiedurch wurde das leiden und blut,
sterben und verdienst Christi aufgehoben, und des priesters opfer
und werck zugeeignet, welche die grösseste gotteslesterung ist, als
je auf erden komen.

(III.) Das dritte stucke ist, daz die sacrament nicht die gnaden
bringen ex opere operato non ponentibus obicem, sondern daz wort
und sacrament sind denen nutze und werden zur seelen seligkeit
gebraucht, wen man der zusagen und den versprochenen gnaden
Christi glaubt und sich darauf verlest, wie geschrieben stehet. Es
mus der, der da fur gott wil treten, glauben. [14])

(IV.) Das vierde stucke ist, daz die einsatzung Christi im sacrament des altars gefälscht und geendert ist, also daz man nur eine
gestalt niessen und brauchen soll.

(V.) Das funfte stuck ist, daz die seligkeit der menschen stehn
in den freyen willen, in der vernunft, in die guten werke der munche
und pfaffen, in der tradition und satzunge der menschen, also daz
ein mensch könte ex puris naturalibus aus seinen naturlichen kreften
gott uber alle ding lieben. Er könte auch wol eine solche rewe
haben, daz die contrition fur sich selber vergebung der sunden erlangen möchte, wie die wissen, die der schullerer bucher gelesen
haben, und wie die erfahrung gibt, daz die munche ibre gute werck
den leuten zu vergebung der sunden und seligkeit damit zu erwerben, verkauft haben, wie mans wol beweisen kan.

(VI.) Der sechste artikel vom anbeten der heiligen, als einen
gott, wie mans nicht leugnen kan.

(VII.) Der siebende von der priester ehe, daz sie, wo sie es
theten, daruber sterben sollen, so doch sunsten der bapst, priester,
eitel unzuchtige hurer und ehebrecher sind.

Dis sind die höchsten und furnembsten puncten, die man dem
babst als dem Antichrist billich zulegt, denn daran ist er schuldig
und hat nun fast in die etzliche hundert jhar die kirchen jämmer-
lich verfuret und der menschen gewissen betrübet, also das niemand
hat können trost und ruhe haben, wen daz gesetze, der zorn und
das gerichte gottes das unruwig gewissen schrecken und verdammen,
wie Johannes Gerson ein eigen buchlein geschrieben hat, die zu
trösten, die sich entweder selbst erhencken, ermorden oder ertrencken
zu seiner zeit. Denn aus Christo war gemacht ein gestrenger richter,
und wurden an seine statt gesetzt die jungfraw Maria, die selige,
hochgelobte mutter gottes, und andere heiligen, widder ihren willen
und mit gewalt, daher man gesungen und geklungen: Maria, du
mutter der gnaden, du mutter der barmherzigkeit, schutz du uns
fur den bösen feindt und nim uns zu gnaden auf in der stunde
des todtes.

Hiewidder sind nun die schriffte vieler frommer leute gegangen,

---

[13]) Dies bekannte Dictum Tetzels findet sich in der Schrift
„Die deutsche Vigilig . . 1527“ Bl. Bb. in folgender Fassung:
„Tetzel sagt man könne ein seele ausbringen,
Wen der gülden in der aplass kist thut klingen“.
[14]) Hebräer 11, 6.

an zu fahen vom 17. jhar der mindern zal bis hieher und warlich
geschwinde, also daz auch trennungen unter denen, die den babst
angefochten, durch den teuffel gemacht, in der meinung alle den
babst zu dempfen und zu verfolgen, aber in dem process weit von
einander. Es ist auch durch diesen unsern aller gnedigsten herrn
keyser Carolum, billich Maximum, vielmals durch gespreche, colloquia,
reichstäge und andere wege und massen, auch im negsten concilio
zu Trient, ob man diese spaltung wiederumb vergleichen und zu
rechte bringen könte, versucht und vorgenommen worden.

*(Sammlung von dem Interim günstig lautenden Aussprüchen
Luthers und anderer Häupter der Evangelischen.)*
Der Luther und sein anhang haben auch anno 1530 der kay.
majtt. eine confession und apologia ubergeben, darauf die folgenden
handelungen sich alle referirt und gezogen haben, und hat D. Luther
hievon super. Galathas erstlich also geschrieben uber daz wort ecclesiis
Galatiae, anno etc. 38 [16]) ausgangen. *(Nun folgen eine Reihe Citate
aus dem Comment. in ep. ad Galatas; man findet dieselben in der
Erlanger Ausgabe I, 40 Sic et nos hodie etc.; I, 324 Papa, ego
volo tibi osculari pedes etc., 325 Interim tamen saepe obtuli . .,
326 Si vero concederet hoc; I, 139 Sic si papa exigeret hoc . .;
III, 113 Ergo leges malae sunt? . .; I, 137 Sic nos offerimus
papistis u. s. w.; II, 212 Hic dicat aliquis, und noch einige ähnlich
lautende Stellen.)*
Anno 1542 [17]) hat die kai. mtt. furst Hansen von Anhalt zu
D. Luther geschickt mit einer stattlichen Botschaft aus der chur-
fursten und marggraf Georgen von Brandenburg räthen, und ihm
anzeigen lassen, daz, wo er noch wuste radt, er wolte der kai. mtt.
nicht verhalten. Da hat D. Martinus geschrieben und geradten, wo
die kay. mtt. aus vätterlichen willen und gnedigsten bedencken vie r
a r t i c k e l uns wurde zulassen, so solten und wolten alle die, die
der Augsburgischen confession zu gethan sein und weren, daz ander
alles mit den bischofen, den man ibre obedienz wiederumb zustellen
solte, halten: 1. die justification, 2. beyder gestalt, 3. der priester
ehe, 4. und die traditiones frey etc. [18])
Desgleichen ist in der Apologia in articulo, quid sit sacrificium
bekandt für 18 jharen *(folgt die Stelle Hase libr. symb. 259, 260
quamquam nos quidem facile patimur missam intelligi juge sacrificium . . . divellenda est.)*

---

[16]) Die lateinische Ausgabe erschien zuerst 1535, die deutsche
unsers Wissens erst 1539; die lateinische Ausgabe von 1538 hatte
aber für Agricola besondere Bedeutung, weil Luthers Vorrede zu
derselben scharf polemisch gegen den Antinomismus jenes gerichtet war.

[17]) Es muss 1541 heissen. Dieselbe Berufung auf Luthers Erklärung gegen die Abgesandten von Regensburg (und zwar gleichfalls mit der fehlerhaften Jahreszahl 1542, aber mit der wohl cor-
recteren Angabe, dass jene Legation ohne Wissen des Kaisers aus-
gesendet worden) finden wir in Agricolas Vertheidigung des Interims,
die er in Berlin auf Joachims II. Anordnung aufsetzte. Zeitschrift
für histor. Theologie 1851, 362. Zur Sache selbst vergl. Köstlin,
Luther II, 535.

[18]) Diese Bezeichnung des Inhalts der 4 Artikel, von deren
völliger Vergleichung Luther Frieden und Wiedervereinigung hofft,
ist nicht richtig: vergl. Spalatini Annales bei Cyprian 629.

Von der heiligen anruffung.   D. Luther schreibt im Sermon von Johanne dem teuffer (*siehe Kirchenpostille Erl. Ausg., 1. Aufl. XV, 351: So magst du nun sprechen u. s. w.*). [19]) In der Apologia, b. von den Heiligen (*Hase 224 de sanctis etsi concedimus u. s. w. 225 faciunt ex sanctis non solum deprecatores .. honor Christi*).

Butzer in der vergleichung zu Leipzig, anno 1539: wir sollen gnug haben, ihre gedechtnis der abgestorbenen heiligen ehrlich zu halten und den herrn zu bitten, daz er ihr gebett fur uns, die ja begeren, daz wir ihnen in der ewigen seligkeit zugesellet werden, anneme und uns verleihen wolle, ihren glauben und leben trewlich nach zu folgen und ihn, wie die lieben heiligen gethan haben, in waren glauben und christlichen leben zu preisen und gros zu machen und in dem zu verharren bis an daz ende. [20])

Von gedechtnis der Todten.   D. Lutherus in seinem testament sagt (*„grosses Bekenntniss vom Abendmahl“ Walch XX, 1383 fur die todten, dieweil u. s. w., vergleiche die ähnliche Stelle Walch XI, 3174*).

Von den sieben Sacramenten.   In der Apologia (*Hase 200 Nec multum referre putamus u. s. w.*).

Von der Firmung und Oelung.   (*Hase 201 Confirmatio et extrema unctio sunt ritus u. s. w.*)   Dann die ölung, so man sie nach dem evangelio hielte u. s. w. (*aus Luthers grossem „Bekenntniss vom Abendmahl“ Walch XX, 1384, cap. 539*).

Diese ceremonia solle nicht verworfen werden. „Die Firmung, als der heilige Hieronimus schreibet ad Luciferianos, ist von dem aufkommen, da die apostel Petrum und Johannem gen Samarien sandten denen, die Philippus getauft hatte, die hände auf zu legen und uber sie zu betten, dadurch den selben der heilige geist gegeben wurde Act. 8: aus diesem, schreibt S. Hieronimus, ist hernacher in der kirchen ein solcher brauch aufkommen, daz die bischofe hinaus ein jeder auf die pfarren, so ihme befohlen, gezogen und daselbst den jenigen, so von den priestern oder diaconen getauft waren, die hände mit anruffung des heiligen geistes aufgeleget haben, welches geschach, wen solche in dem christlichen glauben genugsam unterrichtet und sich in den gehorsam der kirchen gegeben hatten, als den bettet man uber sie umb den geist der standhaftigkeit und leget ihnen die handt auf, sie dieselben [desselben] zu vertrösten und sie damit im namen des herrn zu der gemeine bestettigen. Dazu hernacher auch der chrisma gebraucht, und andere alle [allerley andere] andechtige gebrauche gehalten etc. Welchs aber alles durch die nachlässigen bischofe in gar schimpfligen und aberglaubischen missbrauch verkert worden ist. Wir aber wollen, daz diese ceremonien und brauche in der kirchen zu rechter gottseliger ubung reformiert und wieder geübt werden mit allen besserlichen solenniteten und

---

[19]) Agricola hat einen andern Ausspruch Luthers „Summa kein Christ kan dermassen fur den andern Christen bitten u. s. f.“ damit verbunden, der sich in jener citirten Predigt nicht findet.

[20]) Ein Citat aus folgender Schrift Butzers: Ein Christlich onge- | fährlich bedencken, Wie ein leidli- | cher anfang Christlicher vergleichung in | der Religion zu machen sein | möchte. | Zu Leipzig Anno M. D. xxxix. zusammen | getragen, Dabey Georg Vicel auch gewe- | sen, vnnd in alles verwil- | liget hat. — — ANNO M. D. XLV. 4°. Bl. Fij b. vergleiche Hofmann, Ref. Hist. der Stadt Leipzig 315.

rechten verstandt, zu besserung des volcks und furnemlich, weil bey
uns manniglich in der kindtheit ohne furgehenden catechismo und
selblich begeben in gehorsam der kirchen getauft wurden, denn man
dadurch den catechismum, gemeinschaft und gehorsam der kirchen
gar treffentlich fürdern möchte, es wurden auch dadurch den widder-
teuffern viel ursachen ihren irthumb den leuten einzureden abge-
schnitten." [21])

Philippus Melanchton dringet hart darauf, daz man die priester-
weihe und daz lehrampt solle unter die sacrament rechnen. [22]) Zu
dem wen das sollen sacrament heissen, die gottes befehlich haben,
so wird daz gebet und der magistrat odder weltliche obrigkeit zwey
herrliche sacrament werden etc. [23])

Gehorsam, armut und keuschheit, wo die keuschheit nicht un-
keuschheit wird, sind ubunge, die man behalten odder fahren lassen
mag, darumb könnet ihr auch die heiligen [24]) gebrauchen ohne sunde,
wie sie S. Bernhard, Franciscus und alle fromme heilige männer
gebraucht haben, und sie haben sie gebraucht umb leiblichen nutzes
willen, daz sie desto geschickter weren zu lehren und allen gott-
seligen emptern, nicht daz die werck fur sich selbst sein ein gottesdienst, der gerecht mache und verdiene das ewige leben etc.

Nachdem denn gott der allmechtige aus seinen wundergrossen
gnaden, dieweil er reich ist von barmherzigkeit, auf diesem reichstage zu Augsburg des 48. jhars aus ihrem mittel leute verliehen und
gegeben hat, welche die justification rein und lauter lehren und
herfur bringen [25]) sampt allen andern artickeln frei zu lassen einem
jederman, wie ich bald erzelen wil, und wird uns daz angebotten,
daz wir zuvor so vielmals durch bitte, flehn, muhe, arbeit und unkosten nie haben erlangen mugen, und die andern nationen, Wahlen,
Franzosen, Osterreicher, Steyerer und die vom lande uns hertzlich
geschrieben und geseufzt, itzundt zu denen, welche gott und die kay.
mtt. zu dieser vergleichung erwehlet und freylich vom himmel ver-
ordenet und versehen hat, daz sie nicht alleine was ihm zu thun
sein wolle, bedencken und ansehen wollen, sondern auch bewogen,
in was drangseliger gefengnis und beraubung des göttlichen worts
sie schweben und vertieft sein, also daz sie, wo es muglich were,
das ihnen die thür zum wort gottes möchte geöffnet werden, nicht
alleine etwas, daz ihnen tuglich sein wolte, sondern daz ihnen die
handel fur sich auch etwas schwer und unerträglich sein wolten,
umb ihrer und so viel hundert und abermal hundert tausendt seelen
zu erretten, nicht schemen wolten auf sich zunemen. So wil hiezu

------

[21]) Butzer a. a. O. Bl. Dij b. fg. Vergl. ähnliche Aussprüche
Melanchthons Corp. Ref. IV, 489. V, 584.

[22]) Apologie Hase 201, 202. Corp. Ref. V, 584, 585. XXI, 470.

[23]) Corp. Ref. XXI, 469. Förstemann, Neues Urkundenb. 365,
Anm. 4.

[24]) Die Worte „die heiligen" sind, wie es scheint, als sinn-
störend zu corrigiren; es muss dafür „die selbigen" heissen.

[25]) Hier begegnen wir noch demselben Rühmen der Rechtferti-
gungslehre des Augsburger Interims wie in Agricolas Gespräch mit
Johann von Küstrin; Ranke VI, 261. Kleinlaut sagt er dagegen in
seinem Berliner Gutachten, der Artikel der Justification sei allerdings „etwas kurz gestellet". Zeitschrift für histor. Theologie
1851, 363. Zeitschr. f. Preuss. Gesch. u. L. K. 1880, 426. 440 flg.

bewogen sein, daz man gott nicht versuche, sonderlich dieweil man
mit gott und gewissen, wie ich bald sagen wil, itzundt wol handeln
und gottseliglich etwaz nachgeben kan, zu trost und rettung derer,
die greulich und beschwerlich gefangen liegen in finsternis und in
den gezwang und stricken des tyrannen und des teuffels. [26])

(Nachweis, dass jene oben aufgeführten 7 Klagepunkte der
Evangelischen gegen den Pabst im Interim eine befriedigende Er-
ledigung fänden).

(I.) Zum ersten so wird in diesem vorgegebenen vortrag und
vergleichung der erste artickel sampt den anderen also abgethan,
daz der römische bischof, den Butzer den ersten patriarchen zu
nennen zulest, [27]) sey der oberste wegen der einigkeit der christenheit, dieselbigen zu erhalten widder die rotten und kätzereyen, das
doch der Luther in seinem testament fur unmuglich gehalten, und
daz die andern bischofe bischof sein gleich wie er aus göttlichen
befehlich, und daz ihnen den bischofen von Christo befohlen sey die
verwaltung ihrer kirchen. Item daz er sich in allen dingen halte
ad aedificationem non ad destructionem.

(II.) Zum andern so wird in dieser vergleichung aufgehoben
und gentzlich weggethan, daz die messe nicht sey ein opfer fur die
sunde, sondern allein daz sie sey sacrificium commemorativum, und
ist klar versehen, daz in grossen städten allewege derselbigen zwo
sollen gehalten werden und gesungen zwo publicae missae, eine frue
fur die arbeitenden leute, die ander umb 8 uhr fur alle menschen,
und sol der priester zu jeder zeit fur der praefation die leute erinnern, mit ihm dem priester teglich und immerdar daz sacrament
der eucharistien, daz ist den leib und daz blut des herrn zugeniessen,
wie den schon dieselbige erinnerung und adhortation dem abscheid
eingeleibet. [28]) Darumb ist sacrificium sacrificium secundum quid,
denn so es ist allein ein gedechtnis des grösten opfers am creutz,
dadurch die seligkeit einmal erworben ist, und wird hie durch nicht
aufs newe verdienet (denn Christus kan nicht noch einmal sterben),
und man dancket gott fur diese grosse barmhertzigkeit, dadurch die
natur erlöset ist und versunet, und bittet ihn, daz er des opfers einmal am creutz geschehen ewiglich zur vergebung der sunden ge-
dencken wolle, so uns am creutz erworben ist, zum schutz seiner
lieben kirchen und seinen heiligen, so wird alda nichts geopfert,

---

[26]) Auch hier versucht Agricola, das Interim mit dem Hinweis
auf einen freilich in sehr dunklen Redewendungen angedeuteten
Nutzen, den andre Nationen von der Annahme desselben haben
würden, den Evangelischen anzuempfehlen. Vor der Publication
des Interims, als noch die trügerische Hoffnung in evangelischen
Kreisen vorhanden war, dass auch die katholischen Stände aufs
Interim verpflichtet werden sollten, hatte Agricola dasselbe gradezu
als die Einführung der Reformation in ganz Europa anzupreisen
gewagt.

[27]) Butzer sagt in der oben angeführten Schrift Bl. Eij: „Under
disen höheren Patriarchen ist der Rhömisch allweg der fürnemest
gewesen". — Augsburger Interim Art. XIII.

[28]) Augsburger Interim Art. XXII und XXIV. Die Aussage
Agricolas an dieser Stelle ist sehr beachtenswerth; denn er citirt
in den Worten „daz in grossen städten u. s. f." noch den ursprünglichen nicht den von den kaiserlichen Theologen corrumpirten und

sondern alles von gott gcholet und genommen. Und wir heissen
und brauchen daz wort opfer recht ohne verletzung, wie den ge-
schriebet stehet: das thut zu meinen gedechtnis. Hieraus folget
1. das die messe kein opfer sey fur die sunde.
3.[29]) darumb verdienet die messe nicht vergebung der sunden ex
   opere operato.
4. darumb kan man sie nicht appliciren und austeilen fur die
   sunde der lebendigen und der todten.
5. darumb kan die messe nicht sein eine vergebung vor pein und
   schuld.
6. darumb kan niemand fur den andern daz sacrament empfahen,
   so wenig als einer fur den andern getauft wird.
     Darumb fallen alle privatmessen und ist der sechste artikel
itzt gemeldet im buch deutlich und klar ausgedruckt.
     (III.) Das dritte stuck ist auch aufgehoben, also daz die sacra-
ment müssen durch glauben angenommen werden und gebraucht,
sonst sind sie kein nutz.
     (IV.) Das vierde stuck stehet wie itzt von der rechten mess ge-
sagt ist, und wird frey gelassen einem jeden, doch daz man die, so
noch dis nicht gewohnet, trage als die schwachen und sie nicht ver-
damme, bis sie stark werden. Rom. 14.[30])
     (V.) Im funften stucke ist die versicherung geschehen, daz alle
ceremonien und kirchengebreuch frey sein sollen und ohne verletzung der gewissen sollen gehalten werden, und ist an diesen artickel
klar gehenckt, daz wo etwas zum misbrauch, grewel und aberglauben
gerathen were, daz mans solle hinweg thun.[31]) Und ist klar und
aber klar geschlossen, daz der mensch nach dem fall des teuffels
mancipium sey, er könne nichts den sündigen, ein kind des ewigen
fluchs und ein knecht der sunden. Und ob er wol durch die tauffe
vergebung der sunden empfange, so bleiben doch in ihm die be-
gierden und gesueche der luste, die ihn ohne unterlas anfechten und
streiten widder den geist, und kan also kein mensch, dieweil er alhie
auf erden ist, ohne sunde leben. Darauf den gefurt ist daz verdienst des leidens und sterbens und auferstehens Christi, ohne welches gnade niemand durch seinen verdienst zu gotte nahen und

---

solcher Gestalt publicirten Text. Ursprünglich lauteten die Worte,
wie ich freundlicher Mittheilung des Herrn Dr. von Druffel entnehme: debent in singulis civitatibus singulis diebus duae ad mini-
mum Missae celebrari, die Anordnung zweimaligen täglichen Messe-
haltens galt also nur den Städten, und in diesen nicht jeder einzelnen Kirche, sondern jeder Stadt als einer Gesammtgemeinde, sie
konnte wenigstens so verstanden werden; die Theologen des Kaisers
schoben aber hinter singulis civitatibus ein: *et in singulis Ecclesiis* (etiam si in vna civitate *aut loco* plures sint) quae proprios
Sacerdotes et populi illuc convenientis frequentiam habent.
     [29]) Der zweite Folgesatz fehlt in der Abschrift.
     [30]) Art. XXVI. Daselbst erscheinen freilich grade umgekehrt
die Evangelischen als die Schwachen, die man mit ihrem usus utri-
usque speciei, falls sie ihn nicht lieber aufgeben wollen, bis zur Entscheidung des Concils tragen wolle.
     [31]) Art. XXVI. „Doch wo ichts in denselbigen (den alten
Agenden), das zu Aberglauben Ursach geben möchte, eingeschlichen
wäre, das soll nach zeitlichem Rath gebessert werden".

reichen kan, und mus des leidens und gnade Christi der anfang,
daz mittel uud das ende sein der seligkeit aller menschen, und sein
die wercke nichts anders, ,denn daz gott aus gnaden coronat sua
opera in nobis.

1. Darumb fellet die gantze lahr der Schulern *(Schullehrer, Scho-
lastici)*, welche nun fast sechs hundert jhar gewehret hat.
2. Es fellet dahin, quod homo ex puris naturalibus possit deum
diligere super omnia.
3. Quod ratio deprecetur (?) ad optima, cum ante gratiam sit mancipium Sathanae.
4. Quod homo faciens quod in se est, mereatur gratiam de congruo.
5. Quod homo possit habere talem contritionem, ut sola contritio
sufficiat ad remissionem peccati.
6. Quod neque scripturis neque ratione, ut impie dixit Occar
(Occam), [12]) probari possit, opus esse gratia Dei ad promerendam
vitam aeternam.
7. Quod opera bona mereantur vitam aeternam.
8. Et statuitur in eo scripto, quod omnes traditiones in ecclesia
sint exercitia fidei et charitatis, ad membrorum aedificationem.

Im sechsten stucke ist diese mass gegeben, das nach dem ein
christ fur den andern bitten kau und gewiss ist, daz sie im himmel
fur die kirche und fur uns bitten, so mus gleichwol die mass gehalten werden, daz ihnen nicht die ehre Christi gegeben werde, und
die lahr einem jedern lehren wird, wie er den herrn selber odder
die diener ansprechen solle, wie der herr gesagt hat: wo ihr den
vatter etwas bitten werdet in meinem namen, so wil ichs euch geben.
Alleine die heiligen können wir nicht ausschliessen propter communi-
onem ecclesiae et bonorum ejus, wie ich sonsten einen lebendigen
christen anspreche: bitte fur mich. Desgleichen auch fur die todten
zu bitten, sintemal sie mit ihren seelen von der communion der
gutter Christi von uns nicht gescheiden sein und sonst weitter.

(VII.) Weitter, die priesterehe sol zu gelassen sein bis auf eines
christlichen concilij determination, und wie wol es gutt were, daz
man könte cleriken bekommen, die recht keuscheit halten und ohne
weiber sein könten, so mus man aus der nodt eine tugend machen
und ein disciplin stellen der cleriken, welche ohne weiber sein und
doch nicht keusch leben, wie auch bereit im werck, und die reformation der geistlichen schon in dieses reichstages abschiede gebracht
ist, [13]) und ist die kai. mtt. in handelung, daz die zween artickel von
beyder gestalt und der priester ehe frey sollen zugelassen werden,
und die bischofe macht haben, in utroque casu zu dispensieren. [14])

*(Schriftzeugnisse zu Gunsten der von evangelischer Seite im
Interim bewiesenen Nachgiebigkeit.)*

Und im fall, daz wir etwas hetten nachgegeben und in etzlichen
stucken weichen mussen in solcher freyheit, wie oben angezeigt, so

---

[12]) Vergl. Luther im Comm. in epist. ad Gal. I, 189: .. Scotus
et Occam, qui dixerunt non opus esse pro acquirenda gratia Dei
caritate illa divinitus donata, sed hominem posse ex naturalibus viribus elicere caritatem Dei super omnia.

[13]) Formula Reformationis, Vorlage vom 14. Juni 1548.

[14]) Vergleiche die Forderungen, die Karl V. an den Papst richtete, bei Raynaldus an. 1548, No. 45. — Gieseler, Kirchengeschichte
III, 1, 353.

were es doch nichts kegen daz grosse liecht der reinen lehr welchs
die, so zuvor aufs heftigste widder uns getobet haben und daruber
verfolgt und blutt daruber vergossen, mit uns zugleich zu ehren gott
dem vater im himmel und dem herrn Christo, zu errettung vieler
betrubten seelen und gewissen, die hertzlich darnach geschrien, zu
ausbreitung der rechten waren kirchen, zu aufnemung des evangelij,
diese lehr annemen, lehren und fortsetzen wollen. O wie gerne hette
hie Paulus Timotheum beschneiden lassen und sein haupt beschoren
und ein heidnisch gelübde gethan, in Cenchris (*Act. 18, 18*). Und
die Apostel selbst in geschichten verbieten den heiden, auf daz sie
der heiden und juden kirche in einem leibe zusammen bringen,
drey stuck, also daz sie sich enthalten sollen vom blutt, vom er-
stikten und vom götzen opfer, und setzen hinzu, dis gefelt dem heiligen geist und uns (*Act. 15, 28*), so doch alle diese drey stucke
widder das evangelium und christliche freybeit offenlich waren.
Allein umb liebe willen musten die heiden den juden was zu liebe
thun zur besserung und einigkeit, welche stucke doch mit der zeit
gefallen sein von ihnen selbst, dieweil die lahr von der freybeit
ihren freyen lauff hatte.

In der wusten lies Moyses die kinder Israel nicht beschneiden
(*Jos. 5, 5*), daz doch so hart gebotten war, daz eines jedes seel sol
ausgerottet sein vom volck, die am achten tage nicht beschnitten
wurde. Moyses hat auch den juden gegeben libellum repudij (*5. Mos.
24, 1*), welches widder gottes schöpfung und ordnung des ehestandes
war, umb ihres hertzen hertigkeit willen, daz ist umb besserung
willen, und ist doch darumb von gott nicht gestraft, als hette er
widder gott damit gehandelt.

Und was wils werden, wan der keyser itzt zufuhre, wie er wol
könte, und es ihm auch aufs heftigste geradten und von allen ständen
heimgestellt ist, daz er die restitution thette, so musten wir ja alle
den grewel, den der teuffel in die kirchen eingefuret, tollerieren
und leiden, sehen, hören und nicht dawidder mucken durfen, sonderlich wen ein jeder solte bei seiner religion bleiben bis auf ein concilium. O wehre, Herrgott, wehre und las uns dir fur dis grosse
werck, daz der kai. mtt. Gott eingibt, hertzlich danken, daz es zu
dieser vergleichung kommen muge etc. Auch wen jemand wolte
sagen, sie meinen es nicht gut, so sol man antworten mit s. Paulo,
daz es genug sey, daz Christus allerley weise gepredigt werden,
gehet die lehre, so ists am eusserlichen wenig gelegen, und ist
ohne zweiffel, wo der Luther itzund am leben were und solte nur
alleine die stucke gehören, daz zu einer solchen versamlung so
vieler nationen auf erden zu Augspurg von dem widdertheil solte
ausgeruffen und von der cantzel gepredigt werden, daz die messe
nicht ein opfer were fur die sunde, sondern nur sacrificium commemorativum oder eucharisticum, so wurde er zehen jhar fur freuden
lenger leben, denn es war ihm unglaublich zu geschehen.[**] Darumb sol man sich hutten, daz man gotte und dem heiligen geiste
nicht widderstrebe, der uns solche grosse gnade anbeut, daz wir uns
der nicht unwirdig machen und wollen auf unsern eigenen sinne
bleiben widder gottes ehre und der bruder liebe, denen wir helfen
sollen, das also wir uns zehen jhar lang sollen bescheren lassen

---

[**] Ein ganz ähnliches Dictum Agricolas über Luther s. bei
Ranke VI, 261. Zum Folgenden vergl. Luthers Brief an Buchholzer
de Wette V, 235.

und kappen tragen, odder dergleichen thun, daz nur die reine lehr möchte weiter kommen und in alle welt ausgebreitet werden.

Ich habe vertrawlich gesehen drey radtschläge, die der kay. mtt. von den ihren zugestelt worden, daz ihre mtt. aufs heftigste erinnert bey verlust des himmelreichs, des glücks, das gott ihr mtt. auf dismal gegeben, nicht aus der handt gegeben, sondern mechtiglich zugebrauchen, und die selben, derer herrn sie mit gottes hülffe mit dem schwerdt gezwungen, zu grunde auszurotten und zu vertilgen. Aber ihr mtt. hat der keinen folgen wollen, noch kan der fromme vatter und kayser Carl keinen danck verdienen, noch gehorsam von der schandwelt und unzeitigen christen bekommen. Wehe ihnen, die solche vätterliche und gnedigste fursorge gottes und ihres keysers verachten werden.

Das habe ich euch aus pflicht, damit ich euch verwandt, im eil zustellen wollen, euch damit in diesen fällen selbst zu berichten, und daz ihr ursach hettet, nach ewern hohen verstande der sachen weitter und ferner nach nodturft nach zu bedencken. Und thue euch hiemit, was euch lieb und dienst ist, und befehl mich euch vermuge unser alten verwandtnis,[56]) mit bitte, wollet solche vertrewlich und in geheim bey euch alleine behalten, wie ich mich den alles guts zu euch versehe. Dann durch diese vergleichung werden die hertzen wiederumb zusammen kommen und ohn zweifel wachsen und zunehmen, alles zu preiss und ehren gottes und zu einer christlichen einigkeit,[57]) die nun Christus leib und daz grosse haus gottes ist etc.

Anhangsweise theilen wir noch eine Nachricht Bugenhagens über die am 16. und 17. December 1548 zu Jüterbogk zwischen den Kurfürsten Moritz und Joachim geschlossene Uebereinkunft betreffs gemeinsamen Vorgehens in Sachen des Interims mit, wie sie sich in einer Handschrift der Erlanger Universitätsbibliothek (1665) fol. 164 abschriftlich findet. Bugenhagen selbst hatte an der Verhandlung nicht Theil genommen.[58]) Die Aufzeichnung muss am 19. December 1548 stattgefunden haben.

---

[56]) Das ist Bekanntschaft (Verwandter ist in Luthers Bibelübersetzung stets Wiedergabe des „notus" der Vulgata). Carlowitz und Agricola waren vermuthlich bei dem unglückseligen Türkenfeldzuge 1542, den beide mitmachten, mit einander in nähere Bekanntschaft gekommen. Vergleiche von Langenn, Carlowitz 79. Voigt, Moritz von Sachsen 41 fg. Förstemann, N. Mittheil. II, 93.

[57]) Hier scheinen die Worte *der Kirche* ausgefallen zu sein.

[58]) Flacius in „Gründliche verlegung aller Sophisterey . ." 1561, Bl Hiij b.: „D. Pomer hat sich auch zu Wittenberg hören lassen, er were darumb gen Jütterbock nicht gefordert worden, das er zur Zelle (16. November 1548) nicht alles hette wollen nach geben, desgleichen auch andern geschehen." Einen andern Bericht Bugenhagens über die Jüterbogker Vorgänge siehe bei Voigt, Briefwechsel 94, 96.

Doctor Pomeranus propria manu.

Dominus Philippus heri reversus ex Jüterboch dixit mihi: „Omnia bona refero vobis. Nihil novi actum est illic praeter illa quae in Cella concorditer promisimus. Princeps elector marchio vult se continere intra metas nostras [39]) nec ultra aliquid suscipere quam nos susceperimus in hisce Comitiis", [40]) (quo nostri hodie abie-runt et Φιλ. noster).

Haec eadem princeps Georgius ab Anhaldt mihi heri in coena, similiter et capitaneus noster, vir bonus, publice narravit, et hi om-nes dixerunt et principes et quotquot illic convenerant summe lae-tatos de hac concordia, id quod nunc certo scribimus ad multos.

Addidit et princeps Georgius, magistrum Eislebium illic dixisse: er wolte sich eher ädern und rädern[41]) lassen, den von der reinen lehre unsers evangelij weichen, et nullam mentionem alicujus contro-versiae ibi factam,[42]) sed omnes in summa pace et concordia ibi fuisse.

---

[39]) Die Bedeutung des Jüterbogker Convents bestand ja darin, dass Joachim sich bereit fand, das Augsburger Interim mit einer Aus-legung in seinen Landen zu publiciren, die es factisch dem Celle-Leipziger Interim gleichstellte.

[40]) Convent zu Leipzig.

[41]) Zur Redensart „ädern und rädern" vergl. Tischreden (Först. Binds.) IV, 128.

[42]) In Wahrheit war es zwischen Georg von Anhalt und Agri-cola zu scharfen Auseinandersetzungen über Messe und Canon ge-kommen, vergl. Corp. Ref. VII, 250. Flacius, Lauterwar Bl. C b. fg. Zeitschr. für Preuss. Gesch. u. L. K. 1880, 142 flg.

XI.

Ueber ein Eilenburger Stadtbuch.

Von

Leonard Korth.

Im Jahre 1877 gelangte in meinen Besitz ein Stadt-
buch der Stadt Eilenburg. Der Codex zählt 79 Pergament-
blätter in klein 4°; die Deckel sind von Holz, mit rothem
Leder überzogen, an den Ecken mit Messing beschlagen,
der vordere mit einem Ringe zur Befestigung des Buches
versehen. Auf den Innenseiten sind beide Deckel mit be-
schriebenem Papier (16. Jahrhundert) beklebt. Das Perga-
ment ist schlecht, vielfach geflickt, an einigen Stellen
durchlöchert. Jedes Blatt ist mit rothem Rande liniirt,
auch sonst finden sich Spuren von Lineatur.

Die Eintragungen sind ursprünglich in chronologischer
Folge von fol. 3 an gemacht, während fol. 1 ganz leer
geblieben war, fol. 2 aber die durchstrichenen Anfangs-
worte der ältesten Notiz enthält. Später sind die beiden
ersten Blätter beschrieben und die chronologische Ordnung durch zahlreiche Eintragungen über Rasuren vollständig aufgehoben. Stellenweise ist sogar mehrmals
radirt, so dass die dicke Membran durchscheinend geworden ist. Die Schrift ist meist unschön und nachlässig.

Die älteste Notiz datirt von 1403, die jüngsten Eintragungen reichen nicht über 1490 hinaus.

Im wesentlichen beziehen sich die Aufzeichnungen auf
den Besitz, auf Kauf, Verkauf, Zins und Renten. Mit ziem-

licher Vollständigkeit ist die Beamtenliste gegeben. Städtische Bauten sind häufig vermerkt. Historische Bemerkungen von allgemeinerem Interesse fehlen gänzlich, dagegen sind kleine Ereignisse des städtischen Lebens in culturgeschichtlich werthvoller Weise mitgetheilt. Besonders schätzbar erscheint eine Anzahl von Schöffensprüchen und Gerichtsprotocollen. Auch die Zollliste vom Jahre 1414 auf folio 1 fgg. liefert interessantes Material.

Ueber die Form und den Werth der Eintragungen mag folgende Probe orientiren:

(Fol. 3) Margraffe Willhelmsz eynkunfft und Bathun[1]) kauff.

1403 Also man schrybet noch Cristus gebort tusent virhundert jar dornach yn dem dritten jare so hebit sich diz buch an. Do quam der hochgeborne furste margraffe Wilhelm her kegen Ilburg und saczte do czu burgermeistere Oswalde von Bckwicz und czu em in den rad Brune Golczsmyd, Nickel Falcke, Jercke von Penczh, Rule Lazicz, Hans Doryng, Erasmus Schenkel, Matis Schroter, Heinrich Niczkaw. Yn dem jare koufften sy von der stad weyn daz dorff Batthun weder Frederiche von Waryn und Starken und myt aller syner czugehorunge und myt den czwen forwerken dor ynne und myt czwen marg geldis angevellis, die her Kunrad czu syme lybe hot und mit gerichte, czinsen, gulden, renthen, alzo der koyffbryff dorobir uzwiset, und myt allem rechte, alzo daz dorff vor aldir gelegen hat, alzo leyet is der hochgeborne furste margraffe Wilhelm Oswalde von Reckwicz von der stat wegen czu Ilburg in Hans statschribers huz czu Lypczk.

1403 Ouch wart der torm kegen der langen brucken yn dem selbin jare angegryffen und uz deme grunde gemauert biz obir daz wal.

In gleicher Weise wird über den Ankauf von Grund und Boden zur städtischen Ziegelscheune berichtet. 1404 baut man das Kaufhaus. Als Bürgermeister erscheint in diesem Jahre der 1403 unter den Rathmannen aufgeführte Bruno Golczsmyd.

Folio 3b. findet sich ein Zins- und Rentenverzeichnis, darauf folgt dann über einer Rasur eine Notiz von 1459.

---

[1]) Battauna, Dorf nördlich von Eilenburg.

Folio 4 setzt sich das obige Verzeichnis fort, darunter steht (folio 4b.): 1415 proconsulis ac aliorum consedencium electio etc. etc., und weiter über einer Rasur:

Eyn ufflauff von der gemeyne und amptman Hans von Rade.

1456   Anno dni m° cccc° lvj° proconsul Hans Snider do ist eyn uffgeloufte geschen von Hanse vom Rode eyn gleiczman czwuschin unsern mitburgern czu dem erstin uffm rathuse, do im keine macht ane lag und nicht gebeten was und uns auch schemelich und vorheitelich obir daz mul fur, ab wir unsern gnedigsten hern getruwe warn. Czu dem andirn male das uns der gleitczman vorgnant vor unsrem gnedigen hern verclagt hot, unsere mitburgere sulden im under die ogin gespeyen haben, nemlich Cleman Behme, do er uns ungutlich an tat, und sin hulffere und nachfulgere, die die unsern und Lipczschen durch die koppe slogen, also Hans Wedeman, Jurge Furstemberg, Domis Kalb und Hans Gabriel, und dos ist geschen den Dinstag noch Urbani (Juni 1).

Vorstehende Andeutungen werden genügen, um die Aufmerksamkeit des Specialforschers auf den immerhin interessanten Codex zu lenken, aus welchem zur Zeit, ausser einem Schöffenspruche, noch nichts publicirt ist.

Literatur.

————

**Beschreibende Darstellung der älteren Bau- und Kunstdenk-
mäler der Provinz Sachsen.** Herausgegeben von der historischen Commission der Provinz Sachsen. 1. Heft: Der Kreis Zeitz.
2. Heft: Der Kreis Langensalza. 3. Heft: Der Kreis Weissenfels.
Unter Mitwirkung von Dr. th. Heinrich Otte bearbeitet von G. Sommer. Halle, O. Hendel. 1879. 1880. gr. 8°. VIII. 76 SS. 94 SS.
95 SS.

Dem Vorgange folgend, welcher durch die bekannte
Statistik der Kunstschätze des Regierungsbezirkes Kassel
von Lotz und v. Dehn-Rothfelser, durch Mithoffs ähnliches Werk für Hannover und durch Franz Xaver Kraus'
„Kunst und Alterthum im Unterelsass" gegeben wurde,
hat man in verschiedenen Provinzen Preussens die seit
30 Jahren schwebende Frage einer Inventarisirung alles
künstlerisch und kunstgeschichtlich Bedeutenden in Fluss
gebracht. In Schlesien, in Pommern, in Brandenburg ist die
Arbeit in vollem Gange. Ebenso in der Provinz Sachsen,
wo die durch Beschluss der Provinzialvertretung vom 18.
November 1876 ins Leben gerufene historische Commission
es als eine ihrer wichtigsten Aufgaben erkannte, mit der
Aufnahme und Beschreibung der Kunstdenkmale in den
Regierungsbezirken Magdeburg, Merseburg und Erfurt
thätig vorzugehen. Die Ausführung dieses Beschlusses
wurde dem durch kunstgeschichtliche Arbeiten und Aufnahmen alter Bauwerke bereits bekannten königlichen Bau-
inspector Gustav Sommer unter Mitwirkung von Dr.
theol. Heinrich Otte übertragen. Drei Hefte liegen
bereits vor; die Beschreibungen der Bezirke Mühlhausen,
Schleusingen und Weissensee sollen in Bälde folgen.

Mit Recht sind die Autoren in der Anordnung des
Materials dem Vorbilde Lotz' und Dehn-Rothfelser's gefolgt. Die Namen der beschriebenen Ortschaften sind
alphabetisch innerhalb der Kreise geordnet, und auch die

Aufzählung des gefundenen Materials innerhalb derselben folgt dem gegebenen Schema, so dass man hoffen darf, dass auch ohne vorherige Einigung mit der Zeit ein von gleichen Grundsätzen geleitetes Ganze für Deutschland entstehen werde. Zu bedauern ist nur, dass die strenge Scheidung durch fett gedruckte Köpfe in den einzelnen Unterabtheilungen, wie sie in Kraus' Werk so praktisch durchgeführt ist, hier nicht Aufnahme fand, obgleich in einem Nachschlagewerke Uebersichtlichkeit doch die erste Bedingung ist. Die Illustrationen, in Zinkographie nach Handskizzen des Herausgebers angefertigt, genügen und lehren uns einen Künstler von sicherer Hand und feinem Blick für das Charakteristische kennen. Die prähistorischen Alterthümer finden keine Berücksichtigung, da für diesen Theil der Inventarisirung eine besondere von Prof. Dr. Klopfleisch in Jena bearbeitete Publikation in Aussicht gestellt wird. Dagegen erstreckt sich die Besprechung auch auf Gegenstände des Kunstgewerbes, ein Gebiet, in welchem Vollständigkeit doch wohl nur in beschränkter Weise durchführbar ist. Den Glocken ist mit Recht eine besondere Aufmerksamkeit geschenkt.

Was das bisher zu Tage geförderte, fast durchweg neue Material betrifft, so ist es zunächst kunstgeschichtlich bis auf die Bonifaziuskirche in Langensalza und die Pfarrkirche zu Weissenfels nicht von besonders hoher Bedeutung. Ueber Kloster Bosau lag uns bereits eine ältere Arbeit des Autors vor. Bei den gothischen Bauwerken hätte man entweder ein schärferes Präcisiren der Entstehungszeit gewünscht, oder doch Material hierzu. Eine Skizze der Rippenprofile und der charakteristischen Masswerkbildungen sowie der Strebepfeiler genügt meist zur Ergänzung des Grundrisses. So wird die exacte Forschung sich mit der Angabe, das Langhaus der Schlosskirche zu Zeitz stamme aus dem 15. Jahrhundert, nicht beruhigen können, so lange nicht Beweise erbracht sind. Im Königreich Sachsen wenigstens wüsste ich keinen Bau so später Zeit mit gleich kräftig profilirten Pfeilern und gleich schlichtem Gewölbnetz zu nennen. Den Anfang desselben bezeichnet hier ein decorativ reicher Stil mit Rosettenbildungen im Netzwerk (Georgskapelle zu Meissen, Schlosskapelle zu Altenburg, Kirche zu Borna etc.), die Mitte ist fast ohne jede Bauthätigkeit vorübergegangen (Hussitenkrieg, Bruderkrieg), das Ende hat durchgehend complicirte Netzgewölbe und ausnahmslos concav achtseitigen Pfeilergrundriss.

Auffallend ist ferner, dass fast gänzlich die Rococo-
bauwerke in der Aufzählung fehlen; sollte der Autor dieser
Kunstperiode gegenüber nicht den gleichen freien Blick
haben, wie gegen ältere? Es hat auch das barocke Rathhaus zu Langensalza eine etwas kurze Abfertigung erfahren.

Höchst dankenswerth ist der Eifer, mit welchem
Sommer die Steinmetzzeichen aller Perioden sammelt.
Die Vergleichung derselben wird gewiss einst für die
Kunstgeschichte bemerkenswerthe Schlüsse ermöglichen. So
kann vielleicht die Nachricht, dass das II, 36 Fig. 17—2
als an der Decke des Nonnenchors der Bonifaziuskirche
zu Langensalza befindlich mitgetheilte Zeichen sich in
Gemeinschaft mit den Minuskeln *a g* an der gleichzeitig
(1518) umgebauten Schlosskirche zu Chemnitz findet, zu
weiteren Schlüssen Veranlassung geben.

Die Bedenken, welche ich bei Durchsicht des Werkes
hatte, glaubte ich nicht zurückhalten zu dürfen. Ihnen
gesellt sich bei, dass die Angabe der vorhandenen Literatur noch nicht ausreichend ist. Aber es soll durch ihre
Namhaftmachung das Verdienst der Arbeit nicht ge-
schmälert sein, deren Umfang nur der richtig ermisst,
der selbst suchend von Ort zu Ort gewandert ist, der
die unzähligen Mühseligkeiten kennt, welche böser Wille
und Unverstand dem Unternehmen entgegenstellen. Schon
in dem Bruchtheile, der zur Zeit vorliegt, erkennt man
klar, dass Sommer der Arbeit in jeder Beziehung gewachsen ist — und hierzu gehört, neben bedeutendem
Wissen, ein feines Auge und ein Spürsinn für das Schöne,
der sich nicht erlernen lässt, sondern nur wenigen als
Feengabe in die Wiege gelegt wird.

Dem schönen Werke ist im Interesse der Kunstgeschichte ein glücklicher Fortgang zu wünschen!

Dresden.   C. Gurlitt.

Uebersicht über neuerdings erschienene Schriften und Aufsätze zur Sächsisch-Thüringischen Geschichte und Alterthumskunde.

Bachmann, Richard. Niclas Storch, der Anfänger der
  Zwickauer Wiedertäufer. Ein Lebensbild aus dem Reformationszeitalter auf Grund der in der Königlichen

öffentlichen Bibliothek zu Dresden wie auf der
Rathsbibliothek zu Zwickau vorhandenen Nachrichten.
Zwickau, Altner. 1880. 8°. 35 SS.

Eckardt, Ernst. Chronik von Glauchau. Eine historische
Beschreibung der Stadt, verbunden mit einem Jahr-
buche über die wichtigsten Ereignisse und einer Geschichte des Hauses Schönburg. Lief. 1—3. Glauchau,
Peschke. 1880. 8°. S. 1—96.

Flathe, Th. Epistolae aliquot rectorum Afranorum. Jahresbericht der Fürsten- und Landesschule Meissen 1879/80.
S. 1—17.

Fleischmann, Adolf. Zur Geschichte des Herzogthums
Sachsen-Coburg, mit besonderer Berücksichtigung der
Geschichte des Gesammthauses Sachsen und Prinz
Friedrich's Josias von Coburg-Saalfeld, kaiserlich
österreichischem und des deutschen Reiches General-
Feldmarschalls. Vorträge, gehalten im Kunst- und
Gewerb-Verein zu Coburg. Heft 1. Hildburghausen,
Kesselring. 1880. 8°. VI, 114 SS.

Gross, Arth. Die Anfänge des ersten thüringischen Land-
grafen-Geschlechts. Ein Beitrag zur thüringischen
Geschichtsforschung. Inauguraldissertation. Göttingen,
Vandenhoeck und Ruprecht. 1880. 8°. 59 SS.

Henne, G. A. Schulordnung für die Churfürstlich Sächsischen Lande vom 1. Januar 1580 im Auszuge. 2. Bericht über das Königliche Schullehrer-Seminar zu
Schneeberg. 8°. S. 3—32.

Opel. Denkwürdigkeiten des Hallischen Rathsmeisters
Spittendorf. Herausgegeben von der historischen Com-
mission der Provinz Sachsen. Halle, Hendel 1880. 8°.
XLVIII, 581 SS. (Geschichtsquellen der Provinz
Sachsen Bd. XI.)

Petzholdt, J. Der König Johann von Sachsen und sein
Hausminister von Zeschau. Wissenschaftliche Beilage
der Leipziger Zeitung 1880 Nr. 78.

Ruge, Sophus. Geschichte des Augustusbades bei Radeberg. Mit 5 photolithographischen Ansichten. Dresden,
Fr. Axt. 1880. 8°. IV, 72 SS.

Schwarzwälder, Udo. Die Leipziger ökonomische Societät.
Eine geschichtliche Skizze. Wissenschaftliche Beilage
der Leipziger Zeitung 1880 Nr. 47, 48, 50.

Tettau, Wilh. Frhr. v. Erfurt in seiner Vergangenheit
und Gegenwart. Historisch-topographisch-statistischer
Führer durch die Stadt. Zweite umgearbeitete Auflage.

Mit photographischer Ansicht des neuen Erfurter Rathhauses und einem Stadtplan. Erfurt, Villaret. 1880.
8°. 132 SS.

Werneburg, A. Die Wohnsitze der Cherusker und die
Herkunft der Thüringer. Jahrbücher der Königlichen
Akademie gemeinnütziger Wissenschaften zu Erfurt.
N. F. Heft 10. (Erfurt 1880.)

Wernicke, Ewald. Zur Geschichte der Giesserfamilie Hilger
in Freiberg. Anzeiger für Kunde der deutschen Vorzeit. Jahrg. XXVII, S. 252.

Beschreibende Darstellung der älteren Bau- und Kunstdenkmäler des Kreises Weissenfels, vergl. oben S. 284.

---

*Zeitschrift des Vereins für Thüringische Geschichte und
Alterthumskunde.* Neue Folge. Zweiter Band, Heft 2.
Jena, E. Frommann. 1880. 8°.

Inhalt: C. Wenck, Ein meissnischer Erbfolgekrieg am Ende
des 12. Jahrhunderts. (Derselbe:) Zur Kritik der Reinhardsbrunner
Historiographie. K. Regel, Einige Urkunden aus dem Hospitalarchiv
zu Gotha. G. L. Schmidt, Ungedruckte Briefe von Justus Menius.
P. Mitzschke, Schatzgräberei bei Wettaburg und in Tautenburg 1698
und 1699.

Berichtigung.

Die in v. Webers Archiv für die Sächsische Geschichte N. F.
Bd. VI auf S. 354 am Ende zu lesenden Worte: „Zu vergleichen
etc." gehören an den Schluss der Anmerkung auf S. 345.

Th. Distel.

XII.

Giovanna Casanova und die Comici italiani am polnisch-sächsischen Hofe.

Von

Friedrich August Freiherrn ô Byrn.

In der zweiten Hälfte des vorigen Jahrhunderts durch-
wanderte fast ganz Europa ein Abenteurer, der Venezianer
Jacob Casanova, ein Mann von Geist, Verschlagenheit
und geselliger Formengewandtheit, der durch eine kühne
Flucht aus dem Gefängnisse der Bleidächer von Venedig
die Welt ebenso von sich reden gemacht hat, als die von
ihm im Alter auf dem gräflich Waldsteinschen Schlosse
zu Dux unter dem Stempel der Wahrheit abgefassten
Memoiren theils durch ihren frivolen Inhalt, theils aber
auch als reichhaltige Fundgrube historischer Specialitäten
lebhaftes Interesse erregen. Ich werde mich mit diesem
Jacob Casanova, der selbstschöpferisch seinem Geburts-
namen den Namen de Seingalt hinzugefügt hat, wahrscheinlich, um in den hohen Kreisen als ebenbürtig zu erscheinen,
in welche ihn sein Abenteurerthum glücklich aus dem
niederen Stande eines mittellosen Geistlichen emporge-
hoben, nur in soweit beschäftigen, als er selbst und die
Memoiren dazu dienen sollen, die bisher unbeachtet gebliebenen übrigen Familienglieder, und insonderheit hier
die Mutter des Abenteurers, die Schauspielerin Giovanna

Casanova, einzuführen. Zugleich bemerke ich hierbei, dass ich die betreffenden familienhistorischen Stellen, welche in Bartholds[1]) werthvoller Arbeit über Casanova nur theilweise Berücksichtigung gefunden, den Memoiren selbst entnommen habe. Dass letztere bis auf einige wenige Ausnahmen Glaubwürdigkeit in Bezug auf historische Notizen verdienen, versichert nicht allein Barthold, sondern ich selbst habe sie auch durch andere Quellen bestätigt gefunden.

Ueber die Herkunft der Familie Casanova berichtet der Verfasser der Memoiren im ersten Capitel seines Buches das, was er über selbige im Gedenkbuche seines Vaters gefunden haben will. Er beginnt das Geschlechtsregister mit Don Jacob Casanova zu Saragossa, Secretär des Königs Alphons, welcher 1428 Donna Anna Palafox aus dem Kloster entführte und sie mit päpstlicher Dispensation ehelichte. Bis auf seinen Vater herab hat der Memoirenschreiber in der Ahnentafel keine ganz unrühmlichen Vorfahren zu verzeichnen gehabt; der Vater selbst aber entschlug sich der bisherigen guten Aufführung der Familie. Gaëtano Joseph Jacob Casanova verliess im Alter von 19 Jahren das elterliche Haus, wandte sich einer Schauspielerin zu Liebe als Geiger, Tänzer und Schauspieler der Bühne zu und heirathete zu Venedig, als er sich daselbst am Theater St. Samuël befand, 1724 die Tochter der Schuhmacherseheleute Hieronymus und Marzia Ferusi, Zanetta Ferusi, welche ungefähr 1709 geboren war. Die Eltern hatten die Ehe erst dann zugegeben, als die Zusage vorlag, dass die Tochter das Theater nicht betreten solle. Aus dieser Verbindung sind folgende sechs Kinder entsprossen: 1) Jacob Casanova, der Memoirenschreiber, geboren zu Venedig am 12. April 1725, gestorben im Schlosse zu Dux in Böhmen am 4. Juni 1798; 2) Franz Casanova, der Schlachtenmaler, geboren zu Lissabon (oder London) 1727, gestorben in der Brühl bei Wien am 8. Juli 1805; 3) Johann Baptist Casanova, Professor an der Kunstacademie zu Dresden, geboren zu Venedig am 2. November 1728, gestorben zu Dresden am 8. December 1795; 4) eine Tochter, welche als Kind starb; 5) Maria Magdalena Augusta (M. M. Antonia) Casanova, geboren 1732, seit 16. Februar 1787 Witwe

---

des Hoforganisten Peter August zu Dresden, gestorben daselbst am 10. Januar 1800; endlich 6) ein Sohn, Posthumus, dessen Taufnamen der Memoirenschreiber nicht angiebt; er war geistlich geworden, lebte armselig vom Messelesen und dem Unterrichte im Französischen und ist ungefähr 1783 zu Rom verstorben.

Bald nach der Geburt des ersten Knaben hatte sich das Ehepaar Casanova nach Lissabon begeben, wo Zanetta dem Versprechen, nicht zur Bühne zu gehen, untreu wurde, indem sie daselbst auftrat. Im Jahre 1728 kehrte dasselbe mit dem inzwischen geborenen Sohne Franz nach Venedig zurück, wo der Knabe Jacob in grossmütterlicher Obhut verblieben war, und das Künstlerpaar scheint daselbst bühnenthätig gewesen zu sein, bis der Tod des Gatten, der ungefähr 1733 erfolgt sein wird, die Witwe nöthigte, das besser zahlende Ausland zu Verwerthung ihres Talents aufzusuchen. Der Sohn berichtet, seine Mutter habe sich im Jahre 1736 einer Schauspielergesellschaft angeschlossen, welche an den Hof der Kaiserin Anna nach St. Petersburg berufen gewesen sei, während sie ihre Kinder in Venedig zurückgelassen gehabt habe, sie sei aber schon 1737 wieder heimgekommen, als eben für den polnisch-sächsischen Hof eine italienische Schauspieler- und Sängertruppe dort angeworben worden sei.

Der sächsische Hof, seit langer Zeit durch Kunstsinn ausgezeichnet, hatte bereits im siebenzehnten Jahrhunderte neben der italienischen Oper auch das italienische Schauspiel, die Comedia dell' arte, gepflegt; Tomaso Ristori hatte schon in den Tagen Kurfürst Johann Georgs III. von Sachsen an dessen Hofe als Impresario fungirt, hatte denselben auf Reisen, z. B. nach Holland, begleitet und war unter den Nachfolgern desselben in Dresden kunstwirksam verblieben. Ganz besonders der kunstsinnige Kurfürst Friedrich August I. unterhielt seit dem Anbeginn seiner Regierung zeitweilig italienisches Schauspiel, in dessen Darstellungen er angenehme Reminiscenzen an seinen venezianischen Aufenthalt empfand.

Man begegnet dergleichen zeitweiligen Engagements zu verschiedenen Regierungsepochen dieses prachtliebenden Fürsten, welche, nachdem derselbe König von Polen geworden, fast ständig geblieben sind. Besonders trat dieser Fall ein, als nach Wiedergewinnung Polens die Herrschaft des Königs dort wieder festeren Fuss gefasst hatte und er an eine luxuriöse Hofhaltung in Warschau denken

konnte, zu der ein italienisches Theater nach damaligen
Culturbegriffen nothwendig gehörte.

Aber auch für Dresden war der König besorgt, demselben den Genuss der Comici italiani zu gewähren. Als
er 1708 in den Niederlanden war und eine neue Theater-
gesellschaft von Sängern, Schauspielern und Tänzern dort
engagirt hatte, liess er den Architekten Karcher[*]) mittelst
Rescripts aus dem Hauptquartier Abtei Loos vom 17. November antreiben, in Dresden das „kleine Theatrum bey
der Redoute allernächst von des Geh. Cämmeriers Litkens
Wohnung", welches mit Logen versehen war, derart her-
zustellen, dass 14 Tage nach Neujahr darin gespielt werden könne. Auch wurde der Hofmaler Frietzsche angewiesen, die alten Decorationen dazu „accomodiren" zu
lassen.

Ueber die damalige Gesellschaft italienischer Schauspieler, welche eine Zeit lang im Dienste des Hofes zu
Dresden verblieb, kann in Ermangelung von Nachrichten
näheres nicht berichtet werden.

Im Jahre 1714 am 2. September liess der König
dem Geheimen Cämmerier Angelo Constantini zu erkennen
geben, dass er gern wieder „une troupe de comédiens
italiens" haben möchte, nachdem sein Hof einige Zeit
dieses Vergnügens entbehrt hatte. Der Kammerrath
Steinhäuser wurde aus Warschau angewiesen, dem „Sieur
Ristori dit Covielle, Comédien de S. M. le Roy de Po-
logne, présentement à Venise" 4000 Kaisergulden als
Reisegeld für sich und die von ihm gesammelte Truppe
zur Reise nach Sachsen zu übermitteln. Ristori hatte
eine sehr zahlreiche Gesellschaft zusammengebracht,
welche schon im Oktober 1714, ein jedes Mitglied mit
einem venezianischen Gesundheitspasse versehen, von
Venedig aufbrach und mit Fuhrleuten über Wien und
Prag nach Sachsen zog. Bei Fürstenwalde wurde die
sächsische Grenze überschritten, und schon glaubten die
Künstler sich ihrem Ziele nahe, als sie in Dresden den
königlichen Befehl vorfanden, nach Polen in das Hoflager,
zunächst nach Posen, und sodann im Gefolge des Königs
nach Warschau weiterzureisen.

Von dem Personale, das damals aus Italien angekommen, wurde nur der geringste Theil behalten.

---

[*]) K. Hauptstaatsarchiv zu Dresden. Loc. 383. Varia des Theaters
1680—1784.

Von diesen Künstlern sind folgende hervorzuheben, die auf lange Zeit Mitglieder der italienischen Hofbühne gewesen sind. Zum Director derselben wurde abermals Tomaso Ristori bestimmt, von dem der noch vorhandene Pass sagt, derselbe sei 54 Jahre alt, habe hellbraunes Haar und propre Kleidung, roth mit Gold eingemacht. Er war von seiner „Ehewärthin“, der 58jährigen Cattarina Ristori, seiner 18jährigen Tochter Maria und dem 22jährigen Sohne Giovanni begleitet, der in späterer Zeit für die Dresdner Oper von Wichtigkeit werden sollte. Damals waren auch der Bologneser Carlo Malucelli, der „Dottore“, Filippo de Fantasia, der „Valerio“, dessen Ehefrau Rosalia de Fantasia, welche auch in der Oper mitwirkte, und Carlo Marchesetti, „qui jouait le rôle d'Arlequin“, und ·der für das Theater in Warschau eine Zimmerdecoration malte, zu langjähriger Mitgliedschaft erworben worden. Die jährliche Gage der Gesellschaft betrug 8000 Kaisergulden. Die ungenügenden Mitglieder derselben wurden nach Ablauf des dreijährigen Contracts entlassen, und zu ihrem Ersatz ging Ristori 1717 wieder auf Werbung nach Italien, von woher er einige bedeutende Künstler nach Warschau brachte. Es waren diese: Andrea Bertoldi, [1]) der „Pantalon“, Mariana Bertoldi, die „Rosette“, und Natale (Natalino) Bellotti, der „Arlecchino“, welche mit den bereits vorhandenen ein reichhaltiges Repertoire von Stegreifspielen und, unter der Leitung des Sohnes Giovanni Alberto Ristori, [2]) Pastorellen und Intermeden (Intermezzi), zunächst in Warschau, zur Aufführung brachten.

Als der König vorhatte, auch der sächsischen Hauptstadt seine trefflichen Comici italiani vorzuführen, liess er mittelst Rescripts vom 20. December 1717 dem Architekten Mauro Aenderungen an dem „Théâtre de la Redoute“

---

[1]) Andrea Bertoldi und dessen Ehefrau Mariana sind die Eltern des „Arlecchino“ Antonio Bertoldi, welcher 1762 als „Secretair Bertoldi“ vorkommt und von dem Jacob Casanova bemerkt, derselbe, der frühere Liebling der Kurfürstin von Sachsen (Königin von Polen) als Arlequin, sei in Italien der Führer dort reisender Sachsen gewesen. Er wohnte, beiläufig erwähnt, 1737 in Dresden in der Neustadt auf der Hauptstrasse und starb 1787. Der Sohn desselben, Andrea Bertoldi, der spätere Unternehmer der italienischen Oper zu Dresden, ist daselbst am 14. Mai 1822 verstorben. Einer dieser Bertoldis liess durch den Festungsmaurermeister Johann Gottfried Lohse die sogenannte Nudelmühle auf der Ostraallee erbauen.

[2]) Giovanni Alberto Ristori starb zu Dresden 1753, 47 Jahre alt.

anbefehlen, die zur Vergrösserung des Zuschauerraums und
zur Bequemlichkeit der Künstler dienen sollten; für letztere wurden getrennte Ankleidezimmer angelegt, für den
König ein Durchgang nach dem Wall angebracht, der
Zugang vom Saale zur Bühne aber abgesperrt. Am
20. Februar 1718 traf die Gesellschaft aus Warschau in
Dresden ein, wo sie bis 1732 ihren hauptsächlichsten Aufenthalt hatte.

Wenn auch König August II. persönlich dem französischen Schauspiele, das er gleichzeitig mit dem italienischen an seinem Hofe unterhielt, den Vorzug gab, so
litten doch die Comici italiani keineswegs unter der persönlichen Geschmacksrichtung des Souveräns, vielmehr
erfreuten sie sich immerfort seiner Gunst. Besonders betraf diese den alten Ristori, der z. B. am 20. März 1717'
als „Chef de la Troupe Italienne tant pour faux fraix
dans son voyage que pour autres pertes et dépenses
extraordinaires" ein königliches Gnadengeschenk von 269
Speciesthalern erhielt.[5])

Hervorragend war die Mitwirkung der Künstler, als
am 15. August 1718, dem Namenstage der Gräfin Dönhoff, in Moritzburg ein glänzendes Fest stattfand, von
dessen Schlusse eine der französischen Kunstpartei an-
gehörende Feder schreibt: „Le soir on soupa dans une
grande salle, la table était en fer à cheval et au bout il
y avait un petit théatre, où les comédiens italiens jouèrent
un opera de leur façon." Bei den Vermählungsfesten des
Kurprinzen Friedrich August mit der Erzherzogin Maria
Josepha von Oesterreich (1719), in der von Poisson arran-
girten „Mercerie" im Stallhof und dessen Sälen waren die
Italiener unter Giovanni Alberto Ristoris musikalischer
Leitung theils als Marionetten, theils als Verkäufer in den
Buden betheiligt. Im Sommer 1721 spielte die Gesellschaft in Pillnitz,[6]) „wobey die Cadets und Jagdmusik
hat beym Tanz und Comoedie die Aufwartung", und auch
in demselben Sommer, während des Badeaufenthalts des

---

[5]) Ein sonst nicht weiter genannter italienischer Komödiant,
Johann Carl Philipp Molteno, der 1724 zu Dresden starb, war die
erste Leiche, welche auf dem katholischen Friedhofe zu Friedrich-
stadt-Dresden, später „I. M. der Königin Freudhof" genannt, be-
erdigt wurde. Bisher waren die in Dresden verstorbenen Katholiken
nach Mariaschein, Ossegg oder nach Marienstern abgeführt worden.

[6]) An einem Schlosseingange daselbst war 1721 folgende Ueberschrift zu lesen:

Königs in Teplitz, daselbst in einem Saale des gräflich Claryschen Schlosses. Endlich haben die Italiener 1730 während des Zeithainer Lustlagers Vorstellungen in dem beim Dorfe Streumen erbauten Opernhause gegeben.

Am 10. April 1732 wurde das gesammte italienische Schauspielerpersonal, bis auf Malucelli († 1747, 97 Jahre alt), Bellotti und das Ehepaar Bertoldi entlassen, wobei auch der nunmehr 72jährige Tomaso Ristori und dessen 70jährige Ehefrau vom Schauplatz abtraten.

Die Unterhaltung der Gesellschaft hatte bisher jährlich 5333 Rthlr. 8 ggr. erfordert, nach der Entlassung derselben minderte sich der Etat in der Art, dass das Ehepaar Bertoldi 1400 Kaisergulden, Bellotti 600 Kaisergulden und Malucelli 500 Kaisergulden jährlich erhielten. Das Loos der letzteren beiden scheint ein trauriges gewesen zu sein: Natale Bellotti führt in einer Eingabe seine 17 Jahre lang als Arlecchino gehabten Verdienste als Motiv zu einer Versorgung, und wenn es eine Portierstelle wäre, an. Er und der mit zahlreicher Familie gesegnete Malucelli wenden sich öfters an die Gnade des Königs um Hilfe in der Misère, und der Directeur des Plaisirs bezeichnet in einer Eingabe vom 11. Februar 1734 den Arlecchino (Bellotti) und den Docteur (Malucelli) als „fort endettés". Andrea Bertoldi, ein speculativer Mensch, der z. B. während des Zeithainer Lagers zwanzig Tage lang eine einträgliche Tombola gehalten hatte, scheint in diese Zeitnöthe nicht so sehr verwickelt gewesen zu sein; er hatte den Hof für sich in der Weise zu interessiren verstanden, dass auf seinen Vorschlag in Abwesenheit des Königs in Warschau die Dresdner italienischen Schauspieler im Carneval 1735 „dans la première antichambre de ses appartements de parade" des Dresdner Schlosses vor den Prinzen und Prinzessinnen Vorstellungen von kleinen Divertissements und Intermezzis gaben, welche Giovanni Alberto Ristori

---

C'est içi le séjour des jeux et de l'adresse,
Entrez vous qui fuyez la molle oisiveté,
Contre elle dans ces lieux on est en sureté,
Ne craignez ni l'ennuy ni la sombre tristesse.

Im Schlossgarten daselbst befand sich ein Naturtheater, welches am 3. August 1721, dem Augustus- und Ordenstage des weissen Adler-Ordens, mit einer „sinnreichen und lustigen französischen Comoedie" Nachmittags 5 Uhr eingeweiht wurde.

leitete. Diese Beschäftigungen erleichterten zeitweise die
bedrängte Lage der Künstler.

Ueber das Repertoir der Comici italiani zu der eben
besprochenen Epoche etwas näheres aufzufinden, ist mir
nicht gelungen, ausser dass die Titel der aufgeführten
Stücke ziemlich genau und vollständig aufbehalten worden sind, deren Anführung ich übergehe, da von keinem
sich das „Argomento" erhalten hat. Die Comedia dell'
arte, das Nationaldrama der Italiener, obwohl sie als
Modesache sich einer grossen Verbreitung über die Haupt-
culturstätten des eleganten Europa zu erfreuen hatte,
stand in ihrer durch stehende Masken festgestellten Form
dem für Oper und Drama durch die italienischen Musiker
und die französischen Dramatiker in steter Fortbildung
begriffenen Geschmacke in seltsamer Weise gegenüber.
Vom italienischen Volksgeiste zur Entwickelungsperiode
dieser geistreich lebendigen Nation gebildet, war diese
dramatische Darstellungsweise, unberührt vom Hauche
ändernder Einflüsse, so wie sie in der Heimath bestand, an
das Ausland abgegeben worden, im Rahmen einer vor-
geschriebenen Fabel sich bewegend, welche durch die
einzelnen Masken zur Anschauung gebracht wurde. Die
Ausführung geschah unter Zugrundelegung eines novel-
listischen Stoffes vermöge der Improvisationen seiten der
Darsteller, deren Kunst es war, die Freiheit der Rede
mit Witz, Komik und sonstigen Requisiten des nationellen
Esprits zu üben. Das heitere Genre war der Grundton
und gab den Künstlern die Bezeichnung als Comici
italiani. Diese Lustspielfiguren waren aus Kindern der
verschiedenen italienischen Städte in der Weise zusammen-
gewählt, dass z. B. die Figur des „Dottore" nur von einem
Bologneser, und zwar des Dialekts wegen, gegeben wurde,
der „Pantalone" konnte nur von einem Venezianer, die
„Colombine" nur von einer Venezianerin mit Erfolg dargestellt werden. Diese Stegreifspiele erforderten seiten
der Schauspieler eine Grazie und Lebhaftigkeit des Geistes,
eine Komik und Freiheit der Action, wie sie nur das
romanische Element, ohne abzustossen, hervorbringen
kann, seiten der Zuschauer aber die hingebendste Auffassung des italienischen Charakters. Denn nur damit
vermag man es zu erklären, dass ein Versailler, ein
Wiener, ein Dresdner Zuhörerkreis von den im Feuer der
Improvisation vorgebrachten Lazzis nicht abgestossen
wurde, so wie dass sittenstrenge und hochgebildete

Frauen, wie die Königin Maria Josepha, solche Aufführungen von den Italienern mit Beifall, wie versichert wird, ansahen, während dasselbe Publikum einer deutschen Vorstellung gleichen Gemächtes gewiss missbilligend den Rücken zugekehrt haben würde. [*])

Von den eigentlichen Stegreifkomödien hat sich eine Aufzeichnung nicht erhalten, die gedruckten Reliquien dieser Darstellungsart gehören einer späteren Epoche an, in welcher die Italiener begannen, auf der Hofbühne zu ihren nationellen Improvisationen Stücke der vaterländischen Literatur hinzuzufügen, auch die Musik für die Intermezzi und kleine Anfänge der komischen Oper zu Hilfe zu nehmen.

Nach dem Tode König Augusts II. hatte der sächsische Hof seine Gunst wieder in stärkerer Weise der italienischen Kunstrichtung zugewendet, und König August III. und die Königin Maria Josepha empfanden das Bedürfnis der Wiederherstellung des italienischen Schauspiels in ihren Residenzen. Man beschloss daher zu den in Dresden noch vorhandenen Künstlern durch Andrea Bertoldi in Italien die noch fehlenden Charaktermasken anwerben zu lassen. [*]) Unter Beihilfe des sächsischen Residenten zu Venedig, Grafen de Villio, wurde die Truppe gegen Ende des Jahres 1737 gesammelt und gelangte im Anfang 1738 nach Dresden. Dieselbe bestand aus dem Ehepaare Isabella und Bernardo Vulcani, dem Ehepaare Gerolima und Antonio Franceschini, Paolo Carexana und der Witwe Casanova, welche letztere ihren provinziellen Taufnamen „Zanetta“ in den hochitalienischen, schöner klingenden „Giovanna“ umgewandelt hatte. Ihr damals zehnjähriger Sohn Johann kam mit ihr nach

---

[*]) Lady Montague schreibt am 1. Januar 1707 über das italienische Schauspiel aus Wien: „Il y eût hier au soir Comédie Italienne à la cour, les decorations étaient jolies, mais la pièce une farce d'un si bas comique, sans esprit et sans plaisanterie, que je fûs étonnée que toute la cour restât là comtamment pendant quatre heures entières pour écouter avec attention des plattitudes.“ Freilich ging in Wien der Reiz verloren, der in Dresden geboten wurde, da die Frauenrollen von Männern dargestellt wurden, worüber die Lady hinzufügt: „On ne souffre point de femmes sur le théâtre, et les acteurs qui les représentent, habillés comme elles, sont des figures si grotesques que le spectacle en était de beaucoup plus ridicule.“ Lettres de Mme. Wortley Montague (Berlin 1764) 58 ff.

[*]) K. Hauptstaatsarchiv zu Dresden. Loc. 907. Italienische Komödianten betreffend.

Dresden. Sie vertrat in der Gesellschaft als „Rosaura"
die Liebhaberin und wirkte, wie aus vorhandenen Ueberlieferungen hervorgeht, auch in der Operette mit. Kritische
Bemerkungen über sie sind aus jenen Anfangszeiten wohl
schwerlich vorhanden; die Zeitliteratur nahm keine Notiz
von dieser Kunstrichtung.

Das Eintreffen der neuen Italiener fällt mit dem Zeit-
punkte der Entlassung des Kabinetsministers Grafen Sul-
kowski aus sächsischen Diensten zusammen, dem bei der
Wiederbelebung der italienischen Bühne zu Dresden sein
verdienstvoller Antheil wohl dankbar anzurechnen ist.
Sein Nachfolger, Graf Brühl, der Förderer in allen Kunst-
sphüren, gewährte unter Entfaltung persönlichen Interesses
für die seiner Direction in höchster Stelle unterstehende
Kunstrichtung gleichfalls seine Gunst, und als Ausfluss
dieser Neigung darf man wohl die vieljährige Beibe-
haltung der Comici italiani in Dresden betrachten, in
deren beifälliger Würdigung sich der Geschmack des
Königspaares mit den Intentionen des Premierministers
vereinigte.

Kapelle, Oper, Schauspiel und Ballet unterstanden den
Befehlen des Directeur des Plaisirs, welche Hoffunction
damals der Kammerherr von Breitenbauch*) ausübte.
Seine Wirksamkeit war indessen eine sehr beschränkte,
da eine Anzahl Autoritäten sich, vielleicht oft mehr aus
Liebhaberei als aus Kunstverständnis, in die theatralischen
Angelegenheiten einmischte. Ganz vorzüglich galt das
für die italienische Oper, welche der Kapellmeister Hasse
mit seinen Tonschöpfungen absolut beherrschte und deren
erste Gesangspartien damals ausschliesslich in den Händen
der Frau desselben, der genialen Faustina, und zwar
meisterhaft dargestellt, sich befanden. Der eigentliche
Impresario der Oper aber war niemand geringeres, als
die Königin Maria Josepha selbst, welche, unterstützt und
beeinflusst von dem Hasse'schen Ehepaare, die höchste

---

*) Heinrich August von Breitenbauch, königlich polnischer und
kursächsischer Gebeimer Rath, Kammerherr und Directeur des
Plaisirs, geboren zu St. Ulrich am 3. August 1606, Herr auf Bücha,
Skortleben und Oehlitz, vermählte sich am 22. Oktober 1727 mit
Sophie Auguste von Schönberg aus dem Hause Wilsdruff und starb
zu Paris am 18. Juni 1747. Herr von Pöllnitz sagt von ihm: „Son
bon goût et la connaissance de la musique lui ont valû la direction
des plaisirs du Roi." 1728 stellte er bei einem Divertissement
den „Dieu de la Vistule" dar.

Direction in dieser Kunstangelegenheit führte. In den Gemächern der Königin wurden die ersten Proben der aufzuführenden Opern abgehalten, der Theaterdichter Stefano Pallavicini und wer sonst durch sein Amt Zutritt hatte, wurde zu denselben hinzugezogen, bei denen auch der kunstsinnige und musikalisch gebildete König August III. selten fehlte. Spuren, dass auch das italienische Schauspiel sich des so tief und so praktisch eingreifenden Interesses seiten des Hofes zu erfreuen gehabt habe, als die Oper, liegen nicht vor. Es ist nicht glaublich, dass in einer Zeit, wo der Schauspieler durch die Kluft der Standesvorurtheile und sogar der Religion von der übrigen Menschheit noch geschieden gehalten wurde, der Hof zu Gunsten der Comici italiani die Ausnahme wiederholt hätte, welche er aus Rücksicht auf die Höhe des Kunststandpunktes, den die Sänger, obwohl diese auch Bühnenkünstler waren, in seinen Augen einnahmen, denselben ganz exceptionell einräumte. Von Proben der Schauspieler in den königlichen Zimmern ist nie eine Erwähnung und von einer Protection, wie sie die Operisten genossen, keine Spur zu finden. Der Hof und die Hofgesellschaft sahen die Comici italiani nur immer auf der Bühne. Der Schauplatz der Aufführungen in Dresden war, seit das kleine Gebäude an der Redoute dem Zwingerbau hatte weichen müssen, theils interimistisch in Schlossräumen, in denen zeitweilig bis 1746 gespielt wurde, theils von 1719 an im grossen Opernhause abwechselnd mit dem sogenannten kleinen Theater im Zwinger, das im Jahre 1748 abbrannte.[10]) In Warschau erhielt die Gesellschaft 1748 statt einer älteren untauglichen Bühne ein neues Komödienhaus.

---

[10]) In dem Kupferwerke über die Festlichkeiten des Septembers 1719, zu dem Fehling die Zeichnungen angefertigt hat, findet sich eine Abbildung der Bühne, auf der bei der am 20. September im Zwinger stattgehabten „Mercerie" die italienischen Komödianten gespielt haben. Ausser dieser Darstellung habe ich etwas bildliches über das italienische Theater nicht aufgefunden, auch vergeblich danach gestrebt, von demselben Decorations- oder Kostümbilder aufzufinden. Ueber einzelne Kostüme der Italiener giebt Marpurg in den historisch-kritischen Beiträgen V, 291 die dürftige Notiz: „Scaramutz erscheint allezeit in einem schwarzen Kleide, Harlequin dagegen immer in einem bunten Kleide." Sehr wahrscheinlich ist, dass unter den vielen Kostümen welche König August II. zu verschiedenen Zeiten aus Paris, z. B. 1718 durch Herrn v. Montargon, kommen liess, sich auch Komödienkleider befunden haben.

Es ist bemerkenswerth, dass in der langen Zeit des
Bestehens italienischen Schauspiels in Dresden, beziehentlich in dem frivolen Warschau nirgends eine Spur von
Excessen unter den Gesellschaftsmitgliedern sich vorfindet;
sie scheinen unter sich auf gute Polizei und, was in
jener Zeit eine Seltenheit bei Komödianten war, auf Sitte
und Ordnung gehalten zu haben; die Frivolität ihres Re-
pertoiregenres scheint nicht auf ihr Privatleben eingewirkt
zu haben.

Das schöne Dresden, welches schon seit langen Jahren
der vornehmste Schauplatz des geschmackvollen Luxus
und der edelsten Künste war, bot den ankommenden
italienischen Künstlern fast vollen Ersatz für die verlassene Heimath, indem sie daselbst zahlreiche Landsleute
vorfanden, welche der Hof für seinen Bedarf herbeige-
zogen hatte, so dass in Dresden, wo, besonders in der
Kapelle und im Ballet, auch die französische Nationalität
stark vertreten war, fast eben soviel italienisch als französisch und deutsch gesprochen wurde. Seit der Thronbe-
steigung König Augusts III. hatte das Italienische am
Hofe vermöge des Königs und der Königin Maria Josepha
von Jugend auf gepflegter Vorliebe für italienische Kunst
und italienische Künstler bedeutende Geltung erlangt.
Das grosse Opernhaus war der Centralpunkt der italienischen Kolonie, dessen Opernrepertoire der grosse Hasse, [11])
dem der Wiener Abbé Metastasio oder der Dresdner
Operndichter Stefano Pallavicini die Texte lieferten, mit
italienischer Inspiration in meisterhaften Tonschöpfungen
fast ganz allein beherrschte und erfüllte. Seine unver-
gleichliche Gattin Faustina, zu dieser Zeit auf der Höhe
ihrer Vollkommenheit stehend, die Sopranistinnen Maria
Santina Cattaneo, Anna Negri, Rosa Maria Negri, die
Contraaltistin Margherita Ermini, sowie die Soprane Ven-
tura Rocchetti und Giovanni Bindi, [12]) die Contraaltisten
Nicolo Pozzi und Domenico Annibali bildeten mit der ausgezeichneten Kapelle ein Ensemble, wie es damals kein
zweiter Hof Europas aufzuweisen hatte. Hierzu kam,
dass der Architekt Gaëtano Chiaveri den' Bau der katho-

---

[11]) Hasse wohnte 1737 in Dresden am alten Markte im Cöllni-
schen Erkerhause.

[12]) „Le leste, l'officieux petit Bindi" wird er in einem Briefe
des Cabinetsministers Grafen Wackerbarth-Salmour an den P. Guarini vom 12. September 1744 genannt.

lischen Hofkirche begonnen hatte, in dessen Nähe für die
ausländischen Arbeiter das sogenannte italienische Dörfchen entstand, und dass in der katholischen Hofkapelle
am Taschenberg Pater Guarini durch Kanzelvorträge in
italienischer Sprache für die kirchliche Erbauung seiner
Landsleute sorgte. Im Laufe der Jahre sollte Italien noch
mehr in der Kunst hervorragende Namen nach Dresden
senden: den Kapellmeister Nicolo Porpora, die Sängerinnen
Mingotti [13]) und Albuzzi-Todeschini, [14]) die Maler Pietro
Conte Rotari und Stefano Torelli, den Bildhauer Matthi-
elli, den Decorateur Servandoni, wogegen die Dresdner
Kunst stolz darauf sein durfte, in Anton Raphael Mengs
und Johann Winckelmann ihre hoffnungsvollsten Jünger
als Gegengaben über die Alpen ziehen zu sehen.

Das erste Auftreten der neuen Gesellschaft vor dem
Hofe scheint bei der Gelegenheit der Procurationsver-
mählung der Prinzessin Maria Amalia von Polen und
Sachsen mit dem Könige Don Carlos von Neapel am
12. Mai 1738 Nachmittags zu Pillnitz stattgefunden zu
haben. Ein Referat über diese Vermählung, welche das
Dresdner königliche Oberhofmarschallamt aufbewahrt,
sagt über die betreffende Aufführung, dass bald nach der
am 12. Mai Nachmittags 4 Uhr erfolgten Ankunft des
Hofes derselbe sich in die Komödie begeben habe. Es
sei das Stück „La maggior gloria d'un grande è il vincer
sestesso, osia l'invidia alla corte“, von dem sich nichts als
der Titel erhalten hat, „von den dorthin beordneten Koenigl.
Italienischen Comoedianten, welche nur kürzlich durch
etzliche neuangekommene verstärkt worden, auf einem
offenen grünen Garten - Theatro präsentiret“ worden.
Sämmtliche nach Pillnitz befohlene Künstler der Kapelle,

---

[13]) Das Pastellbild der Cattarina Regina Mingotti, gemalt von
Anton Raphael Mengs, befindet sich sub Nr. 7 der Pastellbilder in
der K. Gemälde-Gallerie zu Dresden.

[14]) Die Sängerin Teresa Albuzzi-Todeschini galt als „Prima
Donna an mehr als einem Orte“, als die Geliebte des Premier-Mi-
nisters Grafen Brühl, der für sie neben dem Wilsdruffer Thore,
rechts auf dem Walle, eine Rotunde hatte erbauen lassen, welche
das Volk der Albuzzi Büchse nannte. Nach dem Ausbruch des
siebenjährigen Krieges war sie in Dresden zurückgeblieben, bis sie
sich im Dezember 1758 mit ihrer Mutter, ihren zwei Kindern und
ihrem Ehemanne, dem Hoflieferanten Antonio Schreyvogel-Todeschini,
nach Mailand begab. Sie ist am 23. Mai 1760 zu Prag im Gasthofe
zum Einhorn nach langer Krankheit gestorben und am Abend des
25. Mai daselbst bei den Kreuzherren zur Erde bestattet worden.
Der Witwer lebte noch 1766 zu Mailand.

des Ballets und des Schauspiels, die Italiener einschliess-
lich der Bedienung 17 Personen, waren nach dem Lust-
schlosse von Dresden aus auf der Elbe in „Dreckschuyten"
befördert worden. Die Witterung war ungünstig; es
wurden sowohl die Acteurs, als die Zuschauer „etwas nass".
Auf das Stück folgte ein Ballet, und zum Schluss gab in
einem Saale der königliche Kammermusikus Pantaleon
Hebenstreit auf dem von ihm erfundenen und nach ihm
benannten kunstreichen Hackebrett ein Concert. Auf die
Hoftafel folgte ein durch die regnerische Witterung
ziemlich verdorbenes Feuerwerk auf der Elbinsel, dem der
Hof von dem Wasserpalais aus zuschaute. Sämmtliche
Künstler vom Theater wurden am Abend, fast an hundert
Personen, im Schlosse gespeist und für die Nacht im sogenannten französischen Dorfe untergebracht. Soviel
Raum auch Schloſs Pillnitz schon damals bot, so reichte
er doch nicht hin, so viele Gäste zu beherbergen, so dass,
sagt das Hofjournal, „viele in denen hinter dem Garthen
nach denen Bergen zu aufgeschlagenen Zelten die Nacht
über geschlaffen, die anderen Cavaliers und Dames aber
blieben in dem Venustempel und beystehenden Pavillons
bis zu Anbruch des Tages, wie sich denn viele bey sehr
finsterer Nacht nicht wagen wollten, nach der Stadt zu
kehren". Der greise Oberhofmarschall Freiherr von Lö-
wendal, die Kabinetsminister Graf von Friesen und von
Baudissin, sowie die meisten Hofchargen verbrachten die
regnerische Nacht unter den Zelten.

　　Noch im ersten Jahre des Engagements folgte die
Truppe, welche durch Rosa Grassi um eine neue, als
Künslerin bedeutende „Colombine" vermehrt war, dem Hofe
nach Warschau, wo letzterer den Winter zubrachte. Herr
von Breitenbauch hatte daselbst für gute Unterkunft seiner
Künstler Sorge getragen, die Quartiere waren jedesmal
auf ein Jahr ermiethet, dem Kaufmann Riaucour zahlte
der Hof auf solche Zeit für die bei ihm einquartirten
Komödianten 100 Ducaten. Die Künstler führten in Folge
des Hin- und Herziehens zwischen Dresden und Warschau
eine dem Nomadenleben unserer heutigen Komödianten-
und Kunstreitergesellschaften ähnliche Existenz. Viele
Tage waren sie, begleitet von ihren Angehörigen, auf der
Reise. Für ihr Fortkommen auf derselben mussten sie
selbst sorgen, der Hof vergütete ihnen aber die Kosten
der Fahrt. Aus dem Reisejournal von 1740 ersieht man
auch, wie die Künstler in Warschau einquartiert gewesen

sind: Bernardo, Isabella und der Tänzer Alexander Vulcani hatten drei Zimmer, darunter ein grosses zu den Proben,
die Ehepaare Franceschini und Bertoldi, der „Principale“,
je zwei, die anderen, darunter ein neu hinzugekommener
„Dottore“, Nicoletto Artichio, je ein Zimmer, sowie für zwei
Diener und für die Garderobe eine Stube.

Die Aufführungen fanden meist nur während des
Karnevals statt; nur bei festlichen Anlässen oder während
der Frühjahrs- und Herbstjagdséjours des Hofes in Schloss
Hubertusburg geschahen solche auch ausserhalb der Saison,
z. B. bei den im December 1746 und Januar 1747 in Dresden
stattfindenden Procurationsvermählungsfesten der Prinzessin
Maria Josepha von Polen und Sachsen mit dem Dauphin
von Frankreich, in Vorstellungen auf dem kleinen Theater,
welche, um den Abendfesten keinen Abbruch zu thun,
gewöhnlich Nachmittags stattfanden. Von allen diesen
Stücken sind uns nur die Titel aufbewahrt worden.

Die Gesellschaft stand damals und bis 1748 mit
6000 Rthlr., und von da ab mit 7975 Rthlr. jährlich auf
dem Etat. Nach dem Tode des Herrn von Breitenbauch
wurde der Kammerherr von Diesskau durch Rescript vom
11. Juli 1748 zum Directeur des Plaisirs ernannt.

Ausser dem Stegreiflustspiel, das von dem Improvisationstalente der einzelnen Darsteller abhängig war,
befleissigte sich die Gesellschaft, deren meiste Mitglieder
musikalisch gebildet waren, auch der Operette oder der
sogenannten Intermeden, welche Giovanni Alberto Ristori
leitete, oft auch componirte, ausserdem aber kam auch,
und zwar in Rivalität mit den französischen Schauspielern
der Hofbühne, das moderne italienische Drama zur Geltung,
indem die Comici italiani z. B. 1746 die Komödie des
Marquese Scipio Maffei „Le ceremonie“ zur Aufführung
brachten. Man bezog dieses Genre aus Italien und Paris,
oder man fabricirte die Stücke selbst, wie nachstehend
mitgetheilt werden soll.

Im Frühjahre 1748 wurde eifrig an der Vollendung
des neuen Schauspielhauses zu Warschau gearbeitet, das
sich ganz nahe dem Hofgarten befand. [15]) Der Hof interessirte sich dafür, „on travaille“, sagt der Extrait de la
Correspondence de la Maréchaussée de Varsovie von

---

[15]) Das ältere Theaterlocal befand sich zu Warschau im königlichen
Schlosse in der Stadt, das neuere in der Nähe des königlichen
Palastes in der Vorstadt, den König August III. hauptsächlich bewohnte.

1748 unter dem 8. Juni," „avec chaleur à la nouvelle maison
pour les comédies", und am 19. Juli schreibt dasselbe
Journal: „On a mis 229 ouvriers à la construction de la
maison de Comédie, savoir 134 charpentiers, 24 maçons,
56 colporteurs et 25 chartiers qui amènent les materiaux."
Am 28. Juni „L. L. M. M. revinrent à 8 heures et demi
du soir au palais après avoir examiné en passant par le
jardin les arrangements que l'on y fait pour la nouvelle
maison de comédie". Der Saal fasste in den drei Logen-
reihen, den Parterrelogen, dem Cercle und dem Parterre
540 Plätze. Die Eröffnung der Vorstellungen erfolgte am
3. August, dem Namenstage des Königs, mit „Li Tortosi
imaginari". Von der zweiten Vorstellung an wurden die
Billets an das Publikum unentgeltlich ausgegeben; um
aber Unterschleife durch die Bedienten zu vermeiden,
liess man „moyennant un billet signé et cacheté de celuy
qui désire en avoir pour l'entrée de la maison de comédie", die Eintrittskarten im Oberhofmarschallamte ab-
holen.

Das Personal dieser Warschauer Vorstellungen war
folgendes: Bernardo Vulcani und Frau, Gonzachi, der
Arlequin Bertoldi mit seiner Mutter, Giovanna Casanova,
welche in der Neustädter Gasse bei Duchaine wohnte,
Moretti und Frau, [16]) Colombine mit Mann und Kindern
(wahrscheinlich Rosa Grassi), Bastona Focari (Focher) und
Mann, Carexana und Frau, Pantalon und zwei Amorosi (der
eine der letzteren vielleicht Francesco Seydelmann, [17]) der
andere Pietro Mira) und zwei Theaterdiener.

[16]) Pietro Moretti unternahm, nachdem er einige Jahre dem italienischen Schauspiele angehört hatte, die Direction zu Aufführung deutscher Komödien, wozu er im April 1755 das Privilegium erlangt
hatte, und erbaute dazu am italienischen Dörfchen das Schauspiel-
haus, welches 1763 der Kurfürst Friedrich Christian für 20 000 Rhlr.
kaufte und das bis 1841 gestanden hat. Zu verschiedenen Zeiten
hat Moretti in Dresden Theatergesellschaften vorgeführt, theils für
das deutsche Schauspiel, theils für die italienische Oper, auch veranstaltete er daselbst von 1762 an in der Fastenzeit Montags, Mitt-
wochs und Donnerstags Concerte, welche er „musikalische Akademie
oder Collegium musicum" nannte, und in denen „wohlrenommirte Vir-
tuosen sowohl in Singen als in Instrumenten" auftraten. Im Karneval 1763 gab er im Schauspielhause Sonntags und Donnerstags
Maskerade, 1771 verschwindet er vom Schauplatze, angeblich wegen
Unregelmässigkeiten, die er sich hatte zu Schulden kommen lassen.

[17]) Francesco Seydelmann ist unzweifelhaft identisch mit Franz
Joseph Seydelmann, welcher als Tenor in der k. Hofkapelle angestellt
war und am 17. Mai 1785 als kurfürstlicher Kammermusikus gestorben
ist. Er ist der Vater des kurfürstlichen Kapellmeisters Franz und des

Von den 28 Stücken, welche damals vom 3. August 1748 bis 24. Januar 1749 in Warschau gegeben worden sind, ist nur ein einziges wiederholt worden, die anderen gelangten sämmtlich nur zu einer Darstellung. Zu den letzteren gehörte ein dreiaktiges musikalisches Singspiel: „Le contese di Mestre e Malghera per il Trono“, welches Giovanna Casanova zur Verfasserin des Textes (l'Invenzione) und Salvatore Apollini zum Komponisten hatte und das sich in der Musikalienbibliothek Sr. Majestät des Königs von Sachsen, Textbuch und handschriftliche Partitur in rothen Sammet eingebunden, erhalten hat. Die Aufführung geschah am 6. November, und Dargestellte und Darsteller waren folgende: Bottenigo — Pietro Mira, Malghera — Giovanna Casanova, Mestre — Rosa Grassi, Stricheroch — Girolamo Focher (Focari), Carpeneo — Francesco Seydelmann, Balotta — Antonio Bertoldi.

Das Stück ist nach unserem jetzigen Geschmacke eine geistlose Posse, an welcher man besonders das „Ewig-Weibliche“ sehr vermisst. Der Text ist italienisch und deutsch, das Buch enthält aber als Anhang noch den Auszug der Fabel auf französisch und polnisch unter dem veränderten Titel: „Le metamorfosi odiamorose in birba trionfale nello gare delle terre amanti. Drama per musica di Guanto Rinio tra gli academici di Campalto infelicio scordato“, welchem eine den Geist des italienischen Theaters sehr bezeichnende Erklärung beigefügt ist. Dieselbe lautet: „La pièce, qu'on jouera ce jour ci, n'étant qu'une plaisanterie poétique, on pour mieux dire, une parodie des operas de Didone, Semiramis et autres beaux ouvrages du célèbre Metastasio, [*]) il est impossible, d'en former un argument suivi. Le mérite en consiste dans la tournure ridicule qu'on y donne à la pluspart des plus belles

---

Akademieprofessors Jacob Crescenz. Franz ist geboren zu Dresden 8. Oktober 1748, gestorben 21. Oktober 1806; er reiste 1765 mit Naumann nach Italien, bildete sich daselbst zum Tenorsänger aus, wurde 1772 Kirchencompositeur in Dresden, 1787 Kapellmeister daselbst (Opern-, Kirchen- und Kammermusik). Jacob Crescens (nach dem Taufregister der katholischen Hofkirche Crescentius Josephus Johannes), geboren zu Dresden 26./27. Juli 1750, Professor an der Dresdner Akademie, hauptsächlich vorzüglicher Sepiamaler. Er starb am 27. März 1829. Seine Frau, geborne de l'orgue, zu Venedig 17. Juni 1767 geboren, war Miniaturmalerin und Pensionärin der Dresdner Akademie.

[*]) Die Oper „Didone abbandonata“ war am 7. Oktober 1742 zu Schloss Hubertusburg, die Oper „Semiramide“ am 11. Januar 1747 zu Dresden erstmalig zur Aufführung gekommen; zu beiden hatte Metastasio den Text und Hasse die Musik geliefert.

scènes des veritables operas, et dans les mots trivials et
du plus bas comique, qu'on y emploie, lesquels n'ayant
de la force et du goût qu'en langue italienne; on se con-
tente de faire un recit historique de chaque scène pour
mettre l'auditeur au fait de ce qui se passe sur le théatre,
et lui donner une idée de la pièce, qu'on ne saura bien
gouter que dans l'original et dont encore le véritable
agrément n'est reservé que pour ceux, qui ayant du goût
pour le théatre italien comique comprennent aussi les jeux
de mots, dont on y fait ûsage". So tief auch ästhetisch
die Farce steht, so muss man doch an Giovanna Casanova, in Berücksichtigung ihrer niederen Herkunft, anerkennen, dass das italienische Element in ihr eine ausser-
gewöhnliche Bildungskraft erreicht hat, vermöge welcher
sie im Stande war dramatisch zu schaffen, wenn es auch,
wie die Erklärung sagt, in der Form der Travestie geschah.

Im Karneval 1749 gab man „Amor non ha riguardi",
von dem die „Personnaggi" und das „Argomento" noch
vorhanden sind: *Tabarino*, padre di *Aurelia*, e di *Florindo*.
Lelio, cavalier Bolognese. *Brighella*, maëstro di casa. *Pantalone*, padre di *Rosaura*. *Arlecchino*, padre di *Columbina*.

Das „Argomento" ist folgendes. Lelius, ein Cavalier
aus Bologna, hat mit Aurelia, des Tabarins Tochter, ein
Ehebündnis geschlossen; daher befiehlt er seinem Haus-
hofmeister, dem Brighella, sich nach einer Kammerjungfer
für seine künftige Liebste umzuthun. Columbine, Harle-
quins Tochter, meldet sich dieser Bedienung wegen und
wird zugleich mit ihrem Vater von dem Lelius in Dienste
genommen. Inzwischen zieht Pantalon mit seiner Tochter
durch Bologna, um sich von da nach Livorno zu begeben,
und weil er des Lelius guter Freund ist, so will er seinen
Besuch vorher bei ihm abstatten. Er erkundigt sich demnach bei Tabarino, wo gedachter Lelius wohne. Tabarin
zeigt ihm das Haus seines künftigen Schwiegersohnes und
verliebt sich in Rosaura. Florindo, des Tabarins Sohn,
der zu eben der Zeit ankommt, giebt dem Lelius zu
Eifersucht Gelegenheit. Dieser hatte die Fremden in sein
Haus aufgenommen und ward von Tabarino gebeten, ihm
Rosaura zur Liebsten zu verschaffen, wozu er sich auch
willig finden lässt, in der Meinung, es sei Columbine.
Diese Zweideutigkeit verursacht die Verwickelung der
Komödie, „die man bei der Vorstellung weitläuftig vernehmen wird". Man ersieht aus diesem Argomento, dass
nur die Einleitung der Intrigue bekannt gegeben wird,

die Ueberraschung des Fortgangs und der Lösung bleibt vorbehalten.

Bald nach dieser Zeit, im Jahre 1750, erschienen in Stuttgart „Beyträge zur Historie und Aufnahme des Theaters", in deren erstem Bande sub IV. sich eine „Nachricht von dem gegenwärtigen Zustande des Theaters in Dresden" vorfindet. Auf zehn Octavseiten werden in diesem Aufsatze nach kurzem Rückblicke auf das verflossene französische Theater die Künstler der Oper, der italienischen Komödie und des Ballets besprochen. Ueber die italienischen Schauspieler sagt die genannte Kritik (278 ff.) folgendes:

Antonio Bartholdi,[19] ein kleiner, geschlankter und geschwinder Mann. Er ist nicht ungeschickt. Er spricht viel Sprachen und hat Witz. Der Mann ist recht zum Harlequin bestellt und gebohren. Er ist auch allezeit seine Rolle. Er würde seine Geschicklichkeit durch einen lustigen Bedienten so gut machen, als den Harlequin.

Camillo Conzachi, ein kleiner untersetzter Mann. Ohnerachtet er auf einem Beine hinkt, so ist er doch ein vollkommener Acteur. Jede Rolle kleidet ihn; auch die Marquis weis er gut zu bilden; doch ist er meistens Tabarino.

Bernhardo Vulcano,[20] ein Mann in seinen besten Jahren, ungefähr ein Vierziger. Er sieht gut aus, ist wohlgewachsen, von mittlerer Statur, bräunlichen Angesichts und voll Feuer; hat die beste Aussprache. Er stellt entweder einen gesetzten Liebhaber, oder einen stillen Alten vor. Augen, Mienen, Hände und Füsse, alles redet an seiner Person.

Franciscus Colinetti, ein langer wohlgebauter Mann. Seine Rolle ist der Pantalon, den er auf das natürlichste schildert. Er macht aber einen Spieler, einen lustigen Bruder mit gleicher Geschicklichkeit. Er hat ein feines weisses Gesicht, und kennt die Pflichten eines guten Komödianten. Er wird kaum 40 Jahr alt seyn. Diese Personen würden auf einem französischen Theater gleichen Ruhm erwerben. Stimme, Action und Gedächtniss sind in ihrer Gewalt. Und selbst in den unnatürlichsten Stücken wissen sie natürlich zu seyn, und alles zur rechten Zeit anzubringen.

Joachim Limberger,[21] ein junger Mensch. Weder die Natur, noch Kunst erhebet ihn. Er ist mittlerer Statur, hager und von sehr einfältiger Gesichtsbildung. Sein Gang, seine Actionen und Reden sind gezwungen. Er sollte tanzen lernen. Hände und Füsse sind ihm in Wege, und er weis manchmal nicht, wo er sie hinstellen soll. Er scheint gar nicht für das Theater gemacht zu seyn. Seine Rolle ist ein junger Liebhaber, der wenig Verstand hat, und das von Rechtswegen.

Toscani,[22] ein junger Mann, ist wohlgewachsen, von schwarzbraunem Gesichte, schwarzen Augen und Haaren, geht und redet ganz fein. Er spielt die Rolle des Liebhabers ganz natürlich, und weis sich ein Ansehen zu geben, das ihn gut kleidet.

Pietro Moretti ist ein schlechter Acteur. Er hat die Rolle des Brigels. Seine Stimme ist unerträglich. Er schreyt und poltert alles sehr widrig heraus. Seine Action ist nichts als ein übertriebenes Händewerfen, und die Stellung ist nicht natürlich. Kurz, er gefällt nicht.

---

[19] d. i. Bertoldi. [20] Vulcani. [21] Limperger. [22] Giovanni Battista.

Gerolimo Focari [22]) stellt den Momolo vor. Er ist ein starker untersetzter Mann. Man merkt, dass er gefallen will. Er arbeitet auch ziemlich gut. Seinen Charakter macht er unverbesserlich. Was thut nicht die Gewohnheit!

Marta Focari. [23]) Sie ist unstreitig die beste Komödiantinn. Gestalt, Stimme, alles kömmt ihr zu statten. Sie gefällt auch in den widrigsten Charaktern. Ihre Gestalt ist königlich. Sie ist nicht die jüngste. Man sollte aber schwören, sie wär es, so gut sieht sie noch auf dem Theater aus. Ihr Blick, ihre Mienen, ihr Kopfwenden, ihr Hände- und Füssebewegen, kurz, ihr ganzer Körper hilft ihr vollkommen schön spielen. Sie kann so gut ernsthaft, als aufgeweckt seyn. Ihre Rolle ist meistens Aurelia.

Isabella Vulcani. Eine Frau in ihren besten Jahren. Sie ist klein und hager, und sieht nicht mehr jung aus. Doch ist ihr Gesicht noch gut. Sie spielt die Eleonora. Natürlicher lässt ihr eine zärtliche Mutter. Ihre Action ist ganz gut. Sie gefällt vielen, doch nicht in allen Rollen.

Toscani [24]) muss Columbina seyn. Es ist wahr, sie kann brav plaudern. Aber das ist noch nicht genug. Zur Columbina muss man geboren seyn. Sie ist lang, wohlgewachsen, folglich nicht so geschwind und gelenkig, als ein kleiner Körper. Sie ist jung, ihr Spiegel ist reizend, doch mehr auf dem Theater. Vielleicht gefiele sie als Liebhaberin besser. Die Columbina ist keine Rolle für sie; diese würde eher die Vulcani kleiden. Die alte gebohrne Columbina ist gestorben. [25]) Sie wusste sich allezeit in den vollkommensten Affect zu setzen, und das hat ihren Tod verursacht. Toscani ist keine.

Eine so lobreiche Beurtheilung, wie Marta Focari, erfährt Giovanna Casanova nicht. Der anonyme Kritiker berührt zunächst deren damaliges Alter: „Sie ist über 40 Jahr" sagt er. Dann kommt er auf deren Aussehen zu sprechen, von dem er rügt: „Ihr Körper ist dick und gross, ihr Gesicht ist alt, trotz der theatralischen Magie!" Der ungalante Recensent schliesst den sechszeiligen Bericht über die Künstlerin mit dem schlimmen Urtheile: „Eine böse Frau, einen rechten Teufel von einer Frau würde sie besser vorstellen, als die Liebhaberin. Rosaura ist ihre Rolle. Zur jungen Liebhaberin ist ihre Sprache zu heischer". Es erscheint allerdings gewagt, mit dem geschilderten Aeusseren und dem unklaren Organ im vierzigsten Jahre noch Liebhaberinnen darzustellen, „trotz der theatralischen Magie", d. h. trotz Schminke, Kostüm, Lampenlicht und anderer Hilfsmittel, die zur scheinbaren Verjüngung auf den Brettern beitragen. Grazie der Erscheinung und Wohllaut der Declamation kann keine Kunst ersetzen. Dagegen mag Giovanna Casanova das Publikum für die bemerkbaren Mängel

---

[22]) Focher. [23]) Bastona Focher. [24]) Isabella.
[25]) Wahrscheinlich ist damit Rosa Grassi gemeint.

durch geistreiches, in ächtnationalen Farbentönen gehaltenes Spiel entschädigt haben, welches Alter und Aussehen vergessen machte. Giovanna Casanova scheint dem Rathe des Recensenten, in das Fach der bösen Alten überzugehen, nicht gefolgt zu sein, vielmehr auf der Bühne die Rosaura bis zum Ende ihrer Künstlerlaufbahn, dem herrschenden Principe stabiler Rollenvertheilung gemäss, fortgespielt zu haben.

In der Pariser Académie royale de musique war am 5. December 1749 eine neue Oper aufgeführt worden, deren Text von Herrn von Cahusac, die Musik von Rameau war, „Zoroastre", welche ausserordentlich gefiel. [17]) Der Venezianer Pietro Algeri hatte die Ausstattung des Stücks besorgt, das noch in dem Jahre der Aufführung gedruckt wurde. Jacob Casanova, der damals in Paris lebte und neben dem Faro auch etwas Schriftstellerei trieb, benutzte die Zeit, die ihm Liebschaften und Spiel übrig liessen, und zwar wahrscheinlich in der Hoffnung eines reichlichen Honorars seiten des Königs von Polen, vielleicht auf Antrieb der Mutter, angeblich im Auftrage des sächsischen Gesandten in Paris, Grafen vom Loss, den Zoroastre aus dem Französischen in italienische Verse zu übertragen und für die Dresdner Bühne einzurichten. Der Text wurde daselbst angenommen, von Rameaus Musik entlehnte man nur die Ouverture und den ersten Chor, die übrige Musik componirte der Bratschist und „Compositore della musica dei balli", Johann Adam, hinzu, während die Decorationen und Maschinen zu dem fünfactigen Zauberstücke der vorgenannte Pietro Algeri zu Paris anfertigte, welcher zum Einstudiren des Stücks von dort nach Dresden kam. Am 7. Februar 1752 wurde dasselbe zum ersten Male, wahrscheinlich im grossen Opernhause, und zwar in nachstehender Besetzung gegeben:

Zoroastro, Institore dei Maghi — Bernardo Vulcani;

Amelita, Erede pretendente de Trono di Battro — Marta Bastona Focher;

. Abramano, Primo sacerdote degl' Idoli — Giovachino Llimperger;

Erinice, Principessa di Battro — Giovanna Casanova;

Zopiro, uno delli Sacerdoti degl' Idoli — Cesare Darbes;

---

[17]) Doch hatte die Oper „Zoroastre" auch Widersacher. In Paris erschien zu jener Zeit folgendes Gedicht:

„Autrefois de Rameau on critiquait le chant.

L'un le voulait plus noble et l'autre plus touchant.

Quelques uns dans la symphonie

Le trouvaient homme de génie.

D'autres, pour le juger attendaient qu'it fût mort,

Grâces à Cahusac tout le monde est d'accord".

Zelisa, Giovane Battriana — Isabella Vulcani;
Cefia, Giovane Battriana — Paola Falchi Noë;
Abenide, Giovane Seluaggio Indiano — Giov. Batt. Toscani;
Cenide, Giovane Seluaggia Indiana — Isabella Toscani;
La Salamandra — Paola Falchi Noë;
Un Silfo — Giov. Batt. Toscani;
La Vendetta — Pietro Moretti;
Una voce que sorte della Nuvola infiamma — Focher;

Altra voce sotterranea. Battriani e Battriane. Seluaggi Indiani.
Maghi. Popoli Elementari. Sacerdoti degl' Idoli. Demoni e se-
quita della Vendetta. La Gelosia. La Collera. La Disperatione.
Le Furie. Pastore. Ninfe.

Das Ballet war von Antoine Pitrot, „primo Ballerino
e Compositore di tutti balli di S. M.", erfunden und dem
Zaubersujet angepasst worden. Unter den Figurantinnen
befand sich auch „Signora Casanova", wahrscheinlich die
20jährige Tochter der Schauspielerin, Maria Magdalena
Auguste, die noch 1745 im Hause der Mutter sich aufhielt. Auf dem gedruckten Textbuche steht der Name
des Uebersetzers, Jacob Casanova, der den „Chevalier de
Seingalt" wegzulassen in diesem Falle für gut befunden
haben mochte.

Dieser letztere, welcher noch nicht durch die Flucht
aus dem Gefängnisse der Bleidächer zu europäischem Rufe
gelangt war, hatte Dresden noch nie besucht gehabt, als
er im Herbste des Jahres 1752 dorthin kam. Der Prince
de Ligne, welcher Casanova in dessen letzten Lebens-
jahren in Dux gesehen, erzählt, dass in dem Manuscript
der Memoiren, von dem der Fürst Einsicht genommen, es
heisse, Casanova habe in Dresden seine Mutter spielen
sehen, ohne sich vorher ihr zu erkennen zu geben, er habe
sie als Schauspielerin abscheulich gefunden, sei darauf zu
ihr in die Loge gegangen, habe sie umarmt, dieselbe sei
erstaunt gewesen über das Wiedersehen mit ihrem Sohne,
von dem sie nicht gewusst habe, was aus demselben geworden sei. Er habe die Mutter vom Theater weggc-
nommen und derselben durch eine Unterstützung die Möglichkeit auskömmlicher Existenz gesichert.

Von diesem allen findet sich nichts in den gedruckten Memoiren, und die Mittheilung beruht wohl auf einem
Gedächtnisfehler des Fürsten, welcher den Inhalt einer
mündlichen Erzählung des Abenteurers in seiner Erinnerung mit den Memoiren verwechselt haben mag. Aber auch
an sich enthält die geschilderte Begegnung wenig Glaub-
würdiges, da der Giovanna Casanova Mitwirkung bei der
Einführung des „Zoroastre" in Dresden deren Kenntnis

von dem Aufenthalt des Sohnes in Paris wohl annehmen lässt, zumal da deren Sohn Franz sich damals gleichfalls in Paris befand und beide vorhatten, nach Dresden zu reisen, wo sie sicherlich nicht unerwartet eingetroffen sein werden. Was die pekuniäre Unterstützung anlangt, so ist auch diese Angabe unwahrscheinlich, da Jacob Casanova damals in Paris reicher an Liebschaften als an Geldmitteln gewesen war und erst in späterer Zeit durch thaumaturgisch-galante Verhältnisse zeitweilig in glänzende Situationen gelangt ist. In Dresden gerade scheint er sich in misslicher Lage befunden zu haben. Er giebt selbst eine Andeutung davon, indem er sagt, er habe ein Stück geschrieben, dessen tragi-komischer Inhalt dem König, der ein Freund des Lachens sei, wohlgefallen habe. Zu Anfang der Fasten (1753) sei er von diesem grossmüthigen Herrn mit einer goldenen Dose voll Dukaten beschenkt worden. Der Graf Brühl, der so prachtvoll wie sein Herr sei, habe sie ihm überreicht. Er bezeichnet dieses königliche Geschenk ausdrücklich als das Honorar für den Zoroastre, indem er beifügt, solches habe ihm diese Oper eingebracht, welche ein Jahr zuvor gespielt worden sei. Ob das von ihm verfasste Stück, das er seiner Mutter und den Schauspielern zu Liebe geschrieben haben will und welches dem Könige wohlgefallen habe, eben nur „Zoroastre" war, oder ob die von ihm verfertigte Parodie der „frères ennemis" Racines, von welcher König August III. Kenntnis genommen, damit gemeint ist, lasse ich dahin gestellt sein, finde es aber für die Lage Jacob Casanovas in Dresden bezeichnend, dass er eine Zeit lang als in königlichen Diensten stehend aufgeführt wird. Ist die Angabe wahr, dass er im Februar 1752 100 Rthlr. Gehalt und im März desselben Jahres noch 80 Rthlr. Gehaltszulage vom Könige erhalten habe, so gelten diese Bezüge nicht näher bezeichneten Leistungen zu Paris während der Monate Februar und März 1752, und nicht einer Anstellung in Dresden. Dass der Chevalier das Spiel seiner Mutter abscheulich gefunden, zeugt vielleicht für des angehenden Weltmannes geläuterten Geschmack, der in den Pariser Theatern Molières Komödien kennen gelernt haben konnte, befremdet aber wegen der eigenen Begabung zum Parodiren, dem stets ein niedrig-komischer Zug zu Grunde liegt und welcher auch im „Zoroastre" durchschimmert. Der Bühnenthätigkeit hat er übrigens die Mutter nicht entzogen, da dieselbe activ verblieb, bis die italienische Bühne Dresdens geschlossen wurde. Jacob Casanova giebt an, damals sich sechs Monate in Dresden aufgehalten gehabt zu haben, wovon ich sonst keine Erwähnung aufgefunden habe: seine Existenz wird sich in Dresden auf die Familie und deren Bekannte beschränkt haben, welche meist der Bühne zugehörig gewesen sein mögen, wie die Figurantin Renaud,[26]) die er als die Maitresse des Oberstallmeisters Grafen Brühl bezeichnet, dem sie nur gegen goldenen Lohn hätte abspenstig gemacht werden können, wozu die Kasse des Abenteurers nicht gefüllt genug gewesen sein mochte. Er verliess Dresden mit der Versicherung, dort den glänzendsten aller Höfe und die Künste in ihrer höchsten Blüthe gesehen zu haben.

Die Comici italiani wechselten fortan bis zum Schlusse ihres Bestehens zwischen Dresden und Warschau im Gefolge des Hofes ihren Aufenthalt, in den Ehepaaren Vulcani, Focari und Toscani, der Giovanna Casanova (1754 zu Warschau am Markte im zweiten Stock bei Herrn Szubelski einlogirt) und Moretti sich einen künstlerischen Stamm bewahrend, zu dem Louisa Toscani, die Tochter des Künstlerpaares, als jugendliche Kraft hinzugetreten war. Die alternden Männer Vulcani und Focari wurden neben Darstellungsverpflichtungen auch als Souffleure bei den Operetten verwendet.

Im Karneval des Jahres 1756 fanden 14 Aufführungen der Comici italiani zu Dresden statt, welche der bekannte Deutschfranzos in der damals vielverbreiteten Monatsschrift „Historische alte und neue Curiosa Saxonica" in seinen kauderwelschen Knittelversen, wie er es oft schon gethan, ergötzlich besang, ahnungslos, dass am 26. Februar die Aufführung der „La vedova scaltra" die letzte Kunstäusserung der Italiener in Dresden gewesen, und dass im Karneval des nächsten Jahres ein Impresario anderer Art mit Truppen sehr ernster Tendenz, König Friedrich II. und sein Heer, in Dresden auftreten würden. Der Ausbruch des siebenjährigen Krieges schloss die Hallen des italienischen Schauspiels in Dresden auf immer. Die Musen entflohen, um dem furchtbaren Gotte des Krieges Platz zu machen, die scherzhaften Masken schlichen trauernd aus dem Tempel des Komus, von den wenig-

---

[26]) Im Verzeichnisse der Balletfigurantinnen heisst sie Marianne Renaud; sie ging im Mai 1757 nach Paris zurück.

sten kann man sagen, was aus ihnen geworden ist, im Kriegslärm sind die meisten verschollen!

Bertoldis Namen habe ich erst im Jahre 1762 in der Notiz des königlichen Oberhofmarschallamts wieder begegnet, dass „Secretair Bertoldi" sich am 25. August nach Warschau begeben habe. Von Giovanna Casanova berichtet der Sohn, dieselbe habe sich nach Prag geflüchtet; das Verzeichnis der für Hofangestellte geführten Passregister bestätigt diese Angabe nicht, aus demselben sind überhaupt Kriegsschicksale der Comici italiani nicht ersichtlich.

Als nach dem endlichen Friedensschlusse zu Hubertusburg die Theaterverhältnisse geordnet wurden, fanden sich auch vom italienischen Schauspiel eine Anzahl Mitglieder ein, welche nunmehr ihre förmliche Entlassung erhielten und zum Theil in die Pensionsliste aufgenommen wurden. Bei dieser Auflösung wurde den entlassenen Theatermitgliedern gegenüber auf das Humanste verfahren; wer nur einigermassen Ansprüche durch langjährige Dienstzeit, Alter oder Verdienste zu machen hatte, namentlich, wer anderweit seinen Unterhalt nicht zu finden vermochte, wurde mit Pension begnadigt oder wenigstens entschädigt. Giovanna Casanova wurde hierbei mit 400 Rthlr. jährlicher Pension bedacht, Bernardo Vulcani, Giovanni Camillo Conzachi, Paola Noë und Girolamo Focher werden namentlich als Pensionäre des Hofes aufgeführt. Trotz dieser Subventionen mochte unter den Künstlern oft Noth herrschen, Bernardo und Isabella Vulcani baten 1764 die Kurfürstin-Mutter um Unterstützung in ihrer bedrückten Lage.

Von Giovanna Casanova, deren lange Dienstzeit ihr die wohlverdiente Hofpension eingetragen, wird eine solche Klage nicht laut. Sie fuhr fort in Dresden zu leben, während andere Collegen nach der Heimath zurückkehrten und ihre Pensionen dort verzehrten; sie hatte in Dresden um sich her einen Familienkreis entstehen sehen, da ihr Sohn Johann mit seiner Frau 1764 nach Dresden kam, wo er eine Professur an der Kunstakademie übernahm, und die Tochter Maria Magdalena Augusta (M. M. Antonia) den Hoforganisten Peter August zu Dresden geehelicht hatte. Einige Jahre nach dem Eintreffen Johann Casanovas in Dresden erschien auch wieder Jacob Casanova auf kurze Zeit daselbst und stieg im Hôtel de Saxe auf der inneren pirnaischen Gasse, dem elegantesten Gasthofe Dresdens, ab. Er war mittlerweile zu einer Art von Celebrität durch seine verschiedenen Abenteuer gelangt,

die ihm Eintritt in die besten Kreise verschafft hatte. In
Dresden jedoch glückte ihm dieser hohe Flug nicht; als
Sohn einer pensionirten Schauspielerin war er in der
sächsischen Hauptstadt von den hohen Gesellschaftskreisen
ausgeschlossen, deren Held er noch jüngst in Warschau
durch einen Zweikampf mit einem Verwandten des Königs
Stanislaus August gewesen war. Die Residenz gewährte ihm
daher, das Hazardspiel im Foyer des kleinen Hoftheaters
abgerechnet, wie der blasirte Wüstling in seinen Schriften
bemerkt, keine genügende Unterhaltung, und bald darauf
verliess er Dresden mit einem guten Wechsel von 3000 Rthlr.,
auf das Banquierhaus Hohmann zu Leipzig lautend, um
erst nach dem Tode der Mutter 1790 seine Familie nochmals zu besuchen.

Giovanna Casanova starb zu Dresden am 29. November 1776, angeblich im 67. Altersjahre. Obwohl sie
durch die achtbare Stellung ihrer Kinder in Dresdner
Kunstkreisen und durch die Erinnerung an ihre eigenen
Leistungen gesellig gut gestellt war, so konnte sie doch im
Familienleben die Komödiantenfrivolität nicht ganz ver-
leugnen. Sie scheint nach dem Zeugnisse des Memoiren-
schreibers gegen denselben eine sehr nachsichtige Mutter
gewesen zu sein, besonders in Bezug auf dessen unsitt-
liches Verhältnis mit einem Mädchen, das er bei dem
zweiten Besuche in Dresden bei sich führte, dem sie nicht
empfindlich gewesen ist, den Zutritt zum Familienkreise
zu verstatten. Die Bemerkung der „Notice des Tableaux
exposés dans les Galeries du Musée national du Louvre“
1875, Ecole française (S. 55), ihr Sohn Franz sei die
Frucht eines Liebesverhältnisses mit dem Prinzen von
Wales, nachmaligen Könige Georg II. von England, bedarf sehr der Bestätigung, und will ich zur Ehre Giovanna Casanovas an das Gerücht nicht glauben. Es ist
kein Porträt derselben bekannt; doch dürfte man meinen,
dass die Mutter von zwei Malern durch die Kunst eines
derselben in ihren gewiss höchst charakteristischen Zügen
der Nachwelt sollte im Bilde erhalten worden sein.

Ist sie auch nicht die bedeutendste Persönlichkeit im
Kreise der Comici italiani Dresdens gewesen, so bietet ihr
Leben doch immer einen Anhalt, um daran Rückblicke auf
die eigenartige Kunsterscheinung der italienischen Bühne
zu knüpfen, welcher die zeitgenössische Literatur auch nicht
das kleinste Monument durch ein paar Zeilen der Erwähnung hinterlassen hat.

XIII.

Ein Beitrag zur Geschichte der Dresdner Gemälde-Gallerie.

Von

Hermann Freiherrn von Friesen.

Das von dem dermaligen Gallerie-Director Professor J. Hübner auf hohe Veranlassung im Jahre 1856, nach Vollendung der Aufstellung der Gemälde der königlichen Gallerie zu Dresden in dem neuen Gebäude, herausgegebene und seitdem mehrfach neu aufgelegte Verzeichnis ist ein sehr schätzenswerthes Werk und hat vielfach neues Licht über die der Obhut des Verfassers unterstellten Kunstschätze verbreitet. Indessen darf neben den hohen Verdiensten desselben eine wesentliche Lücke in der ihm vorausgeschickten historischen Einleitung nicht übersehen werden. Nach dem dankenswerthen Bericht über die von Palmaroli 1826 und 1827 ausgeführten Arbeiten und Herstellungen geht der Aufsatz mit kurzer Erwähnung einiger Motive zu dem im Jahre 1847 begonnenen Bau sofort auf diesen über. Es wird also eine Periode von zwanzig Jahren übersprungen, in welcher nicht allein die Genesis einer neuen und völlig umgestalteten Administration des grossen Kunstinstituts liegt, sondern auch diejenigen Anregungen, mühsamen Vorarbeiten und theilweise auch Herstellungen stattfanden, durch welche erst die Erbauung eines neuen Museums ermöglicht wurde. Diese Lücke auszu-

füllen darf unter diesen Umständen an sich selbst nicht
für müssig angesehen werden. Ich halte mich dazu aber
für doppelt verpflichtet, weil ich von denjenigen, die im
Jahre 1836 auf königlichen Befehl jene mühsamen Arbeiten begannen, der einzige Ueberlebende bin.

Der erste Anstoss zu der regeren Theilnahme des
Publikums an dem Zustande der Gemälde-Gallerie kann
möglicher Weise durch die Berufung Palmarolis und die
von ihm ausgeführten Arbeiten gegeben worden sein. Es
war dies wenigstens der erste Schritt, der nach langer
Zeit zur Anerkenntnis des Bedürfnisses, dass für die Erhaltung der Gemälde-Gallerie und zur Heilung mancher
von der Zeit veranlassten Schäden etwas geschehen müsse,
gethan wurde. Indessen beschränkte sich dieser erste
Versuch nur auf die Restauration einer geringen Anzahl
von Gemälden, und es schien, als ob die wenigen, die
durch denselben angeregt waren, mit geringer Ausnahme
wieder in die vorige Gleichgültigkeit über das Schicksal
unserer unschätzbaren Sammlung verfallen wären. Erst mit
dem Jahre 1830 trat eine glücklichere Wendung ein. Mit
diesem Zeitpunkt beginnt die erfolgreiche Theilnahme des
zum Mitregenten ernannten, nachherigen Königs Friedrich
August II. In ihm blühte die seit dem Tode der Kurfürstin Maria Antonia unter den Mitgliedern der königlichen Familie lange schlummernde Liebe zur Kunst
wieder auf. Die Aufsicht über die Sammlungen war in
demselben Jahre auf den an der Stelle des Ministers
Grafen Einsiedel ernannten Minister von Lindenau übergegangen. Ohne dass er Kenner und von grosser Begeisterung für die Kunst war, führte ihn dennoch seine
erleuchtete Einsicht und die Weite seines Gesichtskreises
zu der Ueberzeugung, dass es Pflicht sei, die Erhaltung
der grossen Kunstschätze nicht mit Gleichgültigkeit anzusehen und dem Zufall zu überlassen. Unter dem Zu-
sammenwirken des für die Kunst begeisterten Prinzen
Mitregenten mit dem Minister von Lindenau kamen
daher einige Massregeln zur Ausführung, die wenigstens
als Symptome einer grösseren Theilnahme seiten der Behörden gelten konnten. Die Aufstellung der Gemälde in
der um 1746 neu hergestellten Räumlichkeit und deren
Vertheilung an den langen Wänden und Pfeilern der
grossen ungetheilten Säle war seit der Zeit kaum wieder
geändert worden. Mit Ausnahme der Verweisung der
Mehrzahl der Italiener in die innere und der Holländer,

Niederländer, Franzosen und Deutschen in die äussere
Gallerie war nicht nach einem durchgehenden Systeme verfahren worden. An eine Zusammenstellung der Gemälde
nach Schulen und Meistern hatte man, wie es schien, nur
wenig gedacht, was vielleicht darin seine Entschuldigung
finden konnte, dass bei der Art, wie die Sammlung theils
aus Kunstwerken, die lange schon vorhanden waren, theils
aus meist einzelnen und allmähligen Anschaffungen und
Erwerbungen entstanden war, die Absicht, eine möglichst
vollständige und zusammenhängende Reihenfolge von
Meistern oder verwandten Schulen zusammen zu bringen,
nicht durchweg hatte massgebend sein können. Infolge
dessen besass die königliche Gemälde-Gallerie von
manchen Meistern eine verhältnismässig grosse Anzahl,
wogegen andere oft nur schwach oder gar nicht vertreten
waren. Um der daraus hervorgegangenen ziemlich will-
kürlichen Vertheilung der Gemälde so weit als thunlich
durch eine mindestens annähernde Vereinigung der Werke
einer Schule und eines Meisters abzuhelfen, wurde daher
im Beginn der dreissiger Jahre eine völlig neue Ordnung
derselben hergestellt. Zu diesem Behufe theilte man in
der äusseren Gallerie an den schmalen Seiten des lang
ausgedehnten und bisher in einer Flucht rings um das
Gebäude herumlaufenden Saales einzelne Gemächer ab,
in deren mittelsten, nach der Nordseite gelegenen man
die französischen Meister vereinigte. In dem nach Westen
zu anstossenden Raume fanden die älteren deutschen und
altniederländischen Meister Platz. Ferner war in dem langen
Saale der westlichen Seitenfront vorzugsweise die fland-
rische Schule durch Rubens und seine Schüler vertreten,
doch fanden sich an dem obersten Rande der Wände
auch einige Italiener aus der späteren Zeit. In den an
den mittelsten Raume der Nordseite nach Osten zu anstossenden Gemächern befanden sich einige Gemälde von
modernen deutschen, sächsischen und böhmischen Malern
mit späteren Niederländern vereinigt. Der lange Saal an
der Ostfronte war vorzugsweise den Holländern bestimmt,
die besonders durch Rembrandt und seine Schüler vertreten waren. Die Südfront war ebenfalls in drei Räume
getheilt, von denen der mittelste die ausgezeichnetsten
Italiener, wie Raphael, Correggio und andere, der an
der westlichen Ecke gelegene spanische und einige nieder-
ländische Gemälde, und endlich der östliche ausgewählte
Niederländer enthielt. Die innere Gallerie bestand bisher

gleich der äusseren nur in einem ungetheilten Raume, der
in der Form eines Hufeisens mit langen Flanken den
inneren Hof umgab. Hier waren nun durch Einziehung
von Scheidewänden auf jeder Seite zwei Gemächer von
dem grösseren Raume in der Mitte abgetheilt, von denen
das erste nördlich und westlich an die äussere Gallerie
anstossende ältere Florentiner, incl. Fr. Francia, auf der
Mittelwand Ferraresen mit Garofalo, und auf dem dritten
Felde einige ältere Venezianer, wie Cima da Conegliano,
G. Bellini, und ein Gemälde, das für Matcgna galt, enthielt. Im nächsten Gemach waren die besten Venezianer,
wie Giorgione, Tizian, Tintoretto, Palma Vecchio und andere
aufgestellt. Die Serie der Venezianer fand in dem nächsten Mittelraume bis an seine südöstliche Ecke ihre Fort-
setzung durch eine Anzahl grosser Wandbilder von Paolo
Veronese, denen in den oberen Räumen die Manieristen,
Trevisani und Celesti und in den unteren Reihen einige
kleinere Bilder von Domenico Feti und anderen bei-
gesellt waren. In der südöstlichen Ecke fanden einige
Genuesen und Mailänder Platz, und den Schluss dieses
Raumes bildeten die Bolognesen, wie Carracci und andere.
Im nächsten kleineren Raume waren die Gemälde von
Guercino, Guido Reni, Cignani und ihren Schülern und
Genossen vereinigt, und den Schluss bildeten im letzten
nordöstlichen Gemach die Neapolitaner, Luca Giordano,
Ribera u. s. w. Diese Anordnung, die als ein entschiedener Fortschritt zur Erleichterung der Uebersicht gelten
konnte, war fast ausschliesslich der gründlichen Einsicht
und liebevollen Theilnahme des damaligen Prinzen Mitregenten Friedrich August zu danken und von ihm persönlich angegeben worden.')

Gleichzeitig mit dieser Neuerung wurde auch, wiewohl nur nothdürftig, Sorge dafür getragen, der Sammlung Kräfte zu schaffen, die bei eintretendem Bedürfnis
sich den nöthigen Arbeiten des Reinigens und Restaurirens
der Gemälde unterziehen könnten. Der nachherige Inspector Renner, der schon von Palmaroli in diesem Fach
einiges gelernt hatte, wurde auf Kosten der Administration nach Paris geschickt und brachte von dort nützliche

- - - ---

') Wenn sich, wie zu vermuthen steht, über diese Herstellung
noch einige schriftliche Nachrichten bei den Akten der Gallerie befinden, so kann es kaum fehlen, dass sie Notizen von der eigenen
Hand des damaligen Prinzen Mitregenten enthalten.

Kenntnisse mit, die der Sammlung später zu Gute kamen. Ich wüsste aber nicht zu sagen, dass bis zum Jahre 1836 in dieser Hinsicht viel geschehen wäre. Die Mehrheit der Gemälde hatte noch immer dasselbe stumpfe Ansehen, wie ich sie seit meiner Jugend gesehen hatte. Nur an wenigen bemerkte man Spuren, dass der Firnis erneuert worden war. Ueberwiegend war dagegen die Anzahl derjenigen, die durch den atmosphärischen Einfluss mit einem leichten blauen Dunst überzogen waren. Da die geräumigen, mit überaus hohen Fenstern versehenen Säle in der kälteren Jahreszeit nicht geheizt werden konnten, waren diese Erscheinungen besonders im Beginn der Sommersaison am auffallendsten.

Das Dresdner Publicum war zwar seit undenklichen Zeiten in der Mehrheit daran gewöhnt, für die Gemälde-Gallerie eine sehr geringe Theilnahme an den Tag zu legen. Auch liess es sich die specielle Direction nicht angelegen sein, dieselbe zu wecken. Schon der Zugang zu derselben war nicht einladend. Wiewohl das imposante Gebäude in seiner Front nach dem Freiplatz des sogenannten Judenhofes mit einer breiten Freitreppe von doppeltem Aufgang prangte, der in der mittelsten Arkade eine grosse Eingangsthür entsprach, mussten die Besucher der Gallerie eine dunkle Wendeltreppe, die ihrem Ansehn und ihrem Modergeruche nach dem Zugang zu einem Keller glich, von dem Stallhof aus aufsuchen. Die Thüre an ihrem obern Ende wurde sorgfältig verschlossen gehalten und nur nach einem starken, oft zwei Mal zu wiederholenden Zug an einer lauten Glocke von einem mürrischen alten Diener geöffnet. Ueberdiess war die Zeit, wo das Publikum die geheiligten Räume betreten durfte, nur auf die Sommermonate vom 1. April bis letzten September und in dieser Periode nur auf die Vormittagsstunden. von 9 bis 12 Uhr beschränkt. Schaulustige Fremde konnten den Wunsch, die Sammlung ausser dieser Zeit zu besuchen, nur durch Entrichtung eines Ducaten an den Director für die Führung und eines verhältnismässigen Douceurs an den Aufwärter befriedigen. Das letztere wurde übrigens auch von jedem, der die Gallerie in den Stunden, wo sie geöffnet war, besuchte, wenn auch nicht gefordert, so doch erwartet. Trotzdem konnte man nach der neuen Aufstellung eine, wenn auch nur geringe, Zunahme der Besucher bemerken. So kam es denn auch, dass die Urtheile über den Zu-

stand der Gemälde, wenn auch in der Mehrheit mit rück-
haltsvoller Bescheidenheit, nach und nach lauter wurden.
Vor allen andern zeichnete sich durch eine rege Theilnahme an den Sammlungen Herr von Quandt aus, der
Sohn eines reichen Kaufmannshauses in Leipzig, der sich
mit seinem ansehnlichen Vermögen schon bald nach dem
1815 hergestellten allgemeinen Frieden nach Dresden gewendet hatte. Wenige Bewohner unserer Stadt haben
sich um das allgemeine Kunstleben derselben grössere
Verdienste erworben. Er war freigebig im Aufwand für
Anschaffung von Kunstwerken und für Unterstützung
junger Künstler. Dabei erregte er durch sachkundige
Aufsätze in öffentlichen Blättern die Aufmerksamkeit auf
künstlerische Gegenstände. Sein Versuch einer Geschichte
der Kupferstechkunst fand vielen Beifall. Mit der Gemälde-Gallerie beschäftigte er sich schon vom Beginn der
zwanziger Jahre an. Namentlich verfolgte er aufmerksam
die Arbeiten Palmarolis. Im Jahre 1828 kam durch seine
Anregung der heute noch bestehende Kunstverein zu
Stande. Man feierte damit den 300jährigen Todestag
Albrecht Dürers. Wiewohl er bei beschränkten Mitteln
von vorn herein nur die bescheidene Absicht hatte, an-
gehende Künstler durch Ankauf ihrer Werke zu unterstützen und zu ermuthigen, ist er dennoch epochemachend
als das erste Lebenszeichen eines regeren Kunstsinns
unter den Bewohnern Dresdens, nach einem langen
Schlummer. Von dem nachhaltigsten Werth und Erfolg
für die Kunstsammlungen wurde Herrn von Quandts
Thätigkeit erst, nachdem der Minister von Lindenau die
General-Direction übernommen hatte. Bei den liebenswürdigen Eigenschaften dieses ausgezeichneten Mannes
und seinem regen Sinn für alles Edle und Schöne würde
es ohnedies unvermeidlich gewesen sein, dass er sich mit
dem gleichgesinnten Herrn von Quandt begegnet hätte.
Der vertraute Umgang beider Männer fand aber dadurch
noch einen neuen Anstoss und eine grössere Erleichterung,
dass Herr von Lindenau sein Quartier in den nach Süden
zu gelegenen und eine reizende Aussicht über die Elbe
und die Brücke bietenden Zimmern des von Quandt'schen
Hauses nahm. Eine der ersten, wenn nicht die erste
Frucht dieses Umgangs, war die Herstellung des historischen Museums aus den der bisherigen Rüstkammer gehörigen und einiger anderer Gegenstände, die sich in der
fast gänzlich unbekannten Kunst- und Modellkammer be-

fanden. Dieses Unternehmen war zwar seiner Ausführung nach nicht über jeden Tadel erhaben. Bei der peinlichen Aengstlichkeit, mit der man in damaliger Zeit jede Ausgabe für Zwecke der Kunstsammlungen scheute, hielt man es für gerechtfertigt, aus dem Verkauf einzelner Theile oder Gegenstände derselben Geld zu machen und dadurch die Mittel zu solchen Herstellungen zu gewinnen. Das grosse, von einem überaus gelehrten Juden vor mehr als hundert Jahren nach den Angaben im alten Testament hergestellte Modell des Tempels Salomonis, das in einem der Zwinger-Pavillons aufgestellt war, konnte, wie man meinte, nur als Curiosum ohne wissenschaftlichen oder künstlerischen Werth angesehen und ohne Bedenken für eine beträchtliche Summe aufgeopfert werden. Auch aus der Kunst- und Modellkammer wurden viele Gegenstände — ich fürchte, mit zu geringer Schätzung ihres kunsthistorischen oder ihres kunsttechnischen Werthes — veräussert. Sobald man sich aber über diese Opfer hinwegsetzen konnte, durfte man das Resultat dieser Herstellung als ein höchst werthvolles begrüssen. Um es kurz zu fassen, genügt es auszusprechen, dass mit derselben die alte landesherrliche Rüstkammer, die seit der Mitte des vorigen Jahrhunderts gleich einer nur der kindischen Neugierde werthen Anhäufung nutzloser Raritäten auf die schmählichste Weise vernachlässigt worden war und von der viele Stücke dem Untergang entgegeneilten, mit ihrem unschätzbaren Reichthum an Armaturen, Schiess- und Stosswaffen, an kostbaren Geschirren, Jagd- und Hausgeräthen, Kostümen und dergleichen gewissermassen von den Todten wieder aufgeweckt wurde. Einheimische und Fremde erstaunten in den nächsten Jahren über diesen, in seiner Art einzigen Schatz von Gegenständen kunsthistorischen und kunsttechnischen Werthes.

Indem ich nach dieser Abschweifung wieder zu der Geschichte der Gemälde-Gallerie zurückkehre, muss ich nun, mit Ueberwindung der Scheu vor Ruhmredigkeit und Anmassung, zu dem Bericht über den Antheil übergehen, den auch ich das Glück hatte an der Reorganisation ihrer Verwaltung und der endlichen Herstellung eines neuen Museums zu nehmen. Ich darf dabei nicht über das Jahr 1832 zurückgehen. Denn wiewohl ich schon seit meinem fünfzehnten Jahre die Gallerie oft und mit möglichster Aufmerksamkeit besucht hatte, war mir doch um diese Zeit die Theilnahme für dieselbe durch eine Ver-

anlassung in weit lebhafterer Weise als früher erregt
worden. Da ich nun schon von dem Antritt seines Amtes
an von dem Minister von Lindenau mit ausserordentlicher
Gunst behandelt worden war, konnte ich von diesem Zeitpunkt an mit der rückhaltlosesten Offenheit über Angelegenheiten der Gemälde-Gallerie mit ihm sprechen. Ein
besonderer Umstand kam dazu. Der als Kunstforscher
bekannte Director Waagen, Vorstand des Berliner Museums, pflegte damals seinen Verwandten, L. Tieck, mch-
rere Jahre hintereinander während des Sommers auf
längere Zeit zu besuchen. Selbstverständlich widmete er
einen grossen Theil seiner hiesigen Musse der Gemälde-
Gallerie, wobei ich oft Gelegenheit hatte, ihm als einem
Bekannten aus dem Tieck'schen Hause zu begegnen. So
wurde ich denn durch ihn in den unschätzbaren Werth
unserer Sammlung und in das dringende Bedürfnis, sie
einer besseren Pflege zu unterwerfen, noch mehr eingeweiht. Bedeutender als das wurden in dieser Beziehung
seine öffentlichen Auslassungen über diesen Gegenstand.
Schon bei dem Landtage von 1833/34 benutzte Minister
Lindenau eine derselben bei Gelegenheit der Berathungen
über das für die öffentlichen Sammlungen gestellte Postulat.
Auf Grund einer von Director Waagen in einem öffentlichen Blatte ausgesprochenen approximativen Schätzung
unserer Sammlungen nach heutigem Geldwerthe, machte
Minister von Lindenau vor den Ständen geltend, in wie
tief untergeordnetem Verhältnis die zu ihrer Erhaltung
postulirten dürftigen Summen zu ihrem realen Werthe
stünden. Zugleich wies er nach, dass das in ihnen nieder-
gelegte Kapital keineswegs so nutzlos sei, als man glaube,
dass die Masse von Fremden, die durch sie nach Dresden
gezogen würden, nicht gering zu schätzen sei, dass aber
vor allem anderen gerade die Gemälde-Gallerie in wiederholten Fällen zu bedeutenden Gelderwerbungen von In-
ländern Gelegenheit gegeben habe. Es war das erste
Mal, dass von unseren Sammlungen, die man gewohnt
war nur wie eine drückende Last, mit Gleichgültigkeit,
ja fast mit Geringschätzung zu betrachten, in dieser Weise
von einer Staatsbehörde öffentlich gesprochen wurde.

Immerhin dauerte es noch Jahre, bevor es zu dem
Beschluss kam, für die Erhaltung der Gemälde-Gallerie
einen gedeihlichen Schritt zu thun. Weder Herr von
Quandt noch ich ermüdeten zwar, den Minister von Lindenau mit Bitten und Vorstellungen anzugehen; ja ich

kann sagen, dass ich oft Gelegenheit hatte, die ausserordentliche Langmuth und Geduld des liebenswürdigen Mannes zu bewundern, wenn ich mit jugendlichem Eifer ihn zuweilen auf unbescheidene Weise bestürmte. Doch, wie das so häufig geschieht, es bedurfte eines besonderen, unerwarteten Anstosses, um endlich gegenüber der Zaghaftigkeit, mit der man damals jeden energischen Schritt für einen Gegenstand scheute, dessen Goldertrag sich nicht sofort berechnen liess, einen, mindestens einleitenden, Entschluss zu fassen. Es erschien nämlich in der Leipziger Zeitung ein Artikel, der mit der nachdrücklichsten Offenheit und Sachkenntnis den beklagenswerthen Zustand der Gemälde-Gallerie und die Gefahr des allmähligen Untergangs vieler Bilder schilderte. Seine Majestät der König und Minister von Lindenau glaubten mich als den Verfasser erkennen zu sollen. Diese Ehre musste ich zwar ablehnen, als mir, der ich bisher keine Kunde davon erhalten hatte, der Minister das Blatt vorlegte. Ich erkannte aber dem Inhalt nach, sofort den Director Waagen in Berlin als Verfasser, weil nichts anderes darin ausgesprochen war, als was lange schon der Gegenstand unserer übereinstimmenden Beobachtungen und Bemerkungen gewesen. Daher durfte ich offen bekennen, dass ich mich nicht anders würde geäussert haben, wenn ich es nicht für unbescheiden gehalten hätte, in einem öffentlichen Blatte mit meiner Meinung so entschieden hervorzutreten. Hierauf machte mir der Minister die überraschende Eröffnung, dass Seine Majestät der König, nachdem er diesen Artikel gelesen, sich bewogen gefunden habe, eine Commission behufs der genaueren Untersuchung des Zustandes der Gemälde-Gallerie und der Erörterung der geeigneten Mittel zur Abstellung der sich vorfindenden Uebelstände zu ernennen. Mir wurde die Auszeichnung zu Theil, als Mitglied dieses Comités bezeichnet zu werden. Professor Hartmann sollte den Vorsitz führen, und nächst ihm sollten der Professor und Gallerie-Director Matthaei, Professor Vogel von Vogelstein und selbstverständlich Herr von Quandt Mitglieder sein. Das geschah im Monat September 1836.

Das Comité trat ungesäumt seine Arbeiten an. Es bedurfte natürlich nur wenig dazu, um sich darüber zu vereinigen, dass, abgesehen von denjenigen Uebelständen, die theils aus der Sorglosigkeit der Verwaltung, theils aus der Dürftigkeit der ihr zu Gebote stehenden Mittel

entstanden, die wesentlichste Veranlassung zu dem allmähligen Ruin der Bilder in der Lokalität liege. Vor
allem anderen musste dazu beitragen, dass, bei der Unmöglichkeit, die grösseren Bildersäle vor dem Eindringen
der strengen Winterkälte zu schützen, die Gemälde dem
verderblichsten Temperaturwechsel mit allen seinen nachtheiligen Folgen ausgesetzt waren. Auch die Lage des
Gebäudes, in der Mitte einer von Steinkohlenruss und
anderen gefahrdrohenden Elementen geschwängerten Atmosphäre, wurde in Betracht gezogen. Kurz, nach einigen
vergeblichen Versuchen, zur Milderung oder Abstellung
dieser Uebel die Mittel zu finden, trat Herr von Quandt
in Uebereinstimmung mit mir mit dem entschiedenen
Ausspruch hervor, dass es für das Heil der Gallerie kein
anderes Mittel gebe, als die Errichtung eines neuen Gebäudes. Unter den schon oben angedeuteten Umständen
gehörte damals ein gewisser Muth zu einem solchen Worte.
Auch erinnere ich mich noch lebhaft, mit welchem bedenklichen Kopfschütteln dasselbe bei seiner weiteren Verbreitung von der Mehrheit des Publikums aufgenommen wurde.
Die nach damaligen Begriffen zaghafte Finanzverwaltung
betrachtete ein solches Ansinnen ungefähr im Lichte eines
utopischen Gedankens. Man fragte sich, wie dürfte man,
bei den geringen Finanzmitteln des Landes, eine Summe
von 5 bis 600000 Thalern — denn geringer waren kaum
die eventuellen Kosten anzuschlagen — für einen Gegenstand der Opulenz oder Voluptuosität verschleudern?
Seine Majestät der König sah zwar vollständig die Nothwendigkeit eines neuen Gallerie-Gebäudes ein. Allein
bei seiner grossen Gewissenhaftigkeit und der unverbrüch-
lichen Treue in der Erfüllung aller gegen das Land übernommenen Verpflichtungen konnte er den Bedenken der
Finanzbehörde gegen einen so grossen Aufwand nicht
sein Ohr verschliessen. Dazu kam, dass gerade in dieser
Periode andere ansehnliche Neubauten in Aussicht standen,
unter denen die Erbauung eines neuen Theaters das
dringendste Bedürfnis war. Diese Rücksichten führten
den König nach langem Bedenken zu der Frage, ob
nicht ein Mittelweg einzuschlagen und zur Ermässigung
der grossen Kosten ein Gebäude von geringerer Grösse
zu errichten sei, in welchem nur die werthvollsten Gemälde der Sammlung Raum finden könnten, wogegen die
Bilder geringeren Ranges in dem alten Gebäude bleiben
könnten. Der Gedanke lag deshalb nahe, weil vor

mehreren Jahren der sogenannte Doubletten-Saal auf der Brühl'schen Terrasse geräumt und bei dieser Gelegenheit eine nicht geringe Anzahl von Gemälden, die man schon in früheren Zeiten für minder werthvoll gehalten hatte, in die Räume der Gallerie aufgenommen worden war. An das Comité erging daher die Verordnung, alle Gemälde der Gallerie einer sorgfältigen Revision zu unterwerfen und darnach mit möglichster Beschleunigung zu berichten, welche Stücke der Aufnahme in ein neues Gallerie-Gebäude werth erschienen und welche als untergeordnete Sammlung in den alten Räumen zu lassen seien.

Die kalte Jahreszeit war indessen eingetreten. Demungeachtet unterwarf sich das Comité in den durchkälteten Räumen der Gallerie dem mühsamen und langwierigen Geschäfte der genauen Sonderung der Gemälde in den Wintermonaten des Jahres 1836/37. Mehrere Wochen vergingen darüber, ohne dass eines der Mitglieder sich von der zuweilen empfindlichen Kälte an der Theilnahme abhalten liess. Ich besitze noch heute das Exemplar des von Professor Matthaei verfassten Kataloges, in welchem das Verdict über die einzelnen Gemälde durch ein conventionelles Zeichen am Rande enthalten ist. Bald darauf schien diese beschwerliche Arbeit völlig nutzlos zu sein. Nachdem der Bericht darüber abgestattet war, kehrte Seine Majestät der König zu der pietätvollen Ansicht zurück, dass die von seinen Vorfahren mit grossen Kosten und hingebender Liebe hergestellte Sammlung nicht zerrissen werden dürfe, sondern als ein Ganzes zu erhalten sei. Indessen war die Arbeit doch nicht ganz ohne Nutzen. Bei dieser, bis in das Einzelne gehenden Betrachtung hatte das Comité sich erst recht innig und erschöpfend nicht von dem unschätzbaren Werthe der Sammlung allein, sondern auch von den vielen Uebelständen und Mängeln ihrer Ordnung und Aufbewahrung überzeugt.

War nun sowohl höchsten Orts als auch unter den Mitgliedern des Comités die Ueberzeugung von der unvermeidlichen Nothwendigkeit eines neuen Gebäudes noch mehr befestigt worden, so hatten auch diejenigen, die früher von diesem Gedanken überrascht waren, sich mehr und mehr an denselben gewöhnt. Als daher in Folge eines entschiedenen königlichen Befehls das Comité unter Beihülfe des Professor Semper die Frage über den Ort und die Modalität des neuen Gebäudes in ernste Bera-

thung zu ziehen begann, wurden viele wohlgemeinte, doch
eben so unberufene Stimmen in öffentlichen Blättern und
geselligen Unterhaltungen laut über den Ort, der einem
neuen Museum anzuweisen sei. Man muss es erlebt haben,
welche widersinnigen Projecte zur Sprache kamen, um
es zu glauben, wie weit sich das übereilte und gedanken-
lose Urtheil verirren könne. Dagegen begegnete gerade
dasjenige Project dem lebhaftesten Widerspruch, das in
jeder Hinsicht unter allen anderen den Ansprüchen und
Bedürfnissen für ein Museum am meisten entsprach. Ich
gedenke nur beiläufig desjenigen Planes, den Professor
Semper zur Ueberbauung der nordwestlichen Seite des
Zwingerwalles entworfen hatte. In seiner äusserlichen
Erscheinung bestach er das Auge durch mehrere Reihen
im Arkadenstyl über einander geschichteter Gebäude. Wäre
er ausführbar gewesen, so würde er eine der schönsten
architektonischen Erscheinungen dargeboten haben. Der
König war so sehr für ihn eingenommen, dass er sich
über die Unausführbarkeit auf das schmerzlichste aussprach. Doch lag diese auf der Hand, nicht blos in der
grossen Kostspieligkeit. Noch mehr sprach dagegen die
Nothwendigkeit, die Mehrzahl der gallerieartigen Gebäude
mit der Rückseite an den Wall anzulehnen, wodurch an
den Wänden eine nachtheilige Feuchtigkeit veranlasst
worden wäre, wie dies in einigen Theilen der inneren Zwinger-
Gallerien, wo bis vor einigen Jahren das historische Museum aufgestellt war, der Fall ist. Auch die Nähe einiger
gewerblicher Fabrikgebäude — die allerdings seit der
Zeit verschwunden sind — sprach gegen das Project.
Keins von diesen Bedenken war gegen den Plan zu erheben, welchen Professor Semper für ein Gebäude auf
der oberhalb der Brücke gelegenen Stallwiese, wo damals
noch zwei unschöne Schuppen für Militär-Requisiten
standen, entworfen hatte. Die drei wesentlichsten Rücksichten, die bei dem Unternehmen massgebend waren,
fanden sich auf das vollständigste beachtet und befriedigt.
Das neue Gebäude war von allen anderen weit genug
entfernt, um gegen Feuersgefahr von aussen geschützt zu
sein. Die Atmosphäre ist dort reiner, als an irgend einer
anderen Stelle. Weder der Steinkohlenruss noch andere
nachtheilige Ausdünstungen können dort einwirken, weil
überhaupt in unmittelbarer Nähe keine Gebäude stehen
und überdies die durch den breiten Strom bewirkte Luft-
strömung für Abführung derselben sorgt. Endlich würde

das Gebäude Veranlassung gegeben haben, die das Stromufer im höchsten Grade verunzierenden Schuppen wegzuschaffen und dagegen zur Verschönerung der Stadt wesentlich beizutragen. Was die innere Einrichtung und die Vertheilung der Gemälde in demselben anlangt, so waren dabei mit wenigen Ausnahmen dieselben Grundsätze zum Massstab genommen, welche später bei der Einräumung des jetzigen Museums beobachtet worden sind. Auch die Aufnahme der Gipsabgüsse in dem auf einem hohen Untergebäude stehenden ersten Geschoss war bedacht. So kann man sagen: diese Vorarbeiten hatten schon vollständig den Grund gelegt, auf welchem mehrere Jahre nachher fortgearbeitet und das damals angeregte Unternehmen zur Ausführung gebracht werden konnte.

Welches die Einwände waren, die gegen das Bauunternehmen auf diesem Platze erhoben wurden, ist müssig zu besprechen. Sie beruhten fast ausnahmslos auf der äussersten Gedankenlosigkeit, so dass zuweilen der thatsächliche Bestand völlig verkehrt dargestellt und beurtheilt, oder auch ein Umstand, der gerade zu gunsten der Sache sprach, als ein unüberwindliches Bedenken geschildert wurde. Auch particularistische Ansichten der Bewohner der Altstadt gegenüber denen der Neustadt machten sich geltend; und das alles geschah mit der grössten Lebhaftigkeit der Parteileidenschaft. Nur Seine Majestät der König war seiner Ueberzeugung nach, wie in allen Dingen, erhaben über diese Verwirrung der Meinungen. Wiewohl er durch die Entfernung der Lokalität der Gemälde-Sammlung von dem königlichen Schloss für seine Person das grösste Opfer brachte, sprach er sich dennoch für das Project, das neue Gebäude auf die Stallwiese zu setzen, mit gewohnter Umsicht am entschiedensten aus. Leider aber verhinderte ihn seine übergrosse Bescheidenheit und das in vielen Fällen bemerkbare geringe Vertrauen gegen sich selbst, mit definitiver Entscheidung einzugreifen. Vielmehr hielt er es für Pflicht, jede Meinung zu hören, gleichviel ob ihr präsumtiv ein gewisser Werth beizumessen sei oder nicht. Das veranlasste ihn, unterm 8. October 1839 eine Besprechung unter seinem Vorsitz anzuordnen, zu welcher ausser den Mitgliedern des Gallerie-Comités viele andere Personen zugezogen wurden. Das Resultat fiel, wie zu erwarten war, zum Nachtheil des Projectes für die Stallwiese aus. Denn bei der Betheiligung einer, gegen die Mitglieder des

Gallerie-Comités überwiegenden Anzahl von Personen, die
ihrer Stellung und ihrem Beruf nach in die Fragen, um
die es sich wesentlich handelte, nicht eingeweiht sein
konnten, wurden Bedenken geltend gemacht, die entweder
überhaupt nicht gegründet oder nicht einschlagend waren,
ja unter denen manche sogar für widersinnig gelten
konnten. Auch wirkte dabei der Umstand mit, dass das
Publikum durch einige Personen, die Semper persönlich
abgeneigt waren, in öffentlichen Blättern schon vielfältig
bearbeitet worden war. Unter diesen Umständen blieb
nach dieser Besprechung für das specielle Semper'sche
Project nur wenig Hoffnung übrig. Die Ueberzeugung
der Nothwendigkeit aber, zur Rettung der Gemälde-
Gallerie ein neues Gebäude zu errichten, wurde, wenigstens in den Gemüthern der Einsichtsvolleren, nicht er-
schüttert. Nach den königlichen Resolutionen hatte daher
das Gallerie-Comité auch fernerhin diese Frage in Betracht zu ziehen. Auch kam in Folge dessen damals
schon der Gedanke auf, dem neuen Museum seinen Platz
an der jetzigen Stelle anzuweisen. Da nun dieser Gedanke zur Ausführung gekommen, so würde es müssig
sein, auf die Bedenken zurückzukommen, die von Haus
aus gegen die Zweckmässigkeit dieses Projectes geltend
gemacht wurden. Eben so unnütz ist es, daran zu erinnern, in wie vielen Plänen und Wünschen das Comité
nach dieser Niederlage sich herumdachte. Nur so viel genügt zu sagen, dass es damals (1840 u. ff.) überhaupt nicht
zu einem definitiven Beschluss, den Ständen ein Postulat
zu einem so kostspieligen Neubau vorzulegen, kommen
konnte, weil die öffentlichen Kassen gerade damals in
mehrfacher Hinsicht zu sehr in Anspruch genommen waren.

Bei der sicheren Aussicht, den Neubau eines Museum
noch in die Zukunft mehrerer Jahre hinausgeschoben zu
sehen, hatte sich das Comité um so ernster und eifriger
mit der Frage über die Massregeln und Schritte zu beschäftigen, wodurch wenigstens den dringendsten Uebelständen abzuhelfen und dem weiteren Umsichgreifen derselben vorzubeugen sein werde. Vor allen Dingen handelte
es sich um eine sorglichere Pflege für die Reinlichkeit.
Das Entfernen von Schmutz und Staub sowie anderen
Verdunkelungen auf der Oberfläche der Gemälde war
schon allein ein Gegenstand, auf den bisher nur wenig
Werth gelegt worden war. Aber schon hier zeigte sich
die Unzulänglichkeit der Mittel, die der Administration

zu Gebote standen, auf empfindliche Weise. Es fehlte an Händen, die zu diesen Ausführungen hingereicht hätten und geeignet gewesen wären. Weit schmerzlicher wurde dieser Mangel, je mehr man sich überzeugte, dass mit dieser ersten Sorge nur wenig gethan sei. Mit jedem neuen Schritte entdeckte man mehr und mehr Gemälde, denen es nicht blos an der Erneuerung des Firnisses fehlte, sondern die auch die Folgen dieses Mangels durch Risse, Abblätterungen und andere Schadhaftigkeiten deutlich an sich trugen. An manchen Holzbildern zeigten sich Sprünge, Verwerfungen der Tafeln und dergleichen. Es musste also daran gedacht werden, die betreffenden Gemälde den Händen eines geschickten Restaurateurs zu übergeben. Zu diesem Behuf stand nur der schon früher genannte nachherige Unterinspector Renner zu Gebote. Seine Thätigkeit reichte aber um so weniger aus, als ihm die in den technischen Arbeiten geübten Gehülfen fehlten. Auch hier stand uns der Mangel an verfügbaren Geldmitteln empfindlich im Wege. Nur dem umsichtigen Eifer des Ministers von Lindenau war es zu danken, dass in dieser Hinsicht wenigstens intermistisch einige Hülfe geschafft wurde, bis es endlich im Jahre 1840 möglich wurde, zu Gunsten der dringendsten Bedürfnisse der Gallerie-Verwaltung an die Stände mit Erfolg ein Postulat zu bringen. Trotz dieser Hindernisse, zu denen übrigens noch der Mangel an eigener Erfahrung seiten der Comité-Mitglieder selbst kam, wurden dennoch nicht geringe Erfolge erreicht. Man setzte sich mit anderen Gallerie-Directionen in Berlin, Wien u. s. w. in Correspondenz. Es gelang, einen tüchtigen Restaurateur an einem jungen Mann, Namens Schirmer, zu gewinnen. Nachdem er eine Zeit lang nur provisorisch angenommen worden und für einen mässigen Lohn gearbeitet hatte, rückte er als Restaurateur in festen Gehalt ein. Später erhielt er den Titel als Inspector und hat in einer langen Reihe von Jahren durch grosse Geschicklichkeit, seltene Umsicht und Sachkenntnis, durch unermüdeten Fleiss, sowie durch eine strenge Gewissenhaftigkeit der Sammlung so grosse Dienste geleistet, dass sein vor wenigen Jahren erfolgter Tod nicht genug beklagt werden konnte. Zu gleicher Zeit wurden technische Hilfsarbeiter, namentlich ein Tischler für die Herstellung von Holzbildern, herangezogen. Nach diesen eifrigen Bemühungen war es möglich geworden, dass schon bis Ende 1839 mehr als 300 Gemälde hatten hergestellt werden können, wie ich dies in einem Bericht an den Herren Geheimen Referendar von Weissenbach unterm 29. Januar 1840 aussprechen konnte, da er zur Vertheidigung des an die damals versammelten Stände zu bringenden Postulats von 10000 Thalern zum königlichen Kommissare ernannt war. Diese Summe wurde glücklich bewilligt, und nun erst konnte das Gallerie-Comité daran gehen, energischere Schritte zur provisorischen besseren Pflege der Sammlung zu thun. Schon früher waren die ausgezeichneten Gemälde italienischer Meister, die bei der neuen Aufstellung um 1830 ihren Platz in dem nach Süden zu gelegenen Mittelraume gefunden hatten, in den entsprechenden Saal nach Norden zu an die Stelle der dort aufgestellten Franzosen versetzt worden, um sie der nachtheiligen Einwirkung der Sommerhitze zu entziehen, da diese den grossen Holzgemälden schon merklichen Schaden gethan hatte. Jetzt dachte man vor allem anderen daran, den Zeugüberzug der Wände, der die Aufsammlung von Staub empfindlich beförderte, mit Papier auf angemessenere Weise zu ersetzen. Später wurden an den Fenstern Scheerwände angebracht und daran die feinen Niederländer in ein besseres Licht gestellt. Dass einige Gemälde, unter ihnen die sixtinische Madonna, behufs ihrer besseren Conservirung mit Glastafeln bedeckt wurden, war freilich ein Opfer, zu dem sich das Comité nach königlicher Genehmigung nicht ohne Widerstreben entschloss, und ich mache mir nur einen sehr geringen Ruhm daraus, den ersten Anstoss dazu gegeben zu haben. Im Jahre 1840 war ich nämlich durch Seine Majestät den König mit dem ehrenvollen Auftrage versehen worden, eine Reise nach Holland, England, Frankreich und Belgien zu machen, um zu erforschen, welche Massregeln man dort ergreife, um die Gemälde vor den nachtheiligen atmosphärischen Einflüssen zu schützen und was überhaupt in den dortigen öffentlichen und Privatsammlungen zur Conservirung der Gemälde geschehe. Von den auf dieser Reise in der Dauer von fünf Monaten gesammelten Beobachtungen stattete ich schon vor der Rückkehr mehrere Berichte ab. Nach Beendigung derselben legte ich dem Minister von Lindenau und dem akademischen Rath in ausgedehnter Weise Rechenschaft davon ab in einem Exposé, das mit Genehmigung Seiner Majestät des Königs gedruckt wurde. Meines Wissens ist auch bei der Ausführung des neuen Gebäudes manches von den darin niedergelegten Wahrnehmungen und Bemerkungen benutzt worden. Damals war nun die Herstellung von Glastafeln in der Ausdehnung unserer grössten Gemälde und namentlich der sixtinischen Madonna noch wenig verbreitet. Mein Bericht über den ausgedehnten Gebrauch derselben in London zu Schaufenstern und der Vorschlag, mittelst einer solchen Glastafel die sixtinische Madonna für die Zukunft gegen die nachtheiligen Einflüsse der wechselnden Temperatur und atmosphärischen Ausdünstungen zu schützen, fand daher Beifall. Nur möchte ich beklagen, dass man, nachdem Seine Majestät der König die Genehmigung ertheilt hatte, etwas zu rasch zur Ausführung schritt, weil es sich in kurzer Zeit herausstellte, dass die Herstellung und Erwerbung so grosser Glastafeln bei der unerwartet schnellen Verbreitung ihrer Fabrikation mit weit geringeren Opfern möglich gewesen sein würde.

Zu den in dieser Zeit von dem Gallerie-Comité mit königlicher Genehmigung ausgeführten Neuerungen gehörte auch die Einführung eines Reglements über das Copiren der Gemälde. Bis dahin hatte die Ertheilung der Erlaubnis dazu nur von dem Gallerie-Director abgehangen. Wiewohl man diese Einrichtung nicht unbedingt aufheben wollte, lag es doch im Interesse der Sache, den bisherigen Behinderungen für die Beschauung eine Grenze zu setzen. So fanden sich unter anderen mehrere der ausgezeichnetsten Gemälde, wie die sixtinische Madonna, die grösseren Correggios, der Christo della Moneta und andere fast ununterbrochen belagert, und oft waren es nicht die ausgezeichnetsten Künstler, die durch ihre Staffeleien die Beschauer in dem Ueberblick der Bilder behinderten. Man hielt es daher für billig, für eine Auswahl von Gemälden als Regel festzustellen, dass sie nur periodisch zum Copiren freigegeben werden dürften; eine Massregel, die in der Folge zu nicht geringen Klagen von Kunstjüngern und Kunstliebhabern und in Folge dessen, durch dringende Bitten um Ausnahmen, zu mancher Verlegenheit Anlass gab.

Das Wichtigste endlich, was durch die nach völlig neuen Grundsätzen umgestaltete Administration der Gemälde-Gallerie möglich wurde, war die grössere Zugänglichkeit derselben für das Publikum. Bei den zur Disposition gestellten reichlicheren Mitteln konnte die Zahl der Unterbeamten behufs der besseren Aufsicht während

der öffentlichen Stunden vermehrt werden. Auch diese
wurden auf ein grösseres Mass ausgedehnt; zugleich
wurde für den Eintritt eine geringe Abgabe festgestellt,
der bisherige unanständige Eingang durch die Wendeltreppe am Stallhof geschlossen und dagegen der Zugang
über die grosse Freitreppe an der Südfront eröffnet. In
kurzer Zeit nahm in Folge dessen die Anzahl der Besucher auf eine überraschende Weise zu. Nach einer
oberflächlichen Zählung will man behaupten, dass sich
die Zahl derselben in einem Sommer auf 25000 belaufen
habe. Man darf mit Recht die Frage aufwerfen, ob es
ohne alle diese Vorgänge wahrscheinlich gewesen wäre,
in der Periode von 1837 bis 1847 die Finanzverwaltung
und die Stände zu dem Beschluss der Erbauung eines
neuen Museums zu bewegen.

So war ungefähr der Stand der Sache am Ende des
Jahres 1842, zu welcher Zeit das Gallerie-Comité durch
den Beitritt des indessen für Dresden gewonnenen Professor Bendemann und dann des jetzigen Gallerie-Directors,
Professor Hübner, verstärkt worden war. Hier muss ich
meinen Bericht abbrechen, weil ich mit diesem Termin
durch eine schwere Krankheit, von der ich nicht glaubte
völlig wieder hergestellt zu werden, veranlasst wurde,
den activen Hofdienst zu verlassen und mich auf das
Land zurückzuziehen. Meine unmittelbare Thätigkeit bei
dem Gallerie-Comité war damit beendet.

Zum Schluss nur noch wenige Worte. Ich kann es
zwar nicht verschmerzen, dass man den Plan, das Museum gegenüber der Brühl'schen Terrasse am Elbufer zu
erbauen, aufgegeben und dagegen, im Grunde nur des
Kostenpunktes wegen, den jetzigen Platz am Zwinger gewählt hat. Mit der Ausführung jenes Projectes wäre ein
Musterbau entstanden. Freiheit von den gefährlichsten
atmosphärischen Einflüssen, Sicherheit vor Feuersgefahr
von aussen, und endlich eine repräsentative Stellung, wie
sie nicht schöner gefunden werden konnte. Alle diese
Vorzüge gehen dem jetzigen Gebäude mindestens zum
Theil ab. Für die Entfernung der bei dem letzten Theater-
brande drohenden Feuersgefahr ist zwar vor der Hand
bei dem neuen Theaterbau gesorgt worden. Auch macht
das Gebäude nach dem Freiplatze zu einen der Würde
seines Zweckes entsprechenden Eindruck. Dagegen ist
die Stellung desselben an der Elbseite des Zwingers nicht
ohne Wehmuth zu betrachten. Wäre dieser in seiner

Art einzige Prachtbau überhaupt dazu bestimmt gewesen, auf dieser Seite geschlossen zu werden, so eignete sich dazu am wenigsten ein in so schweren Massen, wenn auch architektonisch noch so schön aufgeführtes Gebäude. Die einzige Modalität wäre vielleicht eine Reihe offener Arkaden auf einem, den Hauptgebäuden entsprechenden Sousbatiment, die in der Mitte mit einer ähnlichen, nur lichteren Gloriette, wie an der Westfront, gekrönt und im Sommer mit Orangeriebäumen decorirt werden konnte.

Demungeachtet preise ich es als ein Glück, dass dieser Bau zur Ausführung gekommen ist. Die Eintheilung der Haupt-Säle und die Aufstellung der Gemälde in denselben unter einem zweckmässigen Oberlicht lässt nichts zu wünschen übrig. Die isolirte Aufstellung der sixtinischen Madonna unter Seitenbeleuchtung entspricht ebenso jedem künstlerischen Anspruch, wie die geschmackvolle Umrahmung der Holbein'schen Madonna und ihre Vereinigung mit wenigen deutschen Meisterwerken in dem auf der anderen Seite entsprechenden Raume. Die an der Nordostfront hinauflaufenden kleineren Zimmer und ihre Ausschmückung mit den Gemälden von beschränkterem Masse gewähren, bei dem Reichthum unserer Sammlung an wahren Juwelen dieser Art, einen Kunstgenuss, zu dem man in den früheren Räumen kaum kommen konnte.

Literatur.

Urkundenbuch der Universität Leipzig von 1409 bis 1555. Im
Auftrage der Königlich Sächsischen Staatsregierung herausgegeben
von Bruno Stübel. Mit einer Tafel. Leipzig, Giesecke und
Devrient. 1879. 4°. XIII. 653 SS. (A. u. d. T.: Codex diplomaticus
Saxoniae regiae. Im Auftrage der Königlich Sächsischen Staats-
Regierung herausgegeben von Otto Posse und Hubert Ermisch.
II. Haupttheil. XI. Band).

Die Gründung der Universität Leipzig im Jahre 1409
war wohl diejenige That in der Politik des Hauses Wettin,
welche von den segensreichsten Folgen für alle Betheili-
ligten begleitet, zugleich die grösste welthistorische Bedeutung für die damalige Zeit, wie für alle Zukunft erlangt hat.

Es konnte daher nicht zweifelhaft sein, dass die urkundlichen Grundlagen jener Massnahmen ünd der sich an
dieselben knüpfenden Weiterentwicklung in dem „Codex
diplomaticus Saxoniae regiae" einen besonderen Platz
finden würden; in der That ist auch nur wenige Jahre
nach dem Erscheinen der Erstlingsbünde des Gesammtwerkes eine die Leipziger Universitäts-Urkunden umfassende Sondersammlung zur Herausgabe in Angriff genommen und vorbereitet worden. Der greise Forscher,
dem es einst gelang, die Idee der Veröffentlichung eines
das ganze Königreich Sachsen umfassenden Urkunden-
werkes zu verwirklichen, der Leipziger Oberbibliothekar
E. G. Gersdorf, hatte gerade jener Unterabtheilung desselben seine besondere Aufmerksamkeit und Thätigkeit
gewidmet; allein wie das zunehmende Alter ihn zwang,
von der Leitung des gesammten Unternehmens zurück-
zutreten, so unterbrach es in nicht minder empfindlicher

Weise den Fortgang der Vorarbeiten zum Urkundenbuche
der alt-wettinischen Hochschule. Nach jahrelanger Verzögerung, welche die fernere Wandlung in der Leitung
des Gesammtwerkes veranlasst hatte, war es Bruno Stübel
in Leipzig, der, Gersdorf in vielfachen Beziehungen nahe-
stehend, am meisten zur Fortführung der Arbeit berufen
schien und dem wir nunmehr das vorliegende stattliche,
hochverdienstliche und in mancher Beziehung bis jetzt
einzig dastehende Opus verdanken.

Trotz der vorhandenen Vorarbeiten musste Stübel
doch im wesentlichen mit Sammlung, Sichtung und Prüfung der einschlägigen Materialien von vorn an wieder
beginnen und hat sich in dieser Beziehung keine Mühe
verdriessen lassen; anderen ähnlichen Editionen gegenüber befand er sich freilich insofern in wesentlichem Vortheil, als die handschriftlichen Unterlagen nicht erst aus
der Zerstreuung in den verschiedensten deutschen Archiven
gesammelt zu werden brauchten, sondern sich, wenn nicht
in Leipzig selbst, doch wenigstens in den Sammlungen
des Staates in Dresden vorfanden. Indess sind die in
Leipzig erhaltenen urkundlichen Schätze auch heut zu
Tage noch nicht in einem einzigen Archive vereinigt; denn
gerade was den Nachlass an handschriftlichen Ueberlieferungen angeht, hat die alte Gliederung der Universität
nach Collegien und Facultäten alle Stürme der Neuzeit
überdauert, und daher waren neben dem allgemeinen Uni-
versitätsarchiv eine ganze Reihe kleinerer Sammlungen zu
durchforschen und zu prüfen. Eine verhältnismässig geringere Ausbeute bot die Stadtbibliothek, das Rathsarchiv
und das Archiv des königlichen Bezirksgerichtes in
Leipzig; in all diesen Sammlungen war überdies stets für
Ordnung und Conservirung der Urkunden Sorge getragen
worden, so dass für den vorliegenden Zweck manche Müh-
waltung in Wegfall kam, die sonst der Arbeit des Herausgebers viel Hemmnisse schafft, ohne dass die fertige Ausgabe ein vollgültiges Zeugnis von allen bekämpften
Schwierigkeiten abzulegen im Stande ist. Dagegen gehörten die hier zu veröffentlichenden Stücke sämmtlich
einer Zeit an, deren urkundliche Zeugnisse, was Verwilder-
ung der Schrift, schlechtes Schreibmaterial, übermässigen
Umfang, Langathmigkeit und schwerfällige Stilisirung
angeht, vor den Erzeugnissen aller übrigen Perioden des
Mittelalters sich in unvortheilhaftester Weise auszeichnen,
und, wenn es in dieser Kategorie wiederum die Notariats-

instrumente sind, die alles andere in jener Beziehung hinter
sich zurück lassen, so ist daran zu erinnern, dass bei dem
besonderen Verhältnis der mittelalterlichen Universitäten
zur römischen Curie und Kirche sowie zum canonischen
Rechte auch der Leipziger Urkundenvorrath eine bemerkenswerthe Zahl von Aktenstücken, die dem Bearbeiter
eine Fülle schwieriger und zeitraubender wie drückender
und lästiger Studien auferlegten, enthalten musste. Auch
auf diesem Gebiete hat sich Stübel im vorliegenden Falle
als Herausgeber wohl bewährt.

Von dem überaus grossen Umfange einzelner Nummern kann man sich am ehesten einen Begriff machen,
wenn man erwägt, dass auf den 629 Quartseiten des
Druckes für kaum mehr als anderthalb Jahrhunderte nur
511 Urkunden Platz gefunden haben, trotzdem der Herausgeber mit angemessener Vorsicht bei geringerem Interesse
einzelner Stücke und bei etwaigem gleichen Wortlaute er-
heblich gekürzt oder sich auf ein Regest beschränkt hat.
Ueberdies unterscheidet sich die vorliegende Sammlung von
anderen ähnlichen Publikationen der Neuzeit in hervorragender Weise dadurch, dass nur eine ganz verschwin-
dende Minderheit des Materials bereits durch ältere Werke
der Benutzung zugänglich war; man kann vielmehr sagen,
dass man es hier, von wenigen Ausnahmen abgesehen,
mit durchaus neuen, bisher unedirten Quellen zu thun hat.

Noch erheblicher zeichnet sich indess das neue Diplo-
matar durch den werthvollen und interessanten Inhalt
seiner Mittheilungen aus; wie dürftig und trocken sind
doch zumeist die dem XV. und XVI. Jahrhundert angehörigen Theile so vieler in neuerer Zeit erschienener Ur-
kundenbücher! Es ist ja bis jetzt überhaupt anderweit
neuerdings nicht unternommen worden, das das innere
Wesen und die Organisation einer mittelalterlichen Hochschule erläuternde Material zusammen zu stellen. Zwar
fällt nur vereinzelt aus diesen Stücken ein glänzenderer
Lichtstrahl auf die grossen geistigen Aufgaben der Universität und auf die Lösung derselben durch die lehrende
und schriftstellerische Thätigkeit der Docenten, wie hier
vornehmlich aus den Aktenstücken über die von Herzog
Georg im ersten Drittel des XVI. Jahrhundert ange-
bahnten Reformen; doch sind die anderen Gebiete, in die
uns um so ausgiebigere und tiefere Einblicke gewährt
werden, kaum minder wichtig und lehrreich für die wahre
Erkenntnis des mittelalterlichen Geistes und Lebens.

Wir gestatten es uns, auf einige Hauptpunkte, wie sie hier gerade vorliegen, hinzuweisen.

Da ist vor allem der innige Zusammenhang der gesammten geistigen Bildung, wie sie die alten „studia generalia" oder „universitates litterariae" zusammenfassend schaffen sollten, mit der Kirche, deren Lehren und deren Organen bemerkenswerth. Wenn auch die Landesherren den Plan zur Errichtung einer Hochschule aus eigener Initiative fassten und alsbald ins Werk setzten, wenn sie Gebäude für Vorlesungs- und Disputationszwecke, wie für Wohnungen der Lehrer schenkten, für die Besoldung der letzteren jährliche Zahlungen aus ihrer Kammer bewilligten und die Zuweisung bestimmter selbständiger Einnahmen für später in Aussicht stellten, konnte doch ohne päpstliche Erlaubnis das neue Institut nicht den älteren Anstalten zur Seite treten. Durch die Privilegien Alexanders V. von 1409 musste zuvor die Erlaubnis zum Unterricht in dem gewünschten Umfange gewährt, durch sie im Bischof von Merseburg ein Kanzler bestellt werden, dem die Lehrer nach abgehaltenem Examen die Kandidaten zur Verleihung der akademischen Würden zu präsentiren hatten; es wurde mit letzterer Bestimmung ein Verhältnis zu einer auswärtigen, zugleich politischen Macht geschaffen, aus dem mit der Zeit mancherlei Unzuträglichkeiten und Streitigkeiten erwuchsen, die sich wie ein rother Faden durch das ganze Urkundenbuch ziehen. Nur durch den Hinzutritt des Consenses der geistlichen Macht zu den Bestimmungen der weltlichen Factoren konnte die die Lehrenden und Lernenden begreifende Corporation die nach damaliger Anschauung nothwendige, innere kräftige und nach aussen selbständige bevorzugte Stellung erlangen; dafür ist es freilich aber auch andererseits die Kirche, die in richtiger Würdigung der Verhältnisse aus dem Schatze der ihr zur Verfügung stehenden Pfründen weitere ergiebige Mittel für die Besoldung neuer akademischer Lehrer verfügbar macht; es sind ferner die in letzteren Stellungen fungirenden Geistlichen, die den ihnen verstatteten weltlichen Besitz zumeist letztwillig zur Begründung neuer Kollegien und besserer Ausstattung der älteren, auch zur Förderung der materiellen Lage der Studirenden durch Benefizienstiftungen aufwenden; einer unter ihnen ist es, der auch den reichen, mühsam erworbenen Bücherschatz der Universität übermacht. Freilich ist es dagegen ein ganz eigenthümliches, von unseren

heutigen Verhältnissen durchaus verschiedenes Bild der
inneren Organisation, das sich aus den weiteren Materialien
ziemlich farbenreich und anschaulich entwickelt; überall,
in der Eintheilung der Lehrer und Lernenden in die vier
Nationen, in der Betreibung der Studien in den besonderen, in ihren mannigfaltigen Namen bis auf den heutigen
Tag erhaltenen Kollegien und in dem halb klösterlichen
Zusammenleben der Studirenden in den Bursen begegnet
man dem mehr zu mechanischem Zwang und Bevormun-
dung, als zu freierer Beweglichkeit neigendem Geiste des
Mittelalters; mehr in der bevorzugten Ausstattung mit
eigener Gerichtsbarkeit und Sondergerechtsamen, sowie in
der strengen Abgeschlossenheit der corporativen Organisation scheint die akademische Freiheit jener Tage bestanden zu haben; oft genug sehen wir nach dem Zeugnisse des Urkundenbuches auf Grund jener ersteren Vorzüge sich mancherlei Differenzen und Streitigkeiten aller
Art mit den städtischen Behörden und mit den zunft-
mässig gegliederten Theilen der Bevölkerung entwickeln,
während andererseits die Facultäten trotz der dringlich-
sten Verwendungen des Bischofs von Merseburg und des
Landesherrn mit grösster Beharrlichkeit ihnen nicht ge-
nehmen Persönlichkeiten die Ausübung der Lehrthätigkeit
weigern; ebenso wenig fehlt es im Urkundenbuche an
Belegen dafür, dass von den heut zu Tage noch nicht
einmal ganz ausgestorbenen Zwistigkeiten und Eifer-
süchteleien zwischen den Lehrern einer Hochschule unter
einander oder mit den Kollegen einer Schwesteranstalt
auch die Leipziger Universität des XV. und XVI. Jahrhunderts nicht verschont geblieben ist, oft genug liefen die
Conflicte sogar in weitaussehende geistliche Processe und
Strafverhängungen aus. Nicht minder charakteristisch für
das Mittelalter, doch erfreulicherer und lehrreicher Natur sind
die ferner uns in grösster Anschaulichkeit vor Augen ge-
rückten inneren Angelegenheiten der Universität: die Fragen der Berufungen und Besoldungen, die durch die spätere
selbständige Finanzverwaltung seitens der Universität sowie durch die Eigenthümlichkeiten der mittelalterlichen
Naturalwirthschaft eine besonders eigenartige Gestaltung
erfahren, die Einrichtung des gesammten Lehrplanes im
mittelalterlichen Geiste, die Vertheilung der verschiedenen
Unterrichtsgegenstände nach den persönlichen Beziehungen
der Lehrenden und Lernenden, sowie nach den zeitlichen
und örtlichen Verhältnissen, die Handhabung der akademi-

schen Disciplin und Polizei, die namentlich auch das
äussere Auftreten der Studirenden in Wandel und Kleidung in ihr Bereich ziehen musste, und endlich die Exami-
nations- und Gebührenordnungen, die im Laufe der Zeit
zu mancherlei Klagen und Streitigkeiten, sowie zu mehrfachen thatkräftigen und schlichtenden Eingriffen des
Landesherrn Anlass geben. Unter den letzteren nimmt die
erwähnte von Herzog Georg angebahnte und zum Theil
auch durchgeführte Reform des gesammten schwerfälligen
Apparates durch eine erhebliche Zahl beigegebener Akten,
die sich leider nur selten einem ganz bestimmten Jahre
zuweisen lassen, eine hervorragende Stelle ein; so gross
sich auch hier die Energie dieses Fürsten erweist und so
deutlich auch an manchen Orten die bekannte Derbheit
seines Wesens hervortritt, so zeigt sich in einer Reihe
von Fällen die Hartnäckigkeit und der conservative Geist
der Betroffenen doch noch als mächtiger und stärker.
Länger und fester hat eben Leipzig die Traditionen des
Mittelalters fest gehalten: das zeigt sich denn auch bei
den Gelegenheiten, bei denen die Reflexe der grossen Ereignisse und Wandlungen der vaterländischen und der
Weltgeschichte sich in unserer Urkundensammlung ab-
spiegeln. Trotz jugendlichen Alters tritt Leipzig während
des Kostnitzer Conciles mit seinen „Rathschlägen oder
Consilia“ selbstbewusst den älteren Schwestern zur Seite,
während man freilich zugleich für eine Unzahl von Streitigkeiten Hülfe und Autorität der Kirchenversammlung in
Anspruch nimmt; anderes erinnert uns an die nach Mitte
des XV. Jahrhunderts in so gewaltiger Weise drohende
Türkengefahr und an die Bemühungen Erzbischof Diethers
von Mainz um die Ordnung der Reichsangelegenheiten
nach dieser Seite hin; auch für die Heiligsprechung Johann
Capistrans, des gewaltigen Sitten- und Busspredigers, ist
die Universität seiner Zeit eingetreten, und in dem Streite
über das „heilige Blut“ zu Wilsnack scheint sie gegen
den unerschrockenen Bekämpfer des Wunders, Heinrich
Take, Front gemacht zu haben. Von Luthers erstem Auftreten und seiner Disputation in Leipzig hat sich leider
keine urkundliche Spur erhalten, einzig und allein ist es
eine dem Jahre 1524 angehörige, vom Reichsregiment —
nicht vom Kaiser, wie das Regest besagt, — veranlasste
Aufforderung des Bischofs von Merseburg zur Prüfung
der neuen Lehre, die den Namen des Reformators nennt,
und von den weiteren kirchlich-politischen Kämpfen zeugt

nur noch die Erwähnung der gegen Ende der dreissiger
Jahre projectirten Concilien zu Mantua und Vicenza; erst
aus der in den Anfang der Regierung des Herzogs Moritz
fallenden vollständigen Neuordnung der finanziellen und
ökonomischen Verhältnisse der Universität, die im wesentlichen auf einem Ersatz der verloren gegangenen Einkünfte
aus den Naumburger und Merseburger Canonicaten durch
Einnahmen aus den säcularisirten Pegauer und Petersberger
Stiftungen beruht, lassen sich deutlicher die vorgegangenen
Umwälzungen erkennen; noch aber verfehlt man nicht,
sich am 20. Februar 1551 zu Augsburg vom päpstlichen
Legaten, Erzbischof Sebastian von Siponto, alle früheren
päpstlichen und kaiserlichen Privilegien bestätigen zu
lassen; auch ein ähnliches Karl V. zugeschriebenes Stück
aus dem Jahre 1548 weist die Ausgabe auf, jedoch mit
einer wenig auffälligen und nach unserem Dafürhalten
nicht ausreichenden Bemerkung, dass die „Urkunde nicht
echt" sei.

Dass hierauf das Werk mit dem sechsten Jahrzehnt
des XVI. Jahrhunderts seinen Abschluss findet, können
auch wir nach Zarnckes früheren Ausführungen über den
seit gründlicherer Durchführung der kirchlichen Reform
vollständig veränderten Charakter der Universität nur
billigen, möchten uns indess die Frage vorbehalten, ob die
in der Einleitung für jenen Zeitraum noch hervorgehobene
Aufhebung der „walzenden Lectionen" sich nicht durch eine
Urkunde oder ein Aktenstück hätte belegen lassen. So gern
wir ferner in der eben erwähnten Einleitung einen Ueberblick über die Geschichte der Universität in der durch
die Urkunden berührten Zeit gefunden hätten, wollen wir
doch mit dem Herausgeber über die von ihm beliebte Ein-
schränkung und Berufung auf Zarnckes Vorwort zu der
Ausgabe der Acta rectorum und der Statutenbücher der
älteren Periode nicht rechten; möchte seine Hoffnung,
dass die vorliegende Sammlung die der Abfassung einer
wissenschaftlichen Geschichte der Universität bisher ent-
gegenstehenden Hindernisse aus dem Wege geräumt habe,
durch die baldige Inangriffnahme einer solchen Arbeit
von irgend einer Seite sich bewahrheiten.

Was die redactionelle Behandlung der einzelnen Stücke
für die Edition anging, so hat sich der Herausgeber natürlich den Normen angeschlossen, die seiner Zeit von leiten-
der Stelle in einer besonderen Schrift der öffentlichen
Discussion unterbreitet worden waren und denen bis auf

unwesentliche Kleinigkeiten die Mehrzahl der Fachmänner
zugestimmt hatte. Nur die Anwendung kleiner Anfangsbuchstaben in den Monatsnamen könnte im vorliegenden
Falle als ein kleiner Widerspruch gegen die sonst für
die Schreibweise der Eigennamen beobachteten Grundsätze erscheinen; ganz im Einklang mit den sonst üblichen
Regeln scheint es auch nicht zu sein, wenn in Nr. 297 die Ab-
kürzungen „ff^{torum}“ und „c“ für „Digestorum“ und „Codicis“
und in Nr. 279 die Titel der Aristotelischen Schriften
„de memoria et reminiscentia“ und „de brevitate et longi-
tudine vitae“ mit „de me: et re:“ und „de brevi: et longi:
vite“ wiedergegeben werden; einige Namensformen an-
langend, ist dem Referenten in Nr. 137 „Platenarius“ auf-
gestossen, wo es sonst in der Regel „Platcarius“ heisst,
ferner „Henning Gade“ für den Namen des früher erfurti-
schen, später wittenbergischen Rechtsgelehrten, der anderweit „Gode, Goede, Goeden“ genannt wird; für den Fall,
dass hier eine Eigenthümlichkeit der benutzten Handschrift vorlag, wäre die andere Form doch wenigstens im
Register zu vermerken gewesen. Letzteres verdient alle
Anerkennung, ebenso die an der Spitze der Urkunden
stehenden weder zu langen noch zu kurzen Regesten;
ausser der oben erwähnten Ueberschrift zu Nr. 341 ist
wohl nur noch die zu Nr. 330 nicht ganz genau ausgefallen.

Die technische Ausstattung des vorliegenden Bandes
ist natürlich die gleiche elegante und reiche, wie sie an
den Vorläufern desselben zu rühmen war; die beigegebene
Tafel bringt in Lichtdruck die Abbildungen der Univer-
sitätssiegel, des Rectorensiegels, des Decanatssiegels der
Artistenfacultät und des Siegels der theologischen Facultät.
Wir ziehen diese Art der Wiedergabe, trotzdem gerade
nicht allzu wohlerhaltene Vorlagen benutzt werden mussten,
entschieden der von vielen Seiten für diese Fälle empfohlenen Handzeichnung vor. Nach den gegebenen Nach-
bildungen glauben wir allerdings — im Gegensatz zu der
pag. XII und XIII vorausgeschickten Erläuterung — in
dem einen Decanatssiegel „lipcens“ statt „lipczens“ lesen
und in Nr. 4 einige Zweifel an der Deutung der oberen
Figur als „ältlicher, ein Kind unterrichtender Mann“
hegen zu müssen; gefährlich erscheint es uns ferner, in
sphragistisch-heraldischen Auseinandersetzungen einfach
„rechts“ und „links“ statt „zur rechten resp. linken Hand“
zu sagen, da die Terminologie jenes Specialfaches bei

ihren Ortsangaben einen von der gewöhnlichen Redeweise
verschiedenen Standpunkt einnimmt; es mag hieraus das
Versehen entstanden sein, dass der Bischof im Siegel
Nr. 5 nach der Beschreibung den Krummstab in der
rechten Hand halten soll, während er ihn nach dem Bilde
in der linken führt. Die hier betonten Kleinigkeiten sind
nicht im Stande unsere Freude an dem sonst trefflichen
und verdienstlichen Werke zu mindern.

　　　Halle a. S.　　　　　　　　　　　　　W. Schum.

Geschichte des Sächsischen Postwesens vom Ursprunge bis zum
Uebergang in die Verwaltung des Norddeutschen Bundes. Nach
archivalischen Quellen bearbeitet von Gustav Schaefer, Ober-
postdirectionssecretair. Dresden. R. v. Zahn 1879. 8°. 2 Bll. 248 SS.

　　　Nicht mit Unrecht wird neuerdings der Geschichte
des Postwesens eingehende Berücksichtigung zu Theil;
die unabsehbare Bedeutung der Verkehrsverhältnisse für
das Ganze des Kulturlebens liegt zu sehr auf der Hand,
als dass man an der Berechtigung von historischen Untersuchungen auf diesem Gebiete zweifeln könnte. Wie
sie gemacht werden müssen, hat der geniale Mann,
der gegenwärtig an der Spitze des deutschen Postwesens
steht, gezeigt. Stephans Geschichte der preussischen Post
(Berlin 1859) wird für alle derartigen Arbeiten das beste
Vorbild sein. An ihn hat sich auch der Verfasser der
vorliegenden Arbeit in Bezug auf die Eintheilung seines
Stoffes angeschlossen, und gewiss nicht zum Nachtheil
seines Buches. Leider hinderten ihn die Raumverhält-
nisse, sich so tief in Einzelheiten einzulassen, wie es Stephan gethan hat; wir sagen leider, denn derartige Werke
werden nun einmal erst in zweiter Linie für das grosse
Publicum, das dem Detail feindselig gegenübersteht, geschrieben, in erster Linie für einen kleinen Kreis, dem
gerade mit dem Detail — soweit es die Hauptsache, nicht
Nebensachen betrifft — am besten gedient ist und der
dafür lieber diese oder jene amusante Personalanekdote entbehren möchte. Auch Quellennachweise vermissen wir
sehr ungern, um so mehr, als gerade in der Wiedergabe
von Aktenstellen sich hie und da störende Druck- oder
Lesefehler eingeschlichen haben; vergl. S. 7 *Votum* (für
Datum) Dresden ut supra, S. 18 *Interrogativ! Responsiv!*
— doch wol Interrogatio, Responsio, S. 31 *inconventientie,*
S. 131 *la* sousigné, *sief* und dergl. m. Der bekannte Diplomat Hubert Languet heisst S. 10 Langvertus, das geheime Consilium erscheint mehrfach als Concilium. Auch

das Datum des Decrets von 1640 (S. 16) liesse sich gewiss noch entziffern. In allen diesen Fällen würde eine Angabe der Quelle die Abhilfe beziehentlich die Rechtfertigung des Verfassers sehr leicht gemacht haben.

Doch müssen wir, abgesehen von solchen Kleinigkeiten, dem Verfasser für seine fleissigen archivalischen Forschungen recht dankbar sein. Er theilt seinen Stoff naturgemäss in vier Abschnitte. Eine kurze Einleitung über das, was im Mittelalter die Post vertreten musste, und über die von Kurfürst August, dem der Postverkehr selbstverständlich schon sehr am Herzen lag, eingerichtete Hofpost bildet den ersten Abschnitt. Dann wurde Leipzig der Ausgangspunkt für die Entwickelung der sächsischen Post. Aus der städtischen Botenanstalt daselbst entstand nach und nach die landesherrliche Post. Noch haftete ihr jedoch ein mehr privater als öffentlicher Charakter an, sie wurde in Pacht gegeben. Dies dauerte bis Mitte 1712, und so weit reicht der zweite Abschnitt. Der dritte Theil (bis 1815) zeigt uns die Post in unmittelbarer Staatsverwaltung bis dahin, wo sie in Folge der Territorialveränderungen eine wesentlich andere Einrichtung erhält. Am knappsten ist der letzte bis 1867 reichende Theil gehalten, obwohl gerade hier die Fülle des interessantesten Stoffes sich bot: wie die Verhandlungen mit Preussen 1815 ff., ferner und vor allen der preussisch-österreichische Postverein von 1850, die wichtigen Einflüsse des Eisenbahnwesens auf die Post u. s. w. Innerhalb jedes dieser vier Theile werden zunächst die Postverhältnisse zu den Nachbarstaaten, dann die Postverhältnisse im Innern und die Verfassungs- und Verwaltungseinrichtungen beleuchtet.

Dresden.   H. Ermisch.

Aelteste Geschichte der Sächsischen Schweiz nebst den frühesten topographischen Nachrichten. Nach archivalischen Quellen von Karl Gautsch. Dresden, Friedr. Axt. 1880. 8°. 123 SS.

Es war sicher ein glücklicher, zeitgemässer Gedanke, die Geschichte all jener Ortschaften und Punkte der sogenannten sächsischen Schweiz, welche alljährlich von so vielen Tausenden von Menschen besucht werden, einmal urkundlich zurück zu verfolgen bis in die ältesten Zeiten. Die früheren Einzelwerke über die Geschichte von Stolpen, Neustadt, Hohnstein und Sebnitz, den Königstein etc. sind veraltet; die einst sorgfältig geheim gehaltenen Archive sind jetzt erschlossen; so kann es gar nicht fehlen, dass

die vorliegende Gesammtgeschichte der sächsischen Schweiz
ein vielfach anderes und richtigeres Bild entrollt von den
einstigen Zuständen und Verhältnissen in diesem auch
historisch interessanten Landestheile. Hoffentlich werden
nun auch all die verschiedenen Reisehandbücher und
„Führer" durch denselben von dieser fleissigen Arbeit
Notiz nehmen und fernerhin nicht mehr gedankenlos wieder
und immer wieder abdrucken, was hierdurch, und zum
Theil auch schon seit lange, als irrig, ja oft als unsinnig
erwiesen ist. Der Verfasser behandelt zuerst die kirchlichen Verhältnisse der Gegend während des früheren Mittelalters und kommt zu dem Resultate, dass die gesammte
sächsische Schweiz einen Theil des von Anfang an zum
Bisthum Meissen gehörigen Gau Nisani gebildet habe, der
nur erst seit Mitte des 12. Jahrhunderts von der Mark-
grafschaft Meissen losgerissen und ein Pertinenzstück der
Krone Böhmen geworden sei. Nach einem Ueberblick
über die allgemeinen politischen Verhältnisse Böhmens und
Meissens während des späteren Mittelalters erörtert der
Verfasser darauf die Einzelgeschichte der Burggrafschaft
Dohna, der Burg und Stadt Pirna, der Burg Königstein,
der Burgen und Herrschaften Wehlen, Lohmen, Rathen,
Holmstein und Wildenstein mit den zugehörigen Ortschaften.
Es ist das Verdienst des Verfassers, das wirkliche Vorhandensein einer besonderen Burg und Herrschaft Wildenstein zuerst urkundlich erwiesen zu haben, und so widmet
er denn diesem Nachweis, sowie der Beschreibung und
Umgrenzung derselben allerdings sehr viel Raum, nämlich
fast genau die Hälfte des ganzen Büchleins. Dabei können
wir die Frage nicht unterdrücken, für was für ein Lese-
publikum der Verfasser denn eigentlich habe schreiben
wollen. Für das wissenschaftlich historische? Dann hätte
er wohl, wenn nicht unter, so doch hinter dem Texte die
archivalischen und literarischen Quellen für seine oft ganz
neuen Behauptungen kurz anführen sollen, anderen Spe-
cialhistorikern zu Nutz und Frommen. Oder für das gewöhnliche Reisepublikum, welches hoffentlich seine Schrift
an den einzelnen Punkten der sächsischen Schweiz kaufen
werde? Dieses wird wohl an den für den Historiker
allerdings sehr wichtigen urkundlichen Beilagen und an
den sehr in's Einzelne gehenden Erläuterungen zu der
Verkaufsurkunde über die Herrschaft Wildenstein wenig
Interesse nehmen. Soweit übrigens Referent das benutzte
Quellenmaterial hat vergleichen können, und er hat es

gerade hinsichtlich des wichtigsten Theils des Schriftchens,
so sind die Angaben des Verfassers sämmtlich zuverlässig
und gewissenhaft. Nur eine Angabe (S. 57) ist nicht
genau, dass nämlich 1451 der Kurfürst von Sachsen dem
Albrecht Berka von der Duba für die Herrschaft Wildenstein bloss „die Güter Warnsdorf und Schönau" tauschweise
überlassen habe. Es war vielmehr die ganze eine Hälfte
der Herrschaft Tollenstein-Schluckenau, die er an ihn
abtrat.

Dresden. Knothe.

Paul Lindenau, der erste evangelische Hofprediger in Dresden.
Ein Beitrag zur Reformationsgeschichte Sachsens nach meistens
ungedruckten Acten und Briefen. Von G. Müller, Oberlehrer
am Königlichen Gymnasium zu Dresden-Neustadt. Leipzig,
J. C. Hinrichs. 1880. 8°. 64 SS.

In seinem Werke über die Geschichte der sächsischen
Kirchen- und Schulvisitationen von 1524—1545 (S. 229)
hat Dr. Burkhardt auf die vorliegende Studie zur Reformationsgeschichte bereits vor ihrem Erscheinen hingewiesen und ihr damit einen guten Empfehlungsbrief mitgegeben. Es mag freilich nur geringes Interesse zu bieten
scheinen, wenn dem Lebensgange eines Mannes nachge-
spürt wird, der doch nur zu den untergeordneten Mit-
arbeitern am Reformationswerke gehört hat, der dazu
literarisch gar nicht thätig gewesen, von dem auch nicht
ein die Zeitgeschichte etwa illustrirender Briefwechsel erhalten geblieben ist. Allein abgesehen von dem eigen-
artigen Reiz, den es für den Forscher selbst gewährt, aus
spärlich fliessenden und weit zerstreuten Quellennotizen
dem Lebensgange eines wenig Gekannten, übel Beleum-
deten, dazu betreffs der Identität seiner Person vielfach
Angezweifelten nachzuspüren und die Notizen zum Lebens-
bilde, soweit möglich auch zum Charakterbilde zu vereinigen, so verlohnt es sich auch im Interesse der Reformationsgeschichte selbst, gerade dem Lebensgange Paul
Lindenaus erneute Forschungen zuzuwenden, da seine
Erlebnisse wenigstens an drei Punkten in kirchliche Bewegungen und Strömungen der Reformationszeit ver-
flochten gewesen sind, die des allgemeineren Interesse
werth sind. Einmal nämlich hat Paul Lindenau in der
Zwickauer Reformationsgeschichte eine hervorragende Rolle
gespielt — und bekanntlich ist Zwickau einer der Orte,
an dessen kirchlichem Umwandlungsprocess wir in ganz
hervorragender Weise durch die Namen eines Münzer,

Egranus, der Zwickauer Propheten, eines Hausmann, Stephan Roth, Mülpfort, Cordatus u. a. Antheil nehmen. Zum andern gewinnen wir durch eine genauere Erforschung des Lebens Lindenaus neue Aufschlüsse über die Freiberger Thätigkeit Jakob Schenks, des von Luther und den übrigen Zeitgenossen so schwer des Antinomismus beschuldigten „Freiberger Volksredners und Demagogen". Die letzte Stellung endlich, die Lindenau bekleidete, hat sein Leben mit der Reformationsgeschichte des Albertinischen Sachsen eng verknüpft. — Was aus gedrucktem, allgemein reformationsgeschichtlichem und speciell lokalgeschichtlichem Material für Paul Lindenaus Lebensgeschichte zu gewinnen war, das war so ziemlich in den Arbeiten anderer, die auf Lindenaus Schicksale aufmerksam gemacht hatten, namentlich von Seidemann und Herzog (dem verdienten Chronisten Zwickaus), bereits ans Licht gezogen worden; aber es blieben dabei die wichtigsten Wendepunkte in seinem Leben doch noch in Dunkel gehüllt. Da ist es nun den Nachforschungen Müllers sowohl in den Handschriftenschätzen der Zwickauer Bibliotheken wie im Weimarer und Dresdener Archiv geglückt, einen Theil der vorhandenen Lücken zu ergänzen und namentlich über Lindenaus Zwickauer und Freiberger Wirksamkeit genügendes Licht zu verbreiten. Es kann fortan nicht mehr in Zweifel gezogen werden, dass der Zwickauer *Lindemann* und der Freiberger und Dresdener *Lindenau* ein und dieselbe Persönlichkeit sind; die Missstimmung, die sich in Luthers Briefen gegen Lindenau kund giebt, die Anklagen, welche nach dem Vorangange Seckendorfs wiederholentlich gegen ihn als einen unruhigen und unverträglichen Mann erhoben worden sind, den man in Zwickau habe seines Amts entsetzen müssen, werden durch die archivalischen Funde Müllers nicht nur aufgehellt, sondern auch auf ihr richtiges Mass zurückgeführt. Jakob Schenk, den Seidemann in seiner Monographie auf Grund der von ihm erhalten gebliebenen 16 Druckschriften mit bestem Scheine als nur „vermeintlichen" Antinomer dargestellt hatte, wird es sich auf Grund der von Müller benutzten Akten des Archivs zu Weimar doch wieder gefallen lassen müssen, wegen seines Auftretens in Freiberg im J. 1537 und 1538 in seinem Kampf mit Lindenau als ein mit gutem Rechte eines bedenklichen Antinomismus bezichtigter Theologe zu gelten.

Bei einer vorwiegend auf bisher unbekannten und

ungedruckten Archivalien fussenden Arbeit kann es natürlich nicht Aufgabe des Referenten sein, die Richtigkeit
der gewonnenen Resultate quellenmässig zu prüfen; er
kann nur mit Dank über den Fleiss und die Sauberkeit
in der Methode der Untersuchung, sowie die erfreuliche
Bereicherung unserer Kenntnis auf diesem Specialgebiete
sächsischer Reformationsgeschichte seine Anerkennung bezeugen. Die Resultate, welche Dr. Müller gewonnen hat,
zu berichtigen, irgend einen erheblichen Zusatz zu
liefern, sind wir nirgend im Stande; es sei nur gestattet,
einige Notizen erweiternder oder bestätigender Natur hinzuzufügen. Auf S. 13 weist Müller mit Recht es als einen
Irrthum Seckendorfs nach, dass dieser Güttels Wirksamkeit in Zwickau schon in das Jahr 1522, statt 1523 setzte.
Zum Beweise hierfür genügt es ja schon, an Güttels
Zwickauer Predigt, die das Datum „zu Zwickaw predigt,
geschriben vnd gegebn Sonntag nach S Petri vnnd Pauli.
M. D. xxiij." trägt, sowie an den in Fortges. Sammlung
1727 S. 882 gedruckten Brief Wolfgang Zeyners an
Stephan Roth vom 26. Juli 1523, der über Güttels Wirksamkeit in Zwickau Bericht erstattet, zu erinnern. Ueber
Lindenaus Abschied aus Zwickau befindet sich in Cod.
Goth. A. 397 am Schluss unter zahlreichen Nachrichten,
die aus Zwickauer Chronisten gesammelt sind, auch folgende
Notiz: „1529 Sonnabendt nach Remin. ward unserm Prediger Herr Paulo Lindemann blötzlich sein gebetener
Urlaub gegeben von einem Erb. Rath, Ursach, dass er
die Articul der Visitation nicht annehmen noch aufrichten
wollt, was er zuvor mit Mühe und Arbeit hätte helfen
umstossen; der Pfarher: (Hausmann) thät solches mit
vielen schönen Fuchsschwänzen. Dinstag nach Oculi ward
die Gemein aufs Rathhaus gefodert, wurden alle Ursach
erzählt, warum man den Prediger urlaubt hätte, und
wurden alle Bürger gebethen, dass niemandt übel von
der Sache reden solt, sondern solten es für sich halten,
wie es die Visitatores verordent hätten." Auch diese
Nachricht beweist, wie stark die Sympathien der Gemeinde
für den entlassenen Prediger waren. Zu S. 45, wo der
Verfasser mit Recht die Verwechslung des Vetters (Neffen?)
Luthers Mag. Johann Lindemann mit Paul Lindenau ab-
wehrt, sei daran erinnert, dass diese Verwirrung sehr
alten Datums und merkwürdiger Weise durch Luthersche
Anverwandte selbst verschuldet worden ist. Der Zwickauer
Superintendent Mag. Adam Beerwald, der eine Linde-

mann, die Tochter eines Vettern des Reformators, zur Frau hatte, erzählte im Jahre 1582 in einer Hochzeitspredigt, ein Onkel seiner Frau sei aus Frankenland nach Meissen gezogen, und dessen Sohn sei der D. Lindemann zu Dresden gewesen; s. Tenzel, Suppl. hist. Goth. III (Jenae 1716), 8. Auf S. 56 vermissen wir unter den „Geschichtsschreibern der Leipziger Reformation" C. G. Hofmann (1739). Zur Geschichte Jakob Schenks sei es endlich gestattet, hier eine Nachricht über seine Uebersiedelung nach Leipzig aus einem Briefe Paul Ebers an Melanchthon vom 31. März 1541 nachzutragen, die ich bei Seidemann nicht benutzt finde; sie lautet: „Indicavit nobis D. Balthasar Diaconus, D. Jacobum Schenckium esse accersitum Lipsiam vt sit inspector Ecclesiae summus, maximis praemijs, eique concessum monasterium Franciscanorum et fratri alterum Paulinorum, vt vocant. Quae sit spes futurae concordiae vicinarum Scholarum et Ecclesiarum non video, si tales praeficiuntur gubernatores, qui, vt nihil aliud et tamen omnia dicam, erga praeceptores atque adeo parentes sunt ingratissimi. Deus juvet ac tueatur ecclesiam suam". Cod. Goth. A. 123 fol. 38. (Balthasar ist der ehemalige Wittenberger Diaconus Balth. Loy, de Wette VI, 514, der bei der Reformation Leipzigs Verwendung fand; vergl. Gretschel, Kirchliche Zustände Leipzigs 253. 265.)

Klemzig.   Kawerau.

Uebersicht über neuerdings erschienene Schriften und Aufsätze zur Sächsisch-Thüringischen Geschichte und Alterthumskunde.

Eckardt, Ernst. Chronik v. Glauchau u. s. w. (vergl. S. 287). Lief. 4. 5. Glauchau, Peschke. 1880. 8°. S. 97—160.

Friedländer, Jul. Ein Breslauer Goldschmied im Dienste des Kurfürsten August von Sachsen. Anzeiger für Kunde der deutschen Vorzeit. 1880. Nr. 9. Sp. 281 f.

Friesen, Freiherr v. Erinnerungen aus meinem Leben. Dresden, Wilhelm Baensch. 1880. 8°. VIII. 798 SS.

Haan, Wilhelm. Die Episkopal-, Consistorial- und Diöcesan-Verfassung im ehemaligen Kurfürstenthume und jetzigen Königreiche Sachsen vor und seit Einführung der Re-

formation bis zur Neuorganisation der damaligen sächsischen evangelisch-lutherischen Kirchenbehörden, sowie
der Neuarrondirung der Diöcesen nach hoher Landes-
consistorial-Verordnung d. d. Dresden, 2. November 1878,
kirchenstatistisch dargestellt. Dresden, Wilhelm Baensch.
1880. 8°. V. 161 SS.

Hase. Der Kanzler Krell: in dessen Rosenvorlesungen
kirchengeschichtlichen Inhalts (Leipzig, 1880. 8°).
S. 116—145.

Herrmann, Bald. Der Kampf um Erfurt 1636—1638.
Inaug.-Dissertation. Halle. 1880. 8°. 27 SS.

(*Jacob, Curt.*) Die städtische Sammlung sächsischer Alterthümer in Torgau. Torgauer Kreisblatt 1880. Nr. 70.
76. 115. 141.

Kawerau, G. Johann Agricola von Eisleben. Ein Beitrag zur Reformationsgeschichte. Berlin, W. Hertz.
1881. 8°. XII. 358 SS.

Leisering, A. G. T. Die Königliche Thierarzneischule zu
Dresden in dem ersten Jahrhundert ihres Bestehens.
Festschrift zur Säcular-Feier am 7. October 1880.
Herausgegeben von der Direction der K. Thierarznei-
schule. Mit zwei Plänen. Dresden. 1880. 8°. IV. 136 SS.

Mützschke, Paul. Naumburger Inschriften gesammelt und
erläutert. 5. Lfg. Naumburg, Domrich. 16°. S. 321—400.

Nebe, Gustav. Die Kirchenvisitationen des Bisthums Halberstadt in den Jahren 1564 und 1589. Nebst einer Einleitung, enthaltend die Geschichte der Einführung der
Reformation im Halberstädtischen. Herausgegeben von
der historischen Commission der Provinz Sachsen. Nach
den Quellen bearbeitet. Mit einer Karte. Halle, O. Hendel.
1880. 8°. VI. 282 SS.

Petzholdt. Aus dem Nachlasse des Königs Johann von
Sachsen. Ausführungen zu von Falkenstein's Charak-
terbild des Königs Johann von Sachsen. Dresden,
Wilhelm Baensch. 1880. 8°. XIV. 306 SS.

Reyer, Ed. Beiträge zur Geschichte des Zinnbergbaues
in Böhmen und Sachsen. Separatabdruck aus der
Oesterreichischen Zeitschrift für Berg- und Hüttenwesen.
XXVIII. Jahrgang (1880). Wien. 1880. 8°. 35 SS.

(*Schimpff, G. v.*) Geschichte des Kgl. Sächsischen Garde-
Reiter-Regiments. Im Auftrage des Regiments zu-
sammengestellt. Dresden, Wilhelm Baensch 1880. 8°.
VIII. 684 SS.

Steche, R. Ein Brief König Friedrich Augusts II. von

Sachsen. Wissensch. Beil. der Leipz. Ztg. 1880.
Nr. 81.

Wenck, K. Die Chronographie Konrads von Halberstadt
und verwandte Quellen: Forschungen zur Deutschen
Geschichte Band XX. S. 277—302.

Wernicke, Ew. Ein Breslauer Goldschmied im Dienste
des Kurfürsten August von Sachsen. Anzeiger für
Kunde der deutschen Vorzeit. 1880. Nr. 6. Sp. 188.

— Zur Geschichte der Giesserfamilie Hilger in Freiberg.
Ebenda. Nr. 8. Sp. 252.

Die kirchliche Eintheilung der Bisthümer Meissen, Merse-
burg und Naumburg in der vorreformatorischen Zeit.
Allgem. evangelisch-lutherischen Kirchenzeitung 1880.
Nr. 46.

Zur Geschichte Sachsens in den Jahren 1866 und 1870.
Grenzboten 1880. Nr. 48.

---

*Mittheilungen des Vereins für Geschichts- und Alterthums-
kunde zu Kahla und Roda.* Zweiten Bandes 2. Heft.
Kahla 1880. 8°.

Inhalt: Lommer, Beiträge zur Adelsgeschlechterkunde des Saalkreises. E. Löbe, Die Kirchenvisitation im Westkreise unseres
Herzogthums im Jahre 1529. Dr. Löbe, Beitrag zur Geschichte derer
von Lichtenhain. Schierholz, Mittheilungen über den Restaurations-
bau der Kirche zu Klosterlausnitz. E. Fink, Ueber das Schulwesen
der Ephorie Orlamünde um das Jahr 1672.

Mittheilungen des Alterthumsvereins zu Plauen i. V. Jahres-
schrift auf die Jahre 1875—1880. Herausgegeben von
Joh. Müller. Plauen, F. E. Neupert (Comm.) 1880. 8°.

Inhalt: Joh. Müller, Urkunden und Urkundenauszüge zur Ge-
schichte Plauens und des Vogtlandes vom Jahre 1122—1302. Alberti,
Bemerkungen zu der ältesten Plauen betreffenden Urkunde vom
Jahre 1122. E. Waldow, Die Kirche zu Kürbitz. Joh. Müller, Die
Anfänge des Schulwesens in Plauen.

Register.

Dänemark 30. 89. 215.
— s. Christian IV.
Dänische Soldtruppen 69. 73. 77.
Darbes, Cesare 309.
Dessauer Bündnis (1525) 106.
Deutscher Orden 233.
Dickens, Guy 70.
Dietrich, Bischof v. Brandenb. 244.
— III. (v. Schönberg), Bischof v. Meissen 216. 223. 230 ff. 238. 240 ff. 254. 266.
— Veit 104.
v. Diesskau, Kammerherr 303.
v. Disskau, Hauptm. z. Weissenfels 158 ff. 167 f 173.
Dittersbach 98. 100.
Dönhoff, Gräfin 294.
Dohna'sches Regiment 77.
Donat, Michael, Amtsschreiber z. Plauen 57.
Donauwörth 16. 18. 20. 41. 46.
Dorothea, Herzogin v. Sachsen-Weimar 189.
v. Drachenfels, Dietrich 190.
Drandorf, kursächs. Oberst 145. 149. 170.
Dresden 41 f. 95 ff. 136. 150 f. 172. 264. 290 ff.
— Annenschule 97.
— Kreuzschule 96 f.
— Gemälde-Gallerie 315 ff.
— Histor. Museum 320 f.
— Kunstverein 320.
Duchaine 304.
Dungersheim, Hieron. 103 f.
Dux 44. 284 f. 310.

Ebardt, Virgilius, Organist 57.
Ebert, Oberbibliothekar 10.
Eck 105.
Eger 16 f. 19. 21. 24. 42. 44. 56. 64. 150 f. 175 f. 212. 220. 222. 251.
Egerischer Kreis 15.
Egidius, päpstl. Kommissar 235.
Eiche, Kloster bei Naunhof 105.
Eichel, preuss. Kabinetsrath 81.
Eichstädt, Bischof von 213.
Eilenburg 152.
Einsiedel, Graf, Minister 310.
v. Einsiedel, preuss. Generalmajor 85.
— Jobst, böhm. Kanzler 230. 249.
Eisleben s. Agricola, Joh.
Eisenberg 42.
— Peter 102.

Elbogen 42. 251.
Elsass 28 f.
Elsterberg 176.
Engelmann, Georg, in Chemnitz 53 f.
England 69 ff. s. a. Georg II.
Erfurt 173 f. 185. 234.
Ermini, Margherita 300.
Ernst, Kurf. v. Sachsen 213 ff.
Eschdorf bei Pillnitz 97. 100. 103. 106.
Eschenloer, Peter, Stadtschreiber zu Breslau 216.
Eulenau, Christian, Baumstr. zu Leipzig 142.

Fabricius, Georg, Rector z. Meissen 105.
de Fantasia, Filippo 293.
— Rosalia 293.
Fantinus, päpst. Legat 241—244.
Falkenau 42.
Fehling, Maler 299.
Felix, Official des Klosters zu Chemnitz 241 f.
Ferber, Wolfgang 62.
Ferdinand, Kaiser 26—30. 33 ff. 37.
— Prinz, von Preussen 75.
v. Feria, Herzog 28—31. 33 f. 37. 159.
Ferrara, Laurentius von, päpstl. Legat 243.
Ferusi, Hieronymus u. Marzia 290.
— Zanetta (290) s. Casanova, Giovanna.
Fickler 198 f. 202.
Finsinger, Zachar., z. Leipz. 142.
Flacius Illyricus 268. 279.
Focari (Focher), Girolamo 304. 305. 308. 310. 312 f.
— Marta Bastona 304. 308 f. 312.
de la Foi, Abraham 201.
de Forgue 305.
Forster, Hugo, Dompropst zu Naumburg 258 f. 262.
Franceschoni, Antonio u. Gerolima 297. 303.
Frankenhausen 102.
Frankfurt a. O. 72.
Frankreich 71. 76. 81 ff. s. Johann, Karl V., Ludwig XI.
Franz Albrecht, Hrzg. v. Sachsen-Lauenburg, kursächs. General-feldmarschall 14. 35 f.
Frauenberg 20 f.